LE GRAND LIVRE DE
LA PÊCHE

Directeur éditorial: Göran Cederberg
Directeur artistique: Munir Lotia
Consultant: Jan Olsson

Dessins

Anders Engström: pages 38-39, 50, 65, 90, 93, 96 (haut), 100, 115, 116, 117, 119, 121, 156 (droite), 178, 191, 214-215, 262.
Peter Grahn: page 26.
Tommy Gustavsson: pages 200-201, 202, 206, 206-207, 208, 216-217, 218, 222-223, 227, 228, 276, 277, 279, 281.
Gunnar Johnson: pages 42, 44, 45, 46, 47, 49, 52, 58, 82, 83, 96 (bas), 97, 98, 101, 104, 105, 106, 108, 109, 112, 129, 130, 131, 132-133, 134-135, 147, 152, 155, 156 (gauche), 163, 168, 184, 192-193, 196-197, 198, 205, 219, 220-221, 224, 226, 234, 236, 257, 260, 261, 263, 267, 268, 269, 270, 271.
Munir Lotia: pages 55, 129 (droite).
Lennart Molin: pages 136-137, 138-139, 140-141, 142-143, 153, 154, 159, 169, 170, 210, 229.
Ulf Söderqvist: pages 20, 22, 28, 30, 34, 35, 51, 56, 57, 61, 62, 64, 185.
Nordbok: pages 16, 17, 18, 19, 21, 23, 24-25, 33.

Photographes

ABU Garcia: pages 40, 41.
Peter Bang: page 76 (gauche).
Erwin Bauer: pages 51 (encadré gauche) 66, 67, 72 (haut), 77 (haut gauche), 140, 162, 180 (encadré gauche), 204.
Rudolf Bischoff: pages 14-15, 95.
Kenneth Boström: pages 263-266.
Bill Browning: pages 74 (gauche), 75 (centre), 84 (haut), 127, 177 (encadré), 180, 182 (droite), 186, 189, 195, 199.
Göran Cederberg: préface.
Johan Dahlqvist: page 72 (bas).
Gunter Fröhlich: page 182 (haut droite).
Jan Grahn: pages 75 (haut), 78 (droite), 80, 88-89, 92, 118, 218.
Peter Grahn: pages 78 (gauche), 79, 86-87, 113 (encadré droite), 118 (encadré), 122, 146 (gauche).
Hermann J. Gruhl: pages 32, 74 (droite), 77 (haut droite).
Jens Ploug Hansen: pages 36-37, 48, 53, 59, 69, 71, 73, 75 (bas), 76 (droite), 77, 81, 83, 84 (bas), 85, 95 (encadré), 99, 105, 109 (gauche), 113 (encadré gauche), 114, 120, 126, 137, 138, 140 (haut), 142, 143, 145, 146 (droite), 148-149, 150-151, 155, 157, 166, 167, 169, 170, 171 (haut), 172, 173, 179, 182 (gauche), 201, 211, 215, 218 (haut), 226, 231, 272-273, 275 (haut).
Christian Hvidt: pages 180 (encadré droite), 181 (encadré).
Heinz Jagusch: pages 68, 103, 106, 111 (encadré), 113, 181 (droite), 187, 213.
Bengt G. Johansson: pages 267, 268, 270.
Christer Johansson: pages 51 (encadré droite), 59 (encadrés centre et droite), 70, 94 (gauche), 107, 109 (encadré), 144, 176-177, 183, 258-259.
Jan Johansson: pages 174-175, 214, 222, 225, 274.
Gunnar Johnsson: pages 242-257.
Inge Lennmark: page 33 (encadré).
Åke Lindau: pages 91, 94 (droite), 109 (droite), 111, 153, 161 (bas droite), 181 (gauche), 191, 209, 230, 275.
Henry Lundgren: pages 232-233, 235.
Mike Millman: pages 124-125, 161 (haut).
Jan Olsson: pages 63, 64, 65, 151, 156, 158, 163, 164, 165, 171 (bas).
Janne Olsson: page 46.
Jan-Erik Sjöberg: page 8.
Leif Wiklund: pages 6-7, 41 (haut).
Mikael Zachrisson: pages 277, 278.

Édition originale :
The Complete Book of Sportfishing

Édition française :

Coordination éditoriale : Paola Miglietti-Saulnier
et Agnès Dumoussaud

Coordination technique : Nadine Grimaud

Achevé d'imprimer en août 2000 par Printer Portuguesa, Portugal
Dépôt légal : Septembre 1997
ISBN 2-03-517406-6

LE GRAND LIVRE DE LA PÊCHE

Traduction et adaptation française
de Henri Limouzin

avec le collaboration de
Pascal Charoulais et Marc Fesnières

LAROUSSE

21 Rue du Montparnasse 75283 Paris cedex 06

Sous la direction de

GÖRAN CEDERBERG grand pêcheur-journaliste suédois, il est le maître d'œuvre de cet ouvrage et a lui-même écrit les chapitres 1 et 10.

Auteurs

ERWIN BAUER, journaliste et photographe spécialisé dans la faune sauvage *(Outdoor life)*. A participé aux chapitres 3 et 6.

KENNETH BOSTRÖM est un maître cannier passionné de pêche à la mouche. A traité de la fabrication des cannes dans le chapitre 9.

COLIN DYSON, journaliste halieutique bien connu en Grande-Bretagne *(Coarse Angler)*. Il a rédigé le chapitre 4.

GÜNTER FRÖHLICH journaliste allemand *(Fliegenfischer)*, spécialiste de la pêche à la mouche. Il est l'auteur de la majeure partie du chapitre 7.

JENS PLOUG HANSEN, journaliste halieutique international, auteur d'une vingtaine d'ouvrages. La plus grande partie des chapitres 3 et 6 lui est due.

JOHN HOLDEN, l'un des spécialistes mondiaux du *surfcasting*; auteur d'une vingtaine de livres et d'articles dans *Angling Times*. A écrit le chapitre 5.

BENGT G. JOHANSSON journaliste halieutique suédois, concepteur de leurres et de cannes. Il a contribué au chapitre 9.

JAN JOHANSSON, grand spécialiste du saumon, il a écrit la partie « Techniques lourdes de pêche à la mouche » du chapitre 7.

GUNNAR JOHNSON, rédacteur du journal *Flugfiske i Norden*. A exécuté les textes et les illustrations du chapitre 8 ainsi que la plupart des aquarelles de l'ouvrage.

OLLE W. NILSSON, biologiste des poissons de réputation mondiale, il est l'auteur du chapitre 2.

Sommaire

Avant-propos

Quelles que soient leur langue et leur nationalité, les pêcheurs sportifs du monde entier sont unis par une seule passion, celle pour la pêche au moyen d'une canne, d'une ligne et d'un hameçon. Peut-être doit-on rechercher l'origine de cette jouissance de pêcher dans les instincts hérités de nos plus lointains ancêtres. Mais tout bien considéré, le nombre des générations qui nous séparent de ces primitifs n'est pas si élevé. Car, même si nos vêtements et nos habitudes traduisent notre culture, nous sommes toujours des sauvages, génétiquement parlant. En tant que «sauvages civilisés», nous éprouvons toujours une profonde satisfaction à sentir un poisson saisir nos leurres trompeurs et la même excitation nous gagne au moment du combat contre une grosse pièce, mené avec des cannes, des lignes et des leurres. C'est là le résultat de milliers d'années de pratique quotidienne de la pêche, dont les dernières ont contribué à hisser la pêche commerciale au niveau d'une haute technologie industrielle.

Une notion profonde et authentique de la nature et de ses diversités est souvent essentielle pour acquérir ce que nous nommons, assez vaguement, le «sens de l'eau». En fait, ce dernier dépend avant tout de la connaissance de la vie et de l'environnement des poissons que l'on recherche. L'eau constitue 70 % de la surface de la terre, un royaume qui nous est presque entièrement caché et où tout ce qui se passe est à deviner. C'est pourquoi nous devons profiter de toutes les astuces possibles pour duper les poissons grâce à des leurres ingénieux, des hameçons adroitement disposés et des modèles de mouches artificielles pleins d'imagination. En d'autres termes, la pêche à la ligne est entièrement soumise à l'«humeur» du poisson: tout l'art de la pêche consiste à lui faire refermer la bouche sur le leurre ou l'appât. Plus notre savoir est grand, mieux nous y parvenons. Cependant, ce défi repose sur une incertitude majeure: saurons-nous imiter la proie naturelle du poisson avec assez de vérité pour qu'il prenne notre mensonge pour la réalité? Et cette simple question résume à elle seule tout le plaisir de la pêche.

Les espèces de poissons et les habitats aquatiques sont d'une diversité quasi infinie à travers le monde et les progrès réalisés dans le matériel et les techniques ne se sont pas répandus de la même façon dans tous les pays. C'est pourquoi notre conception de la pêche sportive moderne peut varier au fil de nos voyages. Malgré cela, les méthodes de pêche sont souvent universelles, ce qui nous fournit de multiples occasions d'apprendre beaucoup les uns des autres. Une connaissance croissante des habitats des poissons, de leur comportement dans des environnements différents et de leurs périodes d'activité, nous permet de comprendre les ressemblances fondamentales. Plus on en sait sur cet étonnant éventail de connaissances, plus on augmente ses possibilités de devenir un bon pêcheur à la ligne et, ainsi, de goûter aux joies de la pêche. De ce point de vue, nous sommes réellement favorisés par la chance. Et c'est ainsi que l'aventure se poursuit...

Göran Cederberg

Préface de l'édition française

Bien heureux celui qui, pour tout horizon, se contente de la petite rivière ou de l'étang de son village : connaissant bien son « territoire de pêche », il y réussit mieux que personne, ne se pose pas de questions sur son équipement ni sur ses méthodes et, parfaitement intégré dans son biotope de pêcheur, il en tire les joies les plus durables parce que les plus simples...

Mais il perd aussi toute chance d'atteindre à l'extraordinaire conscience d'appartenir à ce « quelque chose » d'universel et d'éternel que procure, plus et mieux, sans doute, que toute autre activité de loisir, la pêche à la ligne.

Aller pêcher la rivière au-delà de son horizon, c'est déjà se donner l'occassion de voir que les mêmes poissons peuvent se comporter différemment, de connaître d'autres pêcheurs, pratiquant d'autres méthodes – et d'en revenir plus riche d'expérience et d'idées, pour jouir mieux de ce que l'on pratiquait auparavant de façon un peu routinière.

Aller plus loin encore, sous d'autres cieux, pour rencontrer d'autres paysages, d'autres poissons et d'autres pêcheurs, ayant des conceptions souvent plus évoluées de la pêche sportive, c'est non seulement devenir meilleur pêcheur, mais aussi commencer à comprendre que, à notre époque, il ne s'agit pas simplement de prendre des poissons plus nombreux et plus gros, mais de les prendre mieux, c'est-à-dire plus consciemment. On apprend ainsi à accorder plus d'importance à la qualité de son plaisir, à respecter davantage ce partenaire sportif qu'est le poisson ; et si on n'a pas l'intention de le manger – ce qui est une loi de la nature dont il ne faut jamais se couper si l'on ne veut pas passer, aux yeux des non-pêcheurs, pour des primitifs qui assouvissent des instincts barbares –, on doit le remettre à l'eau bien vivant. Il faut être ensuite vigilant sur ses chances de survie dans un environnement naturel de plus en plus agressé par la civilisation moderne que tout pêcheur devra défendre avec acharnement.

Alors, on atteindra à cette conscience universelle de la pêche à la ligne qui, dès lors, donne un sens à notre vie de pêcheurs passionnés.

Pour faire ces voyages, proches ou lointains, on peut prendre le train ou l'avion : de nos jours, aller pêcher le king en Alaska, le marlin en Australie, ou le saumon en Norvège n'est plus un problème. Mais on peut aussi ouvrir des livres comme ce merveilleux ouvrage : au fil des pages, se créera un lien de plus en plus étroit avec tous les pêcheurs du monde, non seulement parce que l'on y aura appris une foule de choses utiles, mais aussi parce que l'on y aura pris conscience d'une commune identité.

Henri Limouzin

1. Histoire de la pêche

HARDY'S PAT.
TRADE MARK

Il y a sans doute autant de raisons que de pêcheurs pour expliquer la passion de la pêche à la ligne. La plupart d'entre nous, cependant, s'accordent à reconnaître que le contact avec la nature est au moins aussi important que la capture elle-même. Dans le monde actuel, dominé par le souci d'efficacité et menacé par le stress, la pêche à la ligne est un moyen d'évasion qui procure à des millions d'adeptes le repos et l'oubli des soucis quotidiens. C'est peut-être aussi une façon de remonter à nos racines les plus anciennes, par la recherche du plaisir de trouver notre propre nourriture dans la grande et parfois généreuse réserve de la nature.

Par les journaux, la radio et autres médias, les idées se répandent aujourd'hui plus vite que jamais. Des techniques qui ont fait leurs preuves depuis longtemps sont diffusées à travers le globe à une rapidité de plus en plus grande. L'expérience acquise aux États-Unis s'applique en Europe et des méthodes typiquement européennes, telles que la pêche au coup, commencent à s'imposer aux États-Unis depuis quelques années. En Europe centrale et méridionale, de plus en plus de regards se tournent vers la Scandinavie pour observer de nouvelles techniques, plus efficaces, de la pêche à la mouche. Et lorsqu'on aborde la pêche à la traîne en lac ou en mer, c'est à nouveau l'Amérique qui nous montre la voie.

Ces anciens instruments en os servaient aux pêcheurs d'Europe septentrionale il y a huit mille ans.

Les premiers hameçons

Pendant des centaines de milliers d'années, l'homme a trouvé sa substance dans la nature, la chasse, la pêche et la cueillette lui fournissant ses repas quotidiens. Les peuples les plus forts et les plus inventifs ont cherché à se maintenir le plus longtemps possible et ce combat permanent pour la survie a forgé la nature de leurs rapports avec l'environnement. La créativité n'était pas seulement une marque de génie, mais plutôt une nécessité engendrée par les difficultés de l'existence.

Nous savons très peu de choses sur la manière dont les premiers hommes pêchaient, mais il est sûr qu'ils ont appris très vite à découvrir les inépuisables sources de nourriture que constituaient les lacs, les mers et les cours d'eau. Elles leurs fournissaient tous les produits de la mer et la viande de phoque autant que le poisson. Il n'est pas douteux que les humains commencèrent à attraper le poisson à mains nues ; mais, petit à petit, ils comprirent que des pointes acérées et d'autres outils de pêche primitifs étaient plus efficaces. Les spécialistes ne savent pas avec précision quels instruments étaient utilisés avant environ 30 000 ou 40 000 ans avant J.-C., mais des recherches archéologiques ont démontré que trois sortes d'engins furent employés principalement à partir de cette époque. Pour pêcher dans les lacs et les rivières de faible profondeur, ainsi que pour capturer des phoques en mer, furent d'abord utilisés des javelots. Dans les aires de pêche les plus poissonneuses, on tendait des filets et divers sortes de nasses. Le troisième type d'outil, qui est le plus intéressant pour les pêcheurs à la ligne, était l'hameçon. On ne sait pas exatement où ni quand il fut adopté, mais c'est probablement en Europe méridionale, 30 000 ans environ avant J.-C. Ces hameçons à ardillon étaient principalement en os, mais sans doute aussi en bois. Ils étaient reliés à des lignes faites de tendons d'animaux ou de végétaux tels que racines, lianes ou certaines espèces de plantes herbacées. Ils étaient eschés de vers, de moules, de petits poissons ou de tout autre appât susceptible de tenter les gros poissons.

Au fil des millénaires, les peuples chasseurs devenaient de moins en moins tributaires des bêtes sauvages et l'élevage d'animaux domestiques leur apporta une nouvelle sécurité. Pourtant, ces paysans ne parvinrent jamais à domestiquer le poisson : la pêche garda la même importance en tant que source de nourriture.

L'évolution de la pêche à la ligne

Des recherches archéologiques ont apporté la preuve que l'art de la pêche à la ligne était déjà relativement raffiné il y a 7 000 ans! Parmi les objets exhumés lors des fouilles, on a trouvé des flotteurs taillés dans le liège pour équiper les lignes à hameçons. Trois mille ans plus tard, des peintures égyptiennes montraient comment prendre des poissons au moyen de cannes reliées à des lignes et à des hameçons. C'est la première trace de la pratique d'une pêche à la ligne ressemblant à celle d'aujourd'hui.

Partant de l'emploi d'un appât naturel pour capturer des poissons, il n'y avait qu'un pas à faire pour arriver à l'appât artificiel et l'on peut, sans crainte de se tromper, affirmer que l'homme a su très tôt fabriquer des leurres, en taillant des imitations de poisson dans du bois, par exemple. De la même façon, il est sûr qu'il ne lui fallut pas longtemps pour comprendre que l'on peut facilement imiter les proies naturelles des poissons avec du poil et des plumes.

«Déjà, les Grecs anciens...», a-t-on coutume de dire; et, en effet, que serait la pêche à la ligne sans eux? C'est Théocrite qui, 300 ans avant J.-C., fit la première description littéraire de la pêche avec une gaule et un hameçon. Il parlait de l'utilisation d'un «leurre se balançant au bout d'une ligne» et l'on a de bonnes raisons de croire que les Grecs de cette époque savaient déjà pêcher pour le plaisir, car Théocrite et ceux de sa classe sociale n'avaient sûrement pas besoin de pêcher pour manger.

Environ 200 ans avant J.-C., les Chinois avaient poussé l'art de la pêche à la ligne si loin qu'ils connaissaient déjà les lignes en soie et les hameçons en métal. À la même époque, les Macédoniens pêchaient avec des appâts artificiels faits de plumes et de poils. Ces leurres, qui tenaient plus du leurre à dandiner que de la mouche artificielle, étaient sans aucun doute aussi efficaces que ceux que nous utilisons de nos jours. On se rend compte du degré de civilisation de ces peuples (et pas seulement pour ce qui est de la culture et de l'éducation) quand on sait que, en Europe, on ne fabriqua les hameçons en métal que trois siècles plus tard.

Le pêcheur accompli

Même si, tout au long de leur histoire, les hommes ont toujours tiré un grand plaisir de la capture de poissons à la ligne, la «pêche» sportive n'existe que depuis quatre cent cinquante ans. C'est l'art de pêcher avec un hameçon, une ligne et une canne par loisir et pour le seul plaisir; le point de départ de sa propre histoire fut incontestablement *The Treatyse of Fyshynge Wyth An Angle*, publié en Angleterre en 1496. Probablement écrit par une nonne, Dame Juliana Berners, cet ouvrage était une partie du *Livre de St Albans*, traitant de chasse, de pêche et d'autres passe-temps de l'époque à l'usage des notables et autres «gentilshommes».

Le «traité», pourtant, ne parlait pas seulement de techniques; il évoquait également les rapports de l'homme avec la nature. Il eut une énorme influence sur le développement de la pêche à la ligne pendant plus de deux cents ans et devint une source d'inspiration pour de futurs auteurs d'œuvres de plus grande élévation. Selon l'auteur, le pêcheur à la ligne doit être aussi un adorateur de la nature, un philosophe et un idéaliste. Son esprit sportif doit être poussé jusqu'à la perfection et un vrai pêcheur doit savoir fabriquer lui-même ses cannes, ses lignes et ses leurres autant qu'apprendre à récolter et à utiliser comme il faut les divers appâts naturels. Plus le poisson est difficile à prendre, plus le caractère sportif de la pêche est grand.

En 1653, soit cent cinquante ans plus tard exactement, parut *The Complete Angler* («Le Pêcheur accompli») d'Isaac Walton, soustitré «La Récréation du pêcheur contemplatif», qui est devenu un classique dans le monde entier. Avec le chapitre de Charles Cotton

Cette peinture égyptienne d'il y a quatre mille ans environ est probablement la plus ancienne représentation de la pêche à la ligne telle qu'on la connaît de nos jours.

Here begynnyth the treatyse of fysshynge wyth an Angle.

La première page du *Treatyse of Fyshynge Wyth An Angle* de Dame Juliana Berners, dans son édition originale de 1496.

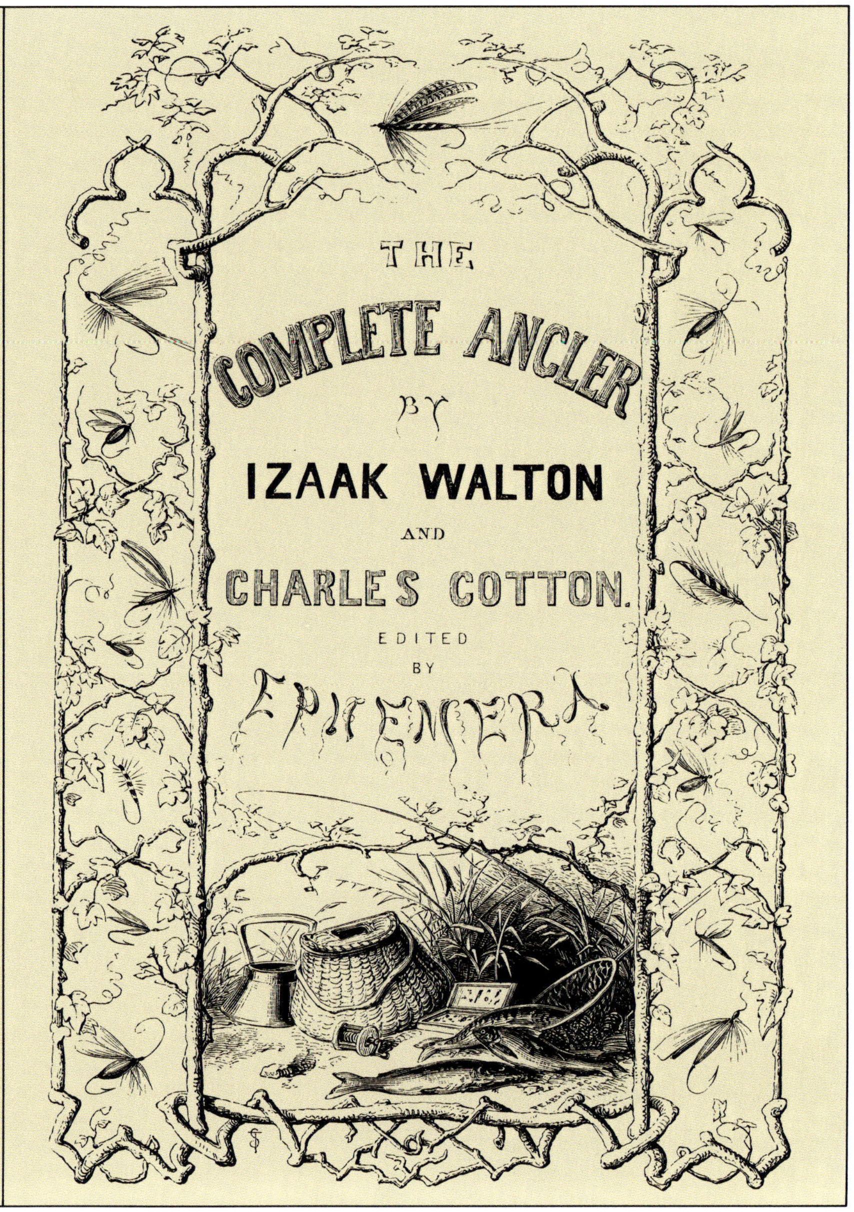

Le *Pêcheur accompli* en personne, Isaac Walton, est représenté ici avec son matériel de pêche. Ce dessin figurait sur la page de garde de l'édition du jubilée, deux cents ans exactement après la première édition de 1653.

sur la pêche à la mouche à partir de 1676, le livre a été publié dans plus de trois cents éditions jusqu'à maintenant.

L'œuvre de Walton souleva l'intérêt par la divulgation qu'elle faisait de méthodes de pêche avec une canne, une ligne et un hameçon. Pour la première fois, la pêche y est présentée comme une activité traditionnelle : son seul but est le plaisir, ce qui valorise ainsi l'expérience de la nature et la situe à un niveau au moins aussi élevé que la pêche elle-même ; cette idée se répandit en même temps que le terme de *pêcheur sportif*. Le perfectionnement de l'équipement et des méthodes était un but en soi, mais le rapprochement avec la nature et la recherche de «la grande aventure» étaient autant d'attraits essentiels de la pêche. Plus il fallait aller loin pour trouver une rivière ou un lac, et plus le poisson était difficile à pêcher, plus la pêche y gagnait son qualificatif de «sportive». Le vrai pêcheur sportif était, à la limite, un inconditionnel romantique.

Le matériel et sa lente évolution

L'évolution du matériel et des techniques de pêche fut plutôt lente entre le milieu du XVIe siècle et le début du XIXe. Cela s'explique, car la pêche de loisir n'avait que peu d'adeptes, qui, de plus, s'en tenaient à la tradition. Des lignes en crin de cheval attachées par un nœud à la pointe de longues et rustiques gaules de bois, des mouches montées de façon plus que rudimentaire : voilà ce qui constituait leur armement habituel.

Même si, à l'occasion, quelque privilégié pouvait, au début du XIXe siècle, s'offrir un moulinet multiplicateur, la pêche a continué, jusqu'à l'avènement de l'industrie, à rassembler à l'image qu'en donnait Izaak Walton vers 1600. La priorité était donnée à l'expérience de la nature. Les seuls changements annonciateurs d'une évolution dans le matériel furent ceux qui affectèrent les hameçons. Vers 1650, leur solidité fut améliorée par la trempe, que pratiquaient les forgerons de village ; mais, petit à petit, les fabricants d'aiguilles s'y intéressèrent, transformant l'ancienne fabrication artisanale en une production industrielle à grande échelle. Les hameçons devinrent moins lourds et plus rigides, bien qu'encore rudimentaires en comparaison des standards de fabrication moderne.

L'Anglais L. Lloyd n'était pas seulement un célèbre chasseur d'ours mais aussi un pêcheur passionné qui passa beaucoup d'étés heureux sur les eaux scandinaves. Ce dessin de la rivière à saumons norvégienne Namsen figurait dans son livre *Aventures scandinaves,* tome 1 (1853).

Vers 1850, avec la révolution industrielle, le matériel de pêche connut un développement encore plus rapide. Les innovations techniques et la production de masse permirent la pratique de la pêche sportive à d'autres qu'aux *aristocrates* et aux *gentlemen*. Le progrès amena de nouvelles méthodes de pêche. C'est à partir de ce moment que l'on commença à s'interroger sérieusement sur les idées d'Izaak Walton publiées deux cents ans plus tôt.

La pêche de loisir, qui avait été un plaisir de privilégiés jusque vers 1850, attira alors un public croissant tant en Europe qu'aux États-Unis, où l'on s'intéressa à la capture des poissons au moyen d'une canne et d'un hameçon. De nouvelles eaux pour la pêche furent prospectées et l'on s'orienta vers des techniques de pêche différentes des techniques traditionnelles, surtout en mer. Le lyrisme idéaliste sur la nature fut taxé de «snobisme» par beaucoup et l'on assista à la naissance de différentes «écoles» de pêcheurs sportifs.

Les pêcheurs à la mouche, qui avaient presque exclusivement utilisé la mouche sèche et des modèles classiques de noyée tout au long du XIXe siècle, étaient ceux qui défendaient le plus fermement le «waltonisme». Ils considéraient que l'imitation correctement réalisée d'un insecte naturel était, pour un vrai pêcheur sportif, infiniment supérieure à une esche vivante ; c'est un point de vue qui survécut longtemps encore après le début du siècle.

Pourtant, les pêcheurs à la mouche firent encore évoluer les choses vers des équipements nouveaux et mieux adaptés, les cannes n'étant pas les moins concernées. Celles-ci passèrent par plusieurs étapes de perfectionnement au début du XIXe siècle. Des essais furent réalisés avec des bois d'essences diverses, tels que l'hickory, le *greenheart*, le *lancewood* et d'autres espèces exotiques, afin de découvrir le matériau idéal pour la fabrication d'une canne à mouche. La première canne en bambou refendu fut réalisée par un facteur de violons américain en 1846. Cela imposa définitivement le bambou pour la fabrication des cannes et fit connaître une technique de construction qui surpassait toutes les précédentes: non seulement les cannes en bambou refendu étaient plus légères et plus faciles à manier, mais elles procuraient des lancers plus longs. En dépit de nombreux avantages qu'offraient ces cannes, il fallut attendre un quart de siècle avant que la technique de fabrication fût suffisamment au point pour autoriser une production de masse avantageuse.

Les progrès se faisaient également dans d'autres domaines. Le moulinet multiplicateur dut attendre le cours du XIXe siècle avant d'être adopté par de plus nombreux pêcheurs, essentiellement en Amérique, où il devint très populaire pour la pêche en mer, parmi les pêcheurs de bar rayé notamment. Ces premiers moulinets à tambour tournant, aussi rudimentaires que peu performants, ne permettaient encore que des lancers relativement courts. Il faut dire, à leur décharge, que l'emploi de lignes de gros diamètre et dépourvues de souplesse, en coton ou en lin, ne les aidaient pas dans leurs performances. C'est la raison pour laquelle on mit au point des lignes de meilleure qualité. Vers 1870, on réussit à fabriquer des lignes en soie imprégnée d'huile, ce qui permit de tripler la longueur des lancers.

Vers la pêche moderne

Malgré le perfectionnement des techniques de fabrication des cannes et des lignes au cours du XIXe siècle, les moulinets (et surtout les moulinets pour la pêche aux appâts) posaient toujours un sérieux problème : pour atteindre les postes visés, il fallait des lests réellement importants. Vers 1900, arrivèrent heureusement sur le marché les premiers moulinets à tambour fixe. Le prototype de notre tambour fixe actuel fut créé à Bradford, en Angleterre, en 1905. En raison des avantages qu'il présentait, les choses allèrent ensuite très vite. Le plus important était la longueur des lancers, mais ce nouveau type de moulinet permettait aussi d'éviter les catastrophiques «perruques» de la ligne, si fréquentes avec les moulinets à tambour tournants.

Juste avant la Seconde Guerre mondiale, deux innovations assurèrent la meilleure promotion de la pêche de loisir dans le monde entier au cours des trois dernières décennies : les lignes en Nylon et les cannes en fibre de verre. Ces lignes, fines et souples, donnaient au débutant la possibilité d'apprendre à lancer rapidement et sans difficulté excessive. Quant aux cannes en fibre de verre, leur résistance et leur faible prix permettaient de ne plus se ruiner pour se mettre à la pêche.

La canne en fibre de verre doit son succès au fait que ce matériau permet une production de masse, donc de faibles prix de revient, mais aussi à l'amélioration constante dont elle a été l'objet. Avec le développement rapide des matériaux synthétiques modernes, on pouvait s'attendre au remplacement de la fibre de verre par des matériaux encore plus performants. Ce fut le cas au début des années 70, avec l'apparition des cannes en fibre de carbone. Encore plus légères, elles étaient vraiment les héritières des cannes en bambou refendu en raison de leur étonnante aptitude au lancer. Au début, leur prix était exorbitant mais, très vite, il devint compétitif ; elles purent alors gagner définitivement leur cause d'abord auprès des pêcheurs à la mouche, puis auprès des pêcheurs au lancer de toutes catégories.

Les nouveaux matériaux produisent toujours des répercussions sur le marché. Un dernier peloton de pêcheurs sportifs persiste dans la conviction que le bambou refendu est imbattable par son aptitude au lancer et sa sensibilité. D'autres, au contraire, sont persuadés que les nouveaux matériaux vont donner des cannes révolutionnaires, d'une légèreté, d'un équilibre et d'une sensibilité inimaginables. Les cannes actuelles produites à partir des fibres de carbone, de bore, de verre et de leurs différents composites permettent en tout cas de se rapprocher un peu plus de la perfection.

Le prochain domaine de perfectionnement est celui des appâts artificiels. Constituant sans aucun doute le maillon le plus important de la chaîne qui relie le poisson au pêcheur, les appâts artificiels et les leurres sont devenus, eux aussi, plus efficaces et plus performants. Les imitations en caoutchouc et en plastique n'ont pas été les moins opérationnelles et elles occupent maintenant une place définitive dans la boîte à pêche de la grande majorité des pêcheurs. Les leurres à dandiner constituent également une catégorie de leurres de plus en plus répandus et, dans beaucoup de cas, ils ont supplanté cuillers ondulantes et cuillers tournantes. La tendance générale actuelle est une préférence grandissante pour le caoutchouc, la matière plastique et les plumes, qui ont fait la preuve de leur aptitude à faire mordre le poisson.

Imiter les proies naturelles des poissons en se servant de poils et de plumes est un art qui remonte à il y a deux mille ans ; aussi n'est-ce pas par hasard que ces matériaux n'ont rien perdu de leur popularité. Mais au cours d'une aussi longue période, les modèles de mouche ont évolué et se sont naturellement diversifiés. La recherche constante d'une meilleure aptitude à leurrer pousse les pêcheurs à la mouche à s'interroger sur l'entomologie. Les mouches artificielles doivent être aussi ressemblantes que possible aux proies naturelles du poisson et certains modèles traditionnels ont perdu beaucoup de leur popularité au profit de nombreuses créations nouvelles dont les moindres n'ont pas été les nymphes, les *streamers* et ce que l'on appelle les mouches-leurres.

On ne peut parler du développement de la pêche sportive sans évoquer le rôle déterminant des bateaux, qui nous permettent d'atteindre de nouveaux territoires de pêche. Pendant les vingt dernières années, la pêche en bateau est devenue encore plus commune sur les lacs et les mers. De nouvelles méthodes sont apparues, en particulier pour la pêche des couches de surface et de moyenne profondeur. Beaucoup de bateaux sont aussi équipés spécialement pour la pêche à la traîne et celle du tout-gros ; certains modèles sont même dessinés spécialement pour la pêche sportive. En outre, l'échosondeur, naguère utilisé exclusivement par les pêcheurs professionnels, est devenu un instrument de pêche important pour localiser le poisson.

La conservation de l'environnement

La révolution industrielle, qui a permis une fabrication sans cesse améliorée et plus performante du matériel à des prix relativement bas, a conduit également à une destruction accélérée de l'environnement naturel. La pollution de l'eau et de l'air, en bien des points du globe, a fait disparaître les espèces de poissons les plus sensibles, comme la truite de mer.

Avec l'extension de la «civilisation», les conflits entre la nature et la culture sont devenus encore plus sensibles. Nos énormes besoins en énergie, par exemple, sont satisfaits par la multiplication des usines hydroélectriques. Les villes s'étendent sans cesse, avec des maisons et des routes construites sur des zones qui comprenaient jadis des eaux poissonneuses. La surfertilisation agricole a tué la vie dans le fond des lacs et de la mer. Les captages d'eau, l'irrigation, les barrages et toutes les autres interventions directes sur les voies d'eau naturelles ont changé la condition de vie des poissons. Enfin, les modifications chimiques et thermiques de l'eau ont causé bien des torts à la pêche sportive. Pour trouver des eaux vierges, le pêcheur doit aller de plus en plus loin vers des contrées «sauvages».

Heureusement, tant en Europe qu'aux États-Unis, des voix se sont élevées contre la pollution incontrôlée. En outre, beaucoup de lieux de pêche dégradés sont en cours de restauration. Cela, ajouté à la réimplantation du poisson, a entraîné des conditions infiniment plus favorables à la pêche. Dans certains endroits, notamment en Amérique, des efforts ont été faits pour créer en mer des récifs artificiels : grâce à la mise en place d'énormes amoncellements de blocs de béton, de revêtement routier et de vieux pneus dans des sites propices, il s'est créé des niches écologiques nouvelles où les poissons prospèrent et où une pêche sportive de réelle valeur peut être pratiquée.

La pêche du saumon exerce une séduction particulière, même de nos jours. Représenté ici dans un joli paysage d'Écosse, un pêcheur débarque ses captures au soir d'une belle journée, assisté de ses *gillies*.

Pourquoi la pêche de loisir ?

L'idée de « pêche de compétition » ferait probablement se retourner Izaak Walton dans sa tombe. Cela en dit long sur les changements intervenus, au cours des trois derniers siècles, dans la relation entre les poissons et les pêcheurs. Les prix et les trophées constituent maintenant une part importante de l'attrait de la pêche à la ligne dans le monde entier. La plupart des magazines de pêche publient les listes des poissons records capturés à la ligne et les résultats des diverses compétitions et concours. Et même beaucoup de fabricants montrent fièrement des photos de « poissons de rêve » pris grâce à leur matériel. La grande percée de la pêche en mer, de nos jours, a aussi conduit à la création d'une organisation spéciale aux États-Unis : l'*International Game Fish Association* (I.G.F.A.), dont le but essentiel est de rassembler les informations concernant les poissons records capturés en mer et dans les eaux douces pendant ces dernières années.

Mais la pêche à la ligne n'est pas seulement la capture de poissons ; elle implique aussi une immersion dans la nature que peu d'autres activités sportives peuvent égaler. Pour certains, c'est la joie de prendre de nombreux et gros poissons ; pour d'autres, c'est l'occasion de passer un bon moment avec les copains. Certains passionnés apprécient la solitude des eaux calmes, loin de la routine quotidienne, tandis que beaucoup d'entre nous veulent goûter à la grande aventure en mer, loin des côtes. Le caractère compétitif de la chasse aux poissons trophées peut être l'élément de séduction, tout comme le calme et la contemplation peuvent procurer la satisfaction, sans que la prise ait beaucoup d'importance.

L'espèce du poisson recherché, la catégorie de l'eau dans laquelle on va tremper sa ligne, tout cela est affaire de choix personnel. L'important ce n'est pas ce qui nous différencie, mais l'intérêt commun qui nous rassemble. Quiconque est devenu un pêcheur à la ligne passionné possède un passe-temps qu'il gardera toute sa vie et qu'il pourra renouveler presque indéfiniment — soit en s'adonnant activement à la pêche, soit en montant ses lignes et ses mouches ou, pendant les sombres soirées d'hiver, en s'imaginant au bord d'eaux lointaines…

2. Les poissons et leur monde

L'environnement aquatique

Pour comprendre les mœurs des poissons – leur façon de vivre et de réagir –, il faut connaître le milieu dans lequel ils évoluent. Lorsque nous discutons, en tant que pêcheurs, de la bonne mouche ou du bon leurre, nous avons tendance à oublier les limites et les possibilités qui sont déterminées par le milieu aquatique.

À plus d'un titre, l'eau est un milieu unique. La molécule d'eau, combinaison de deux atomes d'hydrogène et d'un atome d'oxygène, est remarquablement stable ; et, parmi les corps les plus répandus sur terre, l'eau est le seul qui existe à l'état aussi bien gazeux que liquide et solide. Elle possède également la propriété d'être d'une plus grande densité à une température supérieure à la température de glaciation : pour l'eau pure, ces températures sont respectivement 4 °C et 0 °C. Cela est d'une importance capitale pour la survie des poissons et des autres organismes pendant l'hiver. Cette propriété implique que la glace flotte à la surface de l'eau, formant une couche isolante sur les lacs, les rivières et les zones côtières. Enfin, c'est ce qui rend possible la stratification thermique et le retournement saisonnier de la masse d'eau des lacs sous les climats froids, phénomène essentiel à la vie des poissons.

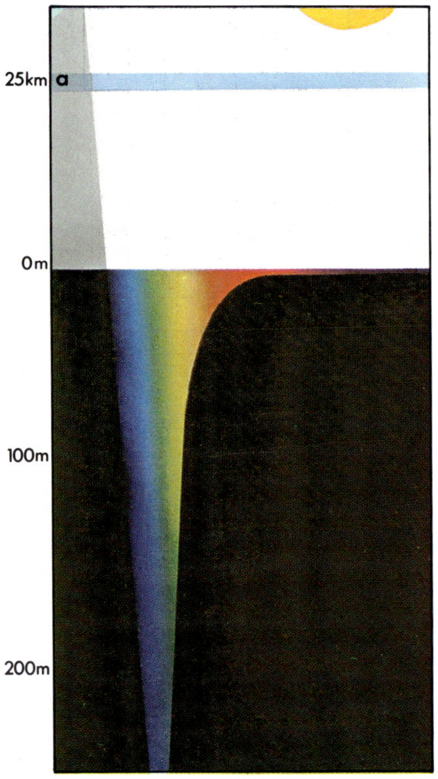

Une partie de la lumière solaire est absorbée par l'atmosphère terrestre, dont la couche d'ozone réduit les dangereux ultraviolets. Une plus grande partie encore est absorbée, répartie en fonction de la longueur d'onde des rayons. Dans l'eau pure, ce sont les rayons bleus et verts qui pénètrent le plus profondément, mais même cette bande du spectre devient trop faible pour permettre la synthèse des plantes à partir d'une profondeur de 100 m environ. De ce fait, il est essentiel que les substances nutritives des eaux profondes soient remontées à la surface, où la lumière est plus forte et où elles peuvent être utilisées par le phytoplancton et les algues.

L'eau, un mélange

L'eau absolument pure n'existe qu'en laboratoire. Toutes les eaux naturelles contiennent diverses substances. Dans l'eau dite douce, il s'agit principalement de complexes carbonés d'acide carbonique avec carbonate et bicarbonate. Ainsi, une eau est acide, neutre ou basique, comme le mesure la valeur de son pH, qui, du point de vue chimique, montre la proportion des ions hydrogène. L'eau neutre a un pH égal à 7, tandis que des valeurs moins élevées indiquent son acidité, et des valeurs plus élevées son alcalinité. Les lacs et les rivières ont généralement un pH plus élevé dans les régions calcaires que dans les régions renfermant moins de calcaire dans leur sol.

Alors que l'on qualifie l'eau des lacs et des rivières de douce, l'eau de mer est dite salée – ou plutôt : saline. Entre les eaux douces et les eaux salées, il existe de nombreux stades intermédiaires. Pour certaines mers fermées, telles que la Baltique, on parle d'eaux saumâtres. L'eau contenant moins de 1 g de substances dissoutes par litre est considérée comme douce ; au-delà, elle est dite salée ou saumâtre. L'eau de mer en contient en général 35 g par litre.

La lumière dans l'eau

Les conditions de propagation de la lumière sont très différentes dans l'air et dans l'eau. Même dans les lacs et dans les océans les plus clairs, la lumière solaire est réfléchie, dispersée et absorbée de sorte qu'il n'en reste plus que 1 % à 150 m de profondeur. Dans les eaux boueuses et troubles, la lumière ne peut pénétrer au-delà de quelques mètres. Ces différences de pénétration ont, bien sûr, des conséquences importantes, par exemple sur la capacité des poissons à voir un leurre.

La lumière est essentielle par ailleurs à la survie des organismes dans l'eau. Ils en dépendent non seulement pour la chaleur et, en ce qui concerne les plantes, l'énergie nécessaire à la photosynthèse, mais aussi pour l'oxygène et les substances organiques produites par les plantes chlorophylliennes. Cette production « primaire » est localisée dans les couches de surface – en mer, dans les eaux situées au-dessus du plateau continental et les rivages peu profonds.

Le son dans l'eau

La vitesse de propagation du son dans l'eau est très supérieure à celle dans l'air : de 330 à 340 m par seconde dans l'air, mais de 1 400 à 1 550 m par seconde dans l'eau, selon la pression atmosphérique et la salinité.

De ce fait, le monde aquatique n'est nullement « le monde du silence », même si, en tant que pêcheurs, nous avons souvent cette impression. Hors de l'eau, nous entendons rarement les sons subaquatiques, surtout parce que leur ondes meurent à la surface. Des recherches au moyen d'équipements hydroacoustiques modernes démontrent que l'eau peut être comparée à une bonne sonothèque dont la plupart des émissions seraient assurées par les poissons !

Le cycle de l'eau

L'eau recouvre environ 71 % de la surface de la terre et son volume total est estimé à plus de 1 450 millions de kilomètres cubes. Environ 94 % de sa masse se trouvent dans les océans ; 4 % sont constitués par l'eau douce et 2 % par les glaces polaires et les icebergs ; seul 0,001% se trouve dans l'atmosphère. La plus grande partie de l'eau douce est entraînée dans un perpétuel processus circulatoire engendré par la chaleur solaire. Ce cycle planétaire comprend plusieurs étapes principales.

L'eau s'évapore continuellement des océans. La vapeur d'eau est transportée par les vents, condensée par le refroidissement et précipitée en pluie, en neige ou en grêle. Il s'évapore environ 1 m d'eau par an de la surface des océans et 90 % de cette eau retournent directement à la mer par condensation sur la surface. Le reste est poussé par les vents au-dessus des continents et y provoque des précipitations d'importance variable. La plus grande partie de ces eaux de pluie ou de neige s'évapore des lacs, des rivières, de la végétation et des sols et retourne à la mer. De ce qui reste sur les continents, la quasi-totalité constitue des eaux de ruissellement des terres vers la mer, dernière étape de ce grand processus circulatoire de l'eau.

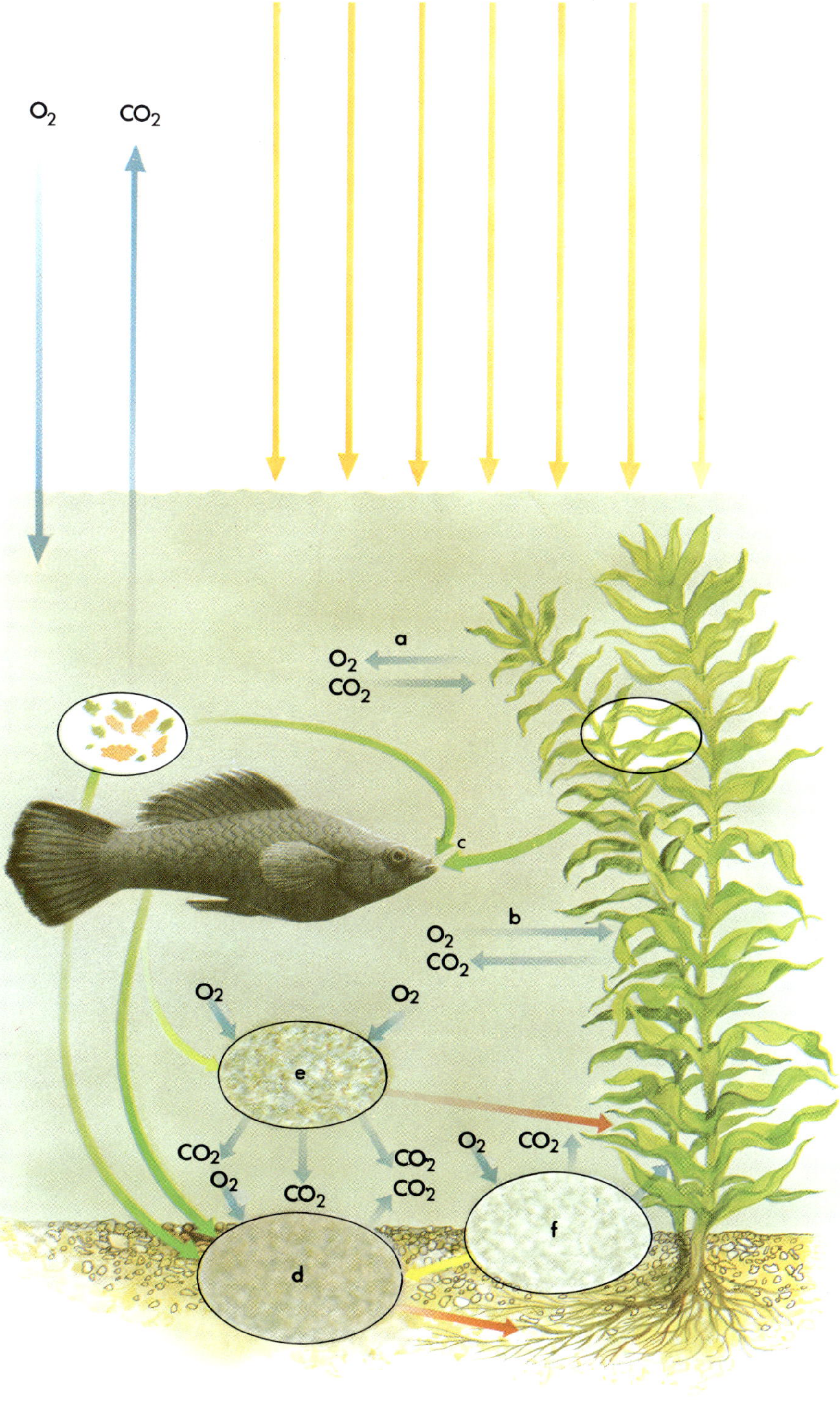

Dans la nature, il y a une continuelle circulation de l'énergie et de la matière. Sur cette illustration schématisant la photosynthèse, sont représentés des matériaux organiques morts (flèches vertes) et les cycles de l'oxygène et du gaz carbonique (flèches bleues), des composés azotés (flèches jaunes) et des fertilisants inorganiques (flèches rouges). Les divers processus doivent s'équilibrer mutuellement afin de créer un environnement favorable. L'énergie solaire permet la photosynthèse des plantes, qui absorbent le gaz carbonique et libèrent l'oxygène (*a*). La respiration est un processus inverse : elle utilise de l'oxygène et produit du gaz carbonique en libérant de l'énergie (*b*). Les poissons herbivores mangent le matériau végétal (*c*). Les excréments, l'urine et les parcelles de plantes mortes recouvrent les fonds aquatiques et sont décomposés par les bactéries (*d, e, f*). Cette décomposition consomme de l'oxygène et libère du gaz carbonique en même temps que les substances nutritives qui sont récupérées par les racines et les feuilles des plantes. Ainsi, le cycle de la circulation se referme.

Circulation et stratification

Outre ce grand cycle général, beaucoup d'autres processus circulatoires et de courants existent dans les océans et les lacs. Les courants transportent la chaleur et les matériaux dissous, qui sont très importants pour les poissons et les autres formes de vie aquatiques. Les courants océaniques qui naissent sous les latitudes sub-tropicales apportent de la chaleur aux grandes étendues de l'Atlantique nord et du Pacifique. Les courants verticaux font remonter des profondeurs vers la surface les eaux froides ainsi que les nutrients.

Les courants de surface, tant sur les lacs que sur les océans, sont engendrés principalement par les vents ; d'autres forces poussant les courants sont les changements de pression atmosphérique, ainsi que la force des marées, causées par l'attraction gravitationnelle du soleil et de la lune. Les changements de densité de l'eau sont dus aux variations de température, qui sont plus importants dans les lacs profonds des zones à climat tempéré. Là, comme nous l'avons vu, les masses d'eau subissent une stratification thermique et un retournement *(turn-over)* suivant un cycle saisonnier, entre l'automne et le printemps, qui s'opère de la manière suivante : pendant l'été, l'eau la plus chaude d'un lac, étant la plus légère, forme une couche de surface ; cette stratification dure jusqu'à l'automne, époque à laquelle l'eau se refroidit, et alors, le lac tout entier est à une température uniforme. Mais comme l'eau atteint sa plus grande densité à 4 °C, dès que l'hiver abaisse encore sa température, elle redevient moins dense et remonte à la surface où elle forme une nouvelle couche. Cette stratification hivernale persiste jusqu'au printemps, époque à laquelle sa surface se réchauffe ; elle redevient donc plus dense et entraîne à nouveau une température uniforme du lac.

Ainsi, pendant ses stratifications estivale et hivernale, le lac a deux masses d'eau relativement stables, avec très peu d'échanges entre elles : la couche de surface *(épilimnion)* et la couche profonde *(hypolimnion)* ; dans cette dernière, la production des éléments fertilisants est limitée ou nulle en raison de la faiblesse de l'éclairement. Ces deux couches sont séparées par la thermocline, une épaisseur d'eau très stable, dont la température peut varier de 10 °C sur quelques mètres de profondeur. Une barrière est ainsi formée contre le mélange des eaux entre le fond et la surface, mais aussi contre la circulation due au vent et l'apport d'oxygène atmosphérique vers la couche profonde. Pendant la stratification estivale (ou *stagnation*), il peut se produire une grave carence en oxygène, surtout dans les lacs très productifs où la décomposition des matériaux organiques exige beaucoup d'oxygène.

En mer, cependant, la température de densité maximale décroît au-dessous de 4 °C à mesure que la salure augmente. En même temps, sa température de glaciation descend légèrement au-dessous de 0 °C. Dans les eaux très salées, ces températures deviennent pratiquement égales. Si bien que, lorsque ce type d'eau est très homogène en température, la glace ne peut y flotter et aucune partie n'en peut geler avant que la masse tout entière n'ait atteint son point de glaciation. Et aucune stratification ni aucun retournement ne peut s'y produire.

Dans les eaux saumâtres – surtout celles qui ont une forte proportion d'eau douce, comme la Baltique –, une couche de surface à faible salure tend à s'établir au-dessus d'une couche profonde à la salure plus élevée. Seule la couche de surface bénéficie d'une circulation verticale. Au-dessous se trouve la thermocline d'eau salée, ou halocline. L'eau qui se trouve sous elle a une variation saisonnière de température faible ou nulle. En conséquence, l'eau recouvrant l'halocline est généralement bien saturée en oxygène, tandis que la couche profonde est souvent déficiente en oxygène ou en est totalement dépourvue.

Toute vie terrestre dépend du soleil. Le rayonnement solaire ne sert pas seulement à nourrir les plantes chlorophylliennes, mais constitue également la source d'énergie pour la circulation de l'eau et de l'air à travers le monde. L'eau réchauffée par le soleil s'évapore dans l'atmosphère, est transportée par le vent et tombe finalement en pluie ou en neige. Au sol, par les rivières, elle retourne à la mer où elle circule en grands courants jusqu'à ce qu'elle s'évapore à nouveau.

Les habitats des poissons

Les types d'habitats des poissons sont innombrables et vont de la mare ou du ruisseau le plus petit au plus grand des océans. Nous devons donc nous limiter aux trois types principaux d'écosystèmes : les lacs, les eaux courantes et les mers, et écarter les nombreux écosystèmes intermédiaires. Notre intérêt présent se portera avant tout sur les eaux des zones à climat tempéré.

Les lacs

On peut classer les lacs de différentes façons. Nous retiendrons celle qui se fonde sur leur production en matériaux organiques. Les lacs oligotrophes, pauvres en éléments fertiles, sont relativement profonds et hébergent peu d'organismes. Les lacs eutrophes, riches en éléments fertiles, sont assez peu profonds et produisent une vie organique abondante.

Ce qui détermine la production d'un lac, c'est surtout son bassin versant, ou aire de capture des eaux, et son climat. En général, les lacs les plus oligotrophes sont situés sur des sous-sols de roches anciennes pauvres, tandis que les plus eutrophes s'étendent dans les régions riches en calcaire. Les lacs des parties très peuplées du monde occidental s'eutrophisent plus encore du fait qu'ils s'enrichissent des éléments fertiles apportés par les eaux d'égout et les eaux de drainage agricole. Ces apports croissants de fertilisants constituent, nous le verrons, une grave menace pour les salmonidés – bien qu'ils favorisent, par ailleurs, quelque peu les espèces dites eutrophes, notamment les cyprinidés.

La vie lacustre

Les animaux et les plantes lacustres sont directement dépendants du niveau de production aquatique d'éléments fertilisants. Le nombre et la nature des espèces peuvent varier considérablement entre un lac eutrophe et un lac oligotrophe. Cependant, ils ont tous deux des traits biologiques communs.

Le *plancton* constitue une grosse masse de petits organismes flottants dont les déplacements sont plus ou moins affectés par les courants. Cela se vérifie tout spécialement avec le plancton végétal (phytoplancton), tandis que certains organismes du plancton animal (zooplancton) sont des nageurs actifs. La plus grande partie du plancton vit dans les eaux libres des lacs, appelées zones pélagiques. Certaines espèces, telles que les copépodes et certains cladocères, ont des migrations verticales diurnes, montant à la surface la nuit et retournant dans les profondeurs le jour. Ce phénomène migratoire n'est pas encore bien compris, mais il est apparemment lié à la lumière solaire. Le plancton constitue une part importante de la nourriture de presque tous les jeunes poissons et la source de nourriture principale de certaines espèces de poissons.

Le *necton* est généralement défini comme l'ensemble des organismes nageants, et en particulier les plus robustes, qui se déplacent à leur gré. Aussi y trouve-t-on principalement des poissons, mais également d'autres animaux, tels que les crustacés et les oiseaux nageurs.

Le *benthos* est un groupe d'organismes attachés au fond ou s'y cantonnant. Ils vivent dans les sédiments ou, d'une manière ou d'une autre, en sont dépendants pour leur vie ou leur nourriture. Dans les zones littorales des lacs surtout, cet environnement est très diversifié et souvent contraignant, exigeant différentes adaptations. Les espèces vivant sur les fonds rocheux à forte pente et exposés aux vents, par exemple, doivent être capables de résister à la pression mécanique ; à cet effet, ils ont un corps plutôt aplati et parfois des griffes, des ventouses ou des bourrelets de protection, comme c'est le cas chez de nombreux animaux vivant dans les eaux courantes. En revanche, les espèces vivant dans une baie calme au fond argileux ou vaseux peuvent être relativement fragiles ; mais, pour survivre à la carence en oxygène qui caractérise couramment ces milieux, ils doivent en emmagasiner. Cet environnement protégé a généralement une forte production primaire végétale par photosynthèse. Ses espèces benthiques sont souvent nombreuses, incluant des vers, des mollusques, des crustacés et des insectes à divers stades de développement.

La zone littorale d'un lac est la plus riche en espèces, malgré la diversité de ses habitats. À mesure que l'on s'avance vers des profondeurs plus importantes, les espèces deviennent moins nombreuses du fait que l'environnement est plus éprouvant ; cependant, elles ont tendance à être représentées par des individus plus nombreux, puisque la compétition entre les espèces est moins grande.

Dans un lac eutrophe, ce sont surtout les plantes benthiques qui constituent la végétation enracinée de la zone littorale. Les eaux de faible profondeur près des rives sont habitées par les héliophytes, plantes à longues tiges dures qui étalent leurs parties supérieures au-dessus de la surface, les plantes enracinées aux feuilles flottantes, dont les fleurs n'apparaissent pas à la surface et, à côté de celles-ci, on trouve des plantes enracinées immergées, qui vivent entièrement sous l'eau. La végétation profonde est généralement la moins développée dans les lacs eutrophes, mais la plus développée dans les lacs oligotrophes.

Les chaînes alimentaires d'un lac

Les producteurs primaires d'un lac sont les plantes chlorophylliennes. Grâce à leur chlorophylle, elles élaborent des éléments nutritifs par photosynthèse à partir de l'énergie solaire, du gaz carbonique et de l'eau, ce qui, dans un sens, les rend autarciques, bien qu'elles dépendent tout de même d'apports extérieurs. Mais surtout, elles ont besoin des bactéries pour décomposer les matières organiques mortes, qui leur apportent principalement les nitrates. Ainsi, à proprement parler, les bactéries doivent être considérées comme la base des réseaux trophiques des lacs.

Les chaînes alimentaires dans un lac tempéré. Ces chaînes ne sont pas nécessairement directes depuis les consommateurs primaires jusqu'aux derniers consommateurs. En se recoupant mutuellement, elles forment souvent un réseau trophique compliqué dans le biotope.

a détritus
b larve d'éphémère
c algue benthique
d phytoplancton
e plantes rivulaires
f moule d'eau douce
g rotifères
h *Cyclops*
i daphnie (puce d'eau)
j aselle (pou d'eau)
k ver de vase
l escargot d'eau
m sangsue
n éphémère (mouche de mai)
o alevin de perche
p truite
q perche
r brochet

Les divers habitats se succédant le long de cette côte sont le résultat des mouvements du vent et de l'eau. On peut y reconnaître trois habitats principaux : (1) un rivage rocheux, le plus exposé aux vagues, constitué de falaises, de blocs rocheux et de graviers ; il offre diverses niches aux plantes, aux animaux et aux poissons, selon la profondeur de l'eau ; (2) sur les plages peu profondes continuellement soumises aux marées, la vie animale doit être adaptée à la condition périlleuse qui peut survenir lors des longues périodes de mise à sec ou quand soufflent les vents du large ; (3) plus loin, près de l'estuaire d'une rivière, l'environnement est plus protégé et les plages sont souvent constituées d'étendues de sable ou d'argiles semées de cailloux.

3

tous les océans jusqu'à environ 3 000 m de profondeur. À côté, on trouve les euphosiacés – ou *krill* –, qui n'ont virtuellement pas d'égaux pour filtrer les algues microscopiques et, de ce fait, jouent un rôle important dans la production de nourriture marine. Le necton marin est constitué par les poissons, les céphalopodes (calmars, pieuvres), les mammifères et les oiseaux.

Alors que les animaux pélagiques comptent seulement 3 000 espèces environ, il existe près de 150 000 espèces benthiques qui vivent principalement dans la zone néritique à des profondeurs de moins de 200 m. Les océans Arctique et Antarctique sont beaucoup moins riches en espèces que les mers tropicales. Cette distribution de la température est liée elle-même à la latitude et aux grands courants océaniques.

Les habitats des poissons dans la mer

Les organismes marins semblent pouvoir s'adapter sans limite à leur environnement. Des poissons existent à presque toutes les profondeurs, bien que le nombre des espèces et des individus soit plus élevé dans les eaux néritiques. Cette zone leur offre un large choix depuis la bordure littorale, les étendues d'algues et les estuaires, jusqu'aux bancs rocheux du large. Les habitats spécifiques des poissons marins dépendent de la profondeur de l'eau, de la salure, du courant, de la nature du fond (le substrat). Plus évident est le cas des poissons plats, dont la morphologie est adaptée aux fonds sur lesquels ils vivent, et celui des maquereaux et des thons, bâtis pour les grandes vitesses, au corps en forme de torpille, et qui évoluent sans peine jusqu'à de grandes profondeurs. Généralement, les habitats de la zone néritique peuvent se diviser en eaux en deçà ou au-delà des îles ou des bancs rocheux qui s'étendent au large d'une côte. Quelques habitats typiques de la zone littorale sont représentés sur l'illustration ci-contre.

2

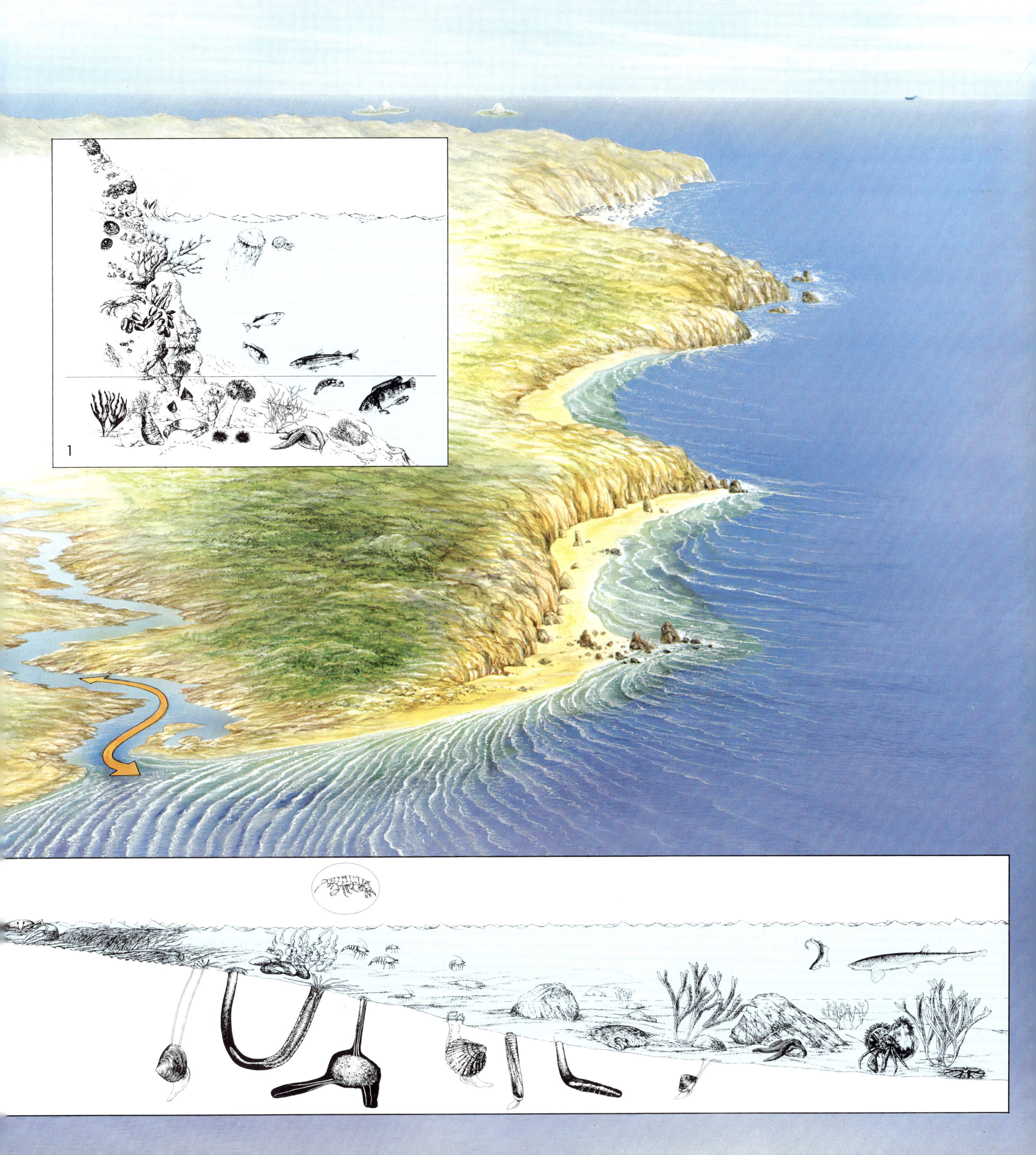
1

La biologie des poissons

Pour passer de l'environnement biotopique des poissons aux poissons eux-mêmes, un pêcheur doit connaître de nombreux aspects de leur structure, de leurs sens et de leur comportement. Leur histoire est très longue. Lorsque les premiers poissons apparurent sur terre, il y a environ 500 millions d'années, ils représentaient une nouveauté dans le monde animal, quelque chose comme une audacieuse expérience de Mère Nature. C'étaient les premiers organismes dotés de parties osseuses et, à ce titre, ils sont les plus anciens vertébrés. Bien que se situant plutôt au bas de l'échelle pour ce qui est de la complexité, ils peuvent ainsi figurer en haut de l'échelle animale prise dans son ensemble.

Un poisson peut se définir succinctement comme un vertébré vivant dans l'eau, pourvu de nageoires et respirant au moyen de branchies, bien que cette définition écarte quelques espèces n'ayant pas de nageoires visibles ou respirant grâce à des poumons. Il existe trois grandes catégories de poissons : les cyclostomes, les poissons cartilagineux et les poissons osseux. Les premiers sont très primitifs et comprennent les lamproies. Les deuxièmes constituent également un groupe ancien où figurent les requins et les raies. Quant à la troisième catégorie, 90 % des poissons la représentent de nos jours.

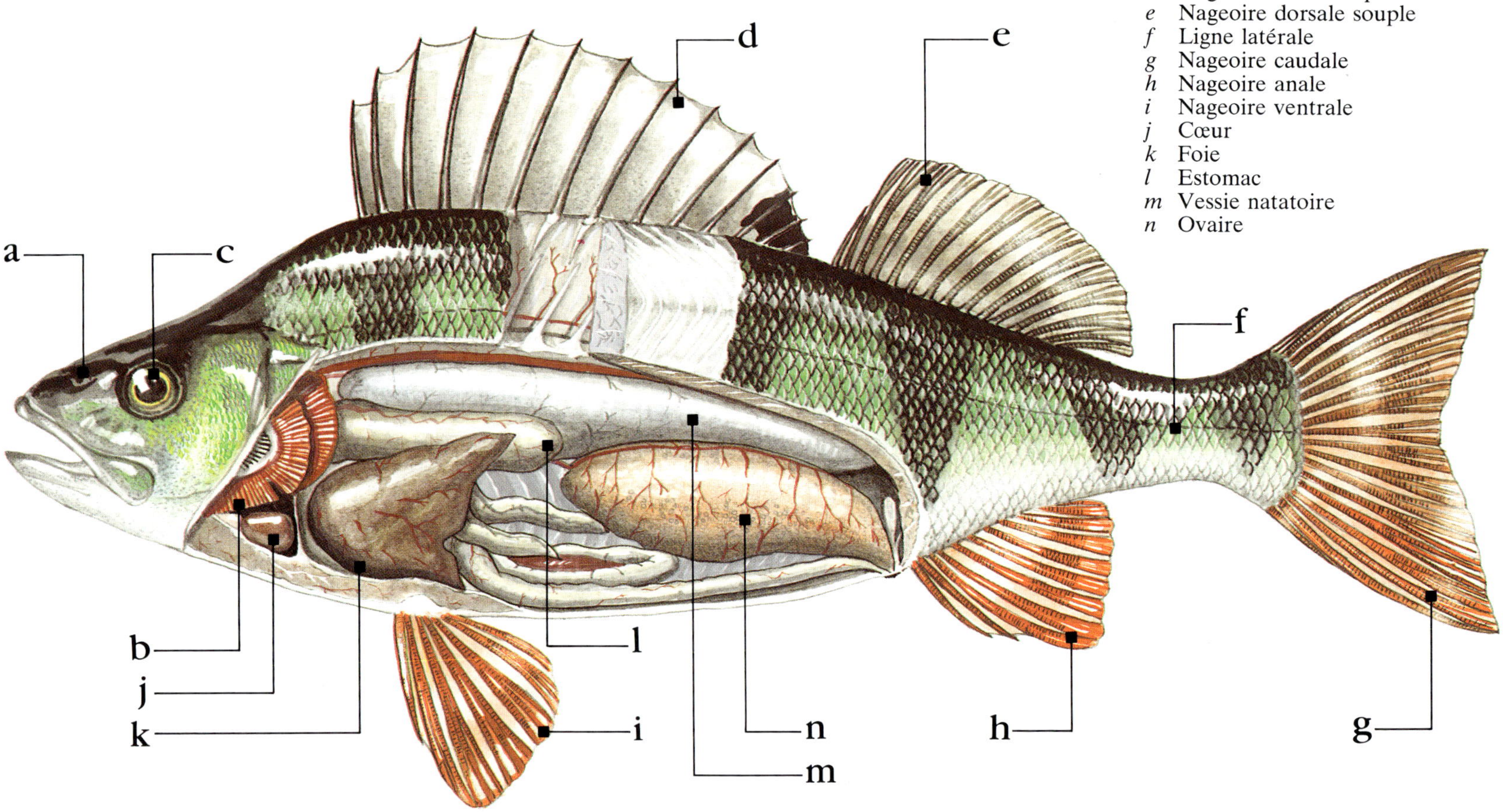

a Organe nasal
b Branchie
c Œil
d Nageoire dorsale épineuse
e Nageoire dorsale souple
f Ligne latérale
g Nageoire caudale
h Nageoire anale
i Nageoire ventrale
j Cœur
k Foie
l Estomac
m Vessie natatoire
n Ovaire

Branchie

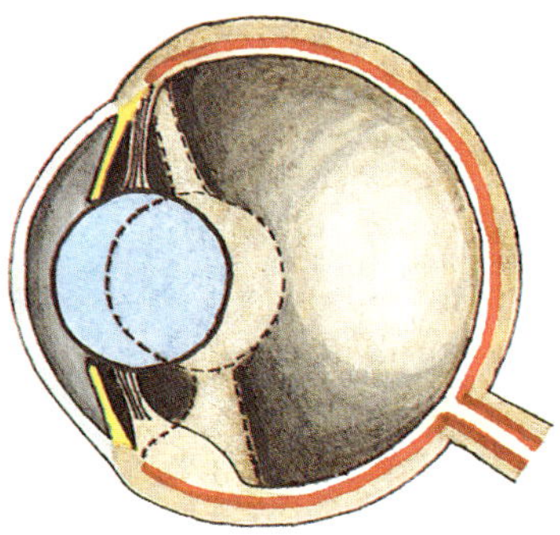

Œil

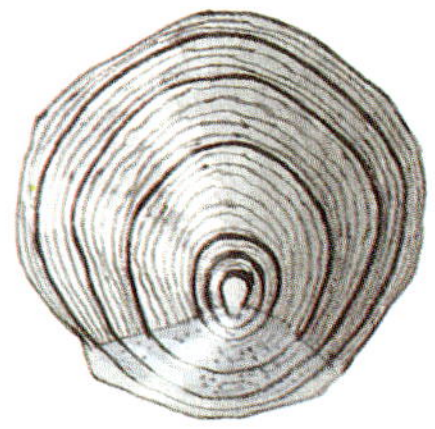

Écaille cycloïde

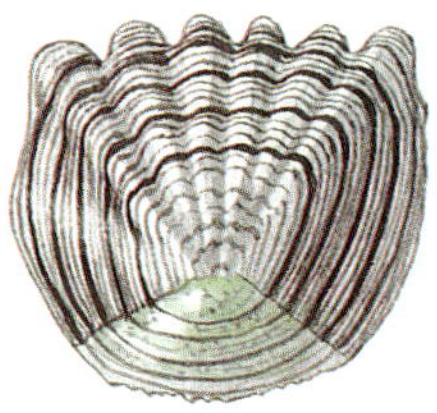

Écaille cténoïde

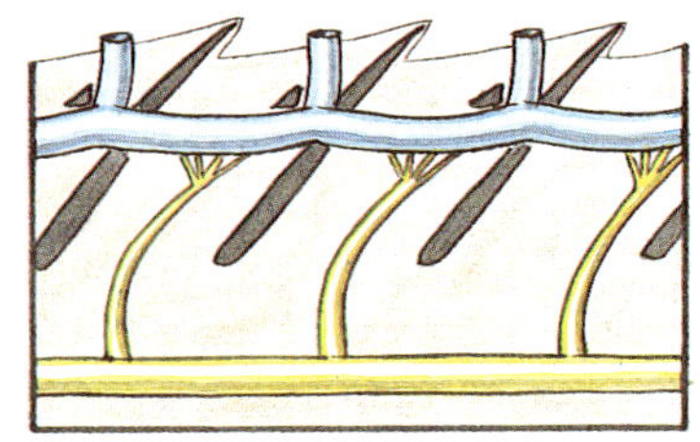

Structure de l'organe sensoriel de la ligne latérale

La structure d'un poisson

Les poissons ont des aspects très divers et certaines espèces ne ressemblent même pas à des poissons. Cependant, ils sont tous des variations d'un même «modèle» de base simple que l'on reconnaît dans un poisson osseux typique.

Les nageoires sont les parties externes du corps qui, peut-être, caractérisent le mieux les «vrais» poissons. Elles sont constituées par des replis de la peau étalés sur une armature de rayons qui peuvent être souples et ramifiés (rayons mous) ou rigides (rayons épineux) et sont généralement articulés à la base et reliés à des muscles grâce auxquels ils peuvent être rabattus ou déployés, selon la nécessité. Les nageoires dorsales, anale et caudale (ou queue) sont impaires, tandis que les nageoires pectorales et pelviennes (ou ventrales) sont paires, correspondant aux pattes antérieures et postérieures des vertébrés supérieurs. L'épiderme, l'enveloppe extérieure, est presque entièrement constitué de matériau vivant, à l'inverse de celui des mammifères. Fin et transparent, il sécrète un mucus gluant qui atténue la friction dans l'eau et protège des bactéries et des parasites. Pour cette raison, un pêcheur digne de ce nom aura soin de ne jamais endommager ce mucus en manipulant un poisson avec des mains sèches avant de le remettre à l'eau.

Sous l'épiderme, se trouvent les écailles, qui sont des ossifications de la peau. Certains poissons, tels que la perche, ont des écailles dentelées et rainurées (cténoïdes), tandis que les salmonidés ont des écailles lisses et non dentelées (cycloïdes). Les écailles grandissent en même temps que le poisson, grâce à des couches nouvelles qui se forment à la périphérie des anciennes. Les zones de croissances qui en résultent peuvent révéler bien des choses sur l'histoire de la vie du poisson et, pour de nombreuses espèces, servent à déterminer leur âge (scalimétrie).

La majorité des poissons ont les flancs argentés. Cet éclat est provoqué par la réflexion de la lumière sur une substance appelée guanine, produite par la face interne des écailles et par des cellules colorées spécifiques du derme. La peau d'un poisson comprend des milliers de ces cellules «chromatophores». Chacune a sa propre pigmentation (rouge, orangée, jaune ou noire) et le poisson peut changer de couleur en déployant ou en concentrant ses pigments. De nombreux poissons produisent également des couleurs de fraie («parure de noce»), provoquées par d'autres pigments.

Le squelette d'un poisson se compose du crâne, de l'épine dorsale et de toutes les arêtes osseuses qui maintiennent le corps et les nageoires. Le crâne unit la boîte crânienne aux parties buccales, tandis que les parties mobiles sont articulées à sa base. L'épine dorsale maintient les os des nageoires impaires, mais les nageoires paires ont leurs propres parties osseuses rattachées souplement aux os des épaules.

Chez le poisson, contrairement aux mammifères, les dents se trouvent non seulement sur les mâchoires, mais aussi sur le palais. Elles sont généralement longues et pointues, souvent en forme d'aiguilles, car leur rôle est seulement de retenir la nourriture avant de l'avaler. Il s'agit en fait d'une simple adaptation à la respiration branchiale, car si elles servaient à mâcher la nourriture, le poisson ne pourrait plus respirer. Certaines espèces ont aussi des dents sur la langue. Les poissons herbivores possèdent des dents pharyngiennes larges et plates pour broyer la nourriture. Les branchies se composent de filaments charnus à la peau mince et riche en sang portés par des arcs branchiaux. Sur le côté des arcs branchiaux tourné vers la cavité buccale, se trouvent les peignes branchiaux, qui consituent un dispositif filtrant pour récolter les fines particules de nourriture. Ils sont très développés chez les espèces qui se nourrissent surtout de plancton, comme les harengs, les poissons blancs, certains ombles, etc.

La vessie natatoire n'existe pas chez les poissons cartilagineux, mais tous les poissons osseux en ont au moins une, même rudimentaire. Chez les clupéidés (hareng) et les salmonidés, la vessie natatoire est «ouverte», c'est-à-dire en communication avec le tube digestif par un étroit canal. Mais chez les gadidés (morue) et les percidés (perche), par exemple, cette communication dégénère à la naissance de la larve. La vessie natatoire de ces espèces est donc fermée, et elle renferme une certaine quantité d'air régulée par des glandes spéciales qui la remplissent de gaz. La vessie natatoire sert en partie d'organe hydrostatique qui adapte le poisson à la pression de l'eau. Les poissons à la vessie fermée sont en général plus sensibles aux variations de pression de l'eau. De nombreuses espèces ont une connexion spéciale entre l'oreille et la vessie natatoire qui, de ce fait, fonctionne comme une sorte d'organe auditif complémentaire. D'autres espèces (grogneurs) s'en servent même pour produire des sons.

Les sens

Le cerveau d'un poisson est un élargissement de l'extrémité antérieure de la moelle épinière. Il se compose du cerveau antérieur, du cerveau moyen et du cervelet. Le cerveau antérieur reçoit les impulsions nerveuses de l'organe olfactif. Ce dernier se compose de deux fosses nasales reliées non à la cavité buccale mais, chez de nombreux poissons, à l'épiderme par deux ouvertures. Le silure a également des organes olfactifs à la queue, car il vit sur des fonds sombres et vaseux où la visibilité est faible.

Les poissons ont des bourgeons du goût sur la langue, comme nous; mais ce ne sont pas leurs seuls organes gustatifs. Il en existe d'autres, identiques, dans les barbillons de poissons comme la plupart des gadidés et sur leur ventre, ainsi que celui des cyprinidés (carpe).

Le rôle essentiel de l'odorat, chez le poisson, est, comme chez les animaux terrestres, de détecter la nourriture à distance – et aussi, probablement, les ennemis et les congénères. Le goût sert avant tout à déterminer la qualité de la nourriture. Dans l'eau, cependant, toutes les substances provoquant des sensations olfacto-gustatives sont dissoutes, ce qui rend difficile la différenciation entre les odeurs et les saveurs. Quoi qu'il en soit, ces sens sont incontestablement très développés chez la plupart des espèces. Chez certains salmonidés, l'odorat doit jouer un rôle important dans l'orientation et l'on sait que la majorité des poissons savent faire la différence entre le sucré, le salé et l'amer. Parmi les plus sensibles à l'odorat, se trouve l'anguille, qui est capable de détecter même quelques molécules d'une substance odorante.

Le cerveau moyen est le centre de la vision chez les poissons. La vision est différemment conditionnée dans l'air et dans l'eau. Même dans les eaux les plus claires, il est impossible de voir très loin et les yeux des poissons ne sont d'ailleurs pas adaptés à cela. Lorsqu'ils sont au repos, ils accommodent pour la vision rapprochée. Pour voir au loin, leur cristallin doit être ramené par un muscle spécial, mais il ne peut pas changer sa forme, comme chez l'homme.

En raison de la position de leurs yeux, la vision binoculaire des poissons (faculté de voir les objets avec les deux yeux en même temps) est limitée à un champ étroit situé juste devant eux. De ce fait, le pêcheur doit s'efforcer d'y placer ses appâts ou ses mouches s'il veut avoir les meilleures chances d'y intéresser le poisson. La réfraction de la lumière à la surface a deux effets importants sur l'aptitude du poisson à voir hors de l'eau. D'abord, les objets situés au-dessus de la surface semblent être plus élevés qu'ils ne le sont en réalité. Ensuite, ils sont tassés dans un champ conique de lumière, sous un angle d'environ 98° au sommet touchant l'œil. Si bien que ce dernier les voit comme à travers une fenêtre ronde percée dans le reste de la surface et qui ne fait que refléter le monde subaquatique. Quand, en particulier, le poisson essaie de voir ce qui se trouve à l'intérieur, sur la pellicule de surface, il n'obtient qu'une image faible et déformée qui peut être rendue floue par la réflexion. Ce fait explique la vieille croyance des pêcheurs en un «angle mort» situé près de la surface et qui empêcherait le poisson de voir un

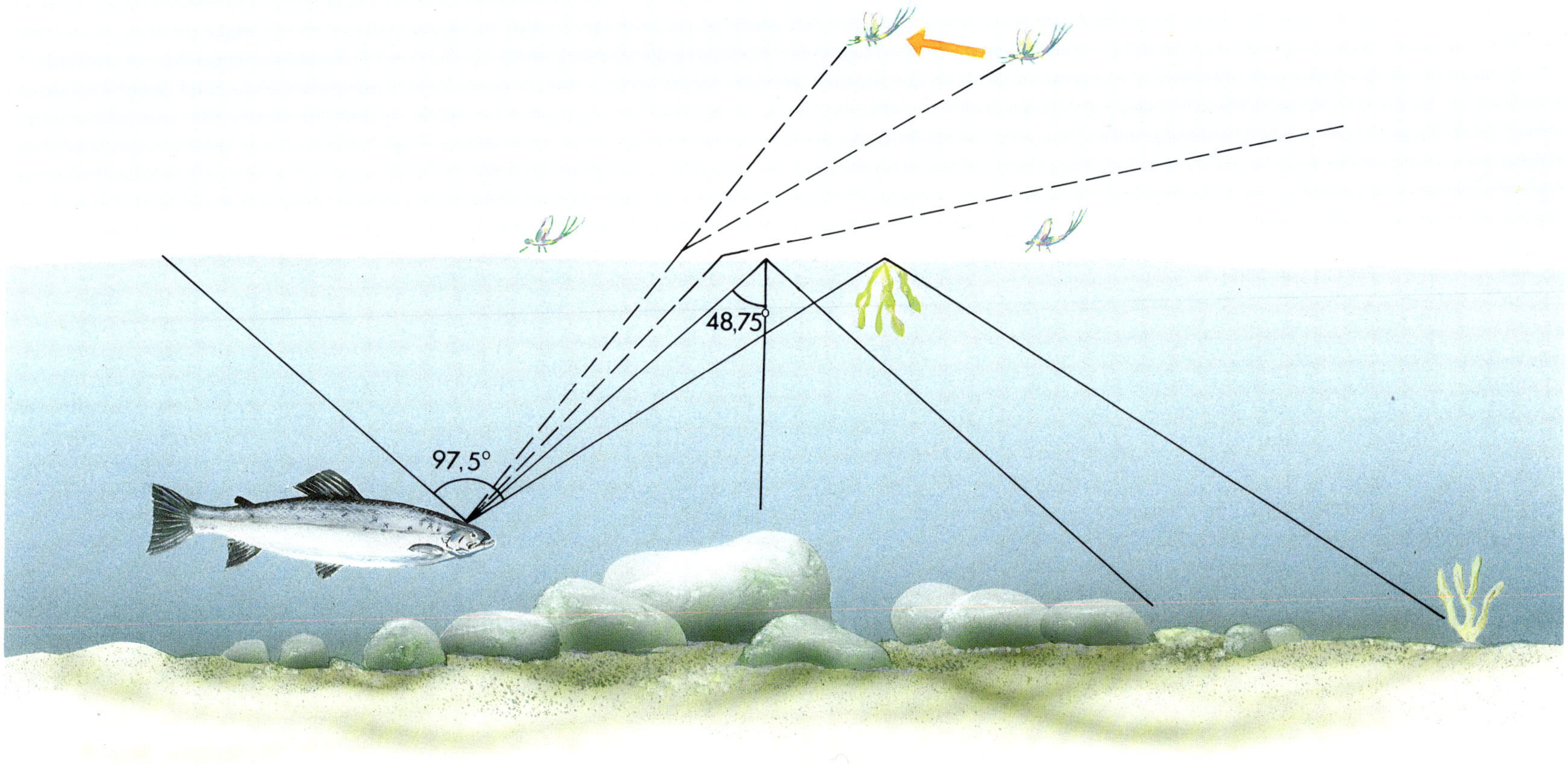

L'image d'un objet se trouvant à la surface de l'eau ou au-dessus n'est pas la même image pour l'homme et le poisson, qui la voit plus haut qu'elle n'est en réalité. Le champ de vision du poisson, ou «fenêtre», est comme un cône inversé ayant un angle au sommet d'environ 98°.

homme se tenant assez bas sur la rive. Cependant, malgré ces restrictions, la vue est le sens principal chez de nombreux poissons. Certaines espèces ont une vision excellente et sont dotées d'une vision des couleurs très développée: c'est d'une grande importance pour celles qui vivent dans un environnement bien éclairé.

Le cervelet coordonne les mouvements musculaires du poisson, ainsi que les impressions de ses oreilles internes (labyrinthe) et des organes de sa ligne latérale. Comme les poissons n'ont pas d'oreille externe, ni d'oreille moyenne, on a cru longtemps qu'ils étaient pratiquement sourds. Mais nous savons maintenant que presque tous les poissons entendent très bien, surtout ceux qui ont une connexion entre l'oreille interne et la vessie natatoire, qui peut amplifier les sons subaquatiques. Cette connexion fait défaut à la plupart des poissons, qui ne peuvent probablement capter que les sons à basses fréquences – les plus nombreux sous l'eau.

La ligne latérale a longtemps été considérée comme un organe mystérieux du poisson. Chez la plupart des espèces, c'est une ligne bien marquée sur l'épiderme, allant de derrière la tête à la base de la queue et se prolongeant même souvent jusque sur elle. C'est la partie externe d'un canal rempli de mucus situé sous la peau et s'ouvrant sur l'extérieur, de place en place, par des pores qui traversent les écailles ou passent par-dessous. À l'intérieur de ce canal, se trouvent une série de capteurs reliés à un nerf courant en dessous. Des études récentes suggèrent que cet organe fonctionne comme un échosondeur pour les sensations de «contact» à longue distance. Il enregistre les vibrations de très basses fréquences émises par les mouvements des animaux aquatiques ou répercutés par les corps immergés. Le rôle essentiel de cet organe serait aussi de prévenir le poisson des ennemis ou des obstacles, en particulier dans l'obscurité, quand il ne peut pas voir.

Dans ce contexte, on peut envisager la capacité d'un poisson à ressentir la douleur, et pas seulement eu égard à l'éthique de la pêche. Nous piquons des poissons à l'hameçon et nous luttons contre lui pour notre plaisir. Bien sûr, nous sommes encouragés en cela par le fait qu'un brochet ou une perche ayant été blessé par l'hameçon mais s'étant décroché est capable de mordre à nouveau au lancer suivant. Cela ne signifie pas pour autant qu'il n'a pas souffert. Sinon, les poissons n'auraient jamais appris à survivre dans leur lutte pour l'existence. Même si leur cerveau, aussi simple et petit qu'il soit, les rend moins sensibles à la douleur que les vertébrés supérieurs, les preuves sont nombreuses pour montrer que les diverses espèces ont une perception variable de la douleur. Et il semble que le stress et l'excitation peuvent réduire cette sensibilité. Mais dans tous les cas, les pêcheurs doivent toujours éviter de faire durer la lutte plus longtemps que nécessaire et tuer immédiatement le poisson qu'ils désirent garder.

L'enregistrement de la douleur est probablement le rôle principal des papilles du toucher réparties sur toute la surface de la peau des poissons. Ainsi, ils ont des organes du toucher directs en plus du toucher à longue distance que constitue la ligne latérale. Le toucher est incontestablement l'organe le plus important chez les animaux. La faculté de percevoir la température du milieu aquatique est, de toute évidence, vitale pour les poissons. Elle leur donne la possibilité d'échapper à des conditions de chaleur ou de température défavorables ou dangereuses. Ce sens est également essentiel pour le déroulement de la fraie, des migrations et d'autres phénomènes cycliques de la vie des poissons. Il est très développé chez la plupart des espèces et certaines d'entre elles sont capables d'enregistrer des variations de quelques centièmes de degré seulement si elles se produisent brusquement. Nous savons mal où et comment le sens thermocapteur fonctionne chez le poisson, mais les papilles du toucher doivent y participer pour une bonne part; la ligne latérale et l'organe du goût peuvent également y jouer un rôle.

La digestion, la respiration et l'élimination

Les dents du poisson ont pour fonction première de retenir les proies. Même si les poissons herbivores broient les plantes avec leurs dents pharyngiennes, la nourriture n'est généralement pas mâchée mais avalée tout entière. Les poissons n'ont pas de glandes salivaires, aussi leur nourriture est-elle digérée par le transit stomacal et intestinal. La longueur de l'intestin des poissons est principalement adapté à leur régime alimentaire; il est généralement court chez les prédateurs et long chez les phytophages. Quant aux autres organes digestifs, les poissons, comme les vertébrés supérieurs, ont un foie, une vésicule biliaire, un pancréas, une glande thyroïde et un thymus.

Les branchies assurent les mêmes fonctions que les poumons des animaux terrestres, apportant l'oxygène au corps et évacuant le gaz carbonique. Chez de nombreux poissons marins, les branchies sont également des organes excréteurs pour se débarrasser du sel en excès. Mais la plus grande partie de l'élimination se fait avec l'urine par les reins qui, en outre, assure l'équilibre en eau et, partiellement, en sel.

La reproduction, la croissance, l'âge

Plusieurs espèces de poissons cartilagineux sont vivipares: les œufs sont fécondés dans l'oviducte et le fœtus se développe en partie ou totalement dans le corps de la femelle. Chez les requins, la fécondation se fait lorsque le mâle introduit le sperme dans l'orifice génital de la femelle au moyen de ses nageoires ventrales qui, au moment de la reproduction, se transforment en organes copulateurs.

La plupart des espèces, cependant, ont une fécondation externe. La femelle pond ses œufs (rogue) en pleine eau ou sur le fond, où ils entrent en contact avec le sperme (laitance) libéré par le mâle. Beaucoup de poissons, d'espèces marines principalement, répandent leurs œufs et leur sperme un peu au hasard, si bien que la fécondation est souvent aléatoire, la continuité de l'espèce étant cependant assurée grâce à l'énorme quantité d'œufs libérés dans l'eau.

Les salmonidés, ainsi que beaucoup d'autres espèces, ont un comportement de reproduction très particulier. La femelle creuse une fosse avec ses nageoires et y pond ses œufs pendant que le mâle, au même moment, déverse dessus son sperme. Ensuite, les œufs sont recouverts d'une couche de sable ou de graviers; cela augmente considérablement les chances de fécondation, si bien que la quantité d'œufs pondus par la femelle n'a pas besoin d'être très grande. En général, la fécondité (quantité d'œufs pondus par kilo de poids de la femelle) est en relation avec le taux de fécondation des œufs et le taux de survie des larves et des alevins. Plus les œufs sont petits, plus ils sont nombreux et moins ils ont besoin de «soins», de même que les alevins qui en résultent.

L'âge de la maturité sexuelle est très variable. Chez les salmonidés, c'est souvent à 2 ans. Chez l'anguille, elle ne vient pas avant 10 à 14 ans. Dans les climats tempérés, les poissons fraient généralement une fois pas an et seulement à une saison déterminée. Certains, tels que les saumons du Pacifique, ne se reproduisent qu'une fois dans leur vie et meurent après leur première fraie.

Avant d'éclore, le fœtus trouve sa nourriture dans la vésicule vitelline, qui contient le reste des constituants de l'œuf élaboré par la femelle. L'alevin nouveau-né finit de le consommer avant de se mettre à la recherche de nourriture extérieure. Bien souvent, le jeune poisson n'offre aucune ressemblance avec l'adulte. Chez certaines espèces, comme l'anguille, le passage du stade larvaire au stade d'adulte est aussi complexe que la métamorphose chez les insectes.

Contrairement aux mammifères et aux oiseaux, les poissons continuent à grandir toute leur vie, à condition qu'ils trouvent suffisamment de nourriture. À nourriture égale, un poisson âgé sera donc plus gros qu'un jeune. Mais comme les ressources en nourriture sont variables d'une eau à l'autre, il n'y a pas d'équation évidente entre la taille d'un poisson et son âge. Une petite truite noire de ruisseau peut être bien plus âgée qu'une grosse truite argentée de lac. Si la première est transportée dans un lac riche en nourriture, il est probable qu'elle deviendra une grosse truite argentée en quelques années. Au contraire, si une truite de lac est placée dans un ruisseau, elle ne survivra probablement pas longtemps.

La grégarité et la territorialité

Même les poissons qui vivent normalement isolés se retrouvent en groupes importants à certaines périodes de l'année, par exemple à l'époque de la fraie ou bien quand il y a une concentration momentanée de nourriture. D'autres poissons ont plutôt une tendance constante à se rassembler en groupes. Lorsque de nombreux poissons de la même espèce vivent ensemble presque en permanence en formant une troupe ou un banc, avec un comportement identique de tous les individus, on dit qu'ils sont grégaires. Cela se produit surtout chez les poissons pélagiques tels que les harengs, les maquereaux et certains corégones, etc.

Quels avantages les poissons trouvent-ils dans la grégarité? On en voit plusieurs: un banc permet aux individus qui le composent de détecter les dangers plus facilement et de s'en défendre en exécutant des manœuvres coordonnées. Il ressemble aussi à un gigantesque animal que les ennemis n'osent pas attaquer. Toutefois, cela dépend de la nature de l'ennemi auquel il est exposé, car une telle affluence de proies attire parfois les prédateurs de plus loin. Ils peuvent aussi causer davantage de dégâts en s'enfonçant dans le banc et en donnant des coups de gueule au hasard – méthode d'assaut couramment utilisée par les chasseurs marins tels que le maquereau et le barracuda. Le comportement grégaire peut probablement s'expliquer par un instinct social chez les poissons de certaines espèces.

À l'inverse, le comportement territorial implique l'agressivité. Le poisson se constitue un territoire qu'il considère comme le sien et est prêt à le défendre contre les intrus. Les poissons vivant dans les eaux au courant lent le font presque exclusivement au moment de la fraie. Mais ceux des eaux rapides, tels que le saumon, sont plus «territorialistes», souvent pendant de longues périodes et sur toute l'étendue de leur aire de nourriture et de croissance, ainsi que de reproduction.

Si un poisson pousse trop loin le principe de l'économie d'énergie, il peut éprouver des difficultés à avaler une proie trop grosse.

Les menaces contre les poissons

La « surpêche » n'est pas la seule menace qui pèse sur les poissons : en modifiant profondément les environnements aquatiques, l'homme met de plus en plus gravement leur survie en danger. Il y parvient de deux façons : au moyen de produits chimiques et par des aménagements physiques.

Contamination des eaux piscicoles

Les pêcheurs ne sont pas les moins affectés par la triste constatation que les poissons – et en particulier la plupart des espèces les plus intéressantes – font partie des êtres vivants qui ont eu le plus à souffrir de l'usage qui est fait de l'eau dans la vie moderne. Avant l'industrialisation et le progrès social du monde occidental, les effets de l'homme sur les lacs, les mers et les eaux courantes étaient négligeables. La pollution n'avait pas commencé à détruire les habitats aquatiques sur une échelle aussi grande avant que les premières usines ne soient édifiées près des rivières, afin d'avoir de l'eau pour la manufacture, puis la grande production. Les dégâts s'accélérèrent rapidement avec la construction de réseaux conduisant les eaux usées domestiques jusque dans les lacs et les rivières, ainsi que l'exploitation et l'irrigation des terres agricoles.

Ces émissaires industriels urbains et agricoles contiennent des polluants solides, des matériaux en suspension ou dissous, des substances consommant l'oxygène, des engrais et des poisons, parmis lesquels des métaux lourds et des produits pétroliers. Normalement, l'eau et les organismes qui y vivent ont une grande capacité à neutraliser les polluants. Cette « autoépuration » se fait par le dépôt sur le fond des particules les plus grosses et la décomposition des substances organiques par les microbes. Dans ce processus, cependant, de l'oxygène est consommé et, s'il y a trop de polluants, il en résulte une carence en oxygène qui peut tuer la plus grande partie des poissons et des autres organismes aquatiques.

Les polluants provenant de l'industrie détruisent souvent les eaux piscicoles plus rapidement que ceux qui proviennent des commodités modernes. Des dégâts énormes sont causés par les papeteries et les exploitations minières – dans ce dernier cas, principalement avec les métaux lourds, les huiles et les boues de lavage. Des usines métallurgiques et des constructions mécaniques proviennent les phénols, les sels métalliques et d'autres substances empoisonnées qui peuvent tuer directement les poissons. Les exploitations agricoles utilisent des fertilisants qui accélèrent l'eutrophisation des lacs et des rivières et peuvent entraîner de sévères dommages parmi la faune des littoraux maritimes, par exemple, en causant de véritables « explosions » végétales. La mer reçoit également d'importantes quantités de produits pétroliers provenant des bateaux.

Au cours des dernières années, la prise de conscience grandissante et la connaissance des dangers ont conduit à des progrès réels dans la purification de l'eau et dans la mise au point de procédés industriels moins polluants. Les perspectives sont ainsi plus lumineuses en certains points particuliers mais non dans le monde des pays développés en général. Une nouvelle et terrible menace pour les poissons s'est récemment révélée : les rejets aériens de soufre et de substances nitriques résultant de la combustion des produits pétroliers et du charbon. En Europe et en Amérique du Nord, cela provoque une acidification largement répandue des eaux naturelles — à la fois directement et par le moyen de la précipitation d'éléments toxiques, mercure et cadmium essentiellement.

L'aménagement des cours d'eau

Presque tous les types d'utilisation importante de l'eau nécessitent une intervention mécanique sur les lacs et les rivières, en général aux dépens des poissons qui y vivent. Dans la plupart des pays occidentaux, les cours d'eau sont aménagés principalement pour la production hydroélectrique. Le résultat en a été de terribles bouleversements pour des milliers de rivières et de bassins versants, la plupart du temps accompagnés d'une détérioration des conditions de vie pour les poissons et les autres animaux. Ce sont les espèces qui dépendent des eaux courantes pour leur reproduction et leur croissance juvénile, en particulier les salmonidés tels que les saumons atlantique et du Pacifique et les truites – fario et arc-en-ciel –, qui ont eu le plus à souffrir.

De tels aménagements ont eu pour effet immédiat de couper l'accès des poissons à leurs frayères, par exemple avec les grands barrages. De longues portions de cours d'eau sont mises à sec par des conduites forcées. La plupart des processus qui s'amorcent dans l'eau et qui affectent les poissons indirectement se poursuivent cependant très lentement et leurs conséquences se situent encore dans un futur plus ou moins proche.

Avec l'aménagement des lacs qui sont généralement nécessaires pour produire de grandes quantités d'énergie hydraulique, les poissons ont à souffrir d'abord des variations de niveau. La différence entre les niveaux élevés des stockages d'été et les bas niveaux de délestage d'hiver peut être considérable : jusqu'à 100 m et plus. Il en résulte l'assèchement d'immenses étendues de rives, et la quasi-totalité de la faune du fond meurt, en particulier les plus gros crustacés, les mollusques, les moules d'eau, etc.

Lorsque des lacs de retenue sont créés sur des rivières pour alimenter des centrales électriques, le courant disparaît et est remplacé par des eaux lentiques (dormantes) ou, au mieux, réduit à de rares passages rapides. Les sources de nourriture peuvent ne pas être affectées autant dans ce cas que dans celui des lacs aménagés en raison de variations de niveau moins importantes, mais les «éclusées» surviennent presque toutes les vingt-quatre heures et l'environnement aquatique devient alors très défavorable aux salmonidés. Les rivières ainsi barrées conviennent mieux alors aux espèces dites lentiques : brochet, perche, cyprinidés. Cependant, une prédation accrue, exercée principalement par le brochet, est souvent une cause importante de la disparition des salmonidés.

Aussi grave pour les salmonidés est le pompage de l'eau douce pour les besoins industriels ou urbains, qui entraîne également des aménagements. Même si le niveau varie moins qu'avec les usines hydroélectriques, cela conduit néanmoins au même déclin catastrophique des populations salmonicoles.

La vie aquatique est plus ou moins sensible à l'acidité. L'eau doit avoir un taux d'acidité (le pH) au moins égal à 6 : en dessous, la vie est en danger ; inférieur à 4,5, elle devient impossible.

La gestion des populations piscicoles

De nombreuses mesures prises pour protéger et restaurer les populations piscicoles passent par la conservation de l'environnement aquatique. Aujourd'hui, le concept de conservation des poissons est largement étendu et diversifié. Nous le prendrons ici dans un sens plus restreint et plus direct : les moyens spécifiques visant à la protection et au maintien des populations piscicoles ainsi qu'à l'obtention de la meilleure pression de pêche qu'elles puissent supporter.

La première condition, pour parvenir à une gestion piscicole efficace, est de parvenir à une connaissance parfaite d'une eau donnée, de sa biologie et de ses problèmes. Pour évaluer la structure et l'importance d'une population piscicole, on doit normalement réaliser un sondage par quelques pêches au filet. Des études biologiques permettent de connaître le potentiel alimentaire pour les poissons, tandis que des analyses de l'eau apportent des informations sur ses qualités physico-chimiques.

La gestion pratique comporte l'introduction de poissons nobles et de poissons fourrage. Cela peut se faire une fois pour toutes afin de constituer, par exemple, une population de saumon, de truite ou de brochet et de perche. Ces introductions répétées, pour une forme d'exploitation connue sous le nom de *put and take*, peuvent être envisagées lorsque l'on n'est pas sûr que les poissons pourront s'y reproduire. Un troisième type de peuplement est l'introduction d'espèces susceptibles de servir de fourrage aux poissons plus intéressants, en fonction, évidemment, des préférences alimentaires de ces derniers. En Scandinavie, par exemple, des salmonidés tels que la truite et l'omble sont poussés à la production par l'introduction de petits poissons comme les éperlans et les épinoches, ou bien de divers crustacés.

Dans les eaux oligotrophes, la production de nourriture peut être améliorée par des apports d'engrais comme le phosphate. Une autre forme de gestion, rendue souhaitable par la récente augmentation de l'acidité, est le chaulage des eaux, qui peut être renouvelé indéfiniment dans la plupart des cas.

Dans le but d'empêcher l'extension des dégâts causés par l'acidité, il faut chauler les lacs et les étangs. Cela doit être fait régulièrement pour obtenir de bons résultats. On voit, sur cette illustration représentant un lac commun, les endroits où prioritairement doit être effectué le chaulage : (*a*) courant d'arrivée d'eau ; (*b*) rives moussues et rivage protégé par des conifères ; (*c*) baie à faible circulation d'eau ; (*d*) fonds rocheux ; (*e*) aire de nourriture ; (*f*) sources subaquatiques.

Un moyen quelque peu controversé – ayant pour but de réduire la population d'une espèce indésirable ou de l'éliminer pour permettre avant tout à des espèces plus intéressantes de prospérer – est le traitement d'une eau au poison, le roténone notamment, avant de la repeupler. Ce procédé a soulevé la réprobation des écologistes, car le roténone tue également certains animaux benthiques ou planctoniques. Pourtant, le roténone se dégrade rapidement dans l'eau et n'affecte en général que les adultes de ces espèces, si bien que la recolonisation est rapide. Cette pratique de l'empoisonnement est apparue dans les années cinquante, mais elle est beaucoup moins fréquente de nos jours.

L'un des principaux moyens de conservation, pour une eau douce, est la pêche elle-même. Si une population piscicole a une bonne croissance et permet un rapport maximal, on doit y pratiquer une pêche rationnelle de toutes les espèces représentées. Cela réduit certaines populations et laisse plus de nourriture aux autres pour assurer leur croissance rapide. En retour, le pêcheur a la possibilité de pêcher des sujets plus jeunes et, donc, plus nombreux. Le nombre des individus d'une population tend, bien sûr, à être plus réduit quand ils sont plus âgés, en raison de leur mortalité naturelle.

Dans les lacs où une pêche trop sélective est pratiquée, l'équilibre entre les différentes espèces est souvent très perturbé. C'est un phénomène que l'on constate aujourd'hui dans de nombreux lacs où la pêche professionnelle qui s'y pratiquait naguère traditionnellement a été remplacée par une pêche de loisir excluant les espèces non intéressantes. Il s'ensuit que, là où ces dernières deviennent dominantes, elles se multiplient rapidement et, en général, aux dépens des poissons recherchés par les pêcheurs sportifs.

Un autre procédé de pêche visant à la conservation consiste à ne capturer que les espèces qui entrent en compétition avec celles que l'on souhaite favoriser. Là encore, il est essentiel de n'utiliser que des engins efficaces de professionnels. Les résultats sont meilleurs quand on opère à des époques et sur des sites où les poissons se rassemblent, en particulier pour la fraie.

Jusqu'ici, nous n'avons évoqué que des types de gestion concernant les populations piscicoles. Très différente est l'amélioration des milieux aquatiques. En eau courante, cela comporte l'élimination des obstacles pouvant entraver les migrations des poissons, la construction de passes et d'échelles à poissons, la constitution de pools, de dispositifs créant des courants d'appel, de places de repos pour les migrateurs et de frayères artificielles. Cela peut même aller jusqu'à la plantation d'arbres sur les berges pour créer des zones d'ombre pendant les grandes chaleurs estivales et favoriser la vie des insectes.

Dans les lacs, cette forme de conservation consiste surtout à réduire la végétation aquatique envahissante, qui est un problème majeur dans les eaux eutrophisées. D'autres méthodes consistent à créer des frayères artificielles pour diverses espèces et à augmenter l'oxygénation par des moyens techniques appropriés. Aussi importante, enfin, mais très coûteuse et compliquée est la restauration des fonds qui ont été détruits par la pollution.

L'aménagement du biotope consiste à améliorer l'environnement au bénéfice du poisson. Ce secteur de rivière, montré avant et après restauration, en donne un bon exemple. Pour favoriser la nourriture et la croissance des poissons, des dispositifs appelés «déflecteurs de courant» ont été construits. Grâce à eux, le courant est mieux réparti au moment, par exemple, des crues de printemps ou d'abondantes chutes de pluie. Comme on le voit, les plus grosses pierres ont été laissées en place pour créer des postes de repos. On s'est servi uniquement des matériaux se trouvant naturellement dans le lit. Contrainte de se forcer la voie par d'étroits passages, l'eau augmente sa vitesse et, par là même, son oxygénation. En outre, la vitesse accrue du courant contribue au maintien de la propreté du fond, riche en nourriture, et le creuse, donnant ainsi au poisson plus de place pour vivre pendant les basses eaux.

3. Le lancer aux leurres artificiels

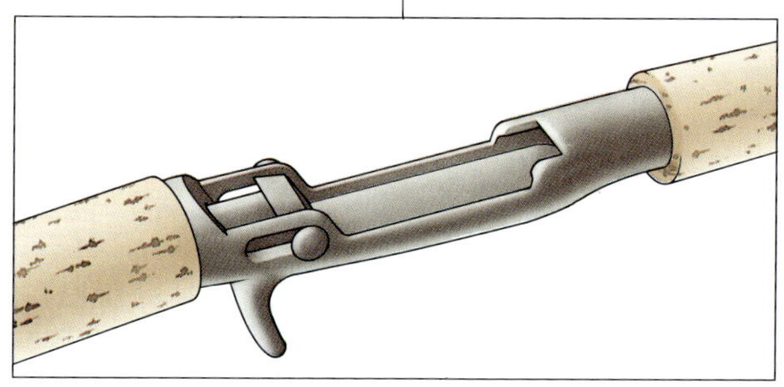

Tromper un poisson carnassier au moyen d'un équipement de pêche au lancer, lui faire prendre un leurre artificiel pour une vraie proie : voilà qui excite l'intérêt du pêcheur sportif. C'est ce qui se produit depuis des milliers d'années, dès l'instant que le premier pêcheur eut l'idée d'habiller un hameçon de plumes, de poils ou de fibres avant de le promener devant la gueule d'un poisson sans méfiance. Même si nos ancêtres pêchaient pour survivre, le plaisir qu'ils y prenaient était sans doute identique à celui du pêcheur d'aujourd'hui qui leurre un poisson avec un poisson-nageur ou une cuiller.

Certains jours, un carnassier peut sauter sur un leurre au moment où il touche l'eau ou pendant sa descente vers le fond. Mais, en général, cela ne se produit que pendant sa récupération à l'aide du moulinet.

Les carnassiers chassent aussi bien en eau peu profonde qu'en eau profonde, en se tenant généralement près du fond : c'est là qu'ils attrapent leurs proies. C'est au pêcheur de savoir à quoi ressemblent ses leurres sous l'eau, d'apprendre à les lancer et à les faire nager à la bonne profondeur. La pêche au moulinet à tambour fixe ou à tambour tournant, c'est l'art de placer le bon leurre à la bonne profondeur. Une bonne canne et un bon moulinet ne suffisent pas : la manière de s'en servir et la connaissance des différents leurres à utiliser pour chaque espèce et pour chaque situation de pêche (eaux profondes ou peu profondes, dormantes ou courantes, etc.) sont aussi essentielles.

La pêche au lancer avec une canne et un moulinet trouve son origine dans diverses parties du monde, mais l'influence la plus marquante a toujours été la pêche du black-bass américain. Des dizaines d'années avant que les premiers leurres artificiels modernes soient lancés dans les eaux européennes, les Américains avaient déjà mis au point une méthode de pêche fondée sur l'utilisation de tout un assortiment de cuillers ondulantes ou tournantes, de poissons-nageurs et de leurres à dandiner. Il fallut attendre bien longtemps avant que la plupart de ces engins parviennent jusqu'en Europe et certains, comme les poissons-nageurs pour la traîne, les leurres à dandiner et les leurres en plastique souple, n'y arrivèrent que dans les années soixante-dix.

Les cannes

Il y a une vingtaine d'années, la plupart des cannes étaient en fibre de verre. De nos jours, beaucoup sont en carbone, en boron ou en composites élaborés à partir de ces trois matériaux. On en découvre

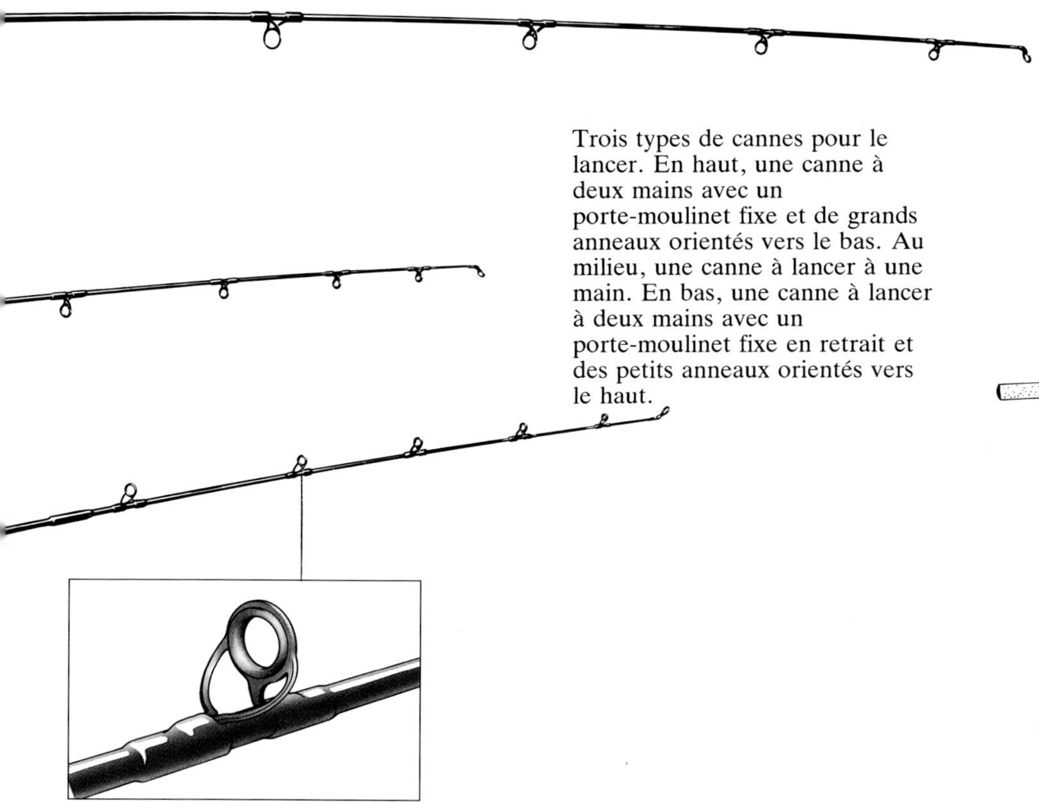

Trois types de cannes pour le lancer. En haut, une canne à deux mains avec un porte-moulinet fixe et de grands anneaux orientés vers le bas. Au milieu, une canne à lancer à une main. En bas, une canne à lancer à deux mains avec un porte-moulinet fixe en retrait et des petits anneaux orientés vers le haut.

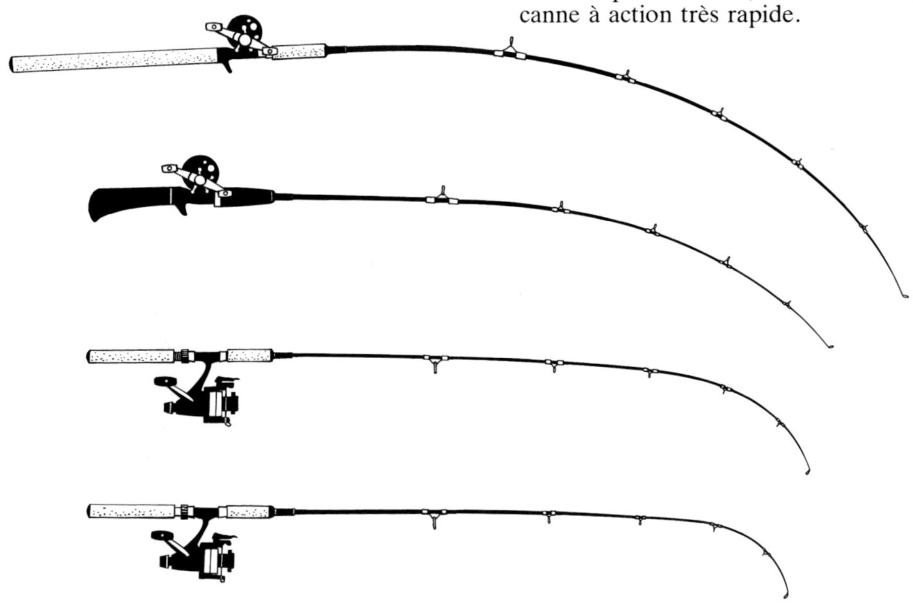

L'action d'une canne détermine sa performance au lancer et pendant la lutte avec le poisson. En haut, une canne à action lente. Au milieu, une canne à action moyenne, suivie d'une canne à action de pointe, appelée aussi action rapide. En bas, une canne à action très rapide.

toujours de nouveaux, comme le Kevlar, par exemple. En outre, on renforce actuellement les cannes en carbone par association avec des matériaux tels que les «whiskers» en silicone carbide, un produit mis au point par la firme Daiwa.

Il semble que les cannes en carbone sont en passe de dominer le marché; plus légères, elles s'immobilisent rapidement après le lancer, ont une meilleure sensibilité au travail du leurre que les cannes en fibre de verre, déjà presque démodées. En revanche, elles sont relativement fragiles et demandent d'être traitées en conséquence. Tout compte fait, les cannes en fibre de verre peuvent apparaître comme les plus polyvalentes. Les fabricants ont considérablement abaissé leurs prix de revient ces dernières années, chacun affirmant que sa formule de fibre de verre et de résines est la meilleure. Toutefois, une canne à 80 ou 90% de carbone n'est pas forcément meilleure qu'une autre à seulement 75 %. Ce sont la conception et la fabrication d'une canne qui déterminent ses qualités.

Action de longueur

L'action d'une canne – la manière dont elle réagit au lancer ou lors de la lutte avec un poisson – est le résultat à la fois de son diamètre et de la façon dont le matériau qui la constitue est employé.

Une action lente qualifie une canne qui se courbe sur toute sa longueur. Elle est précise au lancer, possède suffisamment de nerf pour user la résistance d'un poisson et de souplesse pour amortir un départ en force. Malheureusement, elle est souvent trop molle au ferrage et ne peut pas être mise entre les mains d'un débutant.

Une canne d'action moyenne a plus de force au ferrage, ainsi que le nerf et la rigidité nécessaires pour des lancers de grande précision. Seule la moitié côté scion se courbe pendant la lutte avec un poisson.

Les cannes à action rapide se courbent sur leur dernier tiers. Elles ont de bonnes aptitudes au lancer, permettent de ferrer vite et fort et ont du nerf, mais elles ne favorisent pas la précision des lancers. Du fait que l'action se situe en pointe de scion, elles sont moins sensibles pendant la récupération.

Une action extra-rapide signifie que la canne se courbe sur son dernier quart seulement. Ce type de canne a d'étonnantes aptitudes au lancer et est souvent utilisé pour la compétition ou le surf-casting, mais cela se paie par la faiblesse de l'action qui est transmise jusqu'à la poignée. Pour la pêche en surf-casting, on la remplace souvent par une canne à action lente.

Il faut se rappeler que l'action d'une canne n'indique nullement la fourchette des poids à lancer qui lui conviennent.

La puissance d'une canne et sa capacité à lancer des poids donnés sont déterminées par la conicité de son scion et le diamètre de son corps, ainsi que par les matériaux dont elle est faite. Les fabricants ont recours à plusieurs procédés simples mais efficaces pour étalonner leurs cannes. Pour certains, il s'agit du poids qu'elles sont aptes à lancer: par exemple, de 14 à 28 g signifie que la canne peut projeter des leurres ayant ces valeurs de masse. En général, avec une telle canne, on peut lancer des poids commençant à 8 ou 10 g et pouvant aller jusqu'à 35 g. Mais il ne faut pas les excéder. D'autres fabricants utilisent un système chiffré pour classer les cannes en quatre catégories; la 1, par exemple, comprendra les cannes pour l'ultra-léger, de 2 à 10 g; la 2, pour des poids de 10 à 20 g; la 3, de 20 à 30 g et la catégorie 4, de 40 à 100 g. La catégorie ne donne aucune spécification de longueur de la canne.

Certaines conditions de pêche demandent des cannes de longueurs déterminées et c'est pourquoi il est bon de suivre quelques règles générales quand on fait son choix. La pêche en bateau exige des cannes généralement plus courtes pour des leurres légers, plus longues pour des leurres lourds. Pour pêcher dans les petits cours d'eau, il est souvent préférable de se servir de cannes plus longues afin de tenir les leurres éloignés de la végétation des rives et d'en permettre un meilleur contrôle dans le courant.

Les grands plans d'eau dégagés imposent des lancers plus longs et, donc, des cannes plus longues. En général, une canne longue lance plus loin qu'une canne courte, même si toutes deux sont prévues pour les mêmes poids. Les cannes longues sont plus sensibles aux brusques mouvements du poisson à la mise à l'épuisette, mais quand on pêche sous les basses branches d'un arbre, elles sont seules à pouvoir y pénétrer.

Les cannes pour la pêche à la traîne sont généralement raides, ce qui les rend impropres au lancer. Leur rôle est de répartir la tension de la ligne et la pression sur le leurre lors du combat avec le poisson. Les cannes pour pêcher au tangon dans les lacs et les eaux côtières ont une action généralement moyenne, une longueur de 2,50 à 3 m et de dix à douze anneaux.

Les cannes téléscopiques sont pratiques pour le voyageur, mais elles ont perdu beaucoup des qualités d'une bonne canne. Pour le pêcheur voyageur, une canne en quatre ou cinq éléments n'est pas plus encombrante qu'une téléscopique, mais elle lui apporte plus de satisfaction.

Les poignées et les porte-moulinets

La forme de la poignée d'une canne dépend en partie du moulinet, qui peut être un tambour fixe à bobine nue, un tambour fixe capoté ou un tambour tournant. Les cannes les plus longues ont presque toujours une poignée plus longue pour permettre le lancer à deux mains.

Les poignées sont faites en matériaux divers et recouvertes de mousse de caoutchouc, de liège ou de toutes autres matières confortables. Le porte-moulinet est monté sur la poignée et maintient le moulinet en place. Les cannes conçues pour un tambour tournant ont un porte-moulinet fixe, mais les cannes pour lancer au tambour fixe ont soit un porte-moulinet fixe, soit un porte-moulinet réglable, qui peut se réduire à deux bagues de serrage pour placer le moulinet n'importe où sur la poignée.

Les anneaux

Un pêcheur veut toujours avoir le meilleur contact possible avec son leurre évoluant dans l'eau. Comme la plupart des viroles peuvent diminuer la sensibilité d'une canne, elles ont été améliorées. Les viroles en métal, par exemple, sont de moins en moins utilisées et le dernier élément de la canne se prolonge jusque dans la poignée, avec le moulinet posé presque directement sur le blank pour assurer un meilleur contact avec le leurre et le poisson.

Le rôle des anneaux est de réduire la friction et d'empêcher l'usure de la ligne. Ils doivent être très résistants pour ne pas être endommagés par les microscopiques particules abrasives qui sont souvent apportées par une ligne mouillée. En outre, ils doivent être légers et pas trop rigides pour ne pas entraver l'action de la canne et répartir la tension de la ligne sur toute sa longueur. La canne et son action peuvent être compromises par un nombre aussi bien trop réduit que trop grand d'anneaux.

Il y a quelques dizaines d'années, les anneaux étaient chromés, en agate, en carbide de tungstène ou en céramique. De nos jours, la plupart sont en oxyde d'alumine, en carbide de silicone ou en Hardloy. Bien que les anneaux faits de ces trois matières soient communément appelés céramiques, ils n'ont rien de commun avec les anciens anneaux qui étaient, eux, vraiment en céramique et que l'on trouve encore sur les cannes de mer bon marché. Le diamètre de ces anneaux a aussi son importance. Les cannes à moulinet à tambour fixe nécessitent des anneaux de plus grand diamètre que ceux pour des moulinets à tambour tournant. Si on pêche avec un tambour fixe sur une canne équipée d'anneaux de petit diamètre, la distance de lancer est sensiblement réduite et les vibrations sensibles émises par le leurre sont absorbées par la canne avant d'avoir atteint le moulinet et la poignée.

Les moulinets à tambour tournant

L'ancêtre du moulinet à tambour tournant fut construit par un horloger bijoutier du Kentucky du nom de George Snyder, vers le début du XIXe siècle. Cela explique pourquoi les premiers moulinets de lancer étaient souvent appelés moulinets du Kentucky. Snyder avait réussi à fabriquer un moulinet dont la bobine tournait autour de son axe plusieurs fois à chaque tour de manivelle. Le perfectionnement de ce type de moulinet n'a pas cessé et d'autres marques sont apparues sur le marché, mais ce n'est pas avant les années vingt et trente que les modèles les plus performants furent mis en fabrication. Les dernières décennies ont complètement révolutionné les moulinets à tambour tournant. Pour la pêche du saumon, du brochet ou du musky à la traîne, par exemple, les moulinets employés généralement sont des tambours tournants. Leur construction est aujourd'hui infiniment plus simple que celle du modèle traditionnel et, surtout, ils sont dotés d'un bon système de frein. En général, la bobine est en métal et, de ce fait, inapte au lancer. En revanche, ils sont souvent bon marché, ce qui n'est pas une critique.

Les tambours tournants ont atteint l'apogée de leur succès juste avant la Seconde Guerre mondiale. Après la guerre, le tambour fixe a commencé à dominer le marché, car il permettait des lancers plus longs avec les nouvelles lignes fines en nylon. La pêche du black-bass américain montre toujours la voie dans la mise au point des moulinets de lancer léger. Sans elle, les progrès apportés aux moulinets à tambour tournant auraient été beaucoup plus lents. Sur un tambour fixe, la bobine tourne seulement quand le frein lâche du

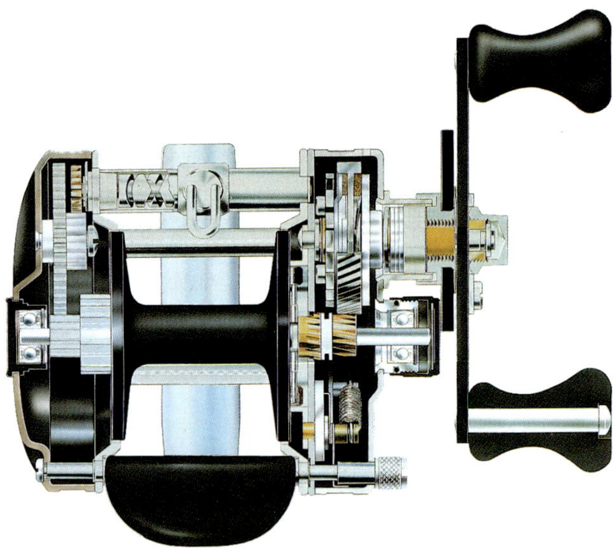

Les premiers moulinets à tambour tournant apparurent dans la première décennie du XIXe siècle. Ils étaient de construction beaucoup plus simple que ceux d'aujourd'hui. L'illustration d'en haut montre la coupe du classique Ambassador 5000. À droite, un tambour fixe à la technique beaucoup plus avancée, avec des freins magnétiques et d'autres fonctions spécialisées.

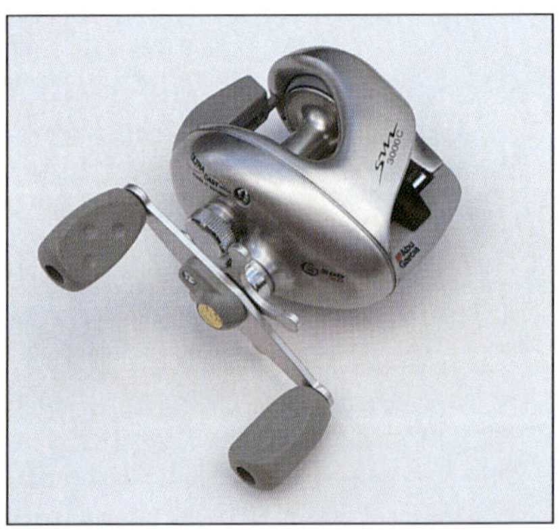

fil. Sur un tambour tournant, la bobine tourne à la fois au lancer et à la récupération, ce qui signifie que l'énergie du lancer est transférée à la bobine, d'où sa propension à l'emballement et au foisonnement de la ligne. Ce problème est le cauchemar du débutant, tandis que le pêcheur chevronné préfère en prendre délibérément le risque. Un tambour tournant comporte de nombreuses pièces. Seuls les pêcheurs expérimentés qui ont un sens parfait du lancer peuvent parvenir aux meilleurs résultats avec un tambour tournant, c'est-à-dire produire les plus longs lancers avec des leurres légers et de petite taille.

De nombreux modèles sont équipés d'un répartiteur de spires qui se met en action lors du lancer. Certains fabricants proposent aujourd'hui des moulinets avec des répartiteurs qui s'ouvrent en deux parties lorsque la bobine est embrayée. Au moment de la récupération, la bobine est automatiquement embrayée et le répartiteur mis en mouvement.

Le frein d'un tambour tournant est généralement du type frein-étoile, ainsi baptisé parce que la molette de réglage a la forme d'une étoile. Les modèles à frein magnétique sont très utilisés depuis ces dernières années. Ils empêchent l'emballement de la bobine au lancer. Comme la force du frein est réglable, ils sont recommandés pour les débutants qui craignent les perruques.

Les moulinets à tambour fixe

La popularité des moulinets à tambour fixe date d'après la Seconde Guerre mondiale, époque à laquelle s'est répandu le monofil de nylon. C'est un Anglais du nom d'Illingworth qui en déposa le premier brevet en 1905. Ce moulinet, appelé moulinet d'Illingworth, fonctionnait selon le même principe que ceux que nous utilisons de nos jours.

Les moulinets sont disponibles dans presque toutes les tailles, du plus petit pour l'ultra-léger jusqu'au plus gros « moulin à café » dont on se sert pour le lancer lourd, le surf-casting ou la pêche du saumon. L'axe de bobine de ces moulinets est parallèle à la canne. Quand on lance, la ligne est tirée par le rebord de la bobine et quand on récupère, elle est ramenée par un bras de pick-up qui l'enroule autour de la bobine. L'avantage de ce type de moulinet, c'est qu'il est d'un emploi facile et qu'il offre peu de résistance au lancer, d'où une meilleure performance en distance. Il faut toutefois veiller à remplir correctement la bobine avec la ligne. Les petits moulinets servent pour les lignes les plus fines et les plus grands pour les gros diamètres.

Le frein est une fonction importante. Quand le poisson tire sur la ligne, le frein entre en action et fournit du fil. Il se compose d'un ou plusieurs disques, souvent en Téflon, qui assurent une friction quand il est engagé. Si le moulinet libère du fil de façon irrégulière, cela signifie que le frein ne fonctionne pas correctement : la ligne doit, en effet, se dérouler progressivement et en douceur. Sur la plupart des modèles, le bouton de réglage du frein est situé sur le rebord arrière du logement de la bobine, mais on peut aussi le trouver sur la bobine elle-même.

La vitesse de récupération des moulinets est variable, mais les ratios les plus courants se situent entre 1/3 et 1/6. Pour le lancer, c'est le ratio 1/3 à 1/5 qui convient le mieux. En général, il vaut mieux avoir un ratio plutôt bas pour travailler les plus gros poissons.

Un moulinet à tambour fixe comporte de nombreuses parties mobiles. Le logement de la bobine doit tourner librement et facilement quand le bras du pick-up enroule la ligne autour de la bobine. Les modèles à deux ou trois roulements à billes sont ceux qui ont les mécanismes les plus doux et les plus durables.

Un dispositif antiretour empêche la bobine de tourner en sens inverse. Sur des modèles, il existe un cliquet bruiteur signalant la tirée du poisson – un avantage précieux pour la pêche à la traîne.

La conception complètement ouverte du tambour fixe élimine pratiquement toute friction et le rend apte à l'usage des lignes les plus fines. On peut aussi contrôler manuellement la sortie de la ligne en posant l'index contre le rebord de la bobine : par simple pression, on la freine ou on l'interrompt.

Un nouveau type de tambour fixe, appelé Autocast, est récemment apparu : avec lui, le bras du pick-up n'a pas besoin d'être relevé à la main ; quand on tient la ligne et, en même temps, un petit levier, le bras pick-up se dégage automatiquement.

Les moulinets capotés

Les moulinets capotés sont conçus comme les autres tambours fixes, mais un capot conique recouvre la bobine et son logement. La ligne passe par un orifice au centre du capot, ce qui crée une certaine friction du fait qu'elle s'échappe par le rebord de la bobine mais doit ensuite être recentrée pour sortir par l'orifice.

Les moulinets capotés sont équipés d'un bouton poussoir de libération de la ligne. Pour lancer avec précision, on doit contrôler parfaitement l'instant où il faut agir sur le bouton pour libérer la ligne.

Il y a deux types principaux de moulinets à tambour fixe : à bobine ouverte et à bobine capotée. Le bouton de réglage du frein est situé devant la bobine mais, comme on le voit sur la petite illustration, le bouton de réglage du frein peut se trouver derrière le carter. Le moulinet de droite est un moulinet à tambour fixe capoté, avec un frein en étoile.

Ce type de moulinet présente des avantages et des inconvénients. Il ne permet pas les lancers longs et précis mais il est fiable et d'un emploi facile. Son handicap majeur est son système de frein, rarement efficace. En revanche, il est parfait pour pêcher par faible visibilité ou dans l'obscurité, de même que dans une végétation dense, car aucune herbe ou brindille ne vient se coincer dans les spires. De nombreux pêcheurs considèrent que le moulinet capoté est ce qu'il y a de mieux pour débuter.

Tambour fixe ou tambour tournant ?

Un pêcheur expérimenté n'hésite guère sur le choix d'un moulinet. Quant au débutant, il peut se laisser influencer par les fonctions mécaniques qu'offrent la plupart des tambours tournants. Avant de choisir un moulinet, il faut considérer les avantages mais aussi les inconvénients.

Les tambours fixes sont recommandés pour pêcher avec des équipements légers, mais ils peuvent lancer des poids allant jusqu'à 100 et 150 g. Ils sont très bons pour lancer face au vent ; ils sont d'un usage facile et ne demandent qu'un minimum d'entretien et de réparations.

Il est difficile de lancer des poids de 1 à 4 g avec un tambour tournant. À un moment ou à un autre, la bobine s'emballe et la ligne foisonne, en particulier quand on lance avec un fort vent de face et que le leurre est freiné tandis que la bobine continue à tourner. Quand on lance, il est souvent indispensable de freiner en posant le pouce sur la bobine, surtout au moment où le leurre touche l'eau ; cela rend ce type de moulinet inapte à la pêche de nuit. À la récupération, il procure toutefois un meilleur contact avec le leurre, donc une meilleure possibilité de contrôler sa nage. Les tambours fixes se révèlent les meilleurs pour lancer des leurres lourds et pour lutter contre les plus gros poissons.

En d'autres termes, un pêcheur expérimenté amoureux de la belle mécanique choisira probablement un moulinet à tambour tournant. S'il préfère avoir un moulinet simple et fiable, il optera pour un tambour fixe. Les débutants commencent souvent avec un moulinet capoté mais passent vite au tambour fixe pour améliorer la longueur de leurs lancers.

Les lignes

La majorité des lignes de pêche sont en monofil de nylon. Cette fibre synthétique fut découverte en 1937 par DuPont et accueillie avec beaucoup de scepticisme par les pêcheurs qui avaient l'habitude des fibres naturelles. Le matériau brut, le nylon, est extrudé par des trous de diamètres variés, ensuite les fils obtenus sont refroidis puis étirés sur des roues chauffées qui tournent, cela afin d'étendre et d'aligner les molécules pour qu'elles deviennent plus rigides, plus résistantes et moins élastiques. Malgré son apparente simplicité, le processus est en fait très complexe.

Aujourd'hui, on trouve sur le marché une grande diversité de lignes qui diffèrent par leur fabrication ainsi que par le matériau de base et le contrôle de la qualité. Malheureusement, l'information du consommateur figurant sur les emballages est très succincte puisqu'elle se borne à indiquer le diamètre et la résistance.

En général, plus une ligne a un gros diamètre, plus elle est résistante. La résistance est donnée en kilos. Les lignes super et extra-résistantes sont obtenues à partir de matériaux bruts de meilleure qualité, elles ont une structure moléculaire plus homogène et font l'objet de contrôles plus rigoureux. Les lignes bon marché sont produites à partir de matériaux bruts à bas prix et subissent moins de vérifications de diamètre et de résistance. Cela signifie

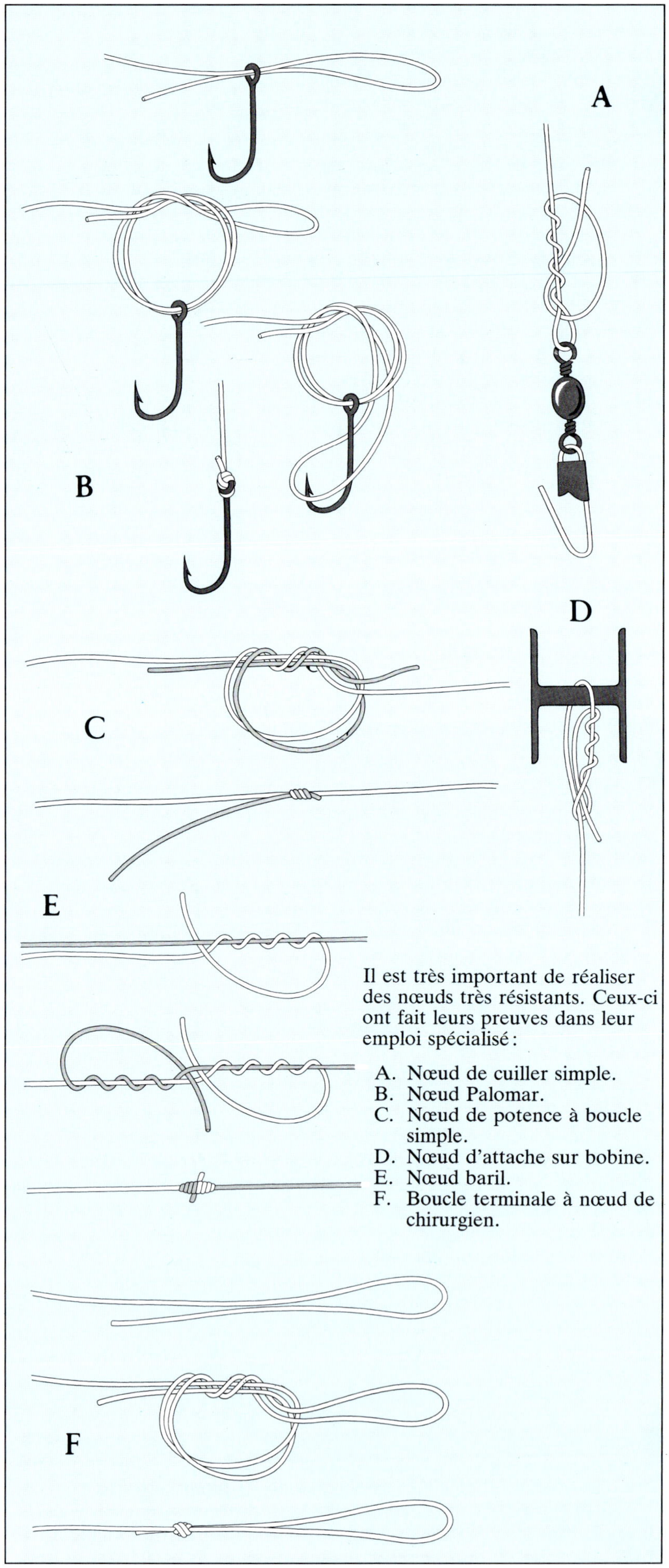

Il est très important de réaliser des nœuds très résistants. Ceux-ci ont fait leurs preuves dans leur emploi spécialisé :

A. Nœud de cuiller simple.
B. Nœud Palomar.
C. Nœud de potence à boucle simple.
D. Nœud d'attache sur bobine.
E. Nœud baril.
F. Boucle terminale à nœud de chirurgien.

que la résistance d'une ligne bon marché peut être inégale, même si son diamètre est régulier. Heureusement, il est rare que les variations de résistance varient de plus de 10 à 15 % ; mais les nœuds et l'abrasion due aux frottements peuvent encore réduire cette résistance.

La résistance aux nœuds est variable d'une ligne à l'autre. Un nœud ordinaire peut diminuer de 50 % la résistance d'un nylon. Même les nœuds les plus étudiés ne peuvent empêcher une réduction de résistance de 5 à 20 %, ce qui montre la nécessité de ne recourir qu'à des nœuds bien spécialisés. La longévité est aussi une qualité importante, car un anneau défectueux, par exemple, provoque une abrasion suffisante pour endommager la ligne et il suffit de quelques accrochages dans les obstacles et combats durs avec des poissons pour diminuer rapidement la résistance d'une ligne. Un monofil de nylon s'étend de 15 à 30 % environ, et même plus quand il est mouillé ; c'est pourquoi beaucoup de pêcheurs préfèrent les lignes les moins élastiques. La raideur d'un fil est aussi un critère d'appréciation. Alors que certains souhaitent une certaine raideur, par exemple pour leurs bas de ligne de pêche à la mouche, d'autres préfèrent des lignes plus molles, plus souples, qui épousent mieux la forme de la bobine.

Le fil de pêche est presque transparent, bien qu'étant souvent teinté à la fabrication pour être fourni en vert, bleu, rouge ou blanc. Il peut être aussi traité pour être fluorescent ; sous l'action des ultraviolets, il devient lumineux, ce qui procure au pêcheur une meilleure visibilité de sa ligne pour pêcher à la traîne ou bien par faible lumière. Les adversaires des fils fluorescents pensent qu'ils effraient le poisson.

La résistance d'une ligne diminue rapidement aux nœuds et dans l'eau. Des anneaux érodés, des accrochages sur le fond, des frottements contre des rochers ou des branches peuvent compromettre la solidité d'un fil de nylon. En cours de pêche, une ligne d'une résistance théorique de 10 kg peut très bien n'avoir en réalité qu'une résistance de 5 kg. La lumière solaire, les gaz d'aérosol et les fumées d'échappement de moteur sont également des causes d'affaiblissement.

D'autres matériaux tels que le Dacron câblé peuvent constituer des lignes de pêche mais ils ne sont guère utilisés pour la pêche au lancer. Une ligne en Dacron est pratiquement inutilisable sur un tambour fixe, mais elle convient pour pêcher à la traîne avec un tambour tournant, ou pour certaines techniques de pêche du sandre, du doré, du brochet et du musky, recourant à divers types de tambour tournant. Une ligne en Dacron n'a presque pas d'élasticité, ce qui explique sa sensibilité et sa puissance au ferrage. Il existe encore plusieurs sortes de lignes en fil métallique, notamment le *leadcore*, utilisés pour la traîne.

Test et classification des lignes

Au cours des dernières années, un intérêt grandissant s'est développé pour la pêche sur classes de ligne. Sur un plan international, national et jusque dans les clubs, les demandes d'homologations de captures réalisées sur ligne de telle ou telle classe de résistance sont de plus en plus nombreuses. C'est l'International Game Fish Association (IGFA) qui est à l'origine de cet élan, et elle fait de gros efforts pour enregistrer les prises de poissons records du monde entier.

Les lignes entrant dans la catégorie « équipement léger » comprennent les lignes de 2, 4, 8, 12, 16, 20 et 30 lbs (livres anglaises), soit l'équivalent de 1, 2, 4, 6, 8, 10 et 15 kg. Pour qu'un record soit homologué, il faut que le poisson ait été pris selon des règles déterminées sur une ligne d'une résistance ne dépassant pas la catégorie désignée. Les lignes employées pour ce genre de pêche sportive font l'objet de très sévères tests de contrôle de qualité et doivent répondre à des critères plus stricts que les lignes « normales », car aucun fabricant ne veut être représenté par des lignes qui, en cours de pêche, se révéleraient inférieures aux résistances annoncées dans leur catégorie. Une ligne d'une résistance de 6 kg (12 lbs), par exemple, a un seuil de rupture de 5,500 kg (11 à 12 lbs) quand elle est mouillée et cassera avant d'avoir atteint les 6 kg théoriques.

Quelques remarques sur les lignes

Une ligne de bonne qualité justifie l'investissement qu'il faut lui consacrer, même si des offres de lignes à bas prix par 500, 1 000 ou 2 000 m peuvent paraître constituer de bonnes affaires. Les principaux fabricants de lignes continuant à améliorer sans cesse leur produits, il est préférable de rester fidèle à une marque reconnue. Acheter dans un magasin qui renouvelle souvent ses stocks est un moyen sûr d'avoir toujours des produits récents. Il faut éviter d'acheter les lignes qui sont restées en vitrine : elles ont pu être altérées par le soleil, et changer souvent ses lignes, au moins une ou deux fois par an, même si on ne pêche pas souvent.

Il est bon de supprimer les quatre ou cinq premiers mètres d'une ligne après chaque séance de pêche, car c'est évidemment cette partie qui souffre le plus. Faire de fréquentes vérifications en faisant passer le fil entre ses doigts lors d'une longue récupération ; il est ainsi facile de remarquer tout éraillement ou usure exigeant le remplacement.

Ne jamais enrouler un fil sous une forte tension. Après un dur combat avec un poisson ou un accrochage sur le fond, il est courant de laisser la ligne enroulée telle quelle sur la bobine jusqu'à la sortie suivante. Mais le nylon a une « mémoire » et il se rétrécit pour retrouver la longueur qui était la sienne avant d'avoir subi sa traction excessive. Dans le pire des cas, la ligne, en se resserrant, peut faire éclater la bobine, qui est en matériau synthétique. Une autre bonne habitude consiste à ôter le leurre après une séance de pêche, car si on le laisse sur la ligne, le nœud se resserre et la résistance de la ligne s'en trouve diminuée d'autant.

Le bon équipement

Ce sont la nature des eaux pêchées, les espèces de poissons et la méthode de pêche, de même que les préférences personnelles, qui déterminent l'équipement d'un pêcheur.

La pêche des petites espèces à l'ultra-léger exige une canne courte (de 1,50 à 1,80 m de longueur), un petit moulinet contenant de 100 à 150 m de ligne d'un diamètre de 10 à 22/100 pour une résistance de 0,500 à 2,500 kg. Choisir une canne d'une puissance de 2 à 10 g. Cet équipement convient pour vaincre les truites, brochets et black-bass de petite taille. Il est particulièrement recommandé pour pêcher en bateau dans les plans d'eau et aussi dans les cours d'eau les plus petits.

Le lancer léger se pratique au moyen d'une souple canne de 2 à 2,50 m, d'une puissance de 10 à 20 g, et d'un moulinet léger garni de 22 à 30/100. C'est un bon ensemble de base, qui procure de réelles satisfactions et est parfaitement adapté à la pêche de la truite, du black-bass et des brochets et saumons de tailles courantes. Une canne légère équipée d'une longue poignée permettant le lancer à deux mains assure une plus grande puissance et un meilleur contrôle.

Un équipement « passe-partout » classique se composerait d'une canne de 2,30 à 3,10 m, d'une puissance de 12 à 28 g, d'un moulinet de taille moyenne garni de 150 à 180 m de 25 à 35/100. Cela serait tout à fait suffisant pour projeter des leurres (poissons-nageurs, cuillers tournantes et ondulantes) de taille moyenne et maîtriser des adversaires de bonne taille tels que gros brochets, saumons et truites de lac.

Pour pêcher en bateau, la canne la plus commode a une longueur de 2,30 à 2,50 m de long et une puissance de 12 à 28 g également. Elle est moins encombrante mais possède les mêmes qualités. Avec une poignée permettant le lancer à deux mains, ce type de canne se révèle très puissant.

Si l'on a besoin d'un équipement plus lourd pour lancer ou traîner des poissons-nageurs plus importants ainsi que pour tenir tête à de très gros brochets ou saumons, on se sert habituellement de cannes plus spécialisées. Elles peuvent mesurer de 2,20 à 3,30 m, selon que l'on pêche du bord ou à la traîne en bateau. Elles sont toujours dotées d'une très longue poignée car elles sont conçues pour lancer à deux mains.

Les techniques de lancer

Il existe de nombreuses techniques de lancer. Les plus utilisées sont le lancer latéral et le lancer vertical par-dessus l'épaule. S'y ajoutent plusieurs lancers spéciaux qui sont imposés par des situations particulières telles que la présence de buissons ou d'arbres derrière le lanceur. Que le pêcheur ait choisi un moulinet à tambour fixe ou à tambour tournant, la dynamique de tous ces lancers (mouvement, accélération et instant de libération de la ligne) est la même. Toutefois, la prise en main de la canne est différente selon le type de moulinet.

Pour le lancer latéral, le leurre pend verticalement d'une trentaine de centimètres sous la pointe du scion. La canne est d'abord amenée vers l'arrière, soit vers la droite, soit vers la gauche, selon

Le lancer latéral.

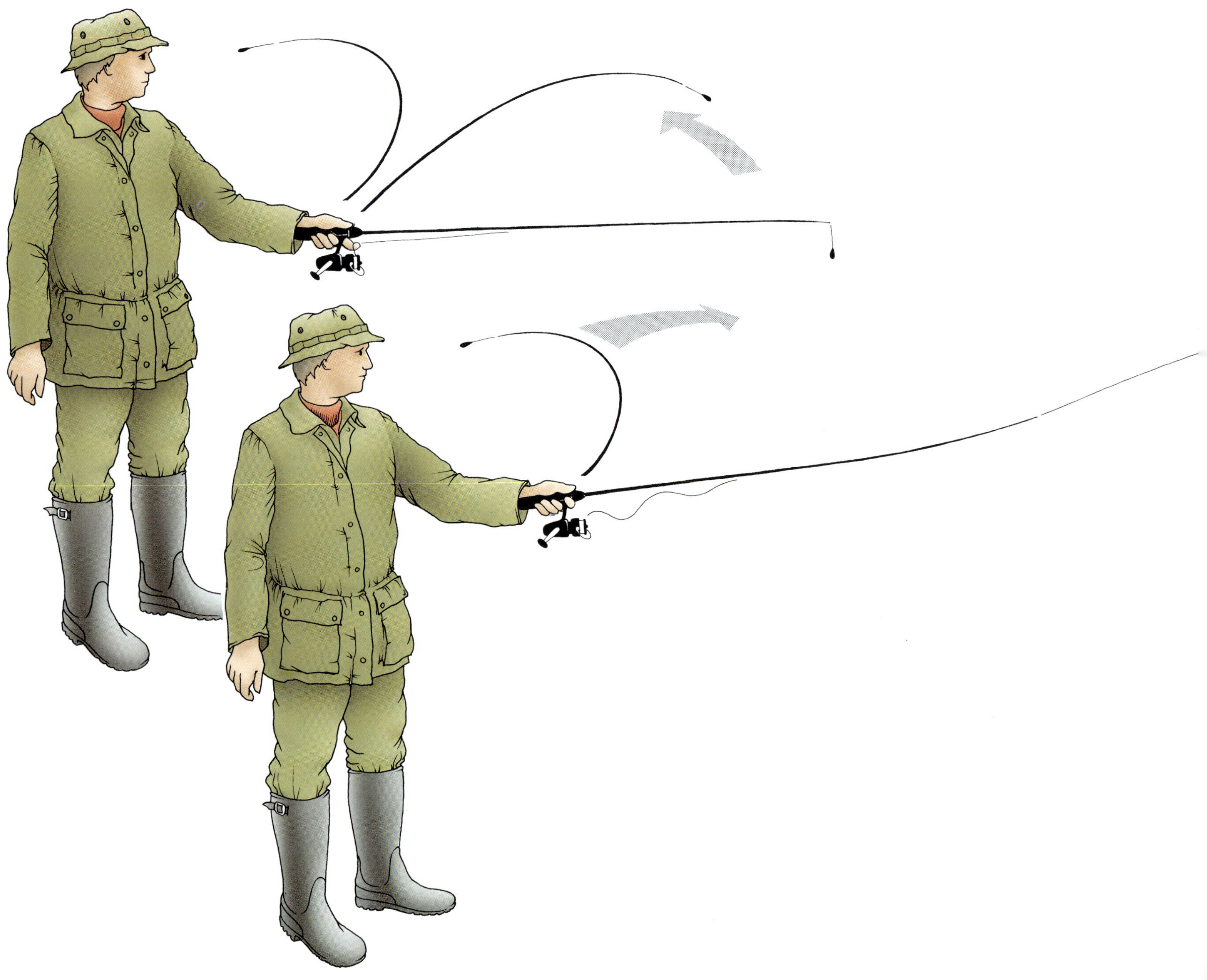

que le lanceur est droitier ou gaucher. En lançant, la ramener vers l'avant et vers le haut en la relevant légèrement en même temps que l'on libère la ligne. Si, alors que l'on lance de la droite, le leurre est projeté trop vers la droite, c'est que l'on a lâché la ligne trop tôt. S'il part trop vers la gauche, c'est que l'on a relâché la ligne trop tard. Quand il se pose bien dans l'axe, le lancer a été correct. Le lancer latéral n'est pas un lancer bien précis, mais c'est le plus facile et le plus puissant.

Le lancer vertical est plus précis. Le lanceur se tient face à la direction du lancer, son leurre se balançant à 30 cm sous la pointe du scion. L'objectif est visé avec la canne qui, d'un mouvement accéléré, est amenée à la verticale, en position 12 H. Le poids du leurre courbe la canne dont la pointe se trouve en position 3 H. Au même instant, le pêcheur la projette vers l'avant et libère la ligne. Si le leurre s'écrase avec force juste devant lui, c'est qu'il a libéré la ligne trop tard ; s'il se pose mollement à la même place, ou bien le lancer a été trop faible, ou bien la ligne a été libérée trop tôt.

Le lancer vertical ne convient guère pour les eaux peu profondes car il y a souvent plus de bannière en l'air qu'avec le lancer latéral. Il peut être ralenti soit en posant un doigt sur la ligne, comme avec un tambour fixe, soit en appuyant le pouce contre la bobine avec un tambour tournant.

Pour lancer sur un poisson repéré ou sur un poste précis, il faut viser directement l'objectif mais poser le leurre quelques mètres au-delà pour éviter d'effrayer le poisson par le contact bruyant avec l'eau ; il faut alors lui laisser le temps de couler jusqu'à la profondeur où le carnassier est susceptible de le voir et de l'attaquer.

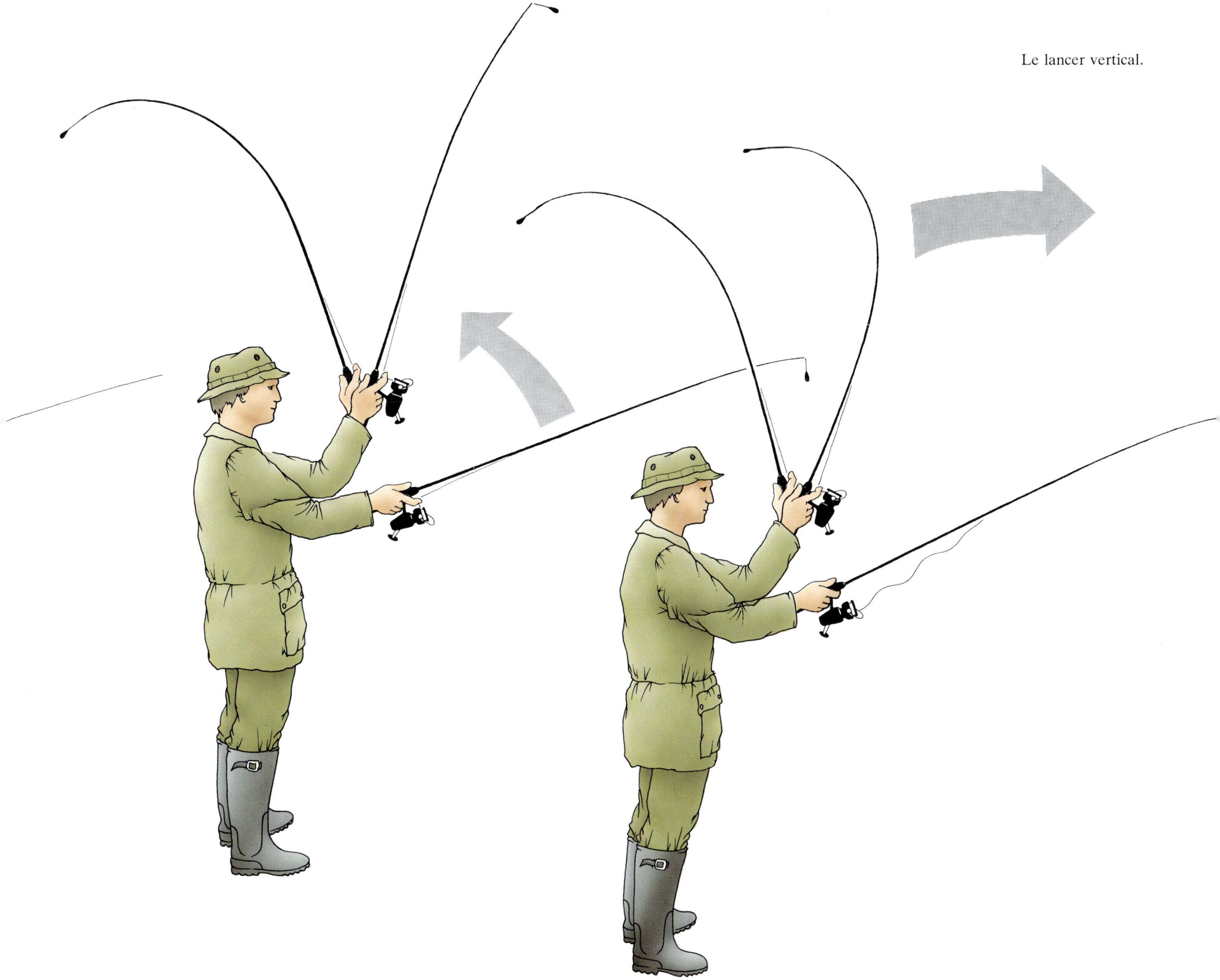

Le lancer vertical.

Le lancer en revers est un lancer spécial qui s'utilise dans un espace réduit, comme dans un bateau, ou bien là où des branches se trouvent sur la trajectoire. Dans ce cas, c'est un lancer «par-dessus l'épaule opposée» que l'on exécute.

Le lancer sous la main s'impose quand il y a des buissons ou des branches derrière le pêcheur. Les distances atteintes ne sont pas très longues, mais ce lancer est utile quand une végétation dense encombre les berges. Le meilleur moulinet pour le réaliser est un tambour fixe soit à bobine nue, soit capoté. Pour le réaliser avec un tambour tournant, il faut être un lanceur très expérimenté. Il se révèle utile également pour pêcher en bateau, quand on doit se tenir debout, souvent avec un compagnon derrière soi, pour profiter de l'espace libre que l'on a devant.

Les deux mains sont utilisées pour ce lancer, qui produit un armement maximal.

Le lancer sous la main.

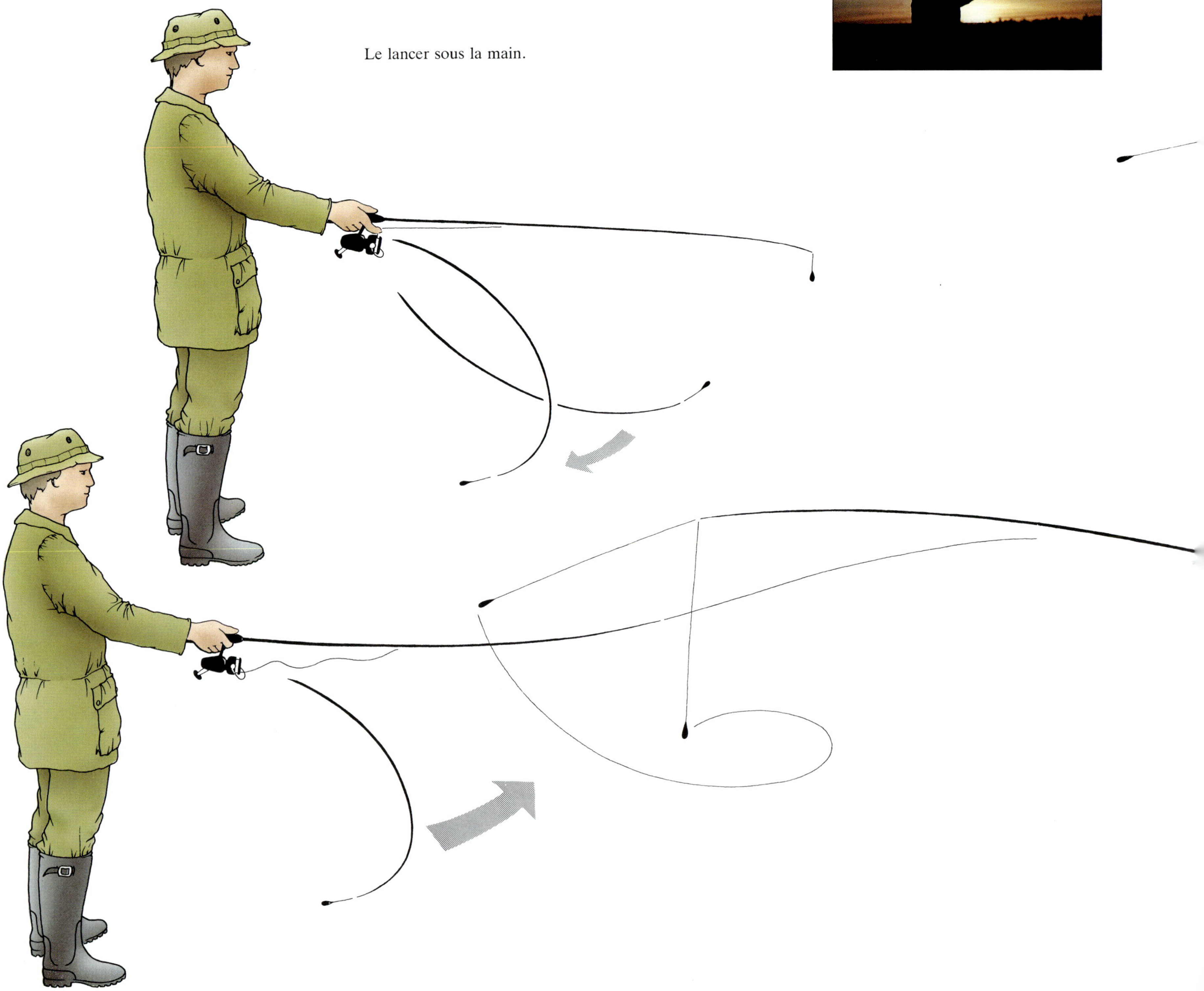

Pour réaliser des lancers plus puissants, on procède en gros de la même manière mais en engageant davantage l'action de son corps et de sa canne pour exécuter des lancers à deux mains.

L'un des plus fréquents incidents que l'on rencontre avec un tambour fixe se produit quand la bobine est trop garnie ; les spires se déroulent alors trop vite et s'emmêlent les unes dans les autres. Pour y remédier, il suffit de raccourcir sa ligne. Un lancer trop court peut être causé par une bobine qui n'est pas assez remplie ou par un leurre trop léger. Des anneaux trop petits peuvent aussi conduire au même résultat.

Avec un moulinet à tambour tournant, le problème le plus courant est généralement créé par un mauvais freinage de la bobine, ce qui entraîne un foisonnement. Pour y remédier, il suffit d'augmenter le degré de serrage du frein magnétique. Si cela ne suffit pas, c'est que la ligne est trop raide, ce type de moulinet ne convenant pas pour lancer des leurres trop légers. Sur les modèles ne comportant pas de répartiteur de fil, perruques et emmêlements peuvent être évités en se servant du pouce et de l'index pour répartir les spires régulièrement sur la bobine.

Un mauvais lancer peut aussi être provoqué par un enroulement trop lâche de la ligne sur la bobine, ce qui se produit quand on pêche au leurre à dandiner par exemple. Quand on récupère une ligne associée à un leurre trop léger, la serrer légèrement entre le pouce et l'index pour l'enrouler mieux tendue.

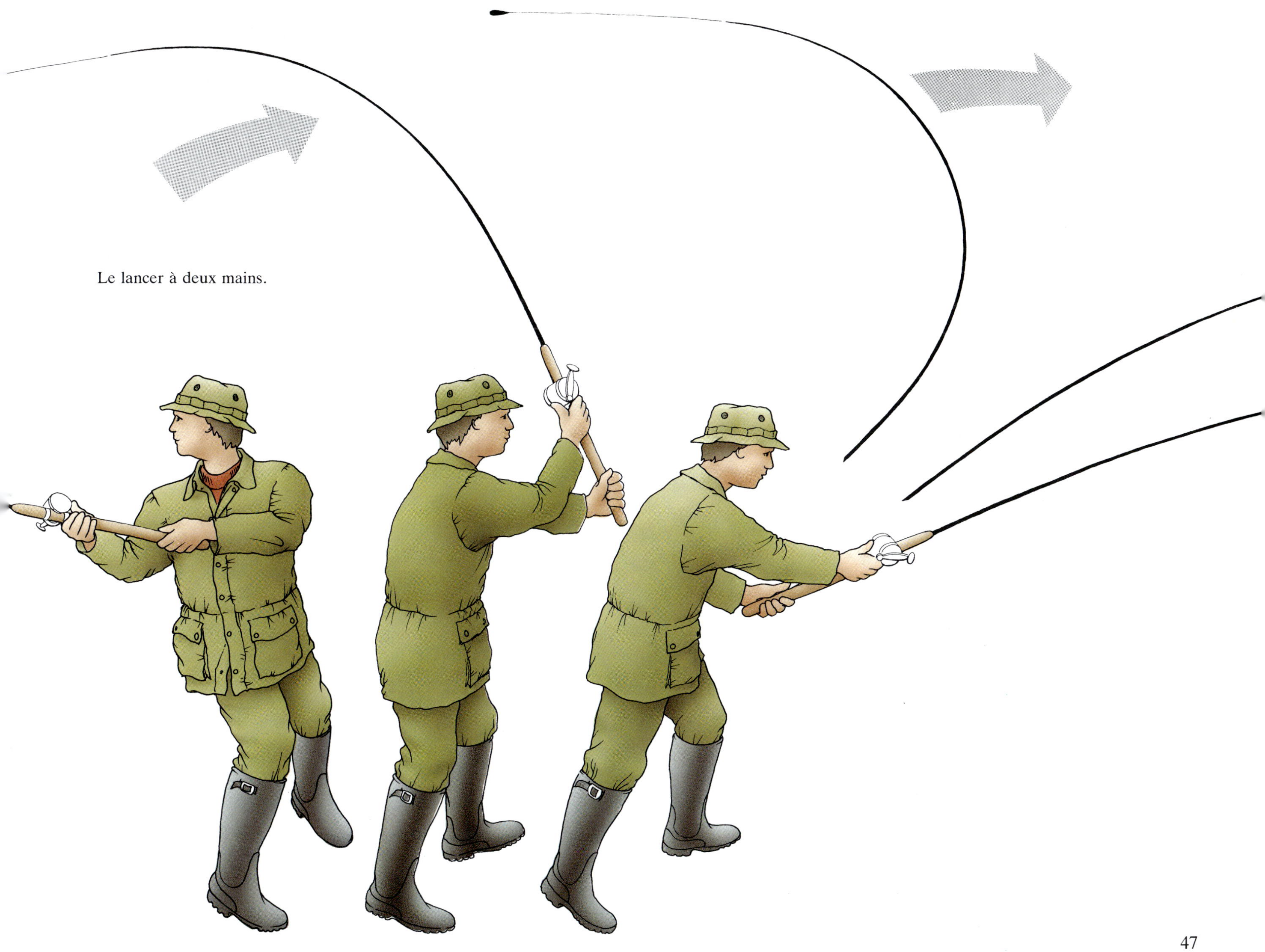

Le lancer à deux mains.

Les leurres artificiels

Ce chapitre concerne tous les leurres imitant des proies naturelles, y compris les imitations de poissons et de vers. Les leurres à dandiner et les vers en plastique que l'on imprègne d'odorants de synthèse réalisés à partir d'appâts naturels constituent une catégorie de leurres difficiles à classer. Même si un leurre artificiel imite une proie naturelle entrant dans le régime alimentaire d'un prédateur, il ne peut jamais prétendre être une copie parfaite, ne serait-ce que parce que les carnassiers attaquent souvent des poissonnets qui sont malades ou blessés ou qui, d'une façon ou d'une autre, se comportent de façon anormale dans leur environnement.

Les leurres artificiels émettent des signaux, ou stimuli, que les prédateurs reconnaissent et auxquels ils réagissent. La forme, la couleur et le mouvement sont les principaux signaux qui déclenchent l'attaque, mais la taille, la consistance, l'odeur et le bruit peuvent aussi le faire. Les fabricants s'efforcent de réunir le plus possible de ces stimuli dans leurs créations. Quand un leurre garde la faveur des pêcheurs pendant des années, c'est qu'il est capable de prendre un poisson dans beaucoup de situations différentes. Toby, Rapala, Mepps, Heddon et Dardevle sont des noms de leurres artificiels qui ont fait leurs preuves aux yeux des pêcheurs sportifs depuis des dizaines d'années et qui continuent à prendre du poisson sous toutes les latitudes.

Un leurre artificiel évolue dans l'eau d'une certaine manière, à une vitesse de récupération donnée. Quand cette vitesse change, la nage du leurre change aussi. Un leurre vraiment efficace est aussi tentant pour un carnassier à une vitesse de récupération qu'à une autre, ce qui laisse au pêcheur la maîtrise complète de ses mouvements et de son pouvoir leurrant. Les leurres artificiels peuvent être classés en cuillers ondulantes, cuillers tournantes, leurres tournants, poissons-nageurs et leurres à dandiner. Il en existe beaucoup d'autres sortes, naturellement, dont la plupart ont été mis au point aux États-Unis pour la pêche du black-bass.

Comme la pêche sportive s'est perfectionnée à la fois en Amérique et en Europe, en s'exerçant selon des méthodes de pêche et sur des espèces différentes, les différences de vocabulaires sont inévitables. Cela se vérifie particulièrement avec les leurres à dandiner : ce qu'un Américain nomme *jig* peut être baptisé « dandinette », « poisson d'étain », « guignol » ou d'un nom de marque en France où ce type de leurre est très utilisé pour pêcher en lac, en rivière ou en mer.

Les cuillers ondulantes

Les cuillers constituent la plus grande catégorie de leurres artificiels. C'est évidemment en raison de la forme en cuiller à soupe de leur palette qu'on a donné ce nom à ce type de leurre.

Les ondulantes existent sous de nombreuses formes, qu'elles soient rondes, ovales ou allongées, et souvent légèrement galbées en S, pour imiter diverses proies. Les formes ovales et rondes conviennent mieux pour la pêche en eau calme ; elles nagent en virevoltant mais comme, à trop grande vitesse, elles se mettent à tourner, elles ne conviennent pas pour les eaux au courant rapide. Dans les eaux rapides à la surface agitée (ainsi que dans celles où les carnassiers se nourrissent de petits poissons se déplaçant par petits traits rapides), on préfère les ondulantes allongées et de faible largeur, au profil en S. Plus elles forment le S, plus elles font des écarts de côté, amplifiant leur nage frétillante chaque fois que l'eau rencontre leur face concave. Du fait que ces cuillers doivent être en mouvement pour intéresser le poisson, elles sont inopérantes en eau calme. Privées de courant pour les faire nager, elles doivent être récupérées à une vitesse bien trop rapide pour les poissons d'eaux dormantes.

On trouve de nombreuses variétés de cuillers ondulantes, mais toutes ont une palette de la forme à laquelle elles doivent leur nom.

S'intercalant entre ces deux groupes, on trouve des cuillers qui travaillent parfaitement aussi bien en récupération lente que rapide : la Toby et la Dardevle en sont des exemples.

Les ondulantes peuvent être faites de métal épais ou mince, petites et lourdes ou grandes et légères. Un bon modèle se lance bien, coule rapidement, possède une nage attractive et est capable de provoquer l'attaque du poisson. Quand il s'agit de pratiquer des lancers courts, par exemple en étang, dans un ruisseau ou une petite rivière, c'est sa nage imitant celle d'un poissonnet qui fait merveille. Pour des longs lancers réalisés à partir d'une plage ou du haut d'une jetée, par exemple, c'est la facilité avec laquelle on la projette qui fait son succès.

Les eaux plus profondes nécessitent des cuillers plus lourdes et plus petites qui descendent rapidement à la bonne profondeur et s'y maintiennent pendant la récupération. Dans les eaux de faible profondeur et même dans certains faibles courants, on pêche mieux avec des cuillers plus légères et imitant la nage des poissons. Il est presque impossible d'obtenir une nage bien imitée avec une cuiller lourde en eau profonde.

Parvenir à donner à sa cuiller une nage suggestive et attractive est la priorité numéro un pour n'importe quel type d'eau. Quand on pêche à l'ondulante, la clé du succès est d'abord de la placer à la profondeur où se trouve le poisson et ensuite de la récupérer à une vitesse qui peut sembler naturelle à ce dernier.

Les ondulantes sont très utilisées en raison de leur facilité d'emploi et de leur efficacité. Elles émettent des signaux très attractifs pour le poisson et se plantent solidement dans la gueule du carnassier, qu'elles soient manœuvrées par un pêcheur confirmé ou un débutant. En général, une cuiller qui a une nage très frétillante prend moins de poissons qu'une cuiller qui a une nage bien régulière, mais, en revanche, elle décide souvent un poisson réticent à attaquer.

Les leurres anti-herbes

On peut doter les ondulantes de petits « élytres » destinés à les empêcher d'accrocher la végétation aquatique comme les nénuphars ou les algues, ou bien les racines et les obstacles rocheux.

Les cuillers tournantes sont souvent sélectives parce qu'elles émettent des vibrations qui se propagent dans l'eau et attirent le poisson de loin.

La pointe des hameçons est protégée par un fin fil métallique ou un fil de nylon très rigide. Ces ondulantes anti-herbes sont parfaites pour pêcher dans les herbiers denses, mais elles sont moins efficaces que celles dont l'hameçon est libre car il arrive souvent que les «élytres» gênent la pénétration des pointes de l'hameçon sur l'attaque du poisson.

Les ondulantes à dandiner

«Ondulantes à dandiner»: c'est ainsi que l'on peut traduire les termes de *pirk, pilk* ou *diamond jig* par lesquels les Anglo-Saxons désignent des leurres métalliques de petite dimension, très élancés et lourds pour leur taille. Ramenés à une vitesse relativement grande ou animés en imprimant des saccades à la canne, ces leurres ont une nage lente et régulière qui attire les carnassiers. Leur gros avantage est leur étonnante aptitude au lancer, ce qui explique qu'on les utilise souvent pour pêcher en eau profonde et pour lancer très loin.

En taille réduite, ces ondulantes à dandiner servent aussi à la pêche sous la glace, imitant des proies auxquelles les prédateurs ont du mal à résister. Elles sont en cuivre, en fer blanc ou en plomb.

Les cuillers ordinaires

Une cuiller tournante n'est rien d'autre qu'une palette d'ondulante qui tourne autour d'un axe quand on la récupère. Les cuillers tournantes conviennent mieux à la pêche dans des eaux faiblement à moyennement profondes.

Alors que l'ondulante peut provoquer une attaque quand la récupération s'interrompt, la cuiller tournante tend à couler comme une pierre dès que la ligne n'est plus tendue. Elle ne fonctionne que sous l'effet de la récupération.

L'action d'une tournante peut toutefois varier en fonction de sa taille et de sa forme. Si elle a un corps petit et lourd, elle coule très profond; si son corps est mince et léger, elle nage près de la surface, comme les ondulantes rondes ou ovales; une palette longue et mince nage très profond mais demande une récupération rapide. En associant une palette mince et un corps léger, on obtient une cuiller tournante à faire évoluer en surface par une récupération lente qui lui donne une nage régulière. La taille d'une tournante compte pour beaucoup dans son action. Pour qu'elle descende dans les couches profondes, on peut être amené à lester la ligne devant la cuiller ou à choisir un modèle ayant un corps plus lourd.

Comme elle ne ressemble pas à un petit poisson, la cuiller ondulante fonde son action sur un principe tout à fait différent de celui d'une ondulante. Son pouvoir leurrant dépend essentiellement des ondes sonores et des éclats lumineux qu'elle engendre. Afin de les améliorer, certains fabricants font des trous dans la palette de leurs modèles; ces trous sont conçus pour que la cuiller émette des vibrations très fortes qui se convertissent en ondes de pression dans l'eau.

La surface portante d'une cuiller tournante, importante par rapport à son poids, fait qu'il faut lui laisser plus de temps pour couler avant de commencer la récupération. Cette faible vitesse de plongée la rend très efficace pour pêcher le carnassier par des lancers amont. En lançant ainsi et en récupérant dans le même temps que la cuiller descend le courant, on obtient un leurre qui se déplace un peu plus vite que l'eau tout en tournant sur lui-même. Bien que plutôt destiné aux pêcheurs expérimentés qui ont une bonne perception de leur cuiller, le lancer amont est très efficace car le leurre apparaît soudainement et naturellement dans le champ de vision du poisson, lui laissant très peu de temps pour réagir. En pêchant vers l'aval, au contraire, on laisse au poisson beaucoup plus de temps pour éveiller sa méfiance.

Les cuillers plombées en tête

Une cuiller plombée en tête ressemble à n'importe quelle autre cuiller tournante, sauf qu'elle a le corps en avant de la palette. Cette modification d'équilibre implique qu'elle continue à tourner même quand, la récupération étant interrompue, elle coule vers le fond, ainsi que lorsqu'on la récupère à une allure très lente. Après avoir augmenté son poids en plongeant sa tête dans le plomb fondu, on peut l'utiliser aussi pour pêcher dans les grandes profondeurs, la rotation de la palette n'étant nullement affectée par cette masse plus importante.

Les cuillers plombées en tête se lancent bien et coulent rapidement. En décentrant le corps sur l'axe au montage après lui avoir donné le profil d'une quille de bateau, on évite le vrillage. Ce type de cuiller est incontestablement le meilleur pour la pêche à la traîne, mais il est aussi excellent pour pêcher dans les eaux au courant rapide et aux pools et chenaux profonds.

Les tournantes plombées en tête sont normalement équilibrées d'hameçons triples, mais beaucoup de modèles sont montés avec des hameçons simples pour l'eschage d'appâts naturels tels que les lanières de poisson: ce «cocktail» est particulièrement tentant pour le sandre ou le doré.

Autres types de leurres tournants

Depuis des dizaines d'années, la pêche américaine du black-bass constitue la meilleure source d'innovations dans les méthodes, le matériel et les leurres de pêche. La pêche du black se pratique dans des conditions extrêmement variées et dans des eaux de toutes sortes, aussi bien les marécages et les étangs conquis par les herbiers que les retenues et les réservoirs. Ce poisson réussit parfaitement dans les eaux chaudes riches en végétation de fond. C'est précisément cette densité d'herbiers qui a si fréquemment interdit l'emploi des leurres classiques et stimulé la création de leurres spécialisés, rarement utilisés par les pêcheurs européens.

Parmi eux, les leurres composés à deux bras, qui ressemblent à des cuillers tournantes. Ils se composent d'une armature se présentant comme une épingle de sûreté ouverte, dont le bras supérieur porte une palette non tournante. Sur le bras inférieur, se trouvent le corps lesté et l'hameçon qui, en raison de l'abondance des herbes aquatiques, est un hameçon simple placé pointe vers le haut. Il est protégé par le bras supérieur et, souvent, par une épaisse touffe de poils de cerf ou une jupe en plastique. Ce leurre est conçu pour éviter que l'hameçon n'accroche le fond ou la végétation. Ainsi, il est beaucoup plus efficace que tout leurre muni d'hameçons anti-herbes. C'est pour chercher les poissons que ces leurres composés se révèlent les plus utiles. Une fois que le carnassier a été localisé et a montré son intérêt par le leurre, beaucoup de pêcheurs remplacent ce dernier par un modèle plus prenant.

Il existe une infinité de modèles de leurres composés. Ils se lancent assez facilement et nagent bien quand on récupère lentement, mais ils sont la cause de nombreux décrochages.

Les leurres composés vibrants sont construits sur le même principe que les précédents, mais ils sont dotés de petites pales qui tournent comme une hélice. Ils sont conçus pour pêcher au-dessus de la végétation aquatique immergée qui parvient presque jusqu'à la surface, et aussi dans les eaux de faible profondeur. À la récupération, l'hélice tourne à la surface en produisant une perturbation et en émettant des ondes de pression simulant celles d'un oisillon tombé à l'eau ou d'une grenouille. L'hélice peut avoir deux ou trois pales et le bras peut porter une ou deux hélices. Le leurre peut être armé d'hameçons simples ou triples. Il existe des modèles n'ayant qu'un bras et qui ressemblent à des cuillers tournantes ordinaires ayant une hélice en avant du corps.

Les poissons-nageurs

Les poissons-nageurs sont des leurres artificiels conçus comme des imitations d'espèces-fourrage pour les carnassiers. Comme ils sont en trois dimensions, l'angle sous lequel le prédateur les aperçoit n'a aucune importance: ils ressemblent toujours à des petits poissons vivants. La plupart des poissons-nageurs sont en plastique; certains sont en balsa. Ils sont en général armés de deux ou trois hameçons doubles ou triples.

Ils sont d'un emploi beaucoup plus étendu que les cuillers et peuvent soit flotter, soit couler. Beaucoup ont une sorte de bavette située un peu en avant du corps, quelquefois figurant une lèvre

Quatre types de poissons-nageurs qui ont fait leurs preuves dans le monde entier:

Whopper Stopper
Rapala
Hi-Lo
Swim Whizz

avancée, qui se comporte comme une étrave ouvrant le passage au leurre parmi les herbiers quand on le ramène.

L'angle de la bavette et la vitesse de récupération déterminent la profondeur de nage du poisson-nageur. Sa conception et sa forme peuvent lui permettre de pêcher plus profondément qu'une cuiller, d'autant qu'il est possible de le lester pour qu'il nage à une profondeur encore plus grande. Quand on ramène une cuiller, la traction exercée sur la ligne et l'angle donné à la canne tendent à la faire remonter vers la surface, mais le poisson-nageur, lui, est conçu pour garder la même vitesse de nage pendant la récupération.

La plupart des poissons-nageurs sont étudiés pour travailler à une profondeur déterminée, mais plus leur vitesse de déplacement est grande, plus ils s'enfoncent profondément. Certains modèles peuvent se régler pour descendre à diverses profondeurs. Le Swimm Whizz et le Believer, par exemple, ont deux boucles de fixation de la ligne. Quand cette dernière est attachée à la boucle supérieure, le leurre descend en profondeur avec des mouvements vifs; quand elle est reliée à la boucle inférieure, il suit une trajectoire à faible profondeur avec des mouvements plus lents. Le Cisco Kid est un exemple de poisson-nageur ayant une bavette en métal pliable. Plus on courbe la bavette, plus le leurre frétille près de la surface; plus on rapproche la bavette de l'horizontale, plus il nage en profondeur et avec des mouvements lents.

La plupart des poissons-nageurs tels que le Rapala ont une seule boucle d'attache. Beaucoup de petits modèles légers sont plus actifs si on les relie à la ligne par une boucle au lieu d'un nœud. Les plus gros modèles, eux, peuvent s'attacher par un nœud serré ou une agrafe-émerillon.

La forme tridimensionnelle et la nage réaliste du poisson-nageur font de lui le leurre qui imite le mieux la proie naturelle d'un carnassier. Il est beaucoup plus polyvalent qu'une cuiller ondulante ou tournante car il pêche à tous les niveaux de profondeurs depuis la surface jusqu'au fond. Le brochet, le black-bass et la truite de lac sont quelques-unes des espèces qui mordent le mieux au poisson-nageur.

Les poissons-nageurs flottants et plongeants

Le poisson-nageur flottant est un bon modèle passe-partout qui permet de pêcher de la surface jusqu'à une profondeur d'une dizaine de mètres. Quand on relâche la traction sur la ligne, il remonte, prêt à plonger à nouveau si on se remet à récupérer, ce qui crée une animation très réaliste pour attirer les carnassiers. Les poissons-nageurs sont très commodes dans les courants lents à modérés où l'eau n'est pas très profonde. Dans les conditions plus délicates, comme des eaux très encombrées par la végétation, les arbres morts ou les obstacles rocheux, il est bon de laisser le courant entraîner le poisson-nageur flottant et le porter jusqu'au poste d'attaque du poisson avant de commencer à le ramener.

Les poissons-nageurs plongeants (ou mieux, coulants) se rapprochent davantage des cuillers car ils peuvent couler à des profondeurs de 5 à 15 m. Si on laisse descendre le modèle choisi à la bonne profondeur et si on le récupère à une vitesse assez lente, il travaillera en suivant le fond jusqu'à ce qu'on le fasse remonter en accélérant la récupération.

Autres types de poissons-nageurs

Les Minnow Plugs sont des poissons-nageurs de 5 à 20 cm de long qui sont des imitations des proies naturelles des carnassiers. Flottants ou coulants, ils sont sans doute les plus communément employés.

Des modèles plus petits et plus ramassés ont été conçus avant tout pour l'ultra-léger. Appelés «Farfeleurres» *(Crankbaits)*, ces poissons-nageurs se lancent très bien. Ils sont soit flottants, soit coulants, avec des bavettes longues ou courtes pour pêcher à des profondeurs variées, entre la surface et de 5 à 8 m de profondeur. Beaucoup de poissons-nageurs de ce type ont un dispositif bruiteur intégré qui émet des sons à la récupération. Ces leurres sonores peuvent servir aussi pour pêcher à la traîne.

Les plus grands modèles de poissons-nageurs sont employés pour pêcher à la traîne. Ils sont difficiles à lancer et exigent un équipement lourd. Comme les gros poissons recherchent les grosses proies, ces modèles sont excellents pour la traîne sur les grandes étendues où il y a de grosses pièces à prendre. L'usage de ces grands modèles est très sélectif: du pêcheur ou du gros poisson, c'est le plus résistant qui gagne ! Malgré leur poids, on peut les lancer dans des secteurs assez étroits, avec des profondeurs d'eau moyennes à faibles. Les poissons-nageurs Magnum ressemblent aux modèles ordinaires, mais sont conçus pour la pêche à la traîne du saumon dans les rivières de la côte ouest de l'Amérique du Nord et en mer. Ils pêchent jusqu'à 15 m de profondeur, suivant la vitesse de traîne et le poids de lest utilisé.

Les poissons-nageurs de surface

Les poissons-nageurs de surface appartiennent à une catégorie spéciale de poissons-nageurs flottants conçus tout spécialement pour la pêche du black-bass, du brochet, du musky et autres carnassiers quand ils chassent dans les faibles profondeurs d'eau ou près de la surface à la belle saison. Pêcher avec ce type de leurre est l'une des plus extraordinaires expériences que l'on puisse faire parce que l'on peut voir le poisson se jeter sur le leurre à la surface. Il faut beaucoup d'habileté pour ferrer au moment où le carnassier referme la gueule dessus.

Il existe beaucoup de modèles de poissons-nageurs de surface. Les plus courants sont pourvus d'une ou deux hélices qui tournent quand on récupère, brassant la surface de l'eau. Dès que l'on a trouvé la bonne vitesse de récupération, l'action de l'hélice et celle du corps se combinent pour donner une nage très attractive. Le corps de ces leurres à hélice est en forme de cigare et il nage doucement dans l'eau.

Sans les hélices et à vitesse correcte, ces poissons-nageurs en forme de cigare font des écarts réguliers à droite et à gauche. Il est recommandé de les animer par des saccades régulières et assez fortes.

Un autre type spécial est pourvu d'ailes de chaque côté, soit au milieu, soit en tête. Ces ailes font avancer et reculer le leurre en faisant gicler l'eau de chaque côté comme le ferait un petit oiseau se débattant à la surface.

Certains encore ont une tête pourvue d'une large entaille qui provoque un éclaboussement d'eau devant eux chaque fois que l'on imprime une forte saccade à la canne.

Tous ces leurres de surface sont de taille petite à moyenne et s'utilisent pour pêcher le black-bass, le brochet et le musky. Il existe des modèles spéciaux pour ces deux derniers, appelés «leurres-danseurs»; ils ont un corps allongé et élancé, avec deux épaulements qui leur procurent une nage rapide et coulante quand on récupère en donnant des secousses irrégulières à la canne. Sur certains «danseurs», on trouve un disque de métal placé sous la queue qui a pour rôle de faire légèrement plonger le leurre à la récupération; sans le poids de ce disque, il ne travaillerait qu'en surface. Les poissons-nageurs de ce type sont de bonne taille et exigent un équipement se composant d'une canne courte et robuste portant un moulinet à tambour tournant garni d'une ligne de nylon câblé. Au lancer, ils produisent un grand éclaboussement d'eau. Il faut les ramener de façon irrégulière et cassée, un effet auquel on parvient facilement en secouant la canne sur le côté ou, mieux, pointe vers la surface de l'eau.

Tous les leurres destinés à la pêche du brochet et du musky atteignent à leur maximum d'efficacité quand les carnassiers chassent en surface, dans une eau à une température d'au moins 16 à 18 °C. Pour le black-bass, la température doit être plus élevée. Les poissons-nageurs de surface donnent de bons résultats même à des profondeurs de 5 à 6 m dans des zones d'herbiers denses. Les carnassiers rôdent souvent dans les secteurs riches en végétation, à la recherche de petits oiseaux et de poissons qui sortent généralement le matin de bonne heure et le soir.

Les dandinettes à tête plombée

C'est seulement après la Seconde Guerre mondiale que ces leurres à dandiner ont commencé à apparaître plus communément dans la boîte à pêche des Américains. Bien que figurant parmi les leurres les plus vieux du monde, ils avaient surtout été utilisés jusque là pour la pêche en eau salée. La généralisation de leur emploi coïncide avec la mise au point des équipements légers. Une fois encore, c'est la pêche du black-bass qui leur a ouvert la voie. Depuis lors, les dandinettes à tête plombée ont été adoptées pour d'autres modes de pêche et on les considère maintenant comme faisant partie des meilleurs leurres pour le brochet, le sandre, la truite et même le saumon, sans parler du black-bass évidemment.

La «dandinette» est un leurre petit et dense, qui offre peu de résistance à l'air et permet des lancers précis. Elle coule rapidement et n'est pas conçue pour produire un mouvement donné; pourtant, même un débutant peut s'en servir. Elle demande à être récupérée avec une action de canne faite de saccades et de secousses.

Grâce à leur hameçon monté pointe vers le haut, ces têtes plombées permettent d'éviter l'accrochage sur le fond. Le poisson se ferre bien, souvent par la lèvre supérieure. Ce type de leurre est sans doute le meilleur marché de tous: une demi-douzaine de dandinettes à tête plombée, en effet, ne coûtent pas plus qu'une cuiller ou un poisson-nageur.

Une dandinette à tête plombée n'est rien d'autre qu'un hameçon à tige longue et recourbée suivant un certain angle juste avant l'œillet. La tête est en plomb, coulée de manière que l'œillet de l'hameçon ressorte soit à son sommet, soit à son centre. C'est la position de l'œillet qui donne son équilibre dans l'eau à la dandinette. Sur les modèles destinés à être lancés, l'œillet est placé légèrement en avant de la tête. Sur les modèles utilisés pour pêcher sous la glace ou à la verticale entre les obstacles, il est au sommet de la tête. On classe ces leurres d'après la forme de leur tête, qui peut ressembler à une bille, à une banane ou à une quille de bateau; ils

Avec une petite dandine à tête plombée, pêcher sur le fond en récupérant de manière saccadée pour lui donner une nage irrégulière et sautillante. Le corps est généralement fait de poils, de plumes, de plastique ou de caoutchouc.

À droite: plusieurs modèles de dandinettes que les poissons trouvent irrésistibles. Les grands carnassiers, tels que le doré et le sandre, sont attirés par les grandes dandinettes au corps en caoutchouc souple, alors que les espèces plus petites, comme la perche, préfèrent les petites dandinettes au corps de poils ou de plumes.

peuvent être dotés d'une bavette, comme les poissons-nageurs, ou bien d'une palette tournante montée soit sur l'hameçon, soit sous la tête plombée.

Les matériaux qui constituent le corps sont très variés. Les dandinettes chevelues sont en poils de daim; celles habillées de plumes sont en hackles ou en marabou souple et gonflant. Des corps en plastique souple ou imitant des vers de terre ont multiplié les possibilités de choix, ce type de leurre permettant les lancers les plus variés. On trouve aussi des corps constitués de jupettes en nylon de différentes sortes, en fibres synthétiques, en mylar ou en tinsel. Le corps des dandinettes les plus communes pour l'eau salée, appelées bucktails, est en poils de cerf.

Les dandinettes à tête plombée sont disponibles dans presque toutes les tailles et tous les grammages, depuis moins de 1 g jusqu'à plusieurs centaines de grammes. Les plus petites sont appelées micro-dandinettes.

Il ne s'agit pas à proprement parler de leurres à faire tourner par la récupération mais de leurres à «travailler»; cela consiste à rendre le leurre actif, pour qu'il ait toute la vivacité et l'attrait d'un petit vif en train de chercher sa nourriture, de fuir ou de se cacher. On peut faire aller la canne de droite à gauche tout en récupérant, mais le contact avec le leurre est ainsi diminué alors que c'est justement ce qu'il faut veiller à garder pour sentir les touches et ferrer à temps. Le meilleur indice d'une touche est souvent, en eau calme, une simple glissade de la ligne!

Même pendant que la dandinette à tête plombée coule, il est important de garder le contact avec elle car l'attaque peut se produire avant qu'elle ait atteint le fond. Comme une tête plombée n'a guère tendance à produire des emmêlements, il est préférable de fixer la ligne directement à l'œillet, une agrafe ou un émerillon pouvant quant à eux éveiller la méfiance du poisson.

Les corps en plastique mou et souple sont souvent déchirés ou arrachés par les dents des poissons. Il est conseillé de se munir d'une bonne provision de corps de rechange. Leurs couleurs peuvent déteindre et même se mélanger s'ils entrent en contact les uns avec les autres; aussi faut-il veiller à garder séparément chaque couleur de leurre souple dans un sachet en plastique. Certaines boîtes à leurres sont déclarées «résistantes aux vers»: cela signifie qu'elles sont conçues spécialement pour conserver les leurres souples.

On peut imprégner certains de ces leurres de divers «odorants» destinés à stimuler les attaques de carnassiers. Avec une injection de l'un de ces principes «appétiseurs», le pouvoir leurrant d'un leurre souple augmente légèrement. On peut utiliser une seringue, mais aussi frotter le corps de cette «huile d'attaque» ou tremper le leurre dedans. On peut également piquer une fleurette de poisson à l'hameçon de la dandinette pour lui donner une odeur et une texture plus naturelles. Certains pêcheurs y accrochent même un petit poisson par les lèvres, ce qui séduit particulièrement les sandres et les dorés.

Les imitations en plastique souple

Les vers en plastique souple sont des imitations, souvent en silicone, de sangsues et de vers. Ils ont été mis au point pour la pêche du black-bass mais peuvent être utilisés avec succès pour le brochet, le sandre, le doré et le petit musky. La méthode de pêche est la même qu'avec les dandinettes.

Les têtes plombées peuvent servir pour les vers en plastique, mais elles doivent être lestées aussi faiblement que possible, afin de ne pas leur faire perdre l'apparence vivante qu'ils donnent de la nage des sangsues, qui constituent la proie naturelle principale des prédateurs dans beaucoup d'eaux. Des hameçons spéciaux sont conçus pour les vers en plastique, de même que divers dispositifs pour les enfiler sur l'hameçon afin de diminuer les risques d'accrochage dans les herbiers. Une canne plutôt raide s'impose, non seulement à cause des herbiers, mais aussi pour assurer le ferrage.

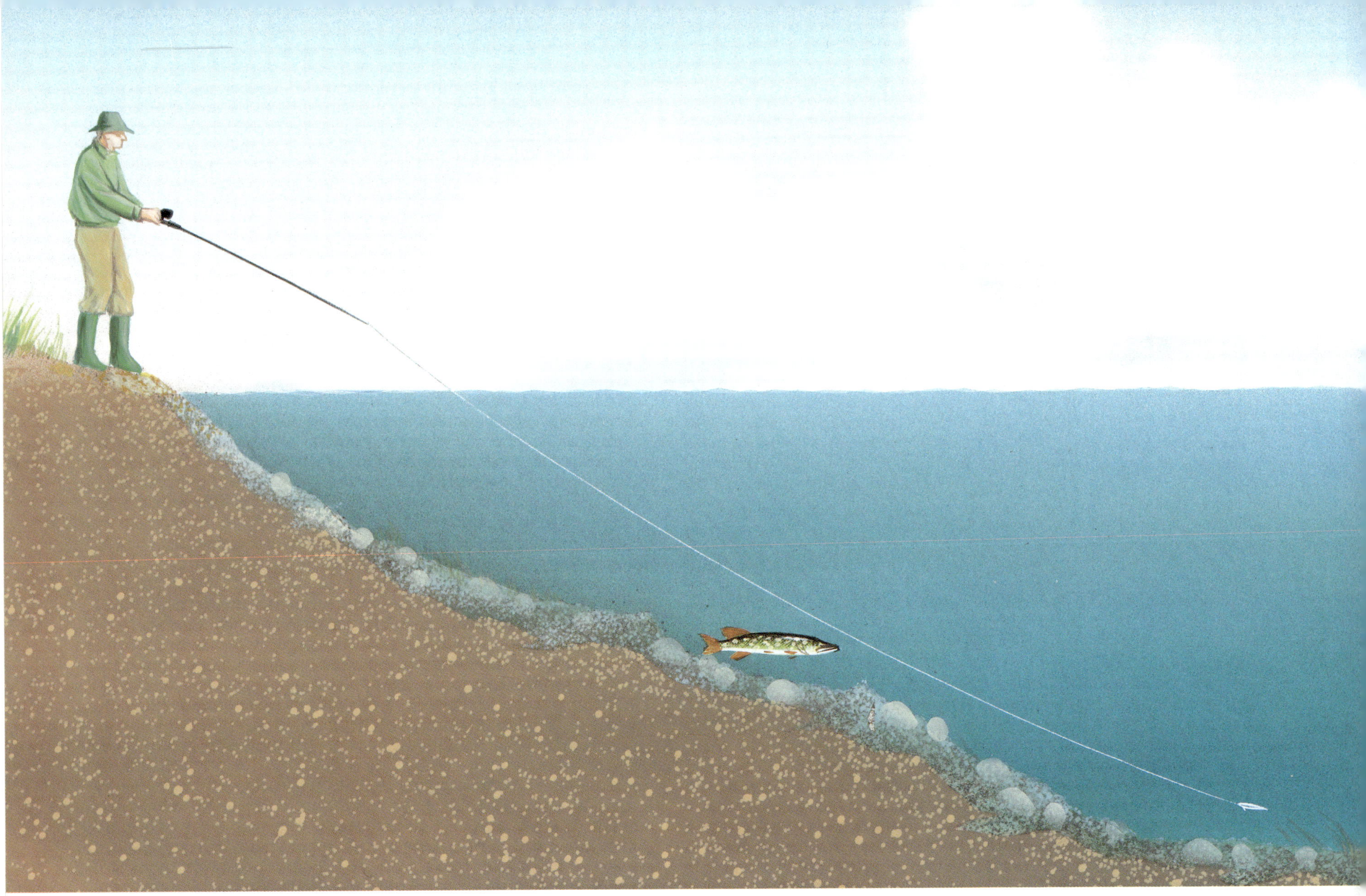

Pêcher au lancer, c'est souvent trouver le moyen de faire passer son leurre au ras du fond. L'une des façons d'y parvenir sans perdre son leurre est de recourir au procédé du comptage. Cette façon de procéder fonctionne bien avec les cuillers, tournantes et ondulantes, et avec les poissons-nageurs coulants. Cela marche aussi avec la plombée que l'on a ajoutée sur la ligne à 1,20 ou 2 m d'un poisson-nageur flottant. Après le lancer, le leurre touche la surface de l'eau et se met à couler sans cesser de prendre du fil jusqu'à ce qu'il ait touché le fond. Quand la ligne mollit, cela signifie que le leurre est sur le fond et c'est alors qu'il faut commencer à récupérer. Pour connaître la profondeur, commencer à compter, à partir de 20, dès que le leurre touche l'eau: 21, 22, 23, etc., jusqu'à ce que la ligne se détende. Alors, commencer à tourner la manivelle. Au lancer suivant, laisser couler le leurre jusqu'au même chiffre moins un avant de récupérer. Le but est de laisser descendre le leurre jusqu'à la bonne profondeur en comptant pour la déterminer; parvenu au bon chiffre, on commence tout de suite à récupérer, en sachant qu'il passe au-dessus du fond exactement à la profondeur où se trouvent les carnassiers. C'est une bonne méthode pour parvenir à bien connaître les eaux où l'on pêche et, indirectement, leur profondeur. En supposant qu'un leurre coule à la vitesse de 1 m par seconde, c'est exactement le temps qu'il faut pour dire «vingt et un». Si le leurre touche le fond au nombre 27, la profondeur de l'eau doit être de 7 m.

Ce procédé pour évaluer la profondeur n'est pas toujours nécessaire; il suffit d'un peu de pratique pour apprendre à quelle vitesse un leurre coule, quand il faut commencer à récupérer et à quelle profondeur pêcher.

Si on ne trouve pas le poisson au ras du fond, essayer de pêcher un peu plus haut, parfois même jusque sous la surface. Certains carnassiers sont connus pour chasser à différents étages: d'abord au fond, ensuite entre deux eaux, enfin à la surface. Le procédé du comptage rend plus facile la prospection à chacun de ces niveaux.

Même si les leurres artificiels sont conçus pour nager d'une façon donnée quand on les ramène, une récupération variée n'en reste pas moins déterminante pour faire réagir le poisson. Quelquefois, un carnassier attaque au moment précis où l'on cesse de tourner la manivelle et où, de ce fait, le leurre commence à couler vers le fond. Le prédateur interprète l'action du leurre comme celle de sa proie et le fait qu'elle semble prête à s'échapper le pousse à s'en emparer. Les poissonnets blessés ou malades induisent aussi ce modèle comportemental. Au moyen de ralentis, d'accélérations, d'arrêts, on donne à son leurre la nage hésitante et saccadée d'un petit poisson qui cherche sa nourriture sur le fond.

On récupère sa ligne diversement. Au lieu d'interrompre la récupération, on peut la ralentir à un moment, puis l'accélérer soudainement l'instant d'après. On peut lever, puis abaisser la canne pour que le leurre monte et descende sous l'eau.

L'illustration de gauche montre la pêche au lancer dans une eau pauvre en nourriture. Dans les eaux à capacité biogénique élevée, comme on le voit à droite, une végétation aquatique abondante peut rendre le bateau nécessaire pour parvenir à bonne portée du poisson.

Dans les eaux au courant rapide, une pause pendant la récupération a pour effet de faire faire du surplace à la cuiller tournante ou l'ondulante. On peut influer sur l'action de son leurre en levant la canne, puis en l'abaissant de nouveau, de façon que le leurre reprenne sa dérive dans le courant jusqu'au poste du poisson.

Quand le leurre se trouve à 10 ou 20 m, on peut faire passer la canne successivement à droite, puis à gauche, faisant ainsi ressembler le leurre à un petit poisson blessé qui cherche un abri.

Les règles qui suivent s'appliquent à la pêche dans les eaux de faible ou de moyenne profondeur (de 1 à 5 m). Utiliser des ondulantes de faible poids et offrant une grande surface portante, qui évoluent facilement et ont une nage vive. Utiliser des cuillers tournantes légères avec de grandes palettes et un petit corps. Utiliser des poissons-nageurs flottants ou coulants, mais ne plongeant pas profondément. La majorité des poissons-nageurs flottants et coulants sont conçus pour des profondeurs de 1 à 5 m.

C'est dans les eaux plus profondes, de 6 à 12 m en règle générale, que commencent la plupart des problèmes. À titre d'exemple, supposons que l'on lance entre 25 et 40 m et qu'on laisse couler le leurre profondément. Quand on a récupéré les 5 ou 10 premiers mètres, la ligne a remonté de 6 à 12 m au-dessus du fond et ne sera plus dans la zone de chasse des poissons.

Pour rendre le leurre plus attractif, il faut interrompre la récupération de temps en temps afin que le leurre ait le temps de couler à nouveau vers le fond – par exemple tous les cinq ou dix tours de manivelle. En procédant de la sorte, on est sûr que le leurre reste à pêcher au ras du fond.

Le courant exerce une pression supplémentaire sur le leurre. Comme le courant de surface est toujours plus puissant que le courant de fond, il ne suffit pas de prendre une cuiller tournante ou ondulante plus lourde pour atteindre le fond. Il vaut mieux choisir un leurre plus léger et le lancer en diagonale en travers du courant, et même un peu en amont et lui laisser quelques secondes pour qu'il descende. Le temps que le courant l'amène dans l'axe du pêcheur, le leurre a atteint la zone du fond et la récupération peut commencer.

Trouver où un carnassier chasse et le faire mordre sont deux choses différentes. Outre la nécessité d'essayer différents types et couleurs de leurres, il est tout aussi important de tenter différentes techniques de récupération. La récupération peut être rapide ou lente ; elle peut être saccadée ou provocante, comme quand le leurre est amené rapidement vers le poisson, puis accélérée pour que le leurre bondisse hors de sa portée, tout comme un poissonnet effrayé. Une technique qui réussit souvent consiste à laisser le leurre nager doucement vers le poisson, puis à le retirer vivement. Il est tout aussi important de laisser au poisson la possibilité de voir le leurre sous différents angles; aussi faut-il le «bombarder» en lançant le leurre de tous côtés.

Si un poisson a attaqué un leurre sans se prendre, il peut avoir été effrayé et se méfier. Il est souvent bon, alors, de le laisser tranquille un moment et de revenir le pêcher plus tard.

La plupart des carnassiers se nourrissent à heures fixes, de la même manière que nous avons, nous, le petit déjeuner, le déjeuner et le dîner. Cette fréquence, toutefois, est conditionnée par la température de l'eau, l'activité alimentaire des proies, la pression atmosphérique, la phase de la Lune, la valeur du pH, l'oxygénation de l'eau et le moment de la journée. Dans ces conditions, il est aisé de comprendre que si un poisson ne réagit pas au premier lancer, il peut être agressif une heure ou deux plus tard, parce que le temps ou quelque chose d'autre a changé.

Un certain nombre de facteurs extérieurs commandent la vitesse de récupération de la ligne. La température de l'eau est le plus important d'entre eux. C'est elle qui détermine la tenue des poissons et le degré d'agressivité de leur quête alimentaire. L'omble arctique, la truite de lac d'Amérique du Nord et d'autres espèces de truite sont plus actifs dans l'eau fraîche ou froide. Le brochet, le sandre, le doré, la perche et bien d'autres carnassiers perdent leur appétit dans l'eau froide. Ils font peu d'efforts pour attraper un leurre qui passe trop loin d'eux et trop vite. Quand on pêche ces espèces dans une eau qui s'est refroidie, il est important de choisir des leurres ayant une action très vive, même à vitesse de récupération lente, et de les faire évoluer lentement.

Dans les eaux plus chaudes, un leurre rapide qui émet des ondes de pression intenses, et même peut-être un leurre de surface, est le meilleur choix. Dans les eaux où la visibilité est faible, il vaut mieux utiliser un leurre relativement lent, ayant une nage aguichante, par exemple une cuiller tournante. On pêche mieux dans une eau froide et trouble avec des leurres aux couleurs éclatantes comme l'argenté, les rouges fluorescents, les jaunes, les orangés, qui constituent un signal visuel intense.

Les sauteuses d'aguichage

Beaucoup de carnassiers peuvent dédaigner un leurre parce qu'il est trop gros. Les larves et les alevins de poisson, les larves d'insectes et beaucoup d'autres minuscules animaux, plus petits que les plus petits poissons-nageurs ou cuillers, entrant dans leur régime alimentaire, on peut fixer, au bout d'une courte potence, une mouche artificielle de manière qu'elle évolue un peu au-dessus de la cuiller ondulante ou tournante ou du poisson-nageur pour obtenir une bonne imitation de leurs proies naturelles. On peut ainsi présenter en «sauteuses» des imitations en plastique, des mini-leurres souples sur tête plombée ou bien toutes sortes de mouches ou de streamers. Le black-bass, la truite, la perche et même le brochet réagissent très bien à ce mini-leurre d'aguichage. Sans doute parce qu'ils ne peuvent pas supporter la vue de ce (faux) concurrent sur le point de leur «voler» une de leurs proies, dont ils s'emparent alors. Pour pêcher la perche, il n'y a rien de mieux que de disposer deux ou trois de ces sauteuses d'aguichage devant un leurre de taille ordinaire.

La pêche à la mouche au lancer léger

La pêche à la mouche au lancer léger est une méthode qu'il ne faut pas ignorer. Cachés dans les pools et les trous profonds des rivières et des courants, se trouvent des truites et des saumons qui peuvent ne mordre que sur une mouche. Dans ces conditions de pêche, on ne peut leur en présenter une qu'avec un matériel de lancer léger. Une petite plombée est montée sur la ligne à 1 m environ de la mouche; après avoir lancé, récupérer en faisant passer la ligne sur le poste du poisson. Pêcher à la mouche sur équipement de lancer léger suppose une action de pêche lente, semblable à celle de la pêche à la mouche au fouet.

Une méthode très répandue et efficace pour placer une mouche très loin consiste à se servir d'un BULDO®, bulle de matière plastique transparente que l'on remplit d'eau pour lui donner plus de poids. Cette bulle est pourvue de deux œillets ; faire passer un bout de nylon d'une soixantaine de centimètres dans les œillets et attacher un émerillon à chaque extrémité pour que le BULDO® puisse glisser le long de la ligne. Puis fixer un bas de ligne de 1 à 2 m à l'un des émerillons, ainsi qu'une mouche, un petit leurre artificiel ou une imitation de larve. Relier le bas de ligne à la ligne par le second émerillon. Beaucoup de pêcheurs montent le BULDO® en attachant la ligne à un œillet et le bas de ligne à l'autre, mais ce montage ne donne pas une perception de la touche aussi bonne que lorsque la bulle d'eau peut glisser, ce qui permet un contact direct avec le leurre ou l'appât.

Ces bulles d'eau existent en version lestée, de poids variés, par exemple 5, 10 et 15 g de plomb placés dans un tube de plastique en forme de cigare. Un autre modèle a la forme d'un poisson-nageur et comporte un aimant. On colle la mouche à l'aimant et il suffit ensuite d'une bonne saccade de la canne pour décoller la mouche de l'aimant.

À droite: les mouches-tubes et les gros streamers peuvent inciter les poissons les plus méfiants à mordre, surtout quand on pêche en bateau dans les grands lacs en recherchant différentes espèces de salmonidés.

Pour pêcher au lancer léger avec une mouche, placer le lest à une distance de 0,75 à 1 m devant elle.

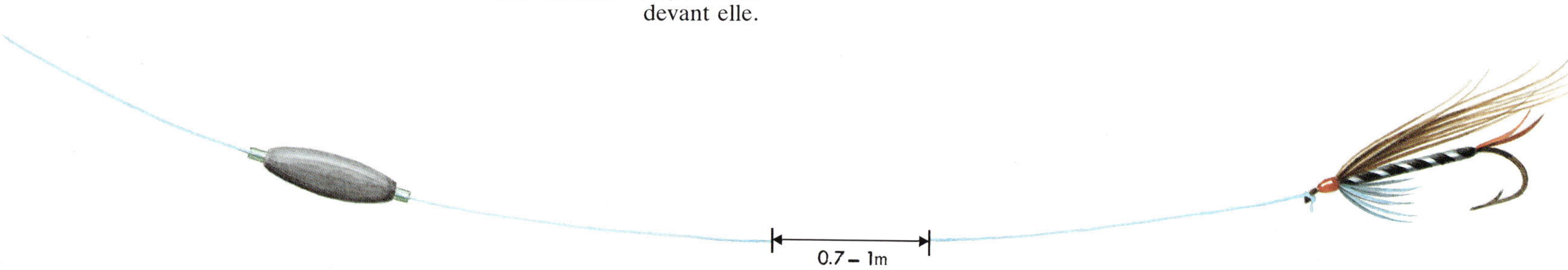

La pêche à la traîne

Pour explorer une large étendue d'eau, la pêche à la traîne est la plus efficace. Cela consiste à traîner un leurre derrière un bateau en déplacement.

Cette méthode peut se pratiquer aussi bien en laissant simplement une cuiller ou un poisson-nageur travailler derrière une barque que l'on fait avancer à la rame, qu'en usant d'engins sophistiqués pour peigner une étendue d'eau à partir d'un bateau pourvu de l'équipement le plus moderne pour localiser les fonds, les bancs de poissons et les poissons isolés.

De vastes secteurs de la plupart des plans d'eau sont vides de poissons. Pour cette raison, le pêcheur qui ne connaît pas les profonds, les faibles épaisseurs d'eau et les grands tombants, va passer une petite partie seulement de son temps à pêcher vraiment.

Une carte des fonds est très utile parce qu'elle indique les pentes, les rebords et les hauts-fonds où le poisson est le plus susceptible de chasser. Grâce à cette carte, on peut éliminer beaucoup de zones et concentrer ses recherches sur des secteurs offrant un bon potentiel de poissons.

Beaucoup de prédateurs chassent à la surface aux mêmes heures du jour toute l'année. Le black-bass, la truite, le brochet, le saumon et la truite de mer cherchent leur nourriture dans les fonds de 1 à 3 m. La meilleure façon de pêcher ces espèces est de traîner des cuillers tournantes légères ou des poissons-nageurs flottants. Traînés à une petite vitesse de 1,5 nœud, ces leurres sont aguichants et très pêchants. Les grandes cuillers ondulantes légères ont aussi une nage vive et attractive à la même vitesse, tout comme les poissons-nageurs s'ils n'évoluent pas trop profondément. Cette méthode est appelée traîne de surface.

En été, il est très fréquent de trouver le poisson de lac au large, en pleine eau, où il traque les bancs de petits poissons. Pêcher là, à la traîne, implique la recherche du poisson dans la zone pélagique. En fait, les carnassiers paraissent se cantonner à un niveau de profondeur particulier, si bien que la seule façon de les capturer est de découvrir la bonne profondeur. Le meilleur moyen pour y parvenir est de pêcher à plusieurs cannes, chacune devant explorer un niveau différent. On peut utiliser une ondulante pour la canne de surface ; un poisson-nageur flottant pêchant à une profondeur de 2 à 4 m pour la deuxième ; des poissons-nageurs coulants et plongeants ou des cuillers tournantes plombées en tête pour les fonds de 4 à 6 m. Pendant les mois chauds d'été, le poisson descend même plus profondément, jusqu'à 7 à 10 m, par exemple. À cette profondeur, les seuls leurres pouvant travailler efficacement sont les poissons-nageurs de taille moyenne à longue bavette proche de l'horizontale, coulants et plongeants.

Au moyen de ces quatre types de leurre, un lac peut être exploré jusqu'à 10 à 12 m de profondeur. Si l'eau est claire, cette méthode est plus efficace, car le poisson peut voir le leurre à une profondeur d'une quinzaine de mètres. Dès qu'il a une touche, le pêcheur marque un repère qui lui permettra de retrouver le bon niveau. On peut aussi procéder de la même façon le long des tombants et des bancs de poissons en repérant sur la carte les bonnes profondeurs et en y faisant passer des poissons-nageurs.

Les règles de base de la traîne

Quelques règles simples s'appliquent à la traîne, qu'elle soit pratiquée d'un bateau à rame, à moteur à essence ou même électrique. La première, c'est de se servir de porte-cannes. Cet important ustensile doit être solidement installé à bord et même fixé à demeure. La canne doit s'y adapter parfaitement en restant d'accès immédiat lors de la touche. On peut faire un porte-canne avec un simple bout de tube de métal ou de plastique, pourvu qu'il puisse être fixé au bateau. On trouve aussi de nombreux modèles de porte-cannes déjà montés dans le commerce. Le plus commode de tous les porte-cannes amovibles est sans conteste le Down East, qui non seulement réunit tous les avantages vus précédemment, mais peut aussi se monter sur presque tous les petits bateaux.

Il est bon de suivre un trajet légèrement en zigzag ou en courbe. Si on se sert de deux cannes ou plus, ce trajet sinueux crée naturellement une accélération du leurre d'un côté et un ralentissement de l'autre côté. En tournant, veiller à prendre des virages suffisamment larges pour éviter que les lignes ne se croisent. On peut ainsi pêcher à deux, trois ou quatre cannes.

On peut mettre les lignes à l'eau en les lançant sans appuyer le lancer ou bien ouvrir le pick-up du moulinet pour que la ligne se déroule de la bobine à mesure que le bateau avance. Pour traîner, il vaut mieux avoir des lignes courtes, mais pas au point de ne pas couvrir complètement la surface pêchée. Avec des lignes trop longues, on maîtrise moins le travail des leurres. Ce sont les vibrations de la pointe du scion qui renseignent sur le bon fonctionnement des leurres. En outre, les lignes courtes assurent un meilleur ferrage.

Une règle d'or de la pêche à traîner des leurres artificiels près du fond est que la longueur de ligne à l'eau doit être plus grande de moitié que la profondeur à laquelle on pêche. Le seul cas où une longueur de ligne plus importante est souhaitable est celui où l'on pêche des poissons très méfiants dans une eau très claire.

On ne perd pas son temps à essayer des leurres variés jusqu'à ce que l'on ait trouvé le bon. Cela fait, le « leurre du jour » peut être mis sur toutes les autres lignes. Parfois, la meilleure technique consiste à étaler les lignes le plus largement possible sur la surface à explorer. D'autres fois, au contraire, les lignes très rapprochées sont plus prenantes, sans doute parce que tous les leurres rassemblés semblent former un petit banc de poissons.

Quand il vente, il faut abaisser les lignes au plus près de l'eau pour éviter que le vent ne les fasse mollir. Si les lignes ne sont pas tendues, on ne voit plus les touches. Pour avoir la maîtrise des opérations, dès qu'un poisson s'est pris sur l'une d'elles, remonter les autres lignes avant de commencer la lutte.

La traîne profonde

Les poissons passent la majorité de leur temps près du fond, à des profondeurs de 5 à 15 m et plus. Malheureusement, très peu de lacs ont des eaux suffisamment claires pour que l'on ait une bonne vision de ces fonds. Si on les connaît bien, ou si on dispose d'un échosondeur, on peut immerger un leurre à 5 m pour commencer, puis, l'instant d'après, à 10 m et plus. Le meilleur moyen pour que le leurre soit constamment au ras du fond et pour être sûr qu'il évolue à la bonne profondeur est de lester la ligne en avant du leurre. L'un des procédés les plus simples pour faire couler un leurre est d'utiliser un dispositif de traîne profonde ou un système américain appelé « Bait Walker ». Voici un montage très efficace pour pêcher le black-bass, la truite, le brochet ou le sandre et le doré.

Prendre un émerillon pater-noster et y attacher un bas de ligne en nylon de 0,60 à 2 m de longueur ; le poisson-nageur flottant sera fixé à l'autre bout de ce bas de ligne, qui servira aussi de ligne de choc en supportant les mauvais traitements dus à la rocaille et aux obstacles rencontrés sur son trajet. À l'œillet inférieur du pater-noster, attacher un bout de nylon de 0,30 à 1 m de long et d'une résistance légèrement inférieure à celle de la ligne. À son extrémité, fixer un lest de 30 à 75 g, qui maintiendra le poisson-nageur près du fond quand on traînera à la vitesse de un à trois nœuds. Relier le troisième œillet à la ligne mère. Avec ce montage, on est sûr que le leurre sera toujours juste au-dessus du fond pendant la traîne. Il

Les poissons chassant entre deux eaux sont parfois difficiles à pêcher. Il faut explorer différents niveaux de profondeur jusqu'à ce que l'on découvre les poissons. La meilleure méthode est de faire pêcher les leurres à des profondeurs différentes, par exemple 3, 6 et 9 m. Dès qu'un poisson attaque l'un d'eux, les autres leurres peuvent être placés pour pêcher à la même profondeur.

La traîne profonde au ras du fond est une méthode qui a fait ses preuves pour pêcher le brochet et d'autres carnassiers, à la fois aux leurres et aux appâts naturels. En médaillon, on voit un modèle de bas de ligne pour la traîne profonde. Utiliser des poissons-nageurs flottants pour réduire les risques d'accrochage sur le fond.

opère jusqu'à une profondeur de 10 à 15 m et assure le maintien du leurre au ras du fond quand on pêche à 4 ou 5 m de profondeur à un moment et à 15 m l'instant d'après. Il est important de choisir des poissons-nageurs flottants parce qu'ils tendent à s'écarter du fond. En outre, ils devront avoir un profil fuselé et ne pas comporter d'aspérités pour éviter de toucher le fond et d'y rester accrochés.

Une version simplifiée de ce montage consiste à attacher 1 m de nylon à la ligne mère et à passer dans cette dernière un lest coulissant. Ce dispositif fait, lui aussi, travailler le leurre près du fond, mais les risques d'usure de la ligne sont plus grands.

La traîne au lest mécanique

Le lancer et la traîne de leurres lestés permettent de couvrir des profondeurs allant jusqu'à une limite de 10 à 15 m. Pour descendre jusqu'à une vingtaine de mètres, on peut adapter une dérive de profondeur (genre Aquadive) à la ligne, à une distance de 2,50 à 4 m devant le leurre. Ces dérives, faites en métal ou en plastique, servent à faire plonger le leurre plus profondément, mais quand le poisson est piqué, leur résistance s'ajoute à la sienne pour s'exercer sur la ligne. Pour traîner en grandes profondeurs, les générations de pêcheurs précédentes devaient ajouter d'énormes lests de plomb à leurs lignes. Des milliers de brochets, de saumons et, en Amérique du Nord, de truites de lac ont mis leurs lignes à rude épreuve, de même que les plombs de 3 à 5 kg qu'ils utilisaient, sur des équipements lourds pour l'eau salée – un genre de pêche sportive qui donnait de belles satisfactions mais exigeait plus de muscles que de qualités sportives. Grâce à l'invention du lest mécanique (*downrigger*), la pêche à la traîne est devenue plus sportive. En Amérique du Nord, dont le lest mécanique est originaire, on ne sait pas très bien où fut construit le premier appareil. Certains disent qu'il fut mis au point par les pêcheurs de saumon de la côte ouest; d'autres affirment qu'il fut inventé pour pêcher la truite des grands lacs nord-américains, un poisson qui peut peser jusqu'à 45 kg dans les grands lacs profonds et froids du Nord.

La conception de ce lest mécanique étant très simple, il est possible qu'il ait vu le jour en plusieurs endroits en même temps sans que leurs auteurs le sachent. Une chose est sûre, c'est que les appareils sophistiqués d'aujourd'hui ont été mis au point dans les Grands Lacs au cours des deux dernières décennies. Les leurres mécaniques existent en petites tailles, portables, à mise en œuvre manuelle, ainsi qu'en versions électriques à commande électronique. Grâce aux efforts de conservation intensifs et à la reconstitution massive des stocks en diverses espèces salmonicoles dont ils ont bénéficié en un temps étonnamment court, les Grands Lacs sont devenus probablement les meilleurs lieux de pêche du monde pour les poissons de sport d'eau douce.

Les espèces de saumon qui y furent introduites ont été soigneusement choisies pour qu'il y ait toujours du poisson à pêcher en eau peu profonde comme en eau profonde tout au long de la saison. Et que l'on pêche en bateau près du bord ou en pleine eau, la majorité de ces saumons sont pris à l'aide d'un lest mécanique.

En Scandinavie, le premier modèle fut introduit en Suède vers les années soixante-dix. Son usage est en progression dans tous les pays nordiques, surtout pour la pêche du saumon. Même dans d'autres parties du monde, en eau douce comme en eau salée, on se sert du lest mécanique pour pêcher en eau profonde.

Un lest mécanique se compose d'un treuil portant une ligne métallique et d'un bras pourvu d'une poulie dans laquelle est passée la ligne en monofil ou en câble d'acier. La plupart des modèles sont dotés d'un frein, d'un compteur de longueur de ligne et d'un porte-canne. Le lest est placé au bout de la ligne métallique et un pince-ligne est attaché soit au fil métallique, soit au lest. Des pince-lignes supplémentaires peuvent être placés plus haut sur le fil d'acier pour traîner plusieurs leurres à partir du même appareil.

La ligne de pêche est retenue par les pince-lignes, à une distance du leurre pouvant aller de 3 à 30 m selon la profondeur du poisson, la clarté de l'eau et d'autres facteurs encore.

Le poids du lest est établi pour chaque modèle d'appareil. Les plus lourds pèsent jusqu'à 6 kg. Ils sont souvent en forme de torpille et pourvus de dérives.

L'utilité d'un échosondeur pour trouver la bonne profondeur ne doit pas être surestimée. Il aide aussi à localiser les prédateurs, qui se tiennent souvent à des profondeurs données. Avec ces renseignements, on peut traîner un leurre légèrement au-dessus du poisson, un autre dessous et deux à la même profondeur que lui.

Le lest mécanique peut s'utiliser dans des bateaux de n'importe quelle taille. La canne est placée dans le porte-canne de l'appareil ou bien dans un porte-canne placé à proximité. Il existe des cannes conçues spécialement pour la pêche au lest mécanique avec une puissance renforcée, afin que le poisson se ferre plus sûrement sur son attaque. Le moulinet utilisé est généralement un tambour tournant. La ligne employée est relativement fine, mais elle doit tout de même être capable de résister à la traction d'une traîne à trois ou quatre nœuds.

Le pince-ligne doit être parfaitement réglé. Il peut être fait d'une pince ou d'un ressort qui s'ouvre sur l'attaque d'un poisson, libérant la ligne pour permettre au pêcheur d'engager le combat à la canne. À mesure que le climat se réchauffe, chaque année, les poissons carnassiers gagnent les zones de température qui leur conviennent le mieux. Ils peuvent parfois descendre jusqu'à 30 à 50 m. Un thermomètre fixé au câble du lest mécanique renseigne sur la température qui règne à la profondeur où se trouve le leurre.

Un lest mécanique se compose d'un treuil où s'enroule une ligne en fil métallique et d'un bras avec une poulie dans laquelle la ligne métallique est passée. La plupart des lests mécaniques sont aussi équipés d'un porte-canne, d'un indicateur de profondeur et d'un frein. Une canne pour traîner au lest mécanique a une action moyenne et se courbe en forme de J quand elle est installée correctement.

L'équipement électronique

La manière la plus simple de mesurer la profondeur est d'attacher une plombée à un fil et de la laisser descendre. Une petite marque en plastique est placée à chaque mètre du fil et quand la plombée a touché le fond, il suffit de compter les marques en la remontant. Toutefois, cette méthode est lente et la renouveler souvent serait une perte de temps.

Grâce aux équipements électroniques de mesure de profondeur, la pêche sportive, et tout particulièrement la traîne, est devenue beaucoup plus intéressante et efficace. Il existe plusieurs types d'échosondeurs: des sytèmes à flash, d'autres à LCD, des sondeurs-enregistreurs, à zones de couleurs, etc. Le sondeur à flash est le moins cher et donne une très bonne image de la profondeur ainsi que du relief du fond. Certains des plus perfectionnés sont aussi capables d'indiquer les bancs de poissons et les poissons isolés, et sont dotés d'un signal sonore qui se déclenche quand un poisson est localisé ou quand le fond remonte. Cette information se traduit par des éclairs lumineux sur un cadran.

Big Fish
Big Fish
RYDS 580 BF

Ci-dessus : un échosondeur rend de grands services pour localiser le poisson. Le cadran indique la profondeur, le relief du fond, la thermocline et les endroits où se tiennent les poissons. L'échosondeur à rouleau enregistreur montré sur l'illustration indique, entre autres choses, qu'il y a un poisson juste à gauche de la crête.

À gauche : pour la traîne, on utilise des bateaux conçus spécialement. Normalement, de quatre à six cannes traînent en même temps. Cette technique rend possible la pêche d'espèces pélagiques ainsi que celle d'espèces vivant sur le fond. Deux types de leurres très efficaces pour la traîne sont montrés ici. Dans le médaillon supérieur, on voit des ondulantes légères utilisées seulement pour la traîne. Dans le médaillon inférieur, divers poissons-nageurs travaillant bien à des vitesses de traîne variées.

À droite : un lest mécanique utilise une plombée pour faire descendre le leurre à la profondeur souhaitée. La ligne de pêche est attachée au pince-ligne. La distance entre le leurre et le pince-ligne peut varier entre 3 et 30 m, plus bas pour pêcher à la profondeur voulue. Quand un poisson touche, la ligne se libère du lest mécanique. Le lest est alors remonté pour que le poisson ne se prenne pas dans le fil métallique pendant le combat.

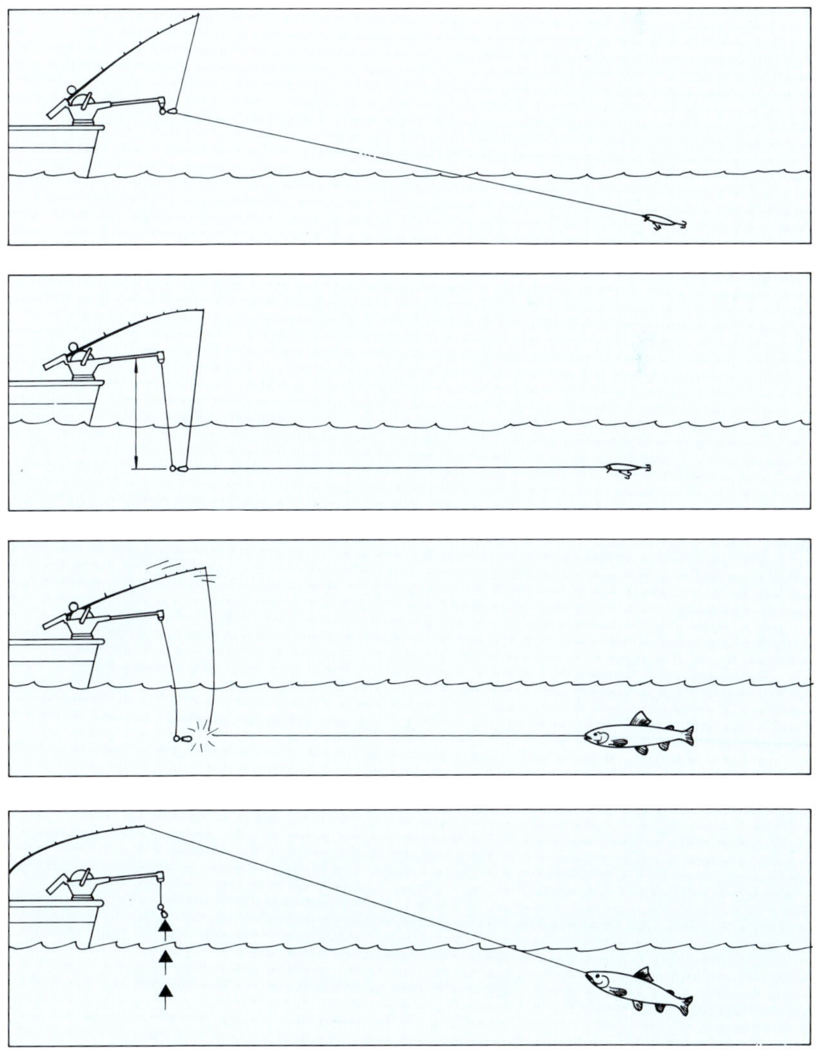

Un échosondeur-enregistreur imprime toutes les informations sur un rouleau de papier. Ce type de sondeur est capable de renseigner sur la profondeur, le relief du fond, les bancs de poissons, les obstacles immergés, les petits poissons, les carnassiers, la thermocline et les courants. Les sondeurs à vidéo sont technologiquement plus avancés mais, bien que les informations soient en couleurs, ils n'en donnent pas plus. Pour faciliter encore la pêche, on dispose également d'autres appareils électroniques tels que jauge thermométrique et appareil de mesure de la vitesse de traîne.

La capture

Les pêcheurs sportifs d'Amérique du Nord sont les plus chanceux du monde. Nulle part ailleurs, on ne peut trouver autant d'espèces de poisson de sport aussi largement répandues, en eau douce comme dans les mers qui baignent ce continent. En outre, l'avenir de la pêche y est plutôt rose. Bien que la pollution, les pluies acides et le progrès aient dégradé des eaux autrefois fertiles, la plupart des rivières et des bassins lacustres ont conservé une pureté suffisante pour assurer la vie de saines populations piscicoles. Les pêcheurs sérieux et une éthique moderne de la conservation des milieux naturels ont permis de sauver beaucoup de milieux aquatiques de la destruction.

Le black-bass

Le black-bass à grande bouche (*Micropterus salmoides*), appelé aussi achigan, perche noire ou perche truitée, est probablement le poisson de sport le plus important. Originaire du sud-est des États-Unis, à l'ouest du Mississippi, il a vu son aire de répartition s'étendre progressivement (par peuplement artificiel ou par extension spontanée à la faveur des grands travaux de voies d'eau) jusqu'aux eaux les plus variées pouvant lui convenir depuis le sud du Canada jusqu'au Honduras et à Cuba, incluant tout le territoire des États-Unis, Hawaii compris. Le black-bass a été introduit avec succès au Maroc, au Kenya, en Afrique du Sud, en Italie, en Espagne, au Portugal, en France et dans quelques sites d'Allemagne méridionale. En Europe, toutefois, un poisson de 1,500 à 2 kg est considéré comme un gros spécimen.

Le black-bass à grande bouche réussit bien dans les lacs peu profonds, riches en végétation immergée, dans les eaux marécageuses et les bras morts des rivières, car ces habitats lui assurent une nourriture toujours abondante et des abris contre ses prédateurs. On les trouvait naturellement dans les eaux ayant moins de 6 m de profondeur, la végétation ne s'enracinant pas plus profondément. Mais, depuis la seconde moitié du XXe siècle, le black-bass s'est adapté dans les lacs de retenue, plus profonds, du centre du continent nord-américain, dans des millions d'étangs de fermes et de ranches, et surtout dans les profonds lacs de barrage hydroélectriques du sud et de l'ouest des États-Unis. Le black-bass à grande bouche devient encore plus gros et plus puissant dans les lacs aux eaux couleur de rhum, les fondrières, les cours d'eau et les bayous de Floride, où les sujets de 4 à 5 kg et plus sont des plus communs. Le record absolu reste un poisson de 10,09 kg pris en 1932 dans une rivière de la Georgie voisine. Si un jour ce record est battu, certains biologistes pensent que le nouveau trophée pourrait bien venir de l'un des réservoirs de la Californie du Sud, où son taux de croissance est très élevé.

Le «père» de la pêche du black-bass fut un médecin qui, en 1902, affirma que «centimètre pour centimètre et livre pour livre, le black-bass est le plus sportif des poissons qui nagent»! Cela n'est pas tout à fait exact, mais la popularité de cette espèce dulcicole est compréhensible. Le black-bass est facile à prendre, mais pas *trop* facile. Il est puissant au bout de la ligne; c'est un nageur rapide, qui saute fréquemment hors de l'eau. Il est loin d'être le plus savoureux, mais on le consomme néanmoins avec plaisir. Et, surtout, il est présent partout aux États-Unis; aucun pêcheur n'est éloigné de bonnes eaux pour la pêche du black-bass.

Le black-bass à grande bouche a deux proches parents appréciés des pêcheurs. Le plus répandu est le black-bass à petite bouche (*Micropterus dolomieui*). L'autre est le black-bass tacheté ou black-bass du Kentucky (*Micropterus punctatus*), qui a une répartition très limitée dans le sud-est des États-Unis.

À taille égale, le bass à petite bouche est probablement plus nerveux, plus fort et plus coriace que le bass à grande bouche. Moins apte au repeuplement et à l'acclimatation, le black à petite

Black-bass à grande bouche.

bouche préfère les eaux plus propres et plus froides, se situant généralement plus au nord, dans la région des Grands Lacs, en Nouvelle-Angleterre et dans l'est du Canada. Les meilleures populations se trouvent dans les lacs au fond de rochers et de gravier – où l'action du vent et des vagues est très forte – mais sans végétation dense. Il arrive aussi que les blacks à grande bouche et à petite bouche partagent certains lacs où les habitats changent d'un secteur à l'autre. Le bass à petite bouche peuple également de nombreuses rivières aux eaux claires coulant librement (parfois en compagnie de la truite fario) sur des fonds propres de gravier ou de rochers et ayant une pente de 0,75 à 5 pour 1000. À taille égale, le black à petite bouche de rivière est un poisson de sport au moins aussi valable que la truite. Le record de cette espèce, un poisson de presque 5,5 kg, fut capturé en 1951, dans le lac Dale Hollow, au Kentucky. Les deux plus gros bass tachetés connus pesaient chacun 4,100 kg.

Il est quasi certain qu'aucune autre espèce que le black-bass puisse se pêcher selon des techniques aussi variées, avec des matériels aussi divers et dans des conditions aussi différentes. Au printemps, les deux espèces gagnent les eaux moins profondes un peu n'importe où, mais surtout au long des rivages les plus irréguliers des lacs, pour y établir leurs frayères. Les pêcheurs peuvent les y pêcher avec des équipements légers soit du bord en entrant dans l'eau, soit depuis de petits bateaux faciles à manœuvrer. L'une des techniques les plus efficaces est la pêche à la canne à mouche, avec des *poppers* – leurres flottants imitant les grenouilles et les gros coléoptères.

Mais la plupart du temps, on pêche le black soit avec une canne à lancer et un tambour fixe, soit avec une canne plus courte et plus raide et un tambour tournant à répartiteur de ligne. Ce dernier équipement a été mis au point aux États-Unis spécialement pour la pêche du black et c'est toujours celui qui est le plus employé pendant la plus grande partie de la saison de pêche pour lancer une étonnante diversité de leurres et de poissons-nageurs pesant entre 10 et 25 g.

Après la fraie et à mesure que la température estivale augmente, le black cherche des eaux de plus en plus profondes et/ou des herbiers de plus en plus denses. On constate aussi, dans quelques grands lacs, une tendance à se regrouper par bancs. De ce fait, les leurres les plus plongeants à la récupération s'imposent. Pour lancer dans des herbiers parfois aussi épais que la choucroute, les leurres à hameçons anti-herbes (avec des élytres protégeant les pointes) sont recommandés. La boîte à pêche d'un bon pêcheur de black-bass doit renfermer plusieurs sortes de leurres anti-herbes (en général, des ondulantes), des dandinettes, des poissons-nageurs (au corps en bois ou en plastique et imitant des petits poissons-fourrage), des cuillers tournantes, des vers artificiels souples et mous, à utiliser éventuellement seuls ou en association avec les dandinettes et les cuillers tournantes.

Souvent, du milieu à la fin de l'été, le plus difficile est de trouver les black-bass: il faut explorer le maximum de surface dans le minimum de temps. Cela a entraîné la mise au point du «bateau à black», une barque légère et rapide avec un faible tirant d'eau et équipé de deux ou trois sièges tournants (pour accueillir deux ou trois pêcheurs) permettant de lancer dans toutes les directions. Les bateaux sont aussi équipés d'échosondeurs pour connaître la profondeur, d'un moteur hors-bord, d'un petit moteur électrique pour déplacer le bateau à faible allure tout en lançant, d'une réserve d'eau, d'une ancre et d'une glacière pour les appâts vivants. Certains pêcheurs préfèrent pêcher aux appâts vivants: écrevisses, vairons, salamandres et autres petits animaux, plutôt qu'aux leurres.

Pour pêcher dans des eaux moins étendues, par exemple des étangs, des marécages ou des cours d'eau, on se sert de bateaux allant du canoë ou de la petite coque pouvant se transporter sur la galerie d'une voiture jusqu'au pneumatique monoplace. Celui-ci est devenu très populaire, car il permet d'explorer des eaux que l'on ne peut pas atteindre à pied ou dans des bateaux plus grands. De cette manière, on ne pêche pas seulement le black mais aussi d'autres espèces. Grâce à ces petits pneumatiques, on découvre une pêche sportive des plus passionnantes.

En France, où son implantation n'a été que partiellement réussie, l'espèce ne se maintenant durablement que dans un certain nombre de plans d'eau situés au sud de la Loire (lacs landais notamment) ainsi que dans quelques rivières au prix d'alevinages répétés, c'est plus souvent par hasard que le black-bass est capturé par des pêcheurs recherchant plutôt les autres carnassiers. Mais grâce à l'attrait énorme qu'il suscite chez les pêcheurs à la mouche, il est vraisemblable que, dans les années à venir, la gestion de l'espèce sera mieux prise en compte qu'au cours des 30 ou 40 années écoulées.

Les perches-soleils

Répartis dans la plupart des eaux les plus chaudes d'Amérique, vivent beaucoup de membres de la famille des perches-soleils (*Centrarchidés*), à laquelle appartiennent aussi les black-bass cités précédemment. La plupart sont brillamment colorées, beaucoup sont trop petites pour que leur pêche en vaille la peine et comme certaines s'hybrident couramment, il est bien difficile de les identifier avec certitude. Le représentant le plus important de la famille est un poisson qui pèse rarement plus de 0,500 kg mais qui se défend avec une étonnante vigueur sur matériel ultra-léger. C'est le crapet à oreilles bleues (*Lepomis macrochirus*). En de nombreux endroits, il est à la fois pléthorique et vorace. Pour en faire de grosses pêches, il n'est point besoin d'être un pêcheur expérimenté, ni de posséder un matériel perfectionné. Il n'est donc pas étonnant qu'il soit si populaire partout.

Les perches-soleils préfèrent les eaux calmes, parfois riches en herbiers, où elles peuvent à la fois trouver les insectes aquatiques dont elles se nourrissent et les abris contre les brochets et les black-bass, ses prédateurs. On les trouve le plus souvent dans les endroits dégagés près du bord, en début et en fin de saison et de journée. Elles figurent parmi les captures les plus fréquentes des pêcheurs sous la glace. Le printemps est la meilleure saison pour s'en faire rapidement une bonne friture.

Perche-soleil ou crapet.

Quand les eaux commencent à se réchauffer, les perches-soleils se rassemblent en bancs dans des endroits si peu profonds qu'il y a parfois à peine assez d'eau pour les recouvrir. Là, elles creusent des colonies de nids groupés comme des alvéoles d'abeilles, faciles à distinguer en eau claire. Puis, pendant deux ou trois semaines, les perches-soleils parcourent ces nids et y déposent leurs œufs. Elles attaquent alors presque toutes les petites mouches à truite qu'on leur lance devant le nez. Sur ces frayères, un pêcheur conscient en prendra alors autant qu'il le pourra, car l'espèce est prolifique à l'extrême et beaucoup d'eaux souffrent de leur surpopulation, qui conduit au nanisme de l'espèce. La plus grosse perche-soleil jamais capturée (en Alabama) pesait 2,150 kg.

Considérées uniquement du point de vue du nombre et du poids total, deux espèces jumelles de perches-soleils seraient en tête de liste des poissons d'eau douce capturés et mangés chaque année aux États-Unis. Appartenant à la même famille et très proches en poids et en taille, le crapet noir, ou marigane (*Pomoxis nigromaculatus*), et le crapet blanc (*Pomoxis annularis*) diffèrent de la précédente par le fait qu'ils sont pêchés non pour le sport, mais presque uniquement pour la table. Cependant, la pêche de ces deux espèces est presque partout un loisir familial ou convivial.

Ces espèces sont carnivores, se nourrissant exclusivement de crustacés, d'insectes et surtout de petits alevins. Le crapet blanc, moins difficile sur la clarté de l'eau, est le plus abondant dans les lacs et les réservoirs troubles. Le crapet noir exige des eaux plus claires et plus pures et on le trouve surtout dans les États du Nord, du Centre-Ouest et dans les Grands Lacs jusqu'au sud du Canada. Tous deux sont des poissons grégaires, se déplaçant et se nourrissant en groupes d'individus de même taille.

Comme ces poissons sont attirés par les amas de bois mort et les tas de brindilles noyées, les pêcheurs recherchent ces endroits, ancrent leur bateau à proximité et promènent des petits vifs devant les bordures. Certains pêcheurs édifient même les repaires boisés immergés de leurs poissons de prédilection en transportant, l'hiver, des branchages et des broussailles sur l'eau gelée: quand la glace fond, au printemps suivant, tout tombe au fond de l'eau. Pour les retrouver lors des pêches à venir, ils marquent les emplacements au moyen d'une petite bouée. Le matériel le plus simple – une longue canne, une ligne, un petit plomb et un bouchon – suffit pour attraper des crapets autour d'un bon tas de broussailles noyées. La pêche de nuit est souvent plus productive que la pêche de jour, surtout à la saison chaude.

Les poissons-chats

Les eaux nord-américaines hébergent plusieurs espèces de poissons-chats, dont le poids moyen peut aller de moins de 0,500 kg (comme le chat-jaune, le chat-noir et la barbotte brune) à 45 kg (le chat tête-plate, qui se pêche souvent sur ligne de fond, sans canne ni moulinet). De toute cette famille (*Ictaluridés*), seul le poisson-chat de canal attaque systématiquement les leurres et peut se pêcher couramment sur équipement sportif.

La particularité intéressante du poisson-chat de canal (*Ictalurus punctatus*) est qu'il s'embusque presque partout, aussi bien en eau courante qu'en eau dormante. Ayant un corps très allongé, de couleur argentée, et une queue fourchue, le chat de canal, piqué en rivière sur un matériel de lancer, est un adversaire de valeur, surtout quand il atteint 2 à 2,500 kg et plus. Comme la plupart des autres poissons-chats, celui-ci se nourrit plus activement et mord plus volontiers la nuit, surtout sur des appâts naturels comme l'écrevisse et le petit vif que l'on laisse partir dans le courant jusque dans les trous les plus profonds. Le record du chat de canal est un poisson de 26,300 kg pris en 1964 en Caroline du Sud. Quelle que soit sa taille, sa chair est si appréciée qu'on l'élève en pisciculture.

Poisson-chat de canal.

Le sandre et le doré

Le doré ou walleye (*Stizostedion vitreum*) est une autre espèce américaine dont la répartition actuelle est infiniment plus étendue que son aire naturelle – le centre et le sud du Canada, ainsi que les Grands Lacs. Plus que ses qualités de poisson de sport, c'est sans doute la saveur de sa chair qui est à l'origine de son introduction aussi loin de son territoire d'origine.

C'est une espèce qui réussit beaucoup mieux dans les grandes étendues d'eau que dans les petits lacs. En fait, elle atteint ses meilleures densités dans les lacs du Nord, depuis le lac Erié, sur la frontière des États-Unis et du Canada, jusque plus au nord dans le Manitoba. Mais comme l'élevage du doré en pisciculture est relativement facile, on peut maintenir de bons stocks ailleurs. La moyenne de poids des prises réalisées à la ligne se situe entre 1 et 1,5 kg. Tout poisson au-dessus de 2,5 kg est une belle pièce et au-delà de 5 kg, on peut s'en vanter. Le doré record est un poisson de 11,340 kg capturé dans un lac du Tennessee où l'espèce avait été introduite.

Le doré mord très bien sur beaucoup d'appâts naturels ainsi que sur les mêmes leurres que pour le black-bass, lancés puis récupérés au ras du fond. Sauf occasionnellement, la nuit, le doré ne quitte guère les fonds rocheux et il est inutile de le chercher ailleurs que sur les fonds durs. Une fois piqué, il se défend âprement, quoique de façon peu spectaculaire. Le meilleur conseil que l'on puisse donner pour pêcher le doré, c'est de récupérer lentement, sans hésitation et avec persévérance. Insister surtout le matin de bonne heure, le soir tard et les jours de pluie.

Le sandre (*Stizostedion lucioperca*) est un poisson de pêche sportive très estimé en Europe. Il est très répandu dans toute la Scandinavie et en Europe centrale, et il a été introduit dans plusieurs régions d'Angleterre où, toutefois, il n'est pas très populaire car considéré comme un destructeur de poissons blancs. Le sandre réussit bien dans les eaux dormantes louches, sauf en mer Baltique, et dans les rivières au courant lent. C'est seulement au

Sandre.

moment de la fraie qu'on le trouve dans les eaux très courantes. Sauf dans la Baltique, on rencontre rarement le sandre et le brochet dans les mêmes eaux, car le premier préfère les eaux troubles riches en petits poissons-fourrage, où le second, qui est plutôt un chasseur à vue, ne survit pas en général. Comme il a une vue exceptionnelle dans l'obscurité et dans l'eau très trouble, le sandre est typiquement un chasseur nocturne, attendant le noir pour se mettre en chasse.

C'est par l'ouïe que le sandre traque ses proies, en détectant les ondes de pression qu'elles produisent en soulevant le sable. Il les pourchasse alors et les attrappe par derrière. C'est cette connaissance de sa sensibilité aux sons et aux vibrations qui a conduit à plusieurs méthodes de pêche. Les leurres artificiels sont très opérants une fois que l'on a bien maîtrisé la technique pour les faire travailler sur le fond. Le leurre doit avoir une nage très «vivante», émettant des vibrations aguichantes, et s'il rebondit de temps en temps sur le fond en amplifiant ces vibrations, c'est encore mieux. Le sandre suit alors le leurre en essayant de le happer. Attention, car la touche peut ressembler à un accrochage sur le fond. Le gros problème, avec le sandre, c'est que sa touche est souvent très vicieuse.

On peut utiliser toutes sortes de leurres pour le pêcher dans les eaux peu profondes, mais les poissons-nageurs qui rebondissent occasionnellement sur le fond donnent les meilleurs résultats. Les cuillers tournantes à tête plombée sont excellentes, ainsi que celles qui émettent de fortes vibrations. Les leurres souples sur tête plombée sont très pêchants et davantage encore si l'on pique un peit appât sur l'hameçon.

Les leurres lestés, poissons-nageurs par exemple, peuvent s'employer dans les eaux très profondes. Même si le sandre se nourrit plutôt de petits poissons, l'expérience montre que les poissons-nageurs de taille moyenne et grande sont excellents pour la traîne profonde, surtout pendant la mauvaise saison.

Le sandre chasse surtout sur le fond mais la nuit, particulièrement en été, il monte à la surface pour chasser les petits poissons; on peut alors le pêcher au poisson-nageur.

Le sandre chasse principalement sur le fond, mais la nuit, en été particulièrement, il remonte vers la surface pour chasser les bancs de petits poissons et on peut alors le pêcher au poisson-nageur.

Mais les Français ont mis au point une méthode de pêche du sandre extrêmement efficace et passionnante: la pêche au poisson mort manié. Un petit poisson fraîchement tué est installé sur une monture spéciale — la monture Drachkovitch, du nom de l'inventeur de la méthode — et animé sur le fond ou entre deux eaux de manière attractive et variée au moyen d'une canne de 2,50 à 2,80 m de long, assez raide et très sensible. Il faut chercher la proximité des obstacles immergés ainsi que les ruptures de relief. L'attaque du sandre est parfois brutale, parfois très ténue. Ferrer énergiquement et instantanément sur le touche.

Pour le sandre, un bas de ligne est inutile. Un diamètre de ligne de 30 à 35/100 est assez fort pour constituer un bas de ligne, mais comme il peut y avoir aussi des brochets dans les mêmes eaux, beaucoup de pêcheurs ont quand même recours à la crinelle métallique.

Brochet et masquinonge

Esox lucius, le brochet, a une aire de répartition circumpolaire. Dans le Nouveau Monde, il est, et de loin, le plus répandu au Canada et dans le centre de l'Alaska. Il n'est pas toujours le poisson favori, à cause de ses arêtes mais aussi parce que c'est trop souvent lui qui mord quand on pêche la truite de lac ou d'autres espèces nobles; mais il est néanmoins un superbe poisson de pêche sportive. Toujours assez affamé la plupart du temps, pour mordre, il est, au bout d'une ligne, puissant, actif et quelquefois même acrobatique. Depuis des dizaines d'années, le masquinonge, lui, représente ce qu'il y a de mieux dans la pêche sportive américaine. Les pêcheurs ont littéralement traqué l'espèce, provoquant une surpêche dans beaucoup d'endroits et, dans d'autres, un sérieux appauvrissement des populations. Pour cette raison, la pêche du brochet, qui naguère était peu pratiquée, est devenue de nos jours très populaire. Le lancer est la méthode la plus courante, mais beaucoup d'Américains ont adopté les méthodes de pêche européennes telles que la pêche à la mouche et la pêche au poisson vif ou mort. La recherche des gros brochets trophées de plus de 10 kg passe pour être l'une des pêches d'eau douce les plus excitantes.

Plus de cinquante noms différents désignent le masquinonge: masquinongé, muskellunge, nobilior, musky, etc., qui est le plus gros représentant de la famille des brochets. Tout comme le brochet, il a un corps élancé, environ six fois plus long que haut. Habitant les rivières, les lacs et, occasionnellement, les plus petits cours d'eau, le musky préfère les eaux calmes, faiblement à moyennement profondes, riches en végétation immergée et émergente. La répartition naturelle de l'espèce recouvre seulement une fraction de celle du brochet, se limitant à des chaînes de lacs dans le Wisconsin, le Minnesota, l'Ontario au Canada, avec les populations isolées dans le Saint-Laurent et les Grands Lacs et dans le sud de l'Ohio et du Kentucky. Mais le musky est si réputé comme poisson de sport et il provoque de tels fantasmes chez les pêcheurs que son aire a été artificiellement étendue pour répondre à leur demande.

Les pêcheurs cherchent – et, souvent, traquent – le musky et le brochet de la même façon et avec le même matériel, qui est sensiblement plus puissant que celui réservé au black-bass. L'équipement de base se compose d'une robuste canne à lancer, souvent à longue poignée pour le lancer à deux mains, associée à un moulinet à tambour tournant à répartiteur de ligne. En raison des formidables dents des deux espèces, les pêcheurs ont intercalé habituellement un avançon d'acier entre la ligne et le leurre.

Les leurres employés sont en général plus gros que ceux utilisés pour le black-bass et pèsent de 20 à 35 g. À la récupération, la plupart imitent la nage d'un petit poisson-fourrage et la vitesse de récupération est variée pour mieux imiter la nage d'une vraie proie.

Brochet.

L'une des actions les plus excitantes se produit brusquement alors que le leurre, ressemblant à un petit mammifère ou à une grosse grenouille, est récupéré par saccades à la surface, à travers les herbiers où s'embusque le musky. L'attaque est alors foudroyante.

Beaucoup de brochets et de muskies sont perdus par suite d'un mauvais ferrage. Tous deux ont une gueule osseuse et dure et il est indispensable de faire pénétrer les pointes de l'hameçon au-delà des ardillons pour éviter le décrochage. Les plus gros sont amenés à la gaffe ou avec une épuisette au long manche.

Au contraire de la plupart des autres pêches qui peuvent se pratiquer à peu près partout en Amérique du Nord, traquer le brochet et le musky impose le voyage vers le Nord pour gagner les contrées sauvages. Cela sous-entend que l'on campe à la belle étoile ou que l'on occupe un chalet dans l'un des nombreux et jolis centres de pêche dans la nature sauvage canadienne, qui accueillent les amateurs de trophées. La meilleure saison, pour les deux espèces, est la fin du printemps (juin dans le sud du Canada) et l'automne, à partir de la mi-septembre et jusqu'à ce que les lacs du Nord commencent à geler. Il y a souvent une période en juin où la pêche du musky est très ralentie. Naguère, on croyait que le brochet et le musky cessaient de se nourrir à ce moment-là parce qu'ils perdaient leurs dents. On sait aujourd'hui qu'il n'en est rien. Les poissons descendent seulement vers des fonds plus profonds et plus frais jusqu'à ce que la température de l'eau commence à se refroidir, en septembre.

Bien que des spécimens plus gros soient annoncés de temps en temps, le musky reconnu comme le record du monde pesait presque 32 kg. Il fut pêché dans le Saint-Laurent, État de New York, en 1957. Le record nord-américain du brochet fut pris aussi dans l'État de New York (réservoir de Sacandaga), en 1940. Il dépassait les 21 kg.

Un autre brochet, plus petit et moins populaire, le brochet maillé (*Esox niger*), habite les étangs et les cours d'eau lents de l'est et du sud-est des États-Unis. Le plus gros brochet maillé pris à la ligne pesait 4,250 kg.

Le brochet (*Esox lucius*) est l'une des espèces de poissons de sport les plus communes en Europe. Son aire de répartition s'étend des lacs arctiques aux eaux claires du nord de la Scandinavie, aux rivières et aux lacs du nord de l'Espagne et de l'Italie, et même à la mer Baltique où il se nourrit de harengs dans les eaux saumâtres et atteint des tailles importantes.

La vaste distribution du brochet induit de notables différences dans son comportement. Dans les lacs les plus septentrionaux qui ne sont dégelés que pendant l'été, les poissons sont plus actifs sous le brillant soleil d'été, chassant alors à 2 m au-dessous de la surface. Au contraire, plus au sud, la période estivale se traduit par la descente du brochet vers les eaux plus froides.

Le brochet se trouve presque partout dans les eaux douces : ruisseaux, rivières et lacs de barrage, ainsi que dans les grands lacs et les réservoirs. Son cycle biologique est très simple : au début du printemps, il gagne les bordures pour frayer ; à mesure que la température augmente, il se dirige vers les eaux plus froides et n'en ressort qu'en automne pour se tenir dans les eaux peu profondes où il chasse.

Le brochet est une parfaite machine à chasser. Avec son camouflage mimétique, il peut demeurer, invisible, dans les roseaux et autres végétations du fond, toujours prêt pour une soudaine attaque d'un petit poisson. C'est aussi un cannibale, qui n'hésite pas à attaquer l'un de ses congénères. Des restes de saumons et de brochets de 3 à 4 kg ont été trouvés dans l'estomac de gros brochets de 15 à 20 kg.

Le brochet est foncièrement un chasseur à vue, et les pêcheurs sont en permanence au défi, puisqu'il vit habituellement en eau claire.

Pour réussir en eau peu profonde, il faut des cuillers légères à rotation rapide, des ondulantes légères et des poissons-nageurs très frétillants. Les spécialistes conseillent des leurres lourds coulant rapidement au fond pour le pêcher dans les eaux profondes. Les cuillers ondulantes lourdes, surtout du type lesté en tête, les poissons-nageurs coulants et les ondulantes sont également efficaces.

Le brochet adapte son activité à la température de l'eau. Pour cette raison, il est important de donner une allure lente aux leurres en eau froide. Dans les eaux chaudes, un leurre demandant une récupération rapide est un bon atout.

On sait qu'un gros brochet est capable de prendre des petits leurres, mais, en général, chasser de petits poissons les uns après les autres alors qu'une grosse proie lui remplirait l'estomac est une perte de temps. Il en découle que même si les petits leurres attrapent les petits brochets, plus le leurre est gros, plus gros est le brochet. L'instinct de chasse du brochet est si fort qu'on a vu des petits attaquer des leurres d'au moins la moitié de leur taille. On rend le leurre plus attractif en le récupérant par une série de tirées et de saccades irrégulières pour que ces soudains élans aient l'air d'un petit poisson essayant d'échapper à un prédateur. Le brochet semble être poussé à l'attaque par un leurre qui passe et repasse dans son champ de vision. Quand un pêcheur connaît cette particularité et sait qu'un gros est sur le poste qu'il pêche, il doit continuer à lancer au même endroit, peut-être même en remplaçant son leurre par un autre à la nage différente, d'une autre taille et d'une autre couleur, etc. ; après cinq ou dix lancers et même davantage, le brochet peut devenir si agressif que sa résistance s'use et qu'il finit par prendre brusquement le leurre.

La couleur d'un leurre artificiel n'est pas sans importance. Chaque cours d'eau ou plan d'eau a «la sienne», mais on peut les diviser en deux groupes: les naturelles constrastées, telles que rouge-blanc, rouge-bleu, bleu-blanc, etc., et les fluorescentes, qui se voient mieux sous les rayons ultraviolets. Ces derniers donnent de bons résultats dans les eaux sombres et troubles ou sous une faible lumière. Les teintes argentée, cuivrée et dorée réussissent bien aussi.

Le brochet a plusieurs centaines de dents pointues et coupantes qui peuvent facilement couper la ligne, ce qui rend indispensable l'emploi d'un bas de ligne métallique. Un baillon et un dégorgeoir ont aussi leur utilité pour décrocher l'hameçon. En Europe, le brochet peut atteindre un poids de 20 à 25 kg. Des poissons pesant au-dessus de 20 kg sont pris chaque année, notamment dans le sud de l'Allemagne, en Autriche, en Suisse et en Europe de l'Est. Même en Scandinavie, on prend presque chaque année un spécimen de 20 kg dans la Baltique, malgré ses eaux saumâtres. En Amérique du Nord, où la taille moyenne est de 2 à 5 kg et où un poisson de 5 à 10 kg est un exploit, ces gros brochets européens sont considérés comme des monstres.

La perche

La perche (*Perca fluviatilis* et, en Amérique, *Perca flavescens*), malgré sa petite taille, est un merveilleux poisson de sport, pêchée sur équipement ultra-léger. Cela explique qu'elle est si populaire dans de nombreux pays. On la trouve dans quelques endroits du nord-est des États-Unis, où elle tient une place modeste parmi les espèces de pêche sportive. En Europe, elle peuple presque toutes les eaux douces qui correspondent à son habitat, depuis les plus petits étangs jusqu'aux plus grands lacs et aux rivières et réservoirs.

Bien qu'elle morde aux appâts naturels, la perche est un poisson qui se prend facilement aux leurres artificiels. Les petites cuillers tournantes, les ondulantes et, surtout, les leurres à dandiner ont une action très attractive sur ce carnassier à bandes noires. Le rouge est la couleur favorite de la perche, même si les autres couleurs vives: jaune, rouge et blanc et, surtout, le noir peuvent également la pousser à mordre.

Depuis des années, les théories s'affrontent sur les périodes d'activité de chasse de la perche. Pour certains, tout s'explique par sa vessie natatoire fermée. Normalement, cet organe se comporte comme un stabilisateur qui égalise la pression en absorbant ou en rejetant de l'air; mais comme la vessie natatoire de la perche est fermée, elle ne peut pas assumer ces fonctions comme elle le fait chez les autres poissons. Les théoriciens de la «pression de l'air» affirment que les changements de pression atmosphérique sont mauvais pour la perche et qu'ils lui font dédaigner le leurre d'un pêcheur. Une pression atmosphérique stable, qu'elle soit haute ou basse, lui convient généralement mieux. Les changements de pression atmosphérique sont aussi en relation avec les conditions météorologiques et les changements de luminosité, qui ont peut-être une influence indirecte sur ce poisson et ses proies. Bien que personne ne puisse l'affirmer, une chose est sûre cependant: la perche a des périodes d'activité de chasse très distinctes. Dans les grands lacs, notamment ceux où l'ablette et le gardon sont abondants, elle chasse et se nourrit parfois comme une folle. Pendant ces périodes, même dans les plus mauvaises conditions, elle s'intéresse aux leurres qu'on lui présente. Il faut remarquer que, quand une perche a été prise, il y a de bonnes chances pour que les autres suivent. Cette réaction en chaîne a été observée dans les petits lacs, les étangs et les eaux courantes, où les petits sujets vivent souvent en troupes tandis que les plus gros se répartissent dans les eaux plus vastes mais en restant dans les mêmes secteurs.

La façon de récupérer le leurre dépend du degré d'agressivité du poisson. Il y a des moments où la perche attaque tout et d'autres où seuls les leurres spéciaux l'intéressent. Il est toujours conseillé de laisser couler le leurre jusqu'au fond et de faire varier la vitesse de récupération. Parfois, on voit ou on sent le poisson poursuivre le leurre à une ou plusieurs reprises; c'est alors qu'il faut l'exciter en changeant l'allure du leurre et en lui faisant faire des petits bonds en accélérant la récupération, puis en la ralentissant et même en l'interrompant, puis en la reprenant brusquement, etc.

Perches.

Quelques techniques simples permettent d'attraper une perche facilement. L'une d'elles, par exemple, consiste à utiliser une petite mouche sauteuse d'aguichage, si possible de couleur vive: elle double les chances de capture et est particulièrement efficace auprès des individus chassant en bancs. Une petite mouche rouge attachée à un petit bas de ligne juste après un leurre sans hameçon permet de faire des pêches étonnantes. On peut aussi prendre des poissons sur un bas de ligne en potence avec un hameçon portant une mouche, des plumes, du plastique, un ver de terre, une lanière de poisson, etc. La dandinette est sans doute le meilleur leurre qui soit pour la perche. Grâce à la tête plombée, elle coule rapidement vers le fond, tandis que le corps, fait de plume marabou, de poils de daim ou de filaments de caoutchouc ou de plastique, s'anime de pulsations à mesure qu'on le dandine par de courtes et rapides saccades de la canne. En secouant la pointe de la canne, on transmet les vibrations à la dandinette, simulant ainsi une proie à laquelle une perche résiste rarement.

En lac, les perches sont généralement le long des tombants et à proximité des bancs d'alevins sur lesquels elles se ruent. Dans les petits plans d'eau, on les trouve dans les grands fonds mais occasionnellement dans les zones peu profondes. Dans les eaux à courant rapide, la perche recherche les calmes, les postes profonds, les cuvettes et les plages, situés généralement entre les plus grands fonds et les bordures à faible épaisseur d'eau.

Ce poisson peut mordre aussi activement par temps froid que par temps chaud. Ce comportement, ajouté à la vigueur et à la ténacité de sa défense, est à l'origine de sa popularité. Ce petit lutteur procure des moments de plaisir intense à celui qui le recherche sur équipement de lancer léger et, en outre, enrichit beaucoup son expérience. Les perches de 100 à 500 g sont les plus communes. Les sujets de plus de 2 kg sont si rares qu'ils sont l'«événement» d'une vie de pêcheur!

Le bar rayé

L'histoire du bar rayé (*Roccus saxatilis*), en Amérique, fait alterner succès et désespoir. Il n'y a pas si longtemps, il figurait parmi les plus importantes espèces marines, entrant souvent dans les estuaires aux eaux saumâtres ou douces lors des déplacements de ses troupes innombrables tout au long de la côte atlantique, depuis le golfe du Saint-Laurent jusqu'à la Floride. Pêcher le rayé de la côte en surf-casting ou à la traîne à distance était le summum du sport halieutique. On tenait le poisson dans une telle estime qu'il fut introduit de l'autre côté du continent, dans le Pacifique, où l'espèce est aujourd'hui bien acclimatée, de la baie de San Francisco à la rivière Columbia.

Malheureusement les populations atlantiques de bars rayés ont été sévèrement décimées, sinon totalement anéanties, par la pollution de l'Hudson et de la baie de Chesapeake, où se trouvent les plus importantes frayères de l'espèce. Une pêche commerciale trop intense peut aussi avoir sonné le glas de l'espèce.

Mais le grand succès, incontestablement, c'est que les biologistes ont réussi à l'acclimater dans les lacs fermés et le bar rayé a aujourd'hui colonisé beaucoup des plus grands réservoirs de la moitié sud des États-Unis. L'exploit est positif, mais le rayé entre néanmoins en concurrence avec le black-bass à grande bouche, qui n'appartient pas à la même famille. En eau douce, le bar rayé se prend à la traîne, généralement avec des lests mécaniques, ou au lancer lourd, en recherchant les troupes en déplacement au moyen de leurres ou d'appâts naturels.

Le plus gros bar rayé, qui pesait 35,600 kg, fut pris à la ligne à Atlantic City, dans le New Jersey, en 1982. Le record en lac fermé appartient à un poisson de plus de 27 kg qui fut capturé en 1977 dans un lac de barrage sur le Colorado, en Arizona. Le bar blanc (*Morone chrysops*), un parent du bar rayé mais vivant en eau douce, est abondant dans le lac Érié et dans d'autres grands lacs de retenue. Il mord de façon irrégulière, mais quand cela lui arrive, on en fait de grosses pêches. Le record du bar blanc fut établi dans un lac de Caroline du Nord; son poids était de 2,700 kg.

Bar rayé.

La truite arc-en-ciel

La famille des *Salmonidés* est très bien représentée en Amérique du Nord. La truite arc-en-ciel (*Salmo gairdneri*) est originaire de la côte ouest; elle n'a pas seulement été acclimatée sur le continent tout entier, mais aussi largement introduite autour du monde. De nos jours, avec la truite fario, elle est le poisson de pêche sportive le plus répandu du globe.

Il existe deux formes d'arc-en-ciel, l'une migratrice, l'autre non migratrice; par ailleurs, d'un site à l'autre, l'espèce est très diverse d'aspect, de comportement et de taux de croissance. La forme migratrice de l'arc-en-ciel est appelée «tête d'acier» (*steelhead*); sa robe est plus pâle, avec un reflet argenté. La tête d'acier et l'arc-en-ciel non migratrice, qui vivent dans les grands lacs profonds, atteignent des tailles beaucoup plus grandes que celles qui peuplent couramment les rivières américaines. La principale différence entre les arc-en-ciel et les autres truites, c'est que les premières sont essentiellement des poissons d'eaux très rapides.

L'arc-en-ciel fut introduite pour la première fois en Europe à la fin du siècle dernier, avant tout pour constituer un cheptel d'élévage. Personne ne sait aujourd'hui d'où provenaient les premières arc-en-ciel, mais celles que l'on trouve en Europe ont des caractéristiques appartenant à plusieurs souches, comme la truite «gorge-coupée» (*cutthroat trout*).

Au fil des ans, de nombreuses arc-en-ciel se sont évadées de leurs lacs et bassins artificiels d'adoption pour gagner les bassins naturels. Dans plusieurs pays, empoissonner des lacs et des cours d'eau naturels avec des arc-en-ciel n'est plus autorisé, mais cette truite parvient toujours, d'une manière ou d'une autre, à s'évader et on en a trouvé parmi les truites fario de pisciculture et les truites de mer en relâchant ces dernières dans les cours d'eau.

Il y a très peu d'endroits en Scandinavie où l'on soit sûr que l'arc-en-ciel se reproduise en eau libre, et moins encore où les juvéniles parviennent à l'état adulte; la concurrence avec la truite fario est trop forte pour l'arc-en-ciel.

L'arc-en-ciel tolère une température plus élevée que la fario; sa croissance est plus rapide et, en élevage, elle coûte généralement moins cher. Les poissons qui s'échappent des bassins ou se mêlent à d'autres souches issues d'élevage où l'effort est porté sur la croissance, l'époque de la reproduction et la présentation – autant de facteurs que l'on peut considérer comme défavorables au cycle biologique naturel de l'arc-en-ciel – sont pratiquement inaptes à la vie sauvage dans les lacs ou les rivières où ils aboutissent.

Chaque fois que cela est possible, une truite arc-en-ciel a tendance à dévaler vers la mer où elle prend tout de suite une teinte plus pâle. C'est ce qui se produit dans les pays baignés par la mer Baltique, en particulier en Suède méridionale et au Danemark. Il est possible que ces arc-en-ciel portent des chromosomes de la forme migratrice, les tête-d'acier. Au printemps, dans ces régions de Scandinavie, le nombre de ces tête-d'acier à la robe argentée brillante – qui sont sur le chemin de leur frayère et qui retourneront ensuite à la mer – augmente.

Alors que la truite fario préfère se tenir dans des cachettes le long des berges où elle trouve sa nourriture, l'arc-en-ciel est un poisson de pleine eau, où on la voit souvent en compagnie de quelques-unes de ses semblables. Ce comportement grégaire a pu être acquis dans les bassins d'élevage, où beaucoup de poissons sont concentrés dans des petites surfaces. L'arc-en-ciel se nourrit d'insectes, de larves et de tous autres petits organismes, parfois même de petits alevins. Le régime alimentaire de la truite fario est plus étendu; il comprend également des grenouilles, des crustacés et des vairons.

Que l'on pêche l'arc-en-ciel ou la fario dans les eaux courantes, la technique est la même. La première se pique dans les veines de courant, les trous profonds et la végétation du fond. Les cuillers tournantes, les petites ondulantes et les poissons-nageurs, ainsi que les mouches lestées et diverses sortes d'appâts naturels constituent une bonne sélection. L'arc-en-ciel se nourrit au crépuscule. Elle est beaucoup plus difficile sur le choix de sa nourriture que la fario et il est parfois difficile de trouver ce qui lui convient.

L'espèce se plaît merveilleusement bien en lac. À tel point que, dans plusieurs pays, l'on a créé des plans d'eau à truites et on les a empoissonnés en arc-en-ciel. Les Anglais ont peuplé des réservoirs où une bonne densité d'arc-en-ciel fait de la pêche à la mouche, du bord ou en bateau, un loisir très populaire.

En Scandinavie, en Suède notamment, l'arc-en-ciel a été acclimatée dans plusieurs lacs naturels. De nombreuses sociétés de pêche louent des ballastières, des étangs et des lacs pour les peupler en arc-en-ciel et en ouvrir la pêche à leurs adhérents.

Truite arc-en-ciel. Tête d'acier ou steelhead.

La truite gorge-coupée

Il existe une autre espèce américaine de truite qui, elle, *n'a pas* été introduite largement et avec beaucoup de succès hors de son aire de répartition naturelle : c'est la gorge-coupée, la *cutthroat* des Américains (*Salmo clarkii*), originaire des bassins de la Snake et de la Yellowstone, dans le Wyoming, et d'autres sites des montagnes de l'Ouest. On rencontre des formes migratrices de la gorge-coupée dans les estuaires de rivières entre l'Alaska et le nord de la Californie. Elle s'hybride facilement avec l'arc-en-ciel dans les lacs des montagnes Rocheuses. Il existe de nombreuses formes de gorge-coupée et, sauf en ce qui concerne la marque de « coupure » rouge vif de la gorge, les couleurs et les dessins de la robe sont très variables. Les gorge-coupée de la région de Yellowstone, roses et tachetées de noir, avec des nageoires dorées, sont parmi les plus remarquables. Certains pêcheurs pensent que la gorge-coupée n'est pas aussi méfiante ni aussi difficile à capturer que l'arc-en-ciel.

D'après *McClanes's Encyclopedia,* elle n'est pas considérée à l'égale de l'arc-en-ciel et de la fario comme poisson de sport. Au bout de la ligne, elle saute rarement. Malgré cela, elle est intéressante à pêcher en raison de sa méfiance et de sa beauté. La forme non-migratrice monte bien sur la mouche sèche et exige souvent des bas de ligne très fins et des artificielles de petite taille. Elle se pêche aussi en nymphe, en noyée, au bucktail, à la cuiller et aux appâts naturels tels que vers de terre, écrevisse, et vairon. En estuaire, la forme migratrice montre souvent une préférence pour les mouches imitant les crevettes et les alevins. En eau salée, on la pêche au lancer léger sur ligne de 3 kg de résistance.

Truite gorge-coupée.

L'omble de fontaine

Ils pensent la même chose de l'omble de fontaine, ou saumon de fontaine (*Salvelinus fontinalis*), qui, surtout dans sa parure de noces, est le plus joli membre de la famille. Le mâle, au moment de la reproduction, est l'un des rares poissons d'eau douce assez brillamment coloré pour être comparé aux poissons des récifs coralliens. Leur marque la plus distinctive est le liséré d'un blanc pur de leurs nageoires.

À l'époque où les premiers colons se fixaient en Amérique, il y a quelque trois cents ans, l'omble de fontaine abondait dans de nombreuses rivières aux eaux vives des régions forestières de l'est des États-Unis et du Canada. Mais le défrichage et le déboisement ont provoqué un tel envasement et élevé la température de l'eau à un point tel que, de nos jours, l'omble de fontaine parvient tout juste à se maintenir dans quelques cours d'eau perdus des États-Unis. C'est que l'espèce exige des eaux froides et ne tolère pas une température supérieure à 21° C. Il existe encore de bonnes possibilités de pêche dans les plus reculés des lacs du Maine, mais pour trouver les meilleurs, il faut monter plus loin au nord, vers le Labrador et la région sauvage est du Québec.

L'omble de fontaine fut introduit en Europe à la fin du siècle dernier, en même temps que l'arc-en-ciel, mais du fait que cette dernière se prêtait mieux à la pisciculture, il ne suscita qu'un intérêt modéré. Cependant, quelques établissements d'élevage piscicole le produisent en petites quantités.

On le pêche aux appâts vivants, à la cuiller, au poisson-nageur et même à la traîne dans les grands plans d'eau. Mais c'est avant tout à la mouche qu'il mérite d'être pêché et contrairement à une croyance répandue, il prend très bien la mouche sèche au moment d'une éclosion. À d'autres moments, il vaut mieux le pêcher en noyée ou en nymphe.

Omble de fontaine.

Il en résulte que l'omble de fontaine vit maintenant à l'état «sauvage» dans beaucoup de ruisseaux et de rivières d'Europe au courant rapide et aux eaux restant froides en été. Quelquefois, des spécimens de 40 à 50 cm de long sont pêchés, mais la taille moyenne de l'omble de fontaine se situe entre 10 et 25 cm. Bien qu'ayant un faible intérêt pour la pêche sportive, cet omble est un adversaire retors.

L'omble arctique

Plus au nord encore, dans le district de Keewatin (Territoires du Nord-Est canadien), le proche cousin de l'omble de fontaine, l'omble arctique (*Salvelinus alpinus*), remonte toujours chaque été pour frayer dans de nombreuses rivières arctiques. Le pêcheur d'omble arctique est doublement récompensé, d'abord parce qu'il doit découvrir certaines des régions les plus isolées, encore libres de toute pollution, du grand Nord-Ouest américain. Ensuite, parce qu'il peut admirer la splendide parure de noces du mâle, aux couleurs presque irréelles, allant du pur écarlate à l'écarlate foncé, en passant par l'écarlate doré. Sur la façade Pacifique du continent, en Alaska particulièrement, l'aire de répartition d'une forme plus claire d'omble arctique se recouvre partiellement avec celle d'un autre omble indigène, la Dolly Varden (*Salvelinus malma*), qui n'a pas tout à fait les mêmes qualités pour la pêche sportive.

En Europe, l'omble arctique apparaît sous plusieurs formes différentes. L'omble-chevalier est la forme qui vit en lac fermé ; on le trouve en Norvège, en Suède, en Finlande, en Islande, au Groenland et dans certains lacs profonds des îles Britanniques, dans les pays alpins et en URSS septentrionale. On trouve une forme migratrice d'omble le long des côtes du nord et du centre de la Norvège, du Svalbard et de l'Islande, ainsi qu'en Amérique du Nord. Ces autres formes n'ont pas une croissance aussi rapide que celle de leur cousin du nord-est du Canada, aussi un omble européen pesant de 1,500 à 3 kg est-il considéré comme un gros poisson. Le seul pays où l'on peut prendre des ombles plus gros est le Groenland : des rivières y hébergent des spécimens de 6 à 7 kg.

L'omble de lac fermé a des caractéristiques particulières. Bien qu'il atteigne rarement des tailles importantes, en Suède, en Norvège et en Finlande, des captures de 4 à 9 kg ont été enregistrées. Dans les régions alpines et en Grande-Bretagne, on trouve des populations naines dont les sujets dépassent rarement 0,500 kg.

Partout où on le trouve, l'omble, arctique ou chevalier, est un poisson très recherché. Dans les lacs profonds, on le prend généralement au moyen de petits vifs ou bien de leurres lancés ou traînés très profondément.

En Scandinavie, on traîne souvent un ensemble de petites ondulantes reliées à la manière d'un convoi dont le dernier véhicule peut être une mouche ou un hameçon simple esché, par exemple, d'un ver de terre. Sur ces mêmes lacs, on pêche aussi l'hiver, quand les fanatiques de la pêche sous la glace exercent leur habileté à animer des petites ondulantes à dandiner à hameçon simple esché ou bien une mouche fixée en sauteuse devant le leurre artificiel.

Dans les Alpes, l'omble-chevalier se pêche à la saison froide, au tout début du printemps, au moyen de leurres artificiels mais aussi d'appâts naturels. La forme non migratrice est représentée dans quelques rivières de Scandinavie. Il n'est pas inhabituel pour les populations vivant dans les lacs reliés à ces rivières de profiter des

Omble-chevalier.

Dolly varden.

Omble arctique migrateur.

longues nuits claires pour s'engager dans leur embouchure et les remonter très loin. On pêche ces ombles aux petites cuillers tournantes ou ondulantes. Ils suivent agressivement le leurre, ce qui permet de recourir au vieux truc consistant à remplacer le triple par une petite mouche rouge ou sombre au bout d'un bas de ligne de 5 à 10 cm traînant derrière le leurre.

L'omble arctique remonte les rivières en été. Aussitôt arrivé, il peut se prendre à la cuiller ondulante ou tournante, mais la plupart du temps, en eau claire, c'est la pêche à la mouche qui se révèle la plus efficace. Dans les rivières des régions arctiques où la fonte des glaciers rend l'eau opaque, l'omble mord sur les cuillers ondulantes et tournantes et sur les poissons-nageurs lancés dans les reculées d'eau, les trous et les veines de courant. Ce poisson est un bon lutteur mettant à l'épreuve le pêcheur et son matériel. Il a beaucoup de caractère, est doté d'un instinct combatif et le fait qu'il soit l'un des salmonidés les plus savoureux du monde lui confère une grande popularité.

Cristivomer ou omble du Canada.

La truite cristivomer

La truite cristivomer (*Salvelinus namaycush*), appelée aussi omble du Canada, truite grise ou touladi, et, par les Américains, « truite de lac » (*lake trout*), est, en réalité, un omble qui a aujourd'hui une large distribution depuis les Grands Lacs, au nord, jusqu'à certaines régions de l'Alaska, en traversant le Canada tout entier. Aussi son aire de répartition recouvre-t-elle largement celle d'autres salmonidés et espèces sportives. On prend des cristivomers dans les mêmes eaux que le doré, le brochet, l'omble arctique, l'arc-en-ciel et l'omble de fontaine. Alors que les autres salmonidés gagnent à être pêchés à la mouche artificielle ou bien au lancer léger, la « truite de lac », en raison de son habitat profond et froid, exige d'autres méthodes. Neuf poissons sur dix au moins sont pris à la traîne au-dessus de profonds récifs et hauts-fonds rocheux. C'est seulement quand il monte brièvement pour frayer en eau peu profonde qu'on peut le toucher sur matériel plus léger. En Europe, le nord de la Suède est l'une des régions où l'on peut trouver le cristivomer.

Les saumons du Pacifique

Le fait n'est pas très connu mais les cinq espèces américaines de saumons peuvent se prendre, au moins à certaines époques, sur équipement de pêche sportive. L'auteur de ce livre a même pris ces cinq saumons à la mouche. Cependant, le chum, ou keta, ou saumon à chien, ou dog (*Oncorhynchus keta*), et le pink, ou saumon bossu (*Oncorhynchus gorbuscha*), ne sont pas vraiment considérés comme des poissons de sport. Pas plus que le sockeye, ou red (*Oncorhynchus nerka*), bien qu'il le mériterait. À juste titre, les plus recherchés sont le king, ou chinook, ou quinnat (*Oncorhynchus tschawytscha*), et le coho, ou silver, ou saumon d'argent (*Oncorhynchus kisutch*).

Le cycle biologique du king et du coho est bien connu. Tous les saumons du Pacifique sont issus d'œufs déposés dans l'eau claire et fraîche des rivières et les jeunes saumons descendent vers la mer où ils séjournent de deux à cinq ans : ils se gavent des grandes richesses de l'océan et grossissent rapidement avant de retourner à leur rivière natale pour s'y reproduire et mourir. Mais le coho et le king constituent des captures de choix quand ils sont en eau salée, ainsi que pendant la brève période durant laquelle ils retrouvent l'eau douce, juste avant que ne commencent sérieusement la fraie.

Saumon bossu ou pink.

Sockeye.

King.

Coho.

Pêcher sur équipement sportif pendant cette dernière période est la méthode de loin la plus passionnante, bien que la traîne depuis un bateau bien armé pour la mer soit la façon la plus normale de chercher le saumon en eau salée.

Le king atteint des tailles énormes et est un puissant lutteur de toute saison et partout où on le pêche, depuis les côtes de la Colombie-Britannique jusqu'à la mer de Bering. Il attaque une grande diversité de leurres : poissons-nageurs, ondulantes de métal brillant, cuillers tournantes, dandines à plume, ainsi que les appâts naturels tels que le hareng et les œufs de saumon et aussi les mouches-leurres en eau douce. Le coho prend les mêmes leurres, mais il n'est jamais aussi tentant, acrobatique et époustouflant que lorsqu'il est piqué au bout d'une canne à mouche, aussitôt après son retour en eau douce. En fait, il existe peu d'espèces de poissons de sport dans le monde entier qui puissent rivaliser avec le coho quand il remonte une rivière sauvage d'Alaska.

Parmi les plus remarquables entreprises des biologistes piscicoles, l'introduction, au cours des dernières décennies, du king et du coho dans le bassin des Grands Lacs, le long de la frontière américano-canadienne, a été une grande réussite. Aujourd'hui ces deux espèces migrent aussi tous les ans de leur rivière nourricière natale vers ces grandes étendues d'eau (au lieu du Pacifique) et y remontent pour frayer. Il en est résulté une grande activité de pêche sportive qui surpasse presque la pêche traditionnelle.

Le saumon de l'Atlantique

Les taxonomistes considèrent que le saumon de lac fermé du nord-est des États-Unis et du Canada voisin est morphologiquement le même que le saumon atlantique (*Salmo salar*). Il n'empêche que ce poisson de sport si estimé est très différent dans son habitat confiné et dans les méthodes de pêche dont il relève. Dans les temps les plus reculés de la préhistoire, le saumon atlantique fut coupé, par des bouleversements géologiques, de ses accès à la mer et, depuis, il a réussi à survivre sans migration annuelle vers l'océan dans quelques eaux sauvages, froides et profondes. Son aire de dispersion a été élargie par les hydrobiologistes jusque dans d'autres lacs de la Nouvelle-Angleterre et du Canada, ainsi qu'en Argentine et au Chili. La plupart des captures se font à la traîne mais, comme il se produit des éclosions d'insectes tard le soir, la pêche de ces saumons à la mouche artificielle y est aussi passionnante qu'efficace. Le lancer réussit également quand les saumons de lac fermé chassent dans les secteurs peu profonds des lacs. Bien des premiers modèles américains de mouches à truite, aujourd'hui célèbres, ont été conçus à l'origine pour ces saumons.

Un poisson de 4 à 5 kg constitue une glorieuse capture sur n'importe quel matériel. On trouve du saumon de lac fermé même en Europe, dans quelques lacs ou cours d'eau. Le très gros saumon de Gullspang est originaire du lac suédois Vanerm, le plus grand lac d'Europe occidentale. Ce saumon peut peser jusqu'à 18 kg.

En Europe, le saumon est pêché depuis plusieurs centaines d'années et grâce à ce « roi des eaux », notre savoir sur la pêche s'est considérablement étoffé. L'aire de répartition naturelle du saumon s'étend du nord de l'Espagne au Groenland. On reconnaît aisément ce poisson à son corps élancé et à sa caudale échancrée qui assure une prise bien utile quand il faut l'amener au sec. Une autre de ses caractéristiques est la forme de ses filaments branchiaux. Il peut peser jusqu'à 36 kg, mais un spécimen de plus de 15 kg est déjà un spectacle rare presque partout, sauf dans les rivières norvégiennes, réputées pour héberger depuis toujours des sujets de plus de 20 kg. Les jeunes éclosent sur des frayères établies en rivière et vivent de un à cinq ans en eau douce avant de gagner la mer où ils grandissent rapidement et prennent du poids. Ils passent leur jeunesse au large des côtes de Norvège et des îles Féroé, le long de la côte ouest du Groenland et dans la Baltique – donc à une grande distance de leur rivière natale. Après un à quatre ans en mer, le saumon entreprend son voyage de retour vers l'eau douce. Cette remontée est longue et dangereuse, beaucoup se prenant dans les filets ou aux hameçons. Une fois revenu en rivière, les saumons doivent vaincre les courants puissants pour gagner les pools profonds, éviter les leurres perfectionnés des pêcheurs et souvent franchir des chutes d'eau de 2 à 3 m de hauteur. Contrairement aux saumons du Pacifique qui meurent après la fraie, seuls quelques *Salmo salar* meurent, la majorité parvenant à regagner la mer. Après une nouvelle année ou plus en mer, le saumon reprendra à nouveau le long chemin de sa frayère.

La remontée des saumons atlantiques a lieu du début du printemps jusqu'à l'été, le moment de la migration variant selon les pays et les latitudes. Dans les îles Britanniques, les saumons commencent à remonter les rivières en février et en mars, mais dans le nord de la Norvège, ils ne se présentent pas avant la mi-juin. Les gros saumons arrivent les premiers, suivis des plus petits (de 1 à 3 kg). Bien avant dans la saison, il n'est pas rare qu'un ou deux gros sujets fassent une remontée tardive.

Dès que le saumon a rejoint l'eau douce, il cesse de se nourrir. Ses fonctions digestives s'interrompent et toute l'énergie du poisson se répartit entre le développement de la capacité de reproduction et la préparation pour le long voyage vers la frayère, où la fraie commence à la fin de l'automne.

Personne ne sait avec certitude ce qui pousse un saumon à s'emparer d'un leurre. À l'évidence, on peut penser qu'il s'agit d'abord un instinct de prédation acquis en mer, accompagné d'une agressivité venant d'une nécessité de défense du territoire et, enfin, d'une rivalité saisonnière, car le moment est alors proche où le mâle doit chasser les autres mâles de sa frayère. Dans l'intervalle, les poissons, tout argentés en venant de la mer, ont pris une intense couleur foncée.

C'est quand il vient juste de remonter que le saumon attaque avec la plus grande détermination. Tôt dans la saison, l'eau est froide et le saumon préfère les parties profondes de la rivière, les pools très creux et les coulées. Il reste sur le fond, où le courant est le plus faible, et c'est là qu'il faut le chercher pour le pêcher. Les grosses ondulantes lourdes et les poissons-nageurs, souvent surlestés, sont travaillés en profondeur et avec insistance là où l'on pense que se trouve un poisson. Il peut mordre au premier lancer comme au cinquantième ou au centième – ou pas de tout. Un bon pêcheur connaît les habitudes et les bonnes techniques locales. Pour pêcher dans la partie la plus basse des courants, il faut choisir le meilleur moment du jour, quand le saumon monte vers le pool supérieur. Heureusement, la pêche, c'est aussi une question de chance.

En été, le niveau de l'eau baisse et la température monte. Les saumons remontent vers leur repaire des hauts-fonds, de préférence en bordure du courant. Un poisson frais remonté se trouve souvent en queue du pool, où le courant converge. Comme les pools sont les premiers emplacements de repos après un déplacement, les saumons se battent souvent entre eux pour occuper les places. Ils deviennent agressifs et peuvent alors prendre le leurre. C'est le bon moment pour pêcher à l'ondulante et au poisson-nageur léger car il n'est pas nécessaire de les travailler au fond, même si les chances d'avoir une touche augmentent à mesure que le leurre passe plus près du poisson.

Quand l'eau se réchauffe et que le niveau de l'eau baisse davantage, les pêcheurs à la mouche commencent à lancer de petites mouches sur soies flottantes. Les pêcheurs au lancer renoncent alors, mais, la plupart du temps, il s'avère qu'en pêchant près de la surface avec des petites cuillers tournantes ou ondulantes, en imitant la nage d'une mouche, on provoque l'attaque du saumon. La plupart des pêcheurs lancent perpendiculairement au courant ou bien vers l'aval, selon la position du poisson, le courant et la

Saumon atlantique.

profondeur. Mais lancer vers l'amont est très efficace, surtout à la cuiller. Quand on peut amener un leurre devant la tenue d'un poisson, puis le faire changer brusquement de direction comme s'il s'enfuyait, on provoque souvent la touche. Cette technique exige une bonne pratique, mais elle se révèle très payante dans la plupart des eaux.

À quelles couleurs le saumon est-il sensible? Cette question soulève toujours des discussions animées. En début de saison, les cuillers et les poissons-nageurs argentés, dorés ou cuivrés sont sans conteste les meilleurs. Plus tard, les poissons-nageurs rouge fluorescent, comme le Rapala lesté, peuvent être, entre de bonnes mains, redoutablement meurtriers.

Poursuivant leur remontée, les saumons passent de plus en plus de temps à se reposer et peuvent rester à la même place pendant plusieurs heures, plusieurs jours et même plusieurs semaines avant de reprendre leur voyage. Dans ce cas, il faut faire particulièrement attention à ne pas les effrayer, tout en continuant à pêcher le pool. Il est très fréquent qu'un poisson observe un leurre pendant des heures, à chacun de ses passages, sans esquisser le moindre mouvement pour s'en saisir puis, soudain, après les centaines de lancers d'un pêcheur obstiné, bondir dessus.

La truite de lac

On trouve la truite de lac (*Salmo trutta lacustris*) dans de nombreuses grandes étendues d'eau claires et profondes d'Europe, surtout en Scandinavie et dans les lacs alpins. Pour survivre, elle a besoin d'eau froide ainsi que de ruisseaux et rivières tributaires lui offrant de bonnes frayères.

Dans les conditions les plus favorables, la truite fario de lac pèse de 5 à 10 kg, les plus gros sujets atteignant de 10 à 20 kg. Ces truites peuvent présenter de légères différences mais une vraie truite de lac a une robe argentée brillante, avec parfois un reflet doré ou cuivré, rehaussé de taches en croix noires.

En lac, ces truites chassent les petits poissons en pleine eau. Les plus petits sujets restent près des bords, se nourrissant d'insectes, de larves et de petits organismes. À partir d'une certaine taille, leur alimentation change et consiste alors en alevins de perche, ablettes, petits gardons et autres espèces. À ce stade, la truite de lac peut être aussi cannibale et sa croissance est rapide. On doit alors la pêcher en pleine eau, où elle constitue un adversaire infiniment plus remarquable.

Quand, au printemps, la glace se met à fondre, la truite de lac évolue à la surface ou juste au-dessous, l'eau y étant plus chaude. À mesure que la température continue à s'élever, elle redescend vers de plus grandes profondeurs. À la fin de l'automne, elle remonte à nouveau vers les eaux de surface et on la trouve dans les parties du lac où les eaux boueuses des rivières se jettent.

Au printemps, ce sont les cuillers ondulantes et les poissons-nageurs qui réussissent le mieux. À mesure que le poisson gagne les eaux profondes, les lests et les leurres plus importants deviennent nécessaires. On obtient de bons résultats en pêchant dans la thermocline ou bien juste au-dessus ou au-dessous. À l'automne, la traîne de surface ou dans les faibles profondeurs devient à nouveau la meilleure méthode de pêche.

Il existe de nombreux secteurs où des sujets plus petits, pesant par exemple entre 0,500 et 1,500 kg, cherchent leur nourriture dans les faibles épaisseurs d'eau ou bien montent à la surface pour y gober les insectes et les larves. Quelques-uns des hauts-lieux de la pêche de la truite de lac sont constitués par les grands lacs d'Irlande et ceux d'Écosse, où cette truite est appelée truite brune ou *brownie*. Dans ces lacs, le poisson, quel que soit le nom qu'on lui donne, se prend à la mouche ou sur petits poissons-nageurs à traîner, ou encore au lancer le long des bordures et des bancs de sable à des profondeurs de 1 à 5 m.

Truite fario de lac.

La truite de mer

La truite de mer (*Salmo trutta fario*) est une fario migratrice. On la trouve de l'Espagne du Nord au nord de la Norvège, en Islande, dans les îles Féroé, en Grande-Bretagne et en Irlande. Elle grandit en mer, mais en été et à l'automne, ou, au plus tard, en hiver, elle remonte les cours d'eau côtiers pour s'y reproduire. Bien qu'il y ait des variations régionales, la truite de mer ressemble beaucoup au saumon par son aspect et son comportement. Elle a un corps plus court et plus rond. La tête est souvent petite et la caudale moins échancrée. Malgré ces différences, la plupart des pêcheurs expérimentés sont incapables de dire, au premier coup d'œil, lequel des deux ils viennent de capturer, surtout quand les deux espèces sont présentes dans les mêmes eaux. La seule manière fiable pour les différencier est d'examiner les écailles et les peignes branchiaux. Alors que le saumon parcourt de longues distances depuis son lieu de naissance jusqu'à son aire d'engraissement en mer, la truite de mer ne s'écarte guère des eaux côtières. Des études récentes ont montré, toutefois, que la truite de mer est capable de parcourir des centaines de kilomètres, même si elle ne va pas aussi loin que le saumon.

Après avoir grandi pendant une période de un à cinq ans dans son environnement natal, elle descend vers la mer où elle séjourne de six mois à cinq ans avant de reprendre le long voyage de retour, souvent sur le lieu-même de sa naissance.

L'aire de répartition naturelle de la truite de mer se localise dans l'Atlantique Nord, où elle trouve encore des rivières aux eaux abondantes, claires et bien oxygénées pour frayer. Ces mêmes rivières – que la truite de mer remonte pour frayer et redescend

Truites de mer.

pour recréer ses forces en mer – sont celles où elle est devenue aujourd'hui un poisson de pêche sportive très recherché. En Grande-Bretagne, en Irlande et en Norvège, ainsi que dans plusieurs régions du Danemark, on ne la pêche pas après la fraie, quand elle redescend vers la mer. Dans la Suède toute proche, cependant, la pêche se poursuit pendant tout le printemps. Plusieurs rivières de Suède, dont la Mörrum, sont bien connues pour les belles et assez bonnes truites de mer que l'on y prend au printemps.

Dès qu'elle arrive en eau douce, la truite de mer devient très mordeuse, ce qui explique qu'elle soit connue comme le poisson type pour la pêche à la mouche, même si le lancer est la méthode prédominante en beaucoup d'endroits.

Elle mord au crépuscule, la nuit et au petit matin, dans les endroits peu profonds; on peut alors la prendre à la petite cuiller, tournante et ondulante, et au wobbler. Une bonne connaissance de ses postes d'affût et de ses habitudes, tout simplement, fait que l'on rentre bredouille ou non.

Après avoir séjourné quelque temps en rivière, elle mord moins bien et s'intéresse davantage aux autres truites. Elle peut alors devenir agressive et pourchasser les petits poissons aussi bien que ses congénères. C'est aussi le moment où elle peut se prendre aux leurres artificiels. Le soir et la tombée de la nuit constituent toujours les meilleurs moments de la journée. Ce n'est pas avant l'automne, quand le niveau remonte et que l'eau se refroidit et devient limoneuse, que l'on peut prendre des poissons pendant la journée. C'est en fin de saison que la truite de mer atteint son maximum d'agressivité, à l'approche de la fraie et quand elle doit se battre pour conquérir les meilleures places sur la frayère. C'est le moment le plus difficile pour en piquer une, mais il peut toujours se trouver un poisson plus agressif que les autres pour attaquer un leurre. Après la fraie, elle retourne en mer et, au printemps, elle sera à nouveau en état de mordre.

En général, la truite de mer mange très peu pendant son séjour en eau douce. La mouche et le ver de terre ne sont pas plus efficaces que les leurres artificiels, ce qui explique que l'on puisse tout aussi bien réussir avec une mouche lestée sur une truite que l'on a localisée.

C'est sur ses frayères qu'elle se remplit rapidement l'estomac. Dans les cours d'eau, elle mange des petits poissons, des crustacés et même des grenouilles pendant sa descente vers la mer.

Elle a été acclimatée avec succès en Amérique du Sud – Argentine, Chili et Terre de Feu – où elle est parvenue à une bonne densité, avec un poids moyen de 3 à 6 kg. En 1958, elle a été introduite dans le nord-est des États-Unis et au Canada. On la trouve aussi en Nouvelle-Zélande.

La truite fario

La truite fario (*Salmo trutta*) est une espèce native d'Europe qui a été acclimatée avec succès dans de nombreuses régions du globe, notamment les États-Unis (1883), la Nouvelle-Zélande, le Pakistan, l'Inde et l'Amérique du Sud. La truite fario appartient biologiquement à la même espèce que la truite de mer et la truite de lac, mais elle n'est pas migratrice et vit dans les eaux au courant rapide.

Ces trois poissons ont un aspect très différent. La fario se reconnaît souvent à ses petits points rouges. Il y a aussi des séries de petits points noirs et certaines sont brun clair avec seulement

Truite fario.

quelques points rouges. Il est à peu près impossible d'identifier une fario partageant le même habitat qu'une truite de mer. La seule façon de l'identifier à coup sûr est d'analyser son taux de sulfate de strontium, car la truite de mer en contient de fortes concentrations.

La fario croît plus lentement que les deux autres truites, même si l'élevage en pisciculture parvient à obtenir le même taux de croissance que celui de la truite de lac et de la truite de mer. Les sujets vivant dans les lacs riches en nourriture prennent du poids, mais on les classe alors parmi les truites de lac.

La fario fraie en automne et en hiver. Son taux de croissance est variable d'une rivière à l'autre et selon le climat et le type d'eau. Le milieu aquatique peut aller des cours d'eau arctiques aux eaux froides, presque stériles jusqu'aux eaux riches en nourriture d'Angleterre, de Yougoslavie ou du Danemark. La fario a un régime qui, tout au long de l'année, se compose d'insectes, de larves, de petits organismes, d'alevins, d'autres petites farios, de grenouilles et même de petits rongeurs. Elle ne tolère pas une température aussi élevée que l'arc-en-ciel et elle délimite un territoire d'où elle chasse tout autre poisson.

La plus grande partie de nos connaissances sur la pêche se fonde sur celle de la truite fario. Cette dernière a une vue très développée et peut différencier les couleurs, mais des études ont montré que sa perception des couleurs se réadapte le soir, la nuit et quand la lumière baisse ou, à l'aube, augmente.

Des cuillers tournantes ou ondulantes, des poissons-nageurs, des dandinettes et des mouches de petite taille – en fait, toutes sortes de leurres – peuvent être utilisés pour pêcher la fario. Les gros sujets se nourrissent généralement de petits poissons, ce qui explique pourquoi le poisson-nageur, imitation d'un petit poisson, est aussi efficace.

Lancer vers l'amont est, en général, une bonne technique dans les eaux au courant rapide. En dérivant dans le courant, le leurre se présente au poisson d'une façon aussi naturelle que possible avant d'éveiller sa méfiance. Cette technique marche mieux quand on contrôle parfaitement la récupération. Tout comme les autres carnassiers, la fario réagit aux couleurs vives quand la température baisse. Le rouge est particulièrement efficace. Pendant une partie de l'hiver, la truite se nourrit d'œufs de poissons que lui apporte le courant après avoir traversé les frayères, ce qui peut expliquer cette sensibilité à la couleur rouge. La fario mange souvent les œufs de sa propre espèce ou d'autres espèces telles que l'arc-en-ciel migratrice, la tête d'acier, et même le saumon.

Dans les cours d'eau à la maigre végétation, la fario peut peser de 100 à 300 g, rarement plus; mais dans des eaux aux meilleures qualités biogéniques, elle atteint 0,500 à 2 kg et même plus. Comme elle défend son territoire, la densité de la population est souvent régulée par le nombre des postes et des tenues disponibles ainsi que par la pression de pêche subie par le cours d'eau.

Le huchon

Le huchon (*Hucho hucho*) est un saumon qui vit dans le Danube et la plupart de ses affluents, notamment en Autriche, dans le sud de l'Allemagne et en Bulgarie. Il a été introduit avec succès en Yougoslavie et au Maroc.

Au cours des dernières décennies, l'espèce a gravement souffert de la pollution dans son aire de répartition naturelle, problème que n'ont pas arrangé l'envasement et le colmatage de ses frayères. Bien que ce salmonidé soit connu pour atteindre un poids de 50 kg, un poisson de 10 à 20 kg est considéré, de nos jours, comme une belle pièce.

La saison de sa pêche commence à la fin de l'automne dans les pools profonds et les trous des rivières aux eaux claires. On pêche le huchon aux leurres artificiels travaillés très profondément. Un leurre du genre dandinette avec tête plombée et corps artificiel est communément employé mais les ondulantes lourdes et les poissons-nageurs coulants réussissent également.

La capture du poisson

Trop de poissons sont perdus parce que le frein du moulinet était trop serré ou pas assez, ce qui permettait au poisson de se décrocher lors du combat ou de casser la ligne. D'autres sont perdus parce qu'ils n'ont pas été ferrés comme il faut, ce qui arrive quand le frein libère du fil sous le choc de l'attaque du poisson.

Quand on récupère, la ligne doit former un certain angle avec la canne et le réglage du frein doit être ajusté de façon que le poisson se ferre de lui-même sur l'attaque. Un carnassier peut avoir un comportement brutal ou méfiant, mais dans les deux cas, il est déterminant que la pointe de l'hameçon et son ardillon s'enfoncent dans la gueule du poisson à la touche. Le fer est alors planté en tirant la canne vers l'arrière aussi vite et aussi fort que possible et en maintenant une tension ferme et régulière sur la ligne.

La puissance du ferrage dépend de la longueur de ligne sortie ; une grande longueur exige un ferrage plus puissant afin de compenser l'élasticité. Sur une ligne courte, on peut planter l'hameçon par un mouvement vif du bras.

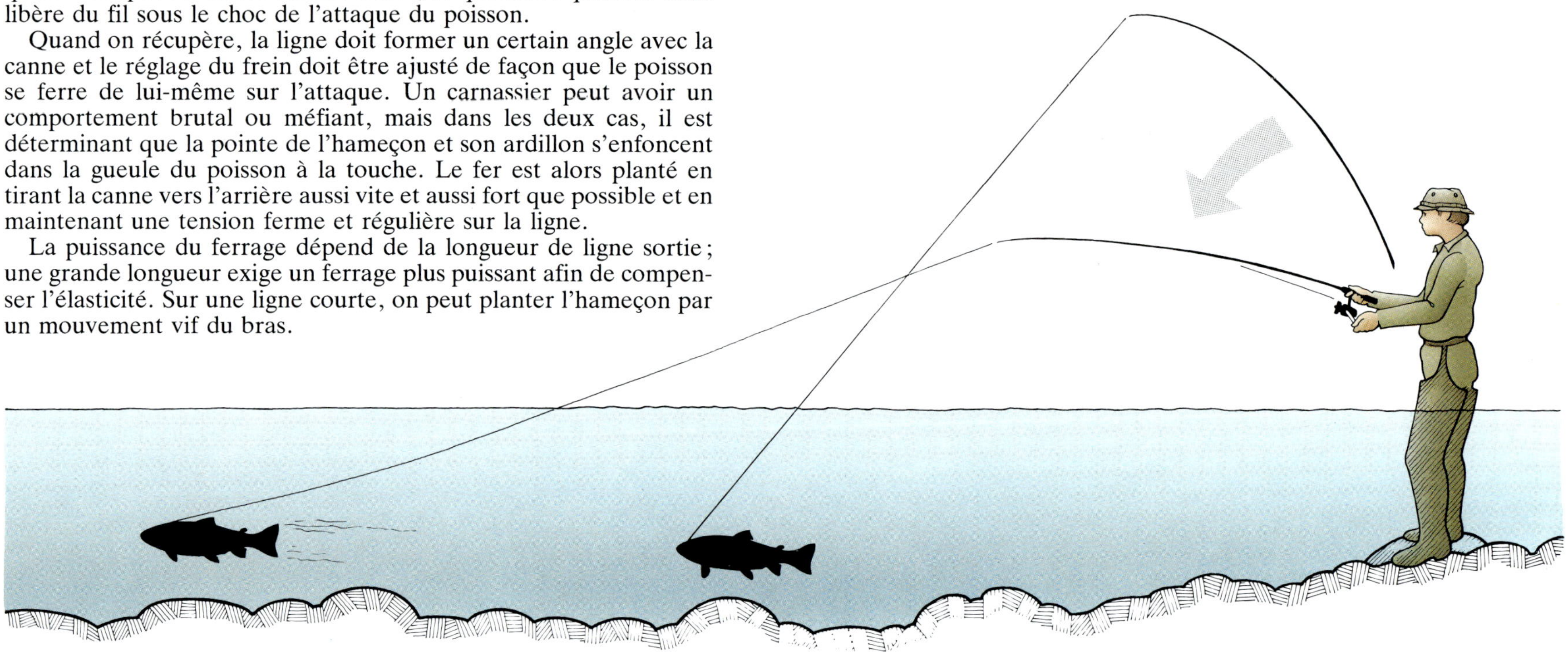

Ci-dessus : le poisson peut casser la ligne par un brusque départ, surtout s'il est près de la pointe du scion. Pour éviter la casse, baisser rapidement la canne vers la surface de l'eau.

Ci-dessous : un autre moment critique pendant le combat est celui où le poisson saute à la surface. Là encore, la meilleure réaction est de baisser rapidement la canne pour diminuer la traction exercée sur la ligne.

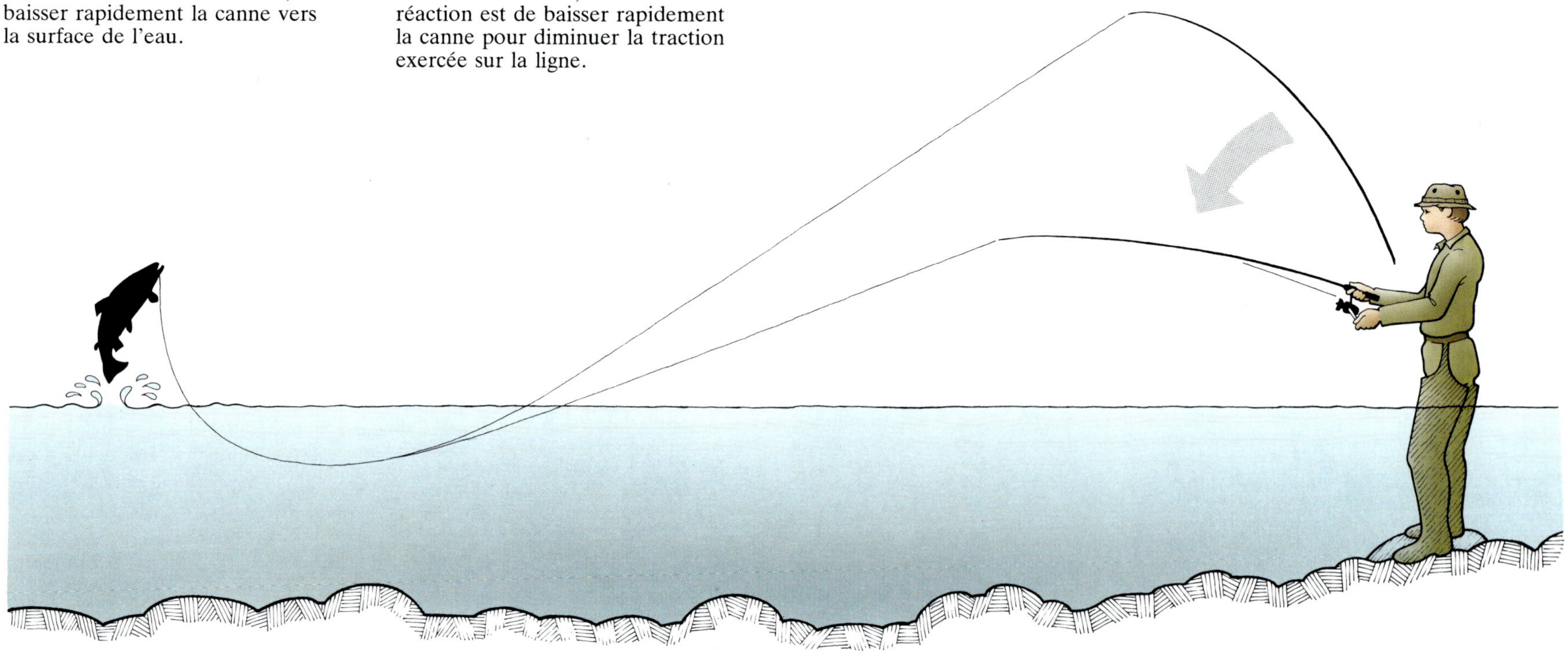

Le but de la lutte contre un poisson est de l'amener en toute sécurité au bord, et non de le voir se débattre à la surface. Si un poisson se bat aussi violemment, c'est parce que son sens naturel de l'équilibre, normalement contrôlé par sa vessie natatoire et ses organes des sens, est perturbé. Dès qu'il ressent ce phénomène, il essaie de toutes ses forces de retrouver sa stabilité.

Il est important de maintenir une pression régulière et constante sur le poisson. S'il est mal accroché, c'est peut-être que l'ardillon n'a pas pénétré ou que la pointe n'est piquée que dans la peau molle. Une mauvaise traction sur la canne peut causer la perte du poisson.

Quand le poisson saute hors de l'eau, il vaut mieux le suivre en abaissant la canne dans l'espoir de diminuer l'effet du choc sur la ligne. S'il apparaît que le poisson veut se débattre en surface ou s'il tente un départ sur une ligne très courte, plonger la pointe de la canne dans l'eau peut parfois être bénéfique. Si le poisson se libère en prenant appui sur l'hameçon, c'est souvent à la suite d'une conjonction de son poids, d'un « mou » dans la ligne consécutif à un saut et de violents coups de tête dans l'eau.

Pour amener les gros poissons, on les « pompe » lentement en relevant la canne sans récupérer la ligne. En abaissant à nouveau la canne, on récupère alors à toute vitesse la ligne gagnée.

Ci-dessus: pendant le combat avec le poisson, il est important de maintenir une pression constante et égale sur la ligne car on ne sait pas si l'hameçon est bien planté. Une tension trop forte ou trop faible de la ligne pourrait provoquer le décrochage.

Ci-dessous: la meilleure façon de fatiguer un gros poisson est de le ramener en « pompant » lentement. Lever la canne sans récupérer la ligne, puis la baisser en récupérant rapidement.

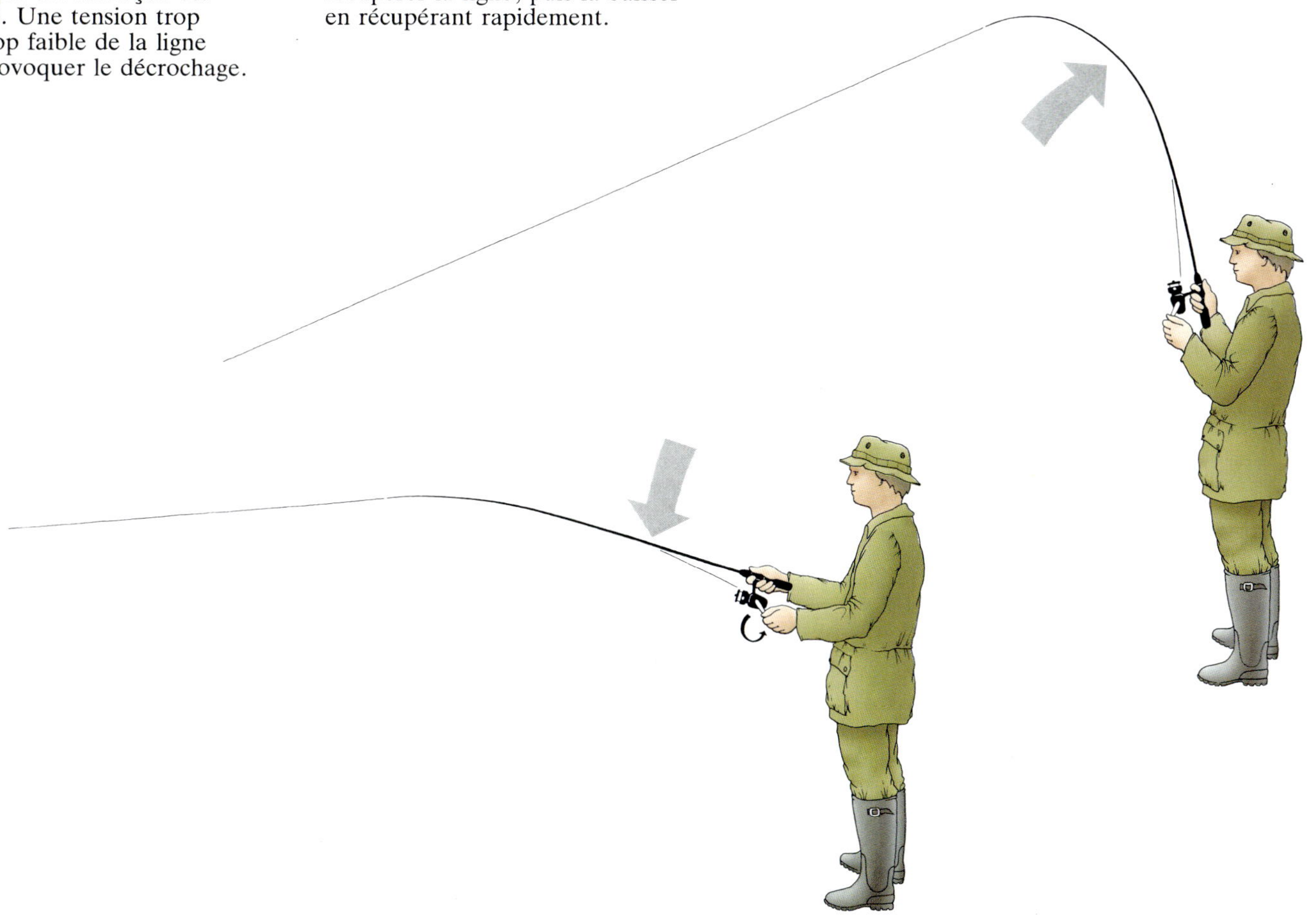

La mise au sec

Quand, enfin, le poisson est épuisé, on peut l'amener à terre au moyen d'une épuisette ou d'une gaffe. Une autre méthode consiste à le faire glisser sur le sol, une autre encore à l'attraper à la main.

Une bonne épuisette peut avoir un manche long ou court. L'épuisette à manche court s'utilise pour pêcher en rivière. Elle doit avoir une armature flottante pour servir aussi quand on pêche en entrant dans l'eau. L'épuisette à long manche sert pour la pêche en bateau mais également pour la pêche du bord, quand il est difficile de s'approcher près de l'eau et du poisson. En courant rapide, tenir l'épuisette derrière le poisson, de façon que le courant tienne le filet ouvert et pousse le poisson dedans.

Une gaffe est un gros crochet attaché à un manche. Il n'y pas d'ardillon pour faciliter la pénétration de la pointe dans la chair du poisson. Il existe des gaffes à long manche et des gaffes à manche court. On les utilise pour les gros poissons et on s'en sert beaucoup en Scandinavie pour le saumon, la truite de mer, le brochet et le sandre. En d'autres endroits, en Grande-Bretagne notamment, on préfère l'épuisette et l'on réserve la gaffe au saumon et au brochet. Le saumon se gaffe généralement à la nuque, à la mâchoire ou à la queue, le brochet à la nuque ou à la mâchoire.

Pour le saumon, on se sert en outre d'un engin spécial, le piège de queue ou *tailer*. Il s'agit d'une sorte de piège fait d'un long manche, d'un câble et d'un arceau d'acier flexible. On enfile ce nœud coulant jusqu'à un tiers environ du corps du saumon en partant de la queue ; à mesure qu'on le remonte vers le haut du corps, le nœud coulant se resserre le poisson par la queue. Sur une plage de sable fin, de gravier ou de petits galets, il est généralement facile de faire glisser le poisson jusque sur la rive. Il suffit de remonter doucement, à reculons, vers le haut de la plage en tirant la ligne de façon régulière et constante jusqu'à ce que le poisson soit au sec.

On peut aussi sortir le poisson de l'eau à la main, du bord ou en bateau. On tient généralement un saumon par la queue ; le brochet et le sandre, par une prise bien serrée derrière la nuque.

La perche, les petits black-bass et tous les petits poissons peuvent être amenés en les soulevant au bout de la ligne d'un mouvement progressif et uniforme pour les reposer sur le bord ou les faire basculer dans le bateau.

Les gros black-bass peuvent s'attraper en plaçant le pouce dans la gueule sans dents du poisson pour coincer la mâchoire inférieure entre le pouce et l'index ; on peut alors le soulever sans qu'il se débatte.

Quel que soit le moyen utilisé pour mettre un poisson au sec, ne jamais oublier que la plupart des poissons tentent un dernier effort désespéré pour se libérer, même s'ils paraissent complètement épuisés. De nombreux débutants se sont crus assez près de la victoire pour resserrer le frein afin d'amener le poisson à bonne portée, et beaucoup de poissons ont retrouvé leur liberté aux toutes dernières secondes du combat en cassant ainsi la ligne.

Ci-dessus : tenir toujours l'épuisette sous l'eau en attendant d'y faire entrer le poisson, car ce dernier prend peur facilement et tente de casser la ligne. Pour réduire encore les risques de casse, tenir l'épuisette derrière le poisson et laisser ce dernier y glisser de lui-même.

Ci-dessous : on utilise une gaffe pour amener les gros poissons sur le bord. Le brochet se gaffe généralement par la mâchoire inférieure.

Remettre le poisson à l'eau

Il existe bien des raisons pour remettre un poisson à l'eau : il peut être trop petit, c'est-à-dire au-dessous de la taille limite légale pour l'espèce ; on peut déjà en avoir trop dans son congélateur ; dans certaines eaux, il peut y avoir une stricte limitation du nombre des prises de chaque espèce que l'on peut garder ; enfin, le sentiment que l'avenir de la pêche a tout à gagner si la plupart des poissons – certains disent tous les poissons – capturés sont remis à l'eau, grandit de jour en jour.

Ci-dessus: il est fréquent d'assurer un saumon en le prenant à la main si la berge est en pente douce et libre d'obstacles.
Saisir le poisson par la queue et le porter à terre.

Ci-dessous: pour ne pas endommager la fragile couche de mucus d'un poisson, se mouiller les mains avant de le manipuler.
Un poisson épuisé a de meilleures chances de survie si on le tient verticalement dans l'eau jusqu'à ce qu'il montre des signes de vigueur.

Il est important d'apprendre à remettre un poisson à l'eau pour qu'il puisse avoir les meilleures chances de survivre. Des expériences ont montré que si un poisson n'est pas remis à l'eau correctement, le taux de survie est très faible. La cause de mort la plus fréquente est l'excès d'acide lactique dans le corps. En luttant pour se libérer, le poisson dépense toute son énergie ainsi que ses réserves d'oxygène: le résultat est qu'il s'asphyxie, vient ensuite l'invasion bactérienne. La couche de mucus recouvrant le poisson constitue sa protection contre l'infection et, si elle est endommagée, le poisson est attaqué par les bactéries et les virus. Les poissons piqués en eau profonde sont parfois ramenés si rapidement qu'ils n'ont pas le temps d'équilibrer la pression de leurs gaz internes. Tout comme chez les plongeurs, des troubles se manifestent et ils ne peuvent pas survivre une fois remis à l'eau. Le ou les hameçons peuvent aussi blesser et mutiler un poisson, surtout s'ils sont enfoncés profondément dans la gorge, les branchies ou l'estomac. Si une grosse artère a été perforée, le poisson a peu de chances de rester en vie.

Beaucoup meurent parce que l'hameçon a été ôté sans précaution. Les hameçons simples ou sans ardillon augmentent les chances de survie. La meilleure façon de retirer un hameçon, c'est de se servir d'une paire de pinces ou bien d'un dégorgeoir. S'il est piqué profondément dans la gorge, il faut veiller à ne pas trop tirer sur la ligne, cela le ferait pénétrer dans le cœur, qui est situé juste derrière le pharynx. Le brochet et d'autres gros poissons ont la bouche garnie de dents, ce qui rend parfois nécessaire l'usage d'un bâillon. Cet ustensile n'est rien d'autre qu'un ressort à deux bras que l'on insère entre les mâchoires du poisson. Quand on relâche le ressort, les mâchoires sont écartées et il devient relativement facile d'ôter l'hameçon. Si ce dernier est très profond dans la bouche, on peut l'enlever en passant une pince par l'opercule pour l'atteindre.

Les chances de survie d'un poisson sont plus grandes par temps froid et dans l'eau froide, celle-ci étant plus oxygénée que l'eau chaude. Si un poisson doit être libéré, il vaut mieux ôter l'hameçon pendant qu'il est encore dans l'eau. S'il est déjà sorti, on diminuera les risques de lui ôter sa couche de mucus en se mouillant les mains avant de le manipuler.

Quand on relâche un poisson en eau courante, il est vital pour lui de le maintenir face au courant et en eau calme; il faut le tenir verticalement. Quand la queue commence à battre, il est prêt à être lâché. Mais ne le quittez pas des yeux: s'il se met sur le dos, il faut le reprendre et le remettre à nouveau en position verticale. Avec certains poissons, ce manège peut durer plusieurs minutes et même davantage pour assurer les meilleures chances de survie.

Si le poisson est piqué profond et difficile à ôter sans risquer de le blesser, il vaut sans doute mieux couper la ligne au ras de l'hameçon ou couper ce dernier au moyen de la pince. Il souffrira moins de la présence de l'hameçon que des blessures causées par les tentatives faites pour l'enlever. Les tissus conjonctifs pousseront autour de l'hameçon, qui tombera tout seul le moment venu. En outre, s'il n'est pas en acier inoxydable, il sera détruit par la rouille.

4. La pêche aux appâts

ABU garcia
Cardinal 4

L'un des aspects les plus fascinants de la pêche à la ligne est la façon dont elle s'est développée dans les diverses parties du monde. Il y a de bonnes raisons pour expliquer ces différences, qui tiennent notamment à l'environnement et au climat ; mais le fait que chacun puisse apprendre quelque chose d'utile des autres est appréciable par-dessus tout. Rien qu'en parcourant les magazines de pêche de plusieurs pays, on peut se rendre compte, même quand on ne connaît pas les langues étrangères, de la manière dont les idées et les conceptions commencent à circuler.

Lorsqu'on voyage, il est souhaitable d'adopter le style de vie des indigènes. Ainsi, on n'a pas à se faire missionnaire de la pêche, mais, au contraire, il faut essayer d'apprendre ce que les autres font et pourquoi ils le font, et de voir en quoi cela peut nous aider à pêcher plus et mieux et à ajouter à notre plaisir — car c'est bien là le but du jeu. Pour apprendre à attraper des poissons au moyen de leurres, les Américains, les Canadiens et les Scandinaves sont passés maîtres. En revanche, les champions anglais de la pêche de compétition découvrent avec respect et admiration l'habileté différente des Belges, des Français et des Italiens, à la longue canne au coup. On a vu ces derniers leur retourner le compliment quand, à leur tour, ils ont découvert l'admirable talent des Britanniques à la pêche au coup au moulinet, surtout à longue distance. Chacun en tire son profit.

Quand un caillou est jeté dans les mares européennes, les ondes se prolongent loin. Lors d'un voyage en Amérique, un auteur britannique rencontra un confrère canadien qui le supplia de lui envoyer un livre sur les techniques de pêche anglaises. Sa motivation était légitime : un gaillard anglais pêchait la truite steelhead à la ligne à flotteur eschée d'un ver de terre et il était en train de lui vider sa rivière ! Même la confiance des Américains dans leurs leurres s'émousse à mesure qu'ils apprennent que certaines méthodes européennes de pêche du brochet au vif et au poisson mort peuvent être terriblement efficaces auprès de leurs poissons carnassiers. Le magazine *« In-Fisherman »* a consacré beaucoup de pages à ce sujet au cours des trois dernières années et ses spécialistes en sont aujourd'hui tous convaincus.

La Grande-Bretagne semble avoir exporté plus d'idées qu'elle n'en a importé. Non pas que ses pêcheurs soient plus habiles, aux dires des Britanniques eux-mêmes, mais simplement parce que, vers les années cinquante, une évolution s'est amorcée qui a complètement changé les habitudes : l'apparition des traqueurs de poissons records ainsi que leur organisation en groupes

d'études et en clubs. Des petits groupes de pêcheurs, s'intéressant surtout à la carpe au début, ont mis leurs connaissances en commun pour définir des techniques de capture des gros poissons. Jusqu'alors, on avait toujours cru que les très grosses carpes étaient pratiquement imprenables ; même quand on parvenait à les tenir au bout d'une ligne, il était impossible, à moins d'avoir beaucoup de chance, de les amener à l'épuisette sur le matériel dont on se servait à l'époque. Le record britannique était de moins de 12 kg et l'on pensait qu'il était imbattable. En quelques années, il passa à 20 kg, puis à 23,500 kg ; il est actuellement de 37 kg, avec une carpe prise au lac de Saint-Cassien, en France. On a appris tant de choses sur la carpe qu'un débutant en a pris une de 35 kg dans ce même lac !

L'exemple de la pêche de la carpe a suscité la formation de groupes de pêcheurs s'intéressant à d'autres espèces et les mêmes progrès ont été réalisés. Rien de semblable ne s'est produit dans les autres pays, mais les idées et les techniques ont traversé les frontières. Sauf erreur, ce sont les Hollandais qui ont su en profiter les premiers et, à leur tour, ils ont pu renvoyer des observations précieuses en Grande-Bretagne. Où en est-on actuellement ? Les carpes géantes de Saint-Cassien ont été maîtrisées comme les autres... Aucune carpe au monde n'est invulnérable.

Quelles sont donc ces méthodes si faciles à appliquer en dehors de leur pays d'origine ? Nous allons en voir quelques-unes parmi les plus intéressantes, concernant des poissons de différentes espèces.

Le matériau

Pour les pêcheurs qui disposent d'un budget limité, le choix du matériel se résout généralement par un compromis, car il est toujours possible de destiner une canne à plusieurs emplois, bien que l'efficacité ne soit pas la même. Certains contournent le problème en se spécialisant dans une ou deux techniques. Seuls ceux qui pêchent tout et à tout ont une maison qui ressemble à un magasin d'articles de pêche !

Les cannes

Elles sont classées selon leur puissance, définie par leur courbe-test, qui s'exprime en kilos et en grammes. En gros, il s'agit du poids nécessaire pour faire plier la canne selon sa courbe naturelle la plus parfaite. La courbe-test peut aller de quelques grammes jusqu'à 1,5 kg, cette dernière étant évidemment la plus puissante.

Le système de la courbe-test est né à l'époque où la plupart des pêcheurs se servaient de cannes en bambou refendu, qui pouvaient être gravement endommagées par l'utilisation de lignes d'une résistance plus forte que celle pour laquelle elles avaient été conçues. L'ancienne formule définissant la force de la ligne était : deux fois et demie la courbe-test, avec une tolérance de plus ou moins un tiers. Ainsi, la ligne idéale pour une canne de 1 kg de courbe-test serait d'une résistance de 2,500 kg, mais on pourrait aller jusqu'à 3,300 kg ou descendre jusqu'à 1,600 kg.

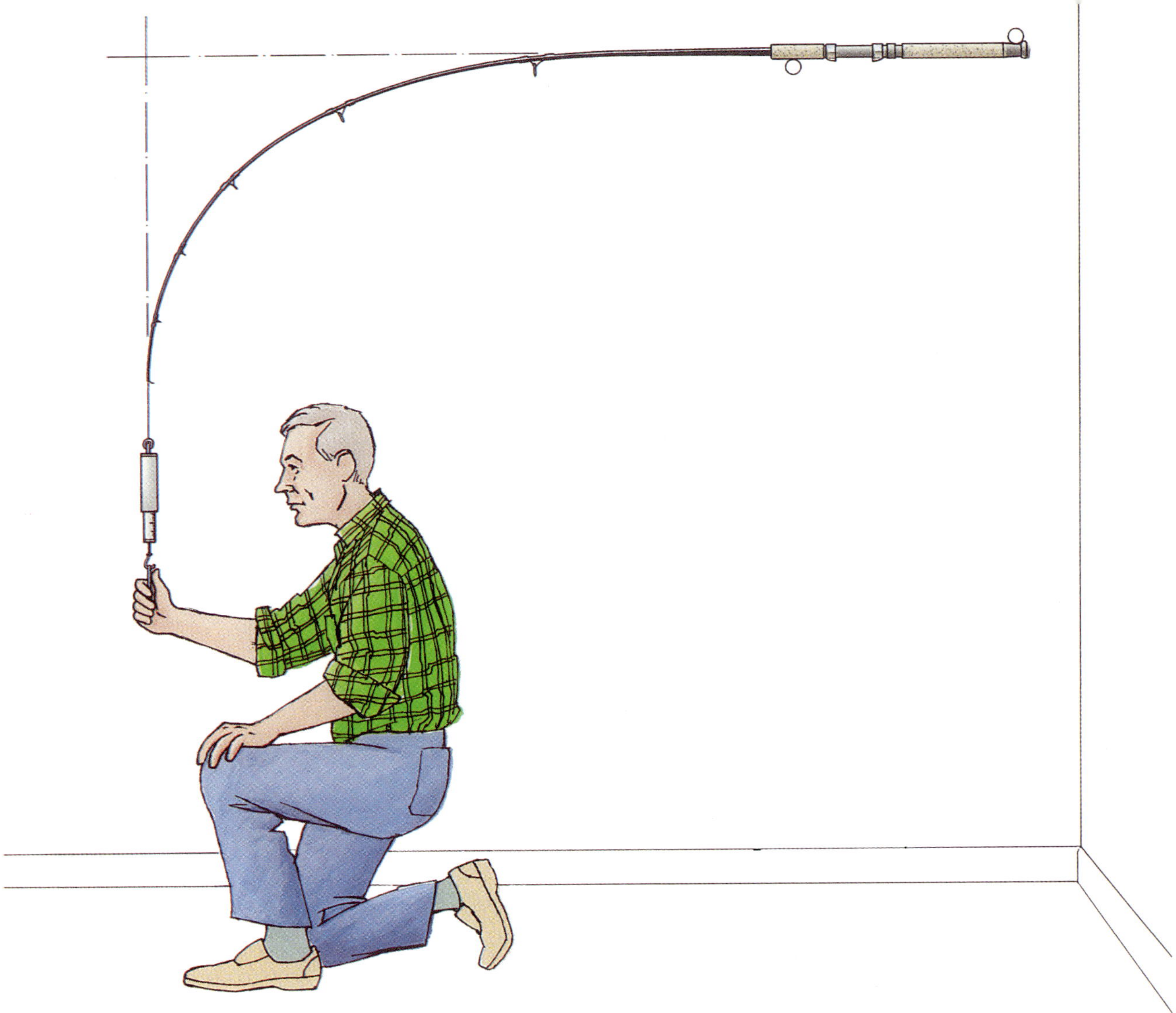

La courbe-test indique approximativement quelle résistance de ligne doit être utilisée avec la canne considérée. Pour la déterminer, charger la pointe du scion jusqu'à ce que la canne se courbe à 90°. La meilleure façon de procéder est de fixer la canne à l'horizontale sur un mur, d'attacher un peson à la pointe du scion et de tirer vers le bas jusqu'à ce que ce dernier arrive à la verticale. Le chiffre affiché par le peson donne la valeur de la courbe-test.

Même si les matériaux modernes ont quelque peu rendu la formule caduque, elle constitue une bonne base d'appréciation. Le risque, de nos jours, est d'avoir une ligne trop faible pour la canne, qui se casserait avant que celle-ci ait atteint sa courbe complète. Or, solliciter trop les cannes modernes est beaucoup moins dangereux que cela ne l'était avec les cannes en bambou refendu. Elles sont pratiquement incassables en usage normal, surtout les plus puissantes, et il est fréquent de voir des pêcheurs utiliser des cannes de 1,300 kg de courbe-test avec des lignes de 5,400 kg à 6,800 kg et même davantage, notamment pour pêcher le brochet et la carpe.

Il est également possible d'avoir deux cannes ou plus d'une courbe-test de 2 kg, par exemple, mais dont l'action est tout à fait différente. Les matériaux modernes tels que la fibre de carbone, le boron et, en premier lieu, la fibre de verre, ont permis aux fabricants de blanks de réaliser des scions d'action différente. On dispose aujourd'hui de blanks à conicité rapide, moyenne, lente ou combinée, chacun étant bon pour certains emplois et mauvais pour d'autres.

Les cannes à action combinée ou rapide sont les meilleures pour lancer très loin des charges importantes, de même que pour assurer le ferrage à longue distance; mais elles sont moins agréables à utiliser s'il y a lutte avec le poisson. Les cannes à action moyenne et lente sont très supérieures pour pêcher près, et il faudra s'en souvenir lorsque nous verrons les cannes utilisées pour d'autres méthodes.

Pour toutes les pêches, on peut utiliser des cannes en carbone, mais on trouve encore des cannes en fibre de verre qui offrent les mêmes caractéristiques et présentent l'avantage d'être moins chères. En revanche, elles sont plus lourdes et moins fines. Pour pêcher le brochet, on peut se servir de plusieurs cannes, d'une longueur de 3,50 à 4 m et dont la courbe-test s'échelonne entre 1 et 1,5 kg environ. Elles permettent de lancer de gros appâts sans difficulté jusqu'à 50 m et même 60 m si nécessaire. Une canne de 3 m ayant une courbe-test de 1,200 kg peut lancer encore beaucoup plus loin. Enfin, une canne de 4 m de longueur pour une courbe-test de 1,300 kg sera utilisée pour une seule technique que nous verrons plus loin : la pêche à longue distance avec un flotteur à ailette. La longueur permet de tenir la bannière au-dessus de l'eau pour guider le flotteur, surtout à longue distance.

Les mêmes cannes serviront également de canne à carpe pour pêcher très loin et un bon lanceur pourra certainement placer un appât à plus de 100 m avec les plus puissantes d'entre elles, car elles ont alors à projeter un poids constitué par une plombée peu volumineuse et un appât de petite taille.

Les cannes plus légères, d'une courbe-test de 0,500 à 1 kg et d'action plus moyenne conviennent mieux pour la pêche de la carpe à courte distance. La carpe est une lutteuse puissante et capable de départs foudroyants. Les cannes disposant d'une bonne réserve de puissance peuvent encaisser le choc d'un brusque départ en profondeur, surtout quand un gros poisson est piqué près du bord ou, comme cela arrive parfois, quand il commence à se débattre en force seulement en arrivant sous le scion.

Dans les eaux encombrées d'herbiers ou d'autres obstacles tels que des arbres noyés, il est nécessaire, sitôt la carpe ferrée, de l'empêcher de prendre de la vitesse. Il faut la brider fermement ; mais si l'on prend, pour cela, des cannes très puissantes, la plupart des poissons sont perdus tout simplement parce que les hameçons s'ouvrent. Une canne de 0,650 kg de courbe-test d'une longueur de

3,35 m se courbe presque deux fois plus dans ces conditions d'emploi, si l'on travaille sur une ligne de 4,500 kg de résistance, mais elle permet de perdre moins de carpes qu'avec n'importe quelle autre.

Pour les carnassiers moins puissants que le brochet, une canne de 3,35 m ayant une courbe-test de 500 g à 6,50 kg, avec une action progressive sur toute sa longueur, est préférable, surtout pour les poissons à la gueule fragile comme la perche. Cette même canne convient aussi pour la pêche en eau dormante de poissons tels que la brème et la tanche. Pour l'anguille, des cannes à carpe et à brochet de 0,900 à 1,200 kg de courbe-test suffisent.

Des cannes beaucoup plus légères conviennent pour la pêche au flotteur et au waggler, que nous décrirons plus loin. En Grande-Bretagne, on les nomme cannes de concours, que leur propriétaire fasse des compétitions ou non. Actuellement, elles mesurent de 3,65 à 4,25 m et sont en carbone ou en boron, assez légères (de 0,150 à 0,650 kg de courbe-test) à tenir pour pêcher pendant toute une journée sans fatigue excessive. Elles sont conçues pour des lignes d'une résistance pouvant aller jusqu'à 1,400 kg, avec des bas de ligne de 0,450 à 0,650 kg de résistance. Le choix dépend de la taille des poissons espérés.

Ces cannes sont fabriquées par de nombreuses marques, mais elles se divisent en deux catégories principales : 1) les cannes pour la pêche au flotteur, dont le scion comporte un renfort interne en matériau plein. Elles sont plus nerveuses et meilleures pour sortir la ligne de l'eau et ferrer le poisson d'un simple coup de poignet ; 2) les cannes pour la pêche au waggler n'ont pas de renfort et ont une action plus progressive, parce que les pêcheurs au waggler doivent ferrer en fouettant moins sèchement pour reprendre de la bannière. Sur ce type de ferrage, les cannes à action rapide cassent souvent les lignes de faible résistance, aussi doivent-elles être plus souples pour amortir les chocs.

Il vaut mieux garder les flotteurs dans des boîtes spéciales, en disposant les différents modèles bien en vue.

Les moulinets

Le meilleur conseil que l'on puisse donner est celui d'acheter ce qu'il y a de mieux. Pour la plupart des techniques en eau douce, on utilise des moulinets à tambour fixe, en faisant confiance à de bonnes marques telles que Abu (Suède), Mitchell (France), Penn (États-Unis) et Ryobi ; les moulinets fabriqués en Extrême-Orient étant aujourd'hui d'excellente qualité. Pour la pêche au flotteur, un moulinet capoté convient mieux. Dans cette catégorie, on trouve les Abu 505, 506 et 507, le Contact 400, le Zebco, etc. ; au départ, ils furent conçus pour la pêche au lancer léger, mais ils se sont rapidement révélés parfaits pour travailler à une seule main avec les cannes de concours. Signalons le Master CF1, fabriqué en 1986, dont la ligne sort en douceur et se prend rarement dans une pièce interne.

Les flotteurs

Il est possible que, dans certains pays, l'ont ait des difficultés à se procurer des wagglers et des quills de paon, bien que, de nos jours, on trouve presque partout des séries anglaises importées. Ces flotteurs sont présentés en assortiment des tailles les plus courantes, les plus grands portant à peu près six plombs n° 4. Les wagglers les plus utilisés sont ceux qui portent des plombs de 1, 1,5 et 2 SSG ; de plus petites tailles, portant 1 ou 2 BB, sont parfois employées pour pêcher à distance réduite.

Les nylons et les hameçons

Choisir une marque de nylon est une question de préférence personnelle et l'on trouve maintenant quantité de bons monofils, principalement en Allemagne et en France. Il en est de même pour les hameçons, bien que, dans les nos 18 à 22, pour la pêche au coup au moulinet, les nouvelles marques à affûtage chimique soient très employées. Pour les poissons plus gros, on se sert d'hameçons simples nos 8 à 14 et de triples rarement plus gros que le n° 8 pour la pêche du brochet au vif et au poisson mort posé. On a besoin de triples plus gros seulement pour les leurres. Pour la carpe, il est préférable de choisir des hameçons spéciaux, renforcés, dans les nos 6 à 10, parfois plus gros pour les gros appâts ou les très gros poissons. On en trouve dans les marques Mustad (norvégiens), Kamasan et Daï-Steel (japonais), VMC et Lion d'Or (français) et Partridge (anglais) pour usages spécialisés.

Les accessoires

Parmi les accessoires indispensables, on trouve en premier une épuisette de bonne taille, assez grande pour le plus gros poisson de l'espèce que l'on recherche. Pour le brochet, sa largeur doit être d'au moins 1 m et pour les autres poissons nobles d'au moins 0,60 m. Pour ceux qui souhaitent conserver les poissons avant de les remettre dans l'eau en parfaite condition, une bonne bourriche anglaise à mailles sans nœuds est nécessaire, d'une longueur d'au moins 2 m ou, mieux encore, de 3 m, dans la plus grande largeur possible.

De plus en plus, les pêcheurs de brochet anglais prennent l'habitude de remettre leurs captures à l'eau afin de les retrouver un jour au bout de leur ligne. La plupart le font immédiatement, mais ceux qui veulent garder une très grosse pièce pour pouvoir la photographier doivent se munir d'un grand sac spécial ; celui-ci est en nylon imputrescible, percé de trous faits à l'emporte-pièce pour

Aujourd'hui le pêcheur dispose d'une grande diversité d'accessoires qui lui permettent de s'adapter aux nombreuses conditions de pêche.

laisser passer l'eau, et pourvu d'un cordonnet coulissant pour assurer sa fermeture. On peut y garder les brochets, ainsi que les grosses carpes, pendant plusieurs heures sans qu'ils cherchent à se débattre, sans doute parce qu'ils ne savent plus où ils sont dans ce sac noir. Dans une bourriche, ils essaient sans cesse de s'évader.

La plupart des pêcheurs ont tout ce qu'il faut pour décrocher les poissons et disposent d'un des nombreux modèles de dégorgeoirs existants, mais tous les pêcheurs de brochet ne sont pas aussi bien équipés. L'outil indispensable est la paire de pince à clamp à long bec, qui permet de retirer l'hameçon piqué dans n'importe quelle partie de la gueule sans que le pêcheur ait à approcher les doigts des dents coupantes.

Certains auteurs préconisent des pinces coupantes pour cisailler la crinelle d'acier d'un hameçon piqué profondément dans l'estomac, mais il est toujours possible de le retirer sans risque au moyen d'un dégorgeoir spécial de grande longueur. À son extrémité, il est pourvu d'un tube percé d'une fente, ressortant d'un «bulbe» pourvu lui aussi de fentes. On fait entrer la crinelle dans la fente du tube et, en se guidant sur elle, on pousse le tube jusqu'à ce qu'il rencontre les trois branches du triple. En forçant légèrement, on décroche les trois pointes qui ne peuvent plus piquer, du fait qu'elles sont masquées par le bulbe tandis que l'on retire l'appareil.

Il faut apprendre à tenir un brochet pour faciliter le décrochage. Les traditionnels bâillons d'acier à ressort pour tenir écartées les mâchoires du poisson sont aujourd'hui inutiles. La meilleure façon consiste à glisser une main gantée sous l'opercule en la poussant vers la mâchoire pour assurer une prise ferme. La main se trouve à l'extérieur de la mâchoire, loin des dents. En soulevant ainsi un petit brochet, ou à demi un gros, on oblige la mâchoire à s'ouvrir, ce qui permet un décrochage facile avec l'autre. Si l'on peut se faire aider par quelqu'un c'est encore mieux.

Il serait trop long d'énumérer ici tous les accessoires dont on peut avoir besoin pour pêcher, mais il en est dont on se passe difficilement. La plupart sont des dispositifs servant à détecter les touches, dont nous reparlerons dans le chapitre suivant. L'aiguille à locher a de multiples usages, mais un article sans lequel le pêcheur anglais serait perdu est le plastique soluble (PVA ou Solucit), en ruban ou en fil. Ce produit de la technique aérospatiale paraît banal ; le ruban semble taillé dans une feuille de plastique ordinaire et le fil ressemble... à n'importe quel fil. Mais il a la propriété de se dissoudre dans l'eau et ses utilisations sont nombreuses. Il est d'un grand secours pour lancer loin, car il permet d'attacher un appât en arrière sur le corps de la ligne, de façon que la plombée se trouve en première position. Comme il vaut mieux ne pas piquer trop solidement à l'hameçon un poisson mort destiné au brochet, on peut, pour être sûr qu'il ne s'arrachera pas lors du lancer, l'attacher par la queue à la ligne au moyen de fil soluble. Certains des autres montages que nous verrons ont tendance à se défaire pendant le lancer. Le Solucit maintiendra le dispositif en place pendant cette opération, mais se dissoudra vite au contact de l'eau. Nous en verrons d'autres usages plus loin.

Les indicateurs de touche

Il existe plusieurs systèmes d'indicateurs de touche, les meilleurs étant ceux qui donnent un signal double : auditif et visuel. Les indicateurs de touche électroniques sont très perfectionnés. La meilleure marque est Optonic. Ils servent de repose-canne avant et quand une traction sur la ligne entraîne la poulie sur laquelle elle est engagée, elle met en action une roue à pales. Cette dernière, en tournant, masque un faisceau lumineux, ce qui déclenche un signal sonore produit par une pile et allume un voyant lumineux.

Si on se sert de deux Optonic pour deux cannes – le dispositif habituel en Grande-Bretagne –, la lumière indique instantanément sur laquelle la touche se produit ; cela est important, car souvent le premier signe indiquant la touche est une simple tension de la ligne, qui peut ne produire qu'un bip sonore. La lumière reste pourtant allumée pendant huit secondes environ.

Quand le poisson part vraiment, l'Optonic émet un « bib-bip » prolongé et un éclat lumineux tout le temps que la ligne fait tourner la poulie. Le pêcheur sait de cette façon si le départ est lent ou rapide. Si le reste du dispositif est correctement monté, le détecteur de touche fonctionne même sur une touche détendant la ligne quand, suivant le montage adopté, le poisson se déplace vers le pêcheur et non vers le large.

Il faut prévoir un dispositif permettant à la ligne détendue de revenir vers l'arrière pour actionner la poulie ; le plus communément utilisé est celui de la tige métallique à clip ; elle est rattachée au porte-canne arrière et se compose d'un bras en laiton portant à son extrémité une balle de polystyrène et un clip réglable. Ce clip retient la ligne à sa sortie du moulinet, au-dessous de la bobine, pick-up ouvert.

À la touche, deux scénarios peuvent survenir, selon que le poisson s'éloigne ou se rapproche du pêcheur. S'il s'éloigne, la ligne est arrachée du clip et la tige de laiton retombe de son propre poids. Si le poisson se rapproche, la tige, en s'abaissant, tire la ligne

Un détecteur de touche Optonic à double signal : lumineux et sonore, pour indiquer la touche. Quand on pêche à deux cannes, on sait ainsi sur quelle ligne le poisson est en train de mordre.

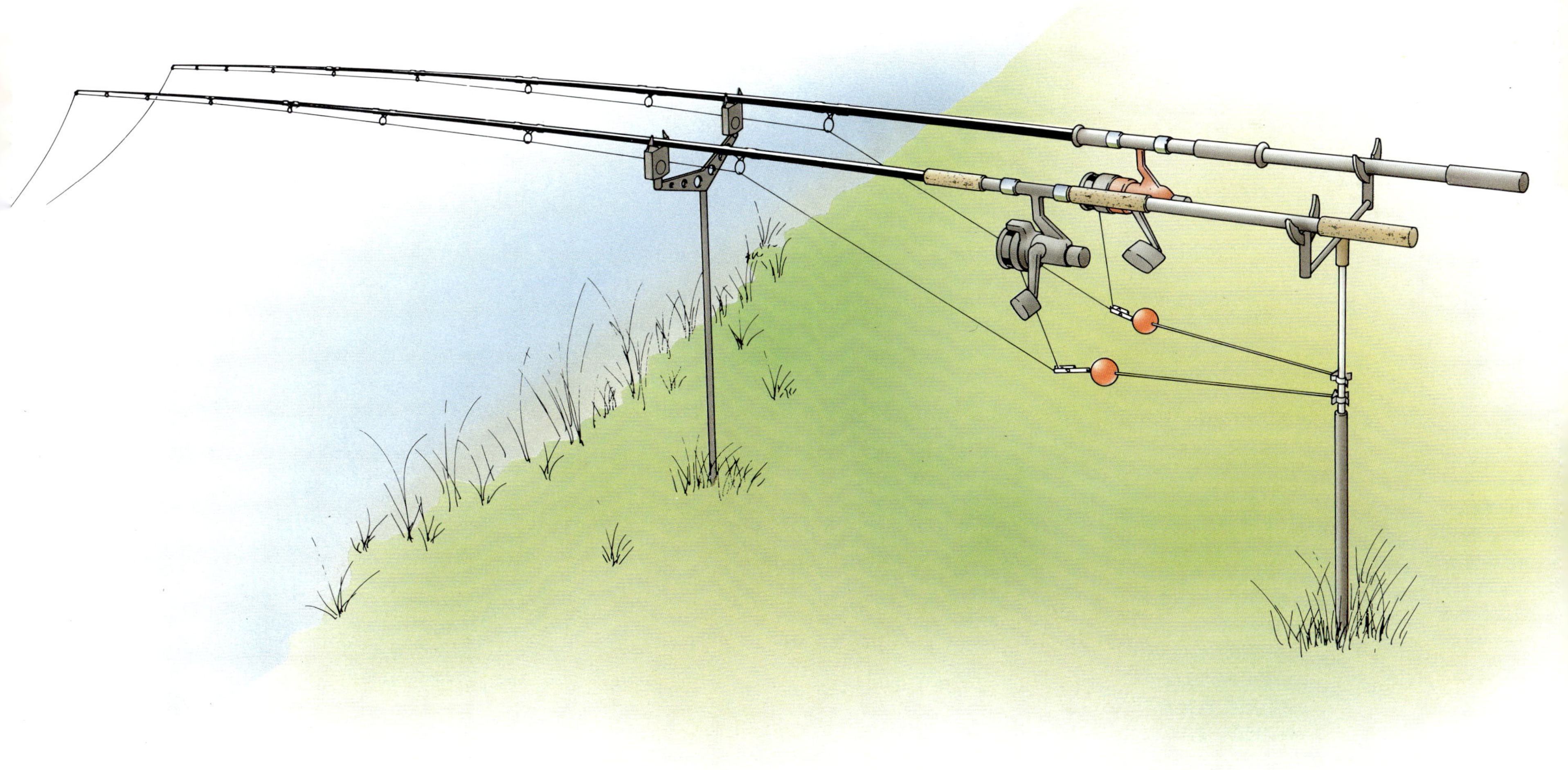

détendue vers le bas. Dans les deux cas, le pêcheur saisit instantanément la canne, abaisse le pick-up, récupère la bannière détendue et ferre dès qu'il est en contact avec le poisson.

Pour un utilisateur d'Optonic, la tige à clip n'est qu'un indicateur complémentaire. Pour celui qui ne peut pas se permettre la dépense d'un indicateur de touche aussi coûteux, c'est un système qui donne entière satisfaction, bien que son emploi soit très limité la nuit.

L'«écureuil» (parfois appelé «ascenseur») est un autre dispositif indicateur de touche qui fonctionne avec ou sans le secours de l'électronique. On peut le fabriquer avec n'importe quel bout de cylindre en plastique léger: une petite boîte à épices ou à pellicule photo fait parfaitement l'affaire. On l'enfile sur une tige métallique (une baleine de parapluie, par exemple), à mi-distance entre le moulinet et le premier anneau de la canne. Son fonctionnement dépend de la longueur de la tige: si elle est courte, la touche normale d'un poisson le fait remonter, puis sortir par le haut et tomber à terre; si le poisson se rapproche, l'écureuil glisse jusqu'au bas de la tige. Si cette dernière est suffisamment haute pour dépasser le niveau de la ligne, le départ du poisson prend du fil de la bobine et l'écureuil monte et descend tout du long — d'où son nom.

Tige à clip et écureuil sont deux bons systèmes pour pêcher les gros poissons, tels que la carpe et le brochet; mais pour les moins gros, comme la brème et le gardon, ils offrent une résistance un peu trop grande; le poisson peut la sentir et relâcher l'appât avant que l'on ait pu ferrer. Dans ce cas, la meilleure solution consiste à planter la tige à l'oblique et à enfiler dessus un écureuil beaucoup plus léger (souvent un simple bracelet de papier d'aluminium), qui glisse comme une plume jusqu'en haut de la tige sous la moindre tirée du poisson, qui ne sent rien. Les pêcheurs d'anguille préfèrent également ce système à tout autre.

Les repose-cannes

Il ne faut pas beaucoup d'adresse ni d'imagination pour fabriquer les indicateurs de touche les plus simples; en ce qui concerne les repose-cannes, ceux que l'on trouve dans le commerce sont si efficaces et si bon marché que cela ne vaut pas la peine de les fabriquer soi-même. Selon les pays, le règlement autorise la pêche à deux ou à trois cannes; on trouve donc des repose-cannes doubles ou triples. On connaît aussi les repose-cannes avant sous le nom de *buzzer-bars*, car ils sont conçus pour recevoir les Optonic; mais on peut se servir de modèles plus simples. Il en existe des quantités, mais tous ont une particularité essentielle: ils sont conçus pour laisser le libre passage de la ligne grâce à l'encoche que comporte la petite fourche.

Ceux qui n'ont jamais pêché avec plus d'une canne à la fois pourraient penser que de tels repose-cannes peuvent provoquer les pires mélanges de lignes dès qu'un gros poisson a mordu. Mais ce n'est pas parce que les deux lignes sont côte à côte que les appâts le sont: l'un peut très bien être très à droite et l'autre très à gauche, ou bien l'un très loin et l'autre tout près. Quand un poisson est piqué, la meilleure chose à faire est de dégager le bout de l'autre canne et de le poser dans l'eau, le talon restant posé sur sa fourche. Ainsi, la ligne se pose sur le fond et ne s'emmêle pas dans celle qui tient le poisson. Un problème se poserait si le poisson avalait les deux appâts en même temps, mais cela est heureusement très rare!

Le swing-tip est un genre d'indicateur de touche très employé. La partie mobile est fixée à la pointe du scion de la canne et commence à se déplacer quand le poisson mord.

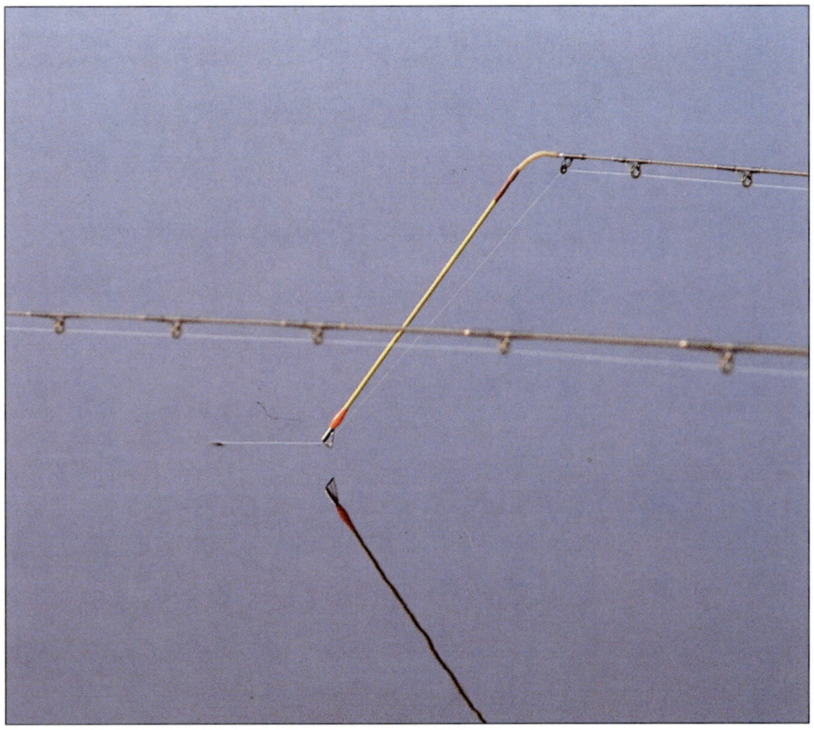

Ces repose-cannes sont conçus pour une seule canne, mais il en existe d'autres qui peuvent en porter plusieurs, comme celui représenté page précédente.

Le brochet prend volontiers des proies vivantes ou mortes. En médaillon, deux appâts différents : un poisson blanc d'eau douce (en haut) et un morceau de filet de maquereau (en bas).

La pêche du brochet

La plupart des poissons mangent d'autres poissons s'ils en ont l'occasion, mais les pêcheurs admettent que les poissons carnassiers sont ceux que l'on a les meilleures chances de prendre avec des poissons comme appâts ou des imitations de proies vivantes. Le brochet, le sandre, le doré, le musky, le black-bass, le silure, le poisson-chat, la perche, l'anguille, le chevesne et la plupart des poissons de la famille du saumon et de la truite sont les espèces les plus concernées.

La spécialité d'un grand nombre de pêcheurs est le brochet, au vif et au poisson mort. Mais les principes et les méthodes dont relève sa pêche peuvent très bien s'appliquer à d'autres espèces, comme nous le verrons plus loin.

La pêche au vif est une méthode universelle ; la pêche au poisson mort (non manié) l'est moins : elle n'est pratiquée couramment qu'en Grande-Bretagne, où l'on sait depuis plusieurs siècles, d'après certains ouvrages, que le brochet est capable de se nourrir de proies mortes. Mais pour des raisons que l'on ignore, on l'avait un peu oublié jusqu'à l'époque où cette méthode fut redécouverte, au début des années cinquante. Les pêcheurs se sont alors aperçus que le brochet mangeait non seulement les poissons morts appartenant aux espèces qui l'entourent, mais aussi à des espèces qui lui sont totalement étrangères. C'est ce qui les a conduits à recourir aux poissons de mer, comme le hareng, le maquereau, la sardine et l'éperlan, le dernier à la mode étant le chinchard.

On utilise aussi de plus en plus des poissons de mer exotiques, originaires des Antilles par exemple. Leurs formes, odeurs et couleurs sont très variées, mais la couleur n'a guère d'importance depuis que l'on a découvert que l'on pouvait teindre la plupart des poissons au moyen de teintures textiles dissoutes dans de l'eau froide : en doré, en jaune, en rouge et même en bleu, couleur que les poissons distinguent le mieux à la grande profondeur, selon les scientifiques. La pêche au poisson mort posé s'est adaptée tout de suite aux méthodes habituelles anglaises de pêche du brochet qui se fondent sur les trois sens principaux : la vue, l'odorat et la faculté de détecter les vibrations et de se diriger vers elles. Tous trois sont exploités par le pêcheur, quelquefois simultanément, et il existe même des leurres odorants !

La pêche du brochet en général est source d'interrogations. Pourquoi, par exemple, les pêcheurs anglais ont-ils besoin d'une telle diversité de couleurs et d'arômes pour pêcher au poisson mort posé ? La réponse la plus immédiate est que les spécialistes ont découvert que le brochet est capable d'apprendre qu'un poisson mort peut signifier « danger ». S'il a été pris avec un maquereau l'oblige à essayer sans cesse de gagner le fond. Cet incessant manège de montée et de descente est très attractif pour le brochet. La fonction du petit tube en plastique forcé sur la boucle de l'émerillon est de réduire les risques d'emmêlement au lancer.

Là où des herbiers ou des obstacles sur le fond risquent de poser un problème, on a recours au montage en paternoster à flotteur immergé. Il permet de présenter un vif à une distance du fond que l'on règle d'avance simplement en faisant varier la longueur de ligne qui se trouve entre le plomb et la boucle supérieure de l'émerillon du haut. Ce montage implique une double crinelle d'acier, car si le vif s'emmêle dans la partie supérieure de la ligne, le brochet risque de la couper en prenant le vif. En utilisant une crinelle courte pour le vif et une longue pour la partie supérieure de la ligne, on résout le problème.

Pour réduire les risques d'emmêlement au lancer ou quand le vif tourne autour de la ligne, on enfile un tube de silicone au point de jonction. C'est un montage intelligent car le vif travaille tout aussi bien quelle que soit la profondeur de l'eau. De plus, son efficacité pour présenter un vif tenu en laisse sur un poste que l'on sait occupé par un beau brochet est inégalable. Grâce à un nœud d'arrêt coulissant, on peut aussi régler la balle de polystyrène servant de flotteur, de manière qu'elle apparaisse à la surface et constitue un repère visible pour signaler la touche. L'inconvénient majeur, en revanche, est que lorsque le brochet saisit le vif, il doit traîner tout le montage avec lui, flotteur et plombée. Théoriquement, il pourrait sentir une grosse résistance et relâcher le poissonnet avant que le pêcheur ait pu ferrer, mais cela arrive rarement, surtout quand le carnassier chasse activement.

Ce montage coulissant n'offre aucune résistance quand le brochet s'empare du vif. Il donne aussi à ce dernier une certaine liberté de mouvement qui peut amener le brochet à l'attaquer.

Montage sans résistance

Quand le brochet n'est pas en activité de chasse, il peut être intéressant de lui présenter un appât ayant une plus grande liberté de mouvement, ce qui le rend plus attractif ; il faut, pour cela, un montage qui n'offre plus la moindre résistance au départ du carnassier. Le plus récent est une combinaison de plusieurs « trucs » de bons pêcheurs. Avec cette méthode, un brochet qui part en emportant le vif ne traîne plus le flotteur et le plomb, et une fois que la ligne est sortie du clip du repose-canne, il ne sent plus aucune résistance du tout.

Il fonctionne bien avec un poisson mort, mais c'est encore mieux avec un vif. Celui-ci peut prospecter une large zone, car la ligne n'est pas très tendue, et déplacer le flotteur. Mais il ne peut pas rejoindre ce dernier, au risque de s'y emmêler si la crinelle inférieure est plus courte que la partie de ligne entre le flotteur et l'anneau. Il pourrait s'emmêler avec la ligne ou la crinelle supérieure, mais cela arrive rarement. La crinelle supérieure est une simple précaution. Quand la touche se fait attendre, ce montage surpasse en général tous les autres.

Poisson mort flottant

Avant d'en venir aux appâts présentés avec des flotteurs à la surface, voyons une autre méthode de pêche au poisson mort sur le fond, dans laquelle l'appât a été allégé d'une façon ou d'une autre, par exemple en pratiquant une injection d'air dans le poisson mort au moyen d'une seringue. Les poissons de mer retiennent moins bien l'air, mais on peut leur attacher une balle de polystyrène de taille appropriée ou leur enfoncer une tige de balsa verni dans la gueule.

Cette méthode fait appel à la vue et à l'odorat du brochet. Les yeux de ce dernier sont conçus pour une vision orientée vers le haut quand il est en position normale de nage et il peut ainsi apercevoir l'appât plus rapidement. Souvent, un poisson mort au-dessus du fond sera pris alors qu'il sera ignoré s'il repose sur le fond — mais cela peut aussi fonctionner en sens inverse !

Il faut toujours prendre des précautions quand on décroche un hameçon de la gueule d'un brochet, ses dents pointues et coupantes pouvant occasionner de sérieuses coupures.

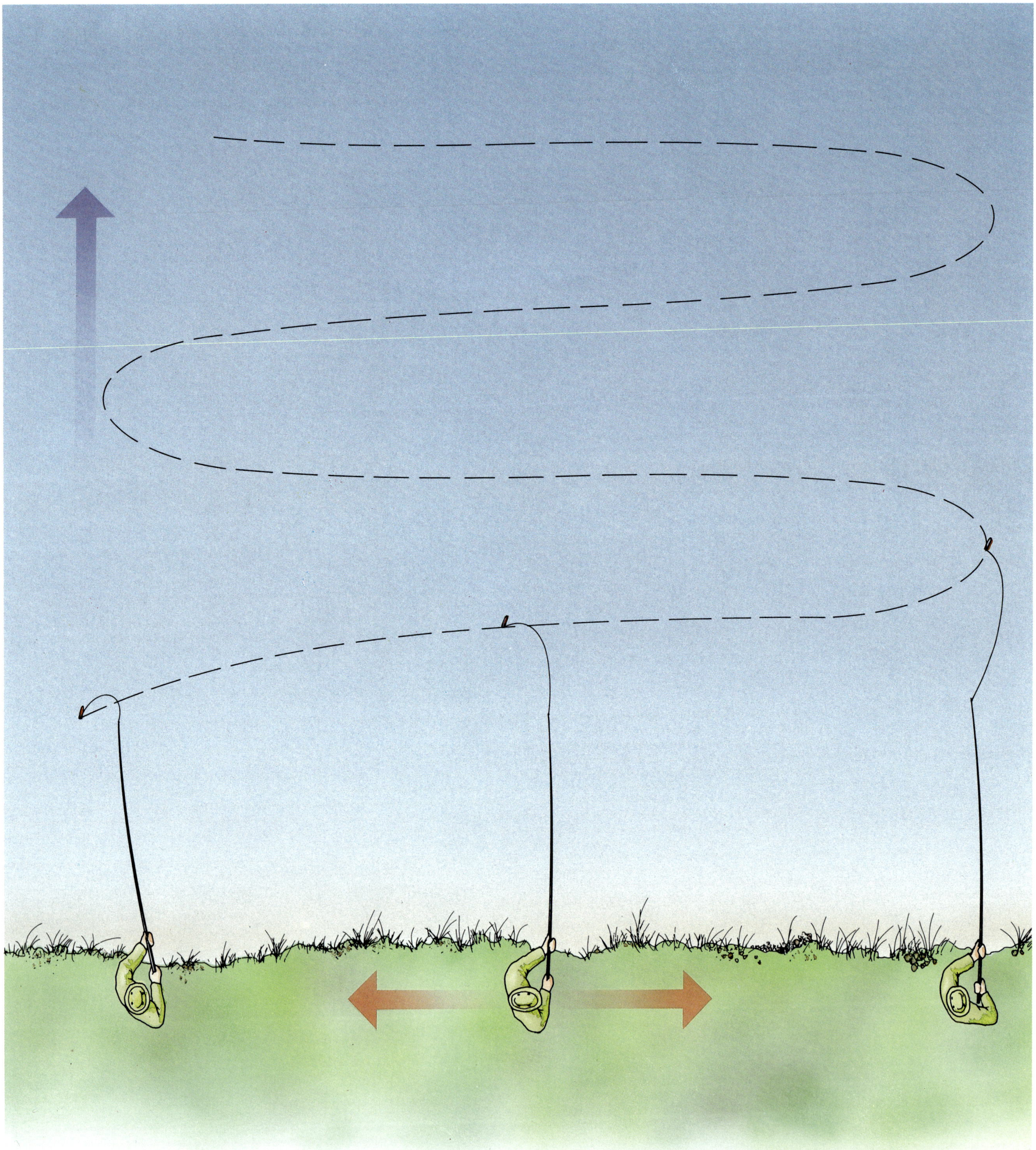

À gauche: pour pêcher au flotteur dérivant, il faut avoir le vent dans le dos. En avançant et en reculant lentement plus ou moins sur la rive, on peut faire manœuvrer le flotteur comme un voilier à la surface de l'eau. On peut aussi diriger la ligne graissée, de façon à faire passer le vif sur les postes possibles marqués par les ruptures de fond situées jusqu'à 100 à 150 m au large.

Flotteur dérivant

Le problème est toujours de trouver ce qui va marcher le mieux tel ou tel jour; souvent, cela mordra sur des appâts suspendus sous des flotteurs de surface. Dans le temps, on se servait d'énormes flotteurs ronds qui étaient inefficaces parce qu'ils offraient une énorme résistance sur le départ du brochet. Aujourd'hui, les flotteurs se sont perfectionnés et il existe une technique recourant à un type de flotteur relativement nouveau qui s'est révélé remarquablement efficace.

Les flotteurs servant à soutenir un vif ou un poisson mort sont, la plupart du temps, en forme de cigare et percés d'un trou axial. L'idéal est que ce flotteur soit juste assez gros pour soutenir

Ci-dessous: voici comment se présente le montage au flotteur dérivant. Le flotteur lui-même est en forme de cigare et percé d'un trou axial. L'appât peut être un vif ou un poisson mort.

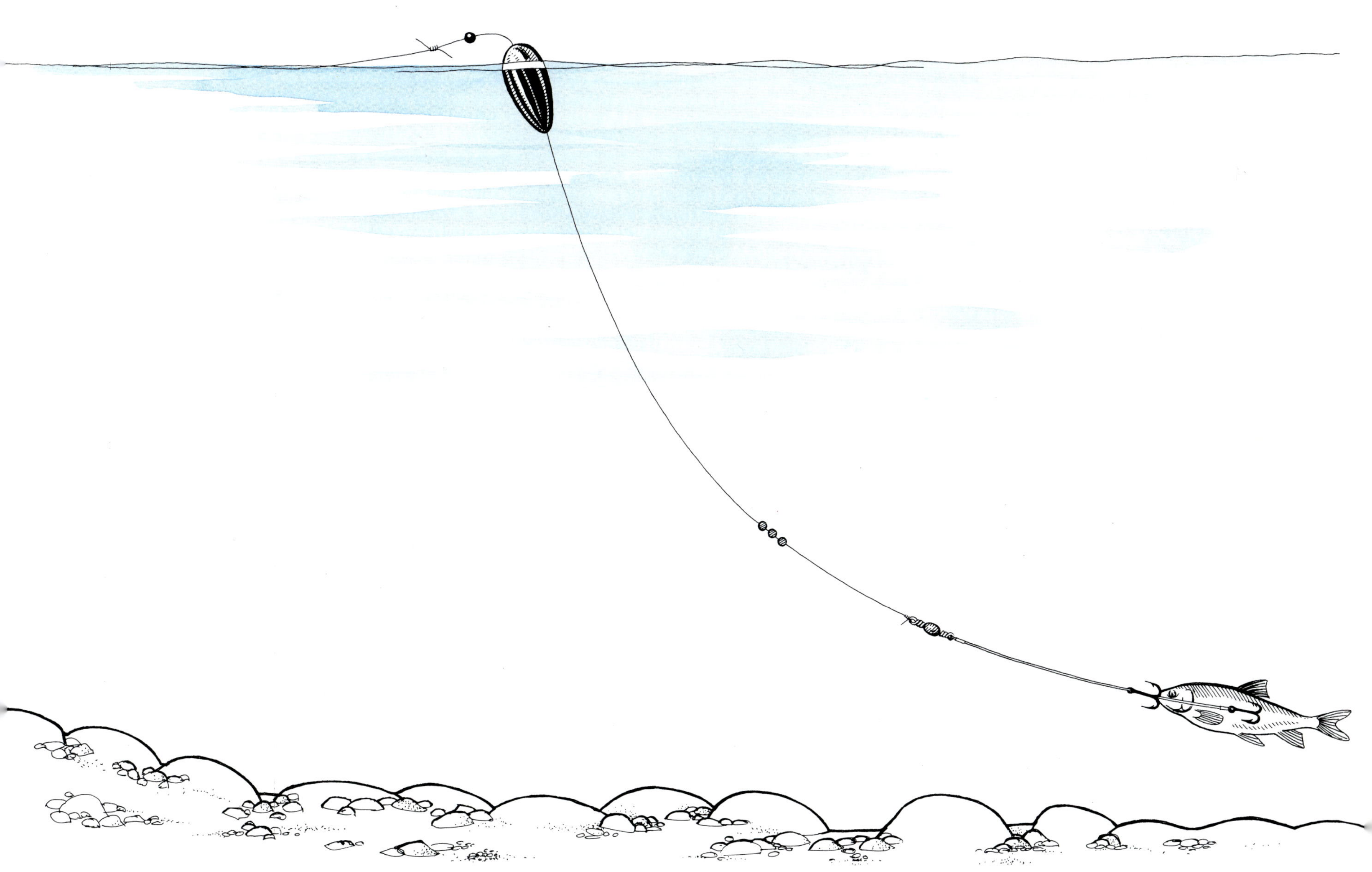

l'appât ; la partie extérieure de la ligne doit être graissée pour flotter sur l'eau, sinon le poisson peut s'emmêler, le flotteur ne coulissant plus librement. En général, ce type de flotteur est à lancer pour permettre au vif d'explorer, en dérivant, une grande surface d'eau, bien qu'un vif de bonne taille soit capable de remonter contre le vent si la bannière est tendue comme il faut. Si la ligne fait une grande courbe à la surface de l'eau, le vif sentira tout de suite sa résistance et cherchera constamment à s'y opposer, remontant ainsi vers le pêcheur.

Inévitablement, les pêcheurs en sont arrivés à chercher un moyen de pêcher au flotteur qui leur permette de mieux le «piloter» : c'est dans ce but que le flotteur dérivant à «ailette» a été inventé, puis perfectionné. À l'origine, l'idée était de livrer un appât au vent soutenu par un flotteur dont l'ailette jouerait le rôle d'une voile, le pêcheur se contentant de fournir de la ligne graissée à la demande. On comprit vite que le flotteur pouvait faire encore mieux. Il suffisait de le concevoir de façon qu'il se comporte comme un petit voilier pour louvoyer à droite et à gauche, suivant la manière dont le pêcheur commande sa ligne.

C'est ainsi qu'on peut lui faire longer un «tombant» bordant une rive, puis l'envoyer vers le large en suivant un trajet en zigzag. Il peut aussi explorer tous les postes comme un pêcheur au leurre, en présentant un vif ou un poisson mort parfaitement naturel qui, bien souvent, tentera plus sûrement un brochet qu'un bout de métal ou de plastique brillant. De plus, il peut atteindre des postes hors de portée des pêcheurs au lancer et même des meilleurs lanceurs de poisson mort. On peut ainsi pêcher jusqu'à 300 m au large, bien que les distances raisonnables se situent plutôt entre 80 et 150 m.

La façon de procéder dépend de la direction du vent : les manœuvres précédemment décrites ne peuvent se réaliser qu'avec un vent arrière. La ligne doit être impérativement graissée. Lancer et laisser le vent prendre la voile ; très vite le flotteur s'éloignera plein vent arrière, mais si on veut lui faire tirer une bordée, il suffit de cesser de lui fournir du fil. Il se produit alors une large courbe de ligne flottante, à droite ou à gauche. Supposons qu'elle se produise à droite : le flotteur dérive vers la droite et, si la végétation de la rive le permet, le pêcheur n'a qu'à suivre le bord en laissant le flotteur parcourir la zone choisie. Quand il est allé aussi loin qu'on le voulait, lui laisser faire encore une dizaine de mètres puis soulever le plus possible de la bannière bien haut au-dessus de l'eau en levant la canne à la verticale et en se déplaçant vers la gauche. Il se produit une courbe en sens inverse et le flotteur dérive vers la gauche, pour explorer une nouvelle zone.

On peut, de cette façon, prospecter de grandes surfaces, y compris les bordures toujours prometteuses, les hauts-fonds ou les bordures immergées qu'un bon pêcheur apprend vite à connaître. Les écho-sondeurs modernes à flash ou enregistreurs du type Lowrance ou autres permettent de se faire facilement une image de la topographie du fond. De même, un pêcheur en bateau peut se laisser dériver au long des bordures qu'il connaît et aussi vers la rive, dans les baies encombrées de roseaux qui, bien souvent, hébergent les brochets et d'autres carnassiers. C'est une méthode pleine de ressources et efficace, qui réussit au mieux dans les fonds de 3 à 6 ou 7 m.

Là, il est recommandé de placer l'appât à une profondeur égale à la moitié ou aux deux tiers de la hauteur d'eau. Mais que faire quand l'eau est très peu profonde sur toute la zone accessible aux lancers les plus longs et profonde au-delà ? La plupart du temps, on résout ce problème à l'aide d'un ruban de Solucit, dont nous avons parlé plus haut. Si l'on veut, par exemple, placer un appât à 4 m de profondeur alors que le flotteur doit dépasser une bordure où la profondeur n'est que de 2 m, régler d'abord la profondeur pour 4 m. Puis faire une simple fausse clé à la ligne à environ 2,50 m au-dessus de la crinelle ; à cette fausse clé, attacher la bouche de l'émerillon de la crinelle avec un bout de ruban ou de fil soluble. Normalement, le flotteur aura atteint la zone profonde avant que ce dernier ait fondu, ce qui libérera l'appât et lui permettra de descendre jusqu'à la profondeur choisie.

Un autre procédé consiste à se servir d'un ballon de baudruche. Coincer une agrafe trombone dans l'émerillon de la crinelle, y attacher un ballon de baudruche gonflé au moyen d'un bout de fil soluble (afin que le ballon ne se détache pas de l'agrafe trombone lors du lancer) et lancer le dispositif à l'eau ; quand le ballon a entraîné le tout à la distance voulue, le fil soluble aura fondu et, en donnant un brusque coup de ferrage, on décoince le trombone de l'émerillon, ce qui libère le ballon. L'appât s'enfonce à la profondeur choisie et le flotteur le soutient. Le procédé peut aussi s'utiliser pour porter la plupart des montages déjà décrits au-delà des distances que l'on peut atteindre par les meilleurs lancers.

Vif ou poisson mort ?

Nous avons vu seulement quelques-unes des méthodes les plus efficaces pour pêcher le vif au brochet ou au poisson mort inerte. Avant d'envisager comment les mêmes méthodes ou des méthodes identiques peuvent s'appliquer à d'autres poissons, on peut se demander lequel, du vif ou du poisson mort, est le plus efficace en général. Certains affirment qu'ils ont la même efficacité, mais ce n'est pas l'avis de tous. Des spécialistes ayant pris plus de deux cents brochets de plus de 5 kg prétendent que les deux tiers de ces captures ont été faites avec des vifs, même si le poisson mort a été utilisé aussi souvent.

On dit que le poisson mort prend généralement les plus gros poissons, et cela est en partie exact. L'un de ces mêmes spécialistes révèle pourtant que sur le nombre de ses brochets de plus de 10 kg, le vif en a pris plus que le mort, dont le plus gros, qui pesait 15 kg. Pour beaucoup de brochets de toutes tailles, on peut penser avec raison que c'est la pêche aux leurres qui l'emporte. Nous en reparlerons dans le chapitre qui leur est consacré. Pour avoir les meilleurs résultats, les pêcheurs de brochets devraient savoir pratiquer à fond les trois méthodes, pour n'importe quelles eaux.

Dernière recommandation, avant d'en arriver aux autres carnassiers, pour lancer très loin des poissons morts sans qu'ils soient arrachés des hameçons ou bien sans avoir à piquer les hameçons trop solidement, ce qui nuit au ferrage : recourir au système que l'on nomme «crochet d'éjection» pour des raisons évidentes ; c'est ce crochet qui supporte tout le choc du lancer, car l'appât y est accroché au moyen d'une boucle en fort nylon fixée à la queue. Aussitôt après le lancer, la traction sur le crochet se relâche, ce qui libère la boucle. De cette façon, les appâts fragilement piqués aux hameçons peuvent être lancés bien plus loin que si ce sont les hameçons qui supportent l'effort.

Les autres carnassiers

Certaines techniques de pêche du brochet au vif ou au poisson mort ont été d'abord mises au point pour des carnassiers plus petits, comme la perche, le sandre ou l'anguille.

La perche

Pour la perche, la technique de base vue pour le brochet est la plus classique car c'est une excellente façon de lui présenter de petits vifs tels que vairons et goujons ou petits éperlans, que l'on trouve facilement.

La grosse perche et le sandre sont tous deux extrêmement méfiants dès qu'ils sentent la moindre résistance : ce montage ultra-simplifié ne leur en offre pratiquement aucune. Une fois que la ligne a été décoincée du clip, le carnassier peut prendre tout le fil qu'il veut, car il coulisse librement dans la boucle de l'émerillon au sommet du flotteur immergé. Pour présenter un petit poisson bien vivant à poste fixe, ce montage est imbattable, bien que donnant moins de satisfaction au pêcheur en bateau.

Les Anglais peuvent envier les Suédois, par exemple, chez qui les perches atteignent de très belles tailles ; elles sont bien plus grosses que les modestes sujets de moins de 1 kg qui constituent le record de la majorité des pêcheurs. On cite le cas d'une sortie de pêche ayant rapporté 14 kg de perches en trois pièces ! En Grande-Bretagne, un tel tableau est impensable, les grosses pêches de perches étant devenues impossibles pour cause de maladie et de pollution dans certaines eaux où, jadis, les gros spécimens abondaient. En France, c'était le cas de la plupart des rivières il y a seulement une dizaine d'années, mais on recommence à en prendre de belles un peu partout ; cependant, c'est dans les lacs de barrage que se font les plus belles pêches de grosses perches, et il n'est pas rare d'y prendre une dizaine de poissons de 1 à près de 2 kg.

Les Britanniques envient ceux qui peuvent faire de telles pêches. Même aux leurres (petites cuillers, poissons-nageurs, dandinettes, etc.), qui réussissent partout ailleurs en Europe, ils n'obtiennent que de médiocres résultats.

Les poissons carnassiers plus petits tels que le sandre peuvent se pêcher selon les mêmes méthodes que le brochet.

Le sandre

Le sandre a commencé à se répandre dans les eaux anglaises à partir des années soixante et il intéresse de plus en plus de pêcheurs. Naturellement, on a commencé par le pêcher de la même manière que le brochet, avec des vifs et des poissons morts de petite taille. Tous les montages décrits pour le brochet lui conviennent, à une échelle réduite.

Les petits poissons morts posés sur le fond prennent tout autant de sandres. Les poissonnets, de forme plutôt allongée, comme le chevesne et la vandoise, sont les meilleurs, suivis de près par le gardon et le rotengle. Un tronçon d'anguille ne leur ressemble en rien mais se révèle très efficace : une anguille de 30 cm fournit ainsi trois beaux morceaux.

De toutes les techniques utilisées en Europe, celles des Hollandais passent pour être les meilleures. Ils utilisent des flotteurs minces et allongés qui offrent très peu de surface aux vagues les jours de mauvais temps et très peu de résistance à la touche des sandres. Le flotteur s'incline sous le vent, faisant croire qu'il va s'enfoncer à tout instant – même si cela ne s'est pas produit pendant des heures !

Une autre méthode hollandaise excellente convient au sandre et autres carnassiers. Elle consiste à lancer très loin un vif accroché par les lèvres et à récupérer lentement la ligne traînant sur le fond ; ils font ainsi de très belles pêches, par le nombre autant que par la taille des prises.

On pourrait s'attendre à voir ces spécialistes hollandais lever et baisser leur canne pour faire sautiller l'appât de façon désordonnée sur le fond, ce que font les pêcheurs de brochet au poisson mort manié. En fait, ils opèrent presque comme les pêcheurs à la mouche en réservoir, tenant leur ligne de la main gauche et le récupérant par tirées successives, ne s'arrêtant que pour rembobiner la bannière ainsi gagnée.

Pendant toute la récupération, ils sont attentifs à percevoir le plus léger « toc » d'un sandre, se répercutant jusque dans la main qui tient la ligne, tout en surveillant la pointe de leur canne souple pour y surprendre le moindre sursaut. Cette méthode conviendrait certainement pour le brochet, à condition d'utiliser une crinelle d'acier en bas de ligne – ce qui ne plaît pas du tout au sandre.

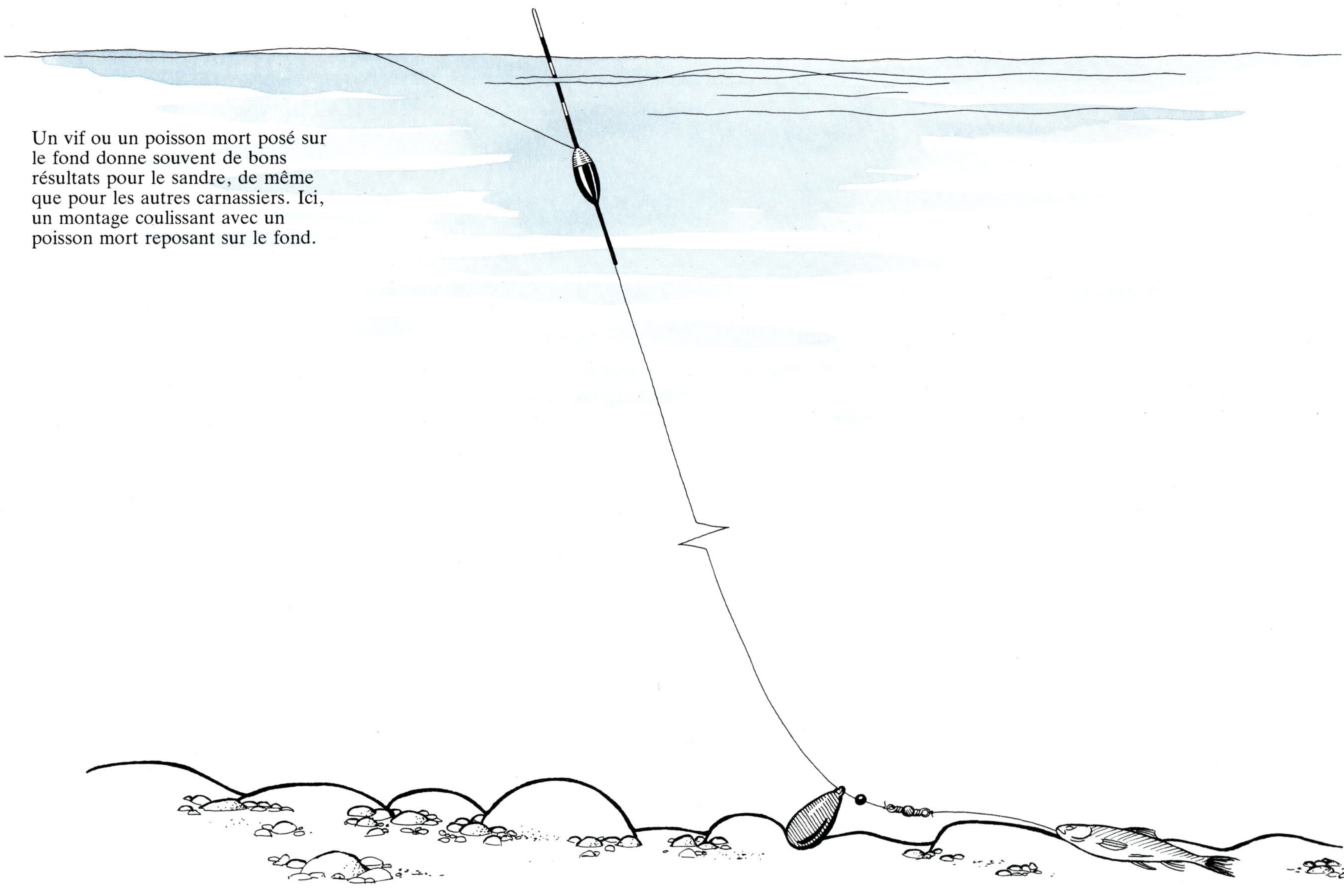

Un vif ou un poisson mort posé sur le fond donne souvent de bons résultats pour le sandre, de même que pour les autres carnassiers. Ici, un montage coulissant avec un poisson mort reposant sur le fond.

L'anguille

La plupart des pêcheurs, en général, s'ingénient plutôt à *ne pas prendre* les anguilles, car rares sont ceux qui en font leur poisson favori – sauf à table, fumée, comme on la sert dans certains restaurants. Mais il en est qui se spécialisent et acquièrent une prodigieuse connaissance de ce poisson. Les scientifiques affirment que l'anguille est capable de réagir à l'odeur d'une seule goutte de concentré liquide dilué dans un volume d'eau égal à celui du lac de Constance !

Les pêcheurs de grosses anguilles recherchent les femelles, qui remontent dans les bassins fluviaux beaucoup plus loin que les mâles qui, eux, restent plutôt au voisinage des estuaires. Les femelles, alors qu'elles ne sont encore que des civelles, remontent jusqu'au cours supérieur des rivières et des ruisseaux et parviennent ainsi à gagner des lacs et des étangs isolés en passant par des réseaux de drainage et même en rampant sur le sol. Là, elles grossissent jusqu'au moment où elles ressentent la nécessité d'entreprendre la longue migration qui les ramènera à la mer des Sargasses pour s'y reproduire. On pense que les plus grosses anguilles sont celles qui ont perdu cet instinct de reproduction ou qui ne retrouvent pas la sortie du plan d'eau par où elles sont venues... à l'état de civelle.

Ce poisson est le plus mystérieux qui soit, bien que les pêcheurs aient mis au point d'excellentes méthodes pour capturer les anguilles et découvrir les eaux qui en hébergent de très grosses. Elles affectionnent les plans d'eau riches en herbiers aquatiques où abondent les petits crustacés et les petits poissons. Les eaux de

L'anguille est un carnassier vorace et pourtant méfiant.

L'illustration ci-dessous montre un montage pour pêcher l'anguille sur des fonds vaseux ou encombrés d'herbiers. Les morceaux de poisson peuvent aussi s'utiliser sur un montage coulissant ordinaire, sans tige de bambou.

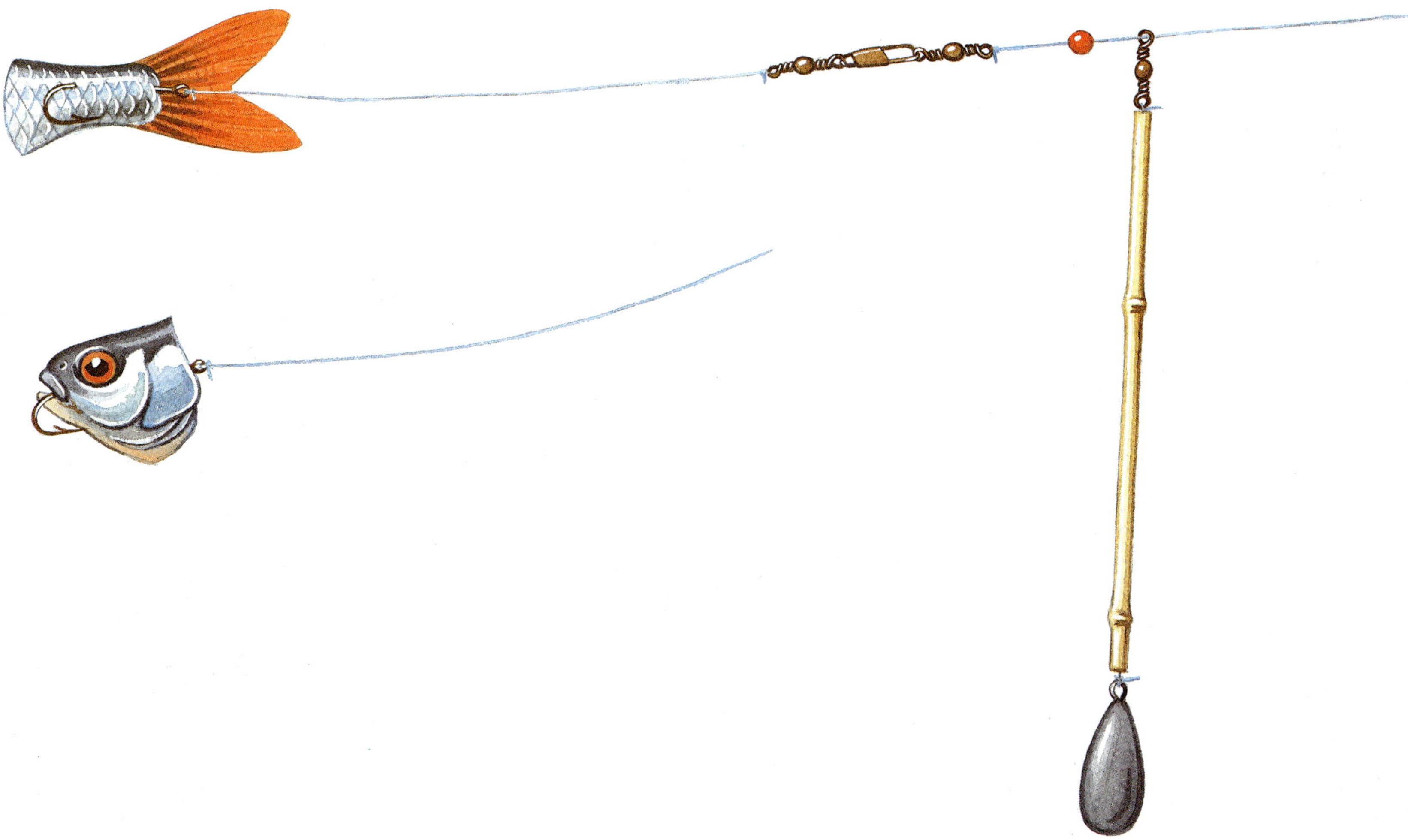

faible profondeur se réchauffent plus rapidement que les eaux profondes et comme les anguilles se nourrissent d'autant plus activement que les eaux sont plus chaudes, elles y grossissent plus vite.

Les biologistes ne reconnaissent qu'une seule espèce, l'*Anguilla anguilla*, mais les pêcheurs, eux, distinguent deux formes parmi leurs captures: celles à tête large et celles à tête pointue. Il est difficile d'expliquer cette évolution, mais l'on est bien obligé de constater que la grandeur de leur bouche est proportionnelle à la grosseur de la tête. Un pêcheur qui en prend une dans une eau où il pêche pour la première fois détermine en premier à quelle forme elle appartient car toute la population du plan d'eau risque d'être identique. S'il s'agit d'anguilles à petite tête, il n'y a pas de meilleur appât que l'humble ver de terre. Les «grosses têtes», elles, sont très friandes de morceaux, en particulier la tête et la queue.

On se sert d'une anguille à locher pour escher ces morceaux de poisson. On peut les fixer sur un bas de ligne comportant une petite tige de bambou lestée en dérivation pour pêcher sur les fonds vaseux ou couverts de végétation. Sur les fonds durs, une plombée ordinaire remplace la tige de bambou. Les mêmes montages conviennent pour pêcher au ver.

Pour l'anguille, on n'utilise pas toujours de crinelle d'acier en bas de ligne, surtout quand on pêche au ver de terre; pour être sûr qu'elle n'avalera pas l'appât trop profondément, il faut ferrer au premier signe de la touche. Au lieu d'une plombée ordinaire, on peut utiliser un amorceur lesté bourré de morceaux de poisson haché; l'anguille, qui chasse beaucoup à l'odorat, sera attirée de très loin par les effluves qui s'en dégagent et l'on fera ainsi une belle pêche.

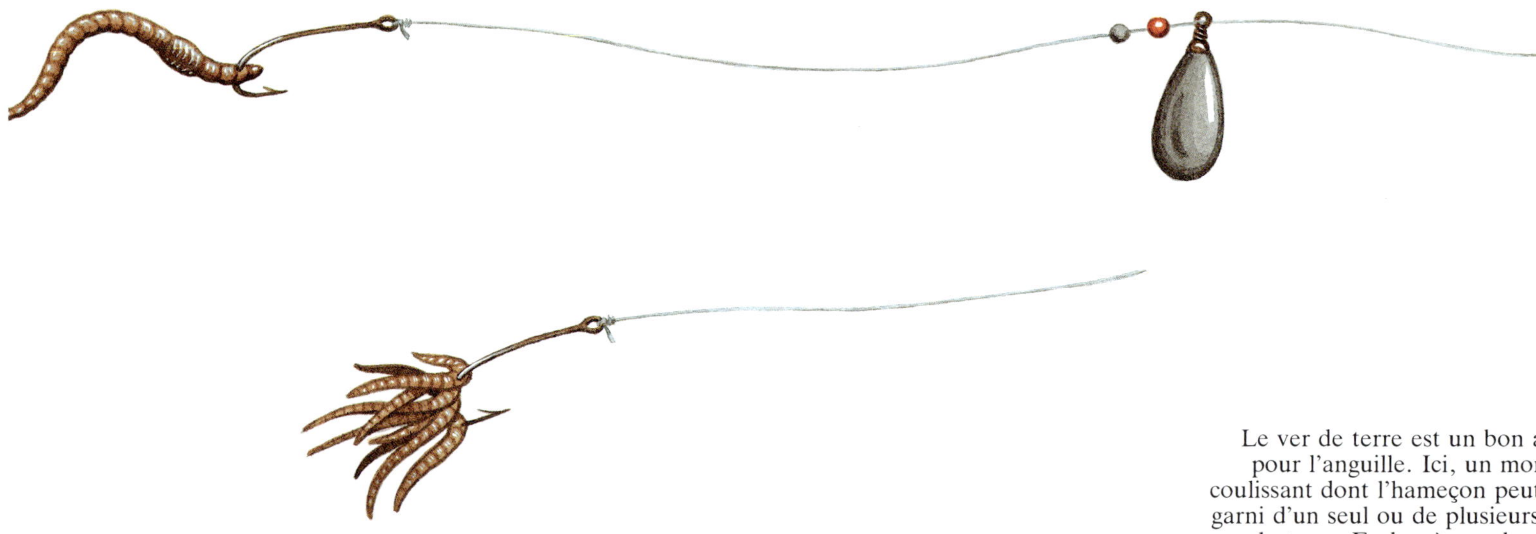

Le ver de terre est un bon appât pour l'anguille. Ici, un montage coulissant dont l'hameçon peut être garni d'un seul ou de plusieurs vers de terre. En bas à gauche, trois exemples de montages coulissants.

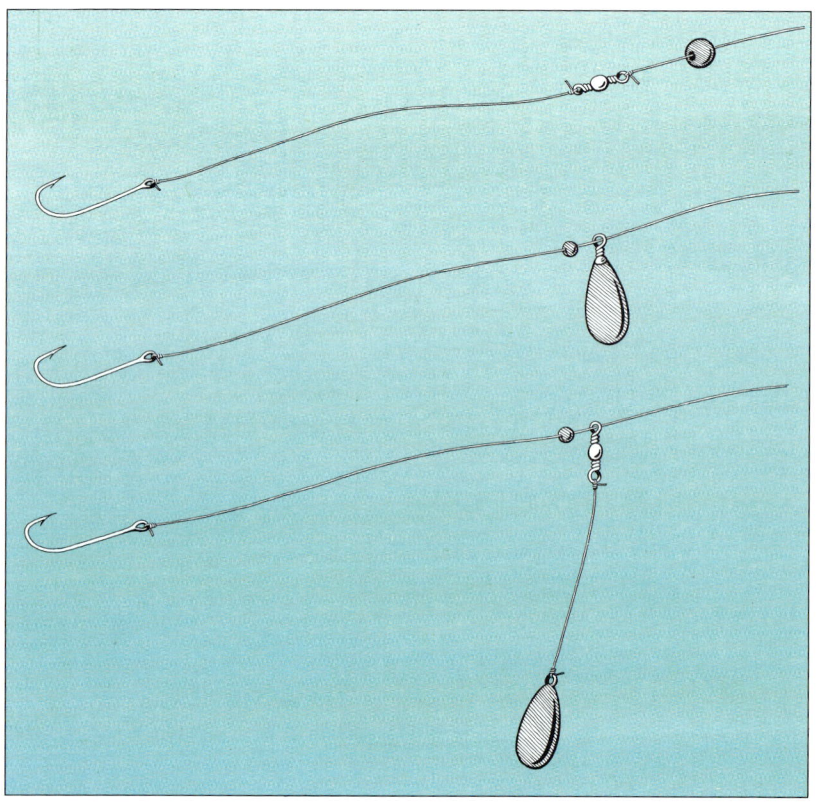

La carpe

Certains pêcheurs prétendent que la carpe est le plus intelligent de tous les poissons d'eau douce; d'autres proclament, avec une égale conviction, qu'elle figure parmi les poissons les plus stupides. Chaque opinion est justifiée. Dans les pays où la carpe vient loin dans la liste de préférence des pêcheurs (États-Unis et Canada, par exemple), les carpes sont vraiment faciles à prendre. Dans certains pays d'Europe, en Espagne notamment, elles se laissent prendre comme si elles voulaient se suicider; et l'on pourrait citer bien d'autres exemples.

Pourquoi, dans ces conditions, sont-elles considérées comme des poissons très intelligents en Grande-Bretagne et en Hollande, par exemple? Peut-être parce que, dans ces pays, la carpe et le brochet sont les poissons les plus gros – et de loin – et attirent à ce titre particulièrement l'attention. Tandis que les Américains sont obsédés par leurs poissons carnassiers et ont, dans leurs eaux, plusieurs espèces de gros poissons de sport très combatifs auxquels ils s'intéressent presque exclusivement, la majorité des pays d'Europe placent la carpe et le brochet en tête de liste.

Le fait que la carpe soit très combative et qu'elle atteigne des poids élevés a contribué à en faire un poisson très recherché par de nombreux pêcheurs européens.

Historique de la pêche de la carpe

C'est en Grande-Bretagne que l'on s'est intéressé plus spécialement à la carpe au cours des trente dernières années. Auparavant, on la considérait comme un poisson pratiquement imprenable car même si l'on en piquait une, on ne parvenait pas à l'amener à l'épuisette avec le matériel de l'époque. Seuls, une poignée de fanatiques de la carpe progressaient quelque peu jusqu'à ce que se produise le grand événement: en 1952, Richard Walker, le doyen des pêcheurs britanniques, mit au point une canne en bambou refendu capable de vaincre les grosses carpes. Cette année-là, le record britannique doubla presque, avec un poisson de 20 kg moins quelques grammes pris dans un petit lac d'un peu plus de un hectare, dans le Herefordshire. Soudain les grosses carpes perdaient leur invulnérabilité et le triomphe de Walker mit sur les rails un train de «carpistes» qui roule toujours... De plus en plus d'eaux furent empoissonnées en carpes et aujourd'hui, il est rare qu'une semaine s'écoule sans qu'un spécimen de plus d'une quinzaine de kilos ne soit capturé.

Mais un phénomène apparut très vite dès cette époque: plus le nombre de pêcheurs augmentait, plus les carpes devenaient difficiles à prendre. Tout pêcheur eut l'occasion d'en faire l'expérience: pêchant dans un lac complètement vierge, il pouvait prendre presque 100 kg de poissons de 2 à 3 kg, le plus banalement du monde à la ligne flottante eschée de grains de maïs; la seconde fois, toujours au maïs, il en prenait un peu moins et au bout de quelques visites, il avait de la peine à avoir seulement quelques touches sur ce même appât.

Il paraît incroyable que certaines carpes de ce lac aient appris, par leur propre expérience, que maïs était synonyme de «danger», et que celles qui n'avaient pas été piquées à l'hameçon aient été effrayées par les réactions de méfiance des premières. Il faut pourtant bien se rendre à l'évidence, et aucun spécialiste de la carpe n'en doute.

Il fallut reconsidérer le système de pêche de la carpe. L'une des plus anciennes méthodes consistait simplement à pêcher à la croûte de pain flottante, que les carpes engamaient avec délectation. Après avoir été prises une fois, elles commençaient à donner des coups de nez dans les gros morceaux de pain et ne mangeaient que les petites parcelles qui s'en détachaient. Les pêcheurs se mirent alors à pêcher avec des petits bouts de croûte de pain reliés à des plus gros et eschés sur les hameçons les plus fins. Cela marcha un certain temps – jusqu'au jour où les carpes finirent par éventer la supercherie. On dut bien admettre alors que la carpe, et surtout la grosse carpe, a bel et bien la faculté de se «souvenir» qu'elle a été prise sur tel ou tel appât et qu'elle peut le mémoriser très longtemps. Aucun autre poisson ne développe autant cette faculté.

Un autre problème est que les carpes deviennent très vite méfiantes à l'égard des bas de ligne. On a découvert, par exemple, que quand elles aspirent un appât, elles peuvent être alertées par la raideur d'un gros fil de nylon et rejeter instantanément leur bouchée. Auparavant, on pensait que si une carpe refusait un appât, c'était parce qu'elle avait vu la grosse ligne. Mais Richard Walker prouva que c'était faux: il obtenait des touches sur des bas de ligne de nylon câblé (Dacron) bien plus gros que le monofil de nylon. C'est la souplesse du nylon câblé qui faisait la différence; cela permettait au poisson d'aspirer l'appât sans détecter quoi que ce soit d'anormal.

Ce ne sont là que quelques-unes des pièces du gigantesque puzzle que constituent les trente années d'évolution de la pêche de la carpe. Entrer ici dans le détail de chaque étape serait trop long, mais en donner un bref aperçu est un défi intéressant.

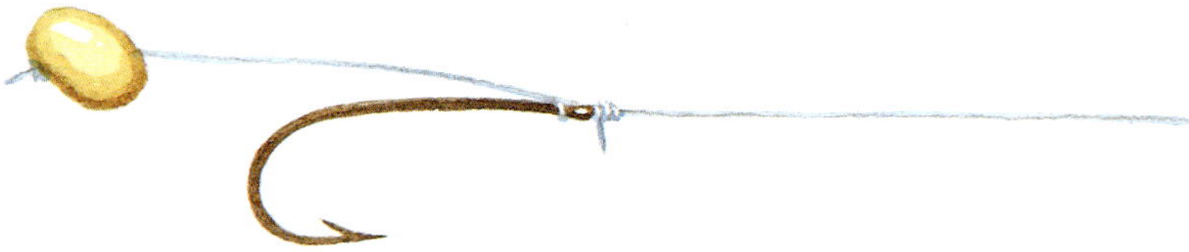

Que la carpe soit intelligente ou non, les méthodes employées pour la pêcher se sont de plus en plus affinées. Ci-dessus, la technique du «chapelet» et, à gauche, deux variantes du montage «au cheveu» classique.

Le montage «au cheveu»

Les pêcheurs étaient donc confrontés à un poisson qui pouvait apprendre rapidement à se méfier des appâts et des montages. Ils durent trouver le moyen de le tromper avec des appâts et des montages nouveaux, et comment avoir toujours une longueur d'avance dans cette course en inventant autre chose au fur et à mesure que leur adversaire s'éduquait. Et dans certains cas, c'est toujours des mêmes carpes dont nous parlons! Quelques-uns des poissons qui se trouvaient dans ce petit lac du Herefordshire dans les années cinquante y sont toujours, et sont âgés de plus de 50 ans! La plupart des eaux réempoissonnées depuis hébergent toujours leurs premiers occupants...

Mais revenons à aujourd'hui. Nous décrirons quelques-unes des méthodes les plus modernes et les théories sur lesquelles elles reposent, en commençant par l'invention qui constitue incontestablement le pas le plus important jamais franchi dans la pêche de la carpe: le montage «au cheveu».

L'appât est relié à l'hameçon par le moyen d'un court morceau de fin nylon, d'une résistance de 0,500 kg par exemple, bien que nous sachions maintenant qu'un plus gros diamètre de nylon câblé fait aussi bien l'affaire. La carpe, prudemment, fait des essais d'aspiration, puis des rejets de l'appât et ne détecte aucun signe de danger.

De nombreux exemplaires du même appât ayant été lancés à l'eau par le pêcheur, la carpe en a déjà engamé quelques-uns, les a écrasés de ses puissantes dents pharyngiennes et les a avalés sans gêne. Celui-là ne paraît pas différent des autres. Il ne semble pas être ancré sur le fond par le poids d'un gros hameçon et d'une forte ligne, aussi l'avale-t-elle comme les autres. L'hameçon suit. La sonnette d'alarme retentit dans le cerveau du poisson et au même moment, le mécanisme du détecteur de touche du pêcheur entre en action. Le poisson est bel et bien pris.

Le montage de fuite

Très souvent, le montage «au cheveu» est utilisé en association avec un autre montage connu sous le nom de montage de fuite, autre invention de génie qui bouleverse les anciennes croyances en la nécessité de bas de ligne d'une sensibilité maximale. La sensibilité doit résider dans le montage «au cheveu», qui trompe la carpe et lui fait prendre l'appât, mais ensuite, un manque de sensibilité total est de rigueur.

Les pêcheurs ont longuement observé le crâne de la carpe pour voir comment leur cerveau était fait et, à leur grande surprise, ils ont découvert qu'il était inexistant. Ces poissons sont malins, certes, mais ils ne peuvent «penser» qu'à une seule chose à la fois. On a découvert que si une carpe prend un appât, se pique à l'hameçon et, au même moment, rencontre une grosse résistance due au lest fixe, sa première réaction est de fuir.

La première fois, l'effet est pour le moins surprenant. La minute d'avant, la pièce d'eau, peu profonde et encombrée d'herbiers, n'était que paix et tranquillité; la minute d'après, il se produit comme une explosion quand la carpe prend l'appât et se rue comme une folle. Une grande onde s'élargit sur l'étang et le moulinet se déroule à une vitesse incroyable sur la tirée du poisson, même si celui-ci n'est pas très gros.

Dans la majorité des cas, quand on emploie le montage de fuite, la carpe se ferre toute seule sur l'inertie de la plombée. Mais si elle n'est que légèrement piquée ou même pas du tout, sa pulsion de fuir le danger l'empêche de tenter de rejeter l'hameçon. La méthode est si efficace que le poisson est pris même quand le pêcheur est absent. À son retour, il n'a plus qu'à prendre livraison de sa prise, en se posant des questions sur sa sportivité et sur la nécessité du montage de fuite...

Certains pêcheurs estiment que cela n'est plus de la pêche, et ils n'ont peut-être pas tout à fait tort. Mais on ne peut nier que ces conceptions modernes soient allées très loin dans la voie du progrès. Peut-être même un peu trop loin, car les premiers montages de fuite étaient de véritables engins de mort pour les carpes: si l'une d'elles parvenait à casser la ligne, elle était condamnée à remorquer derrière elle une grosse plombée fixe. Les pêcheurs ont donc modifié le système de manière que si la ligne se casse, la plombée coulisse et s'échappe.

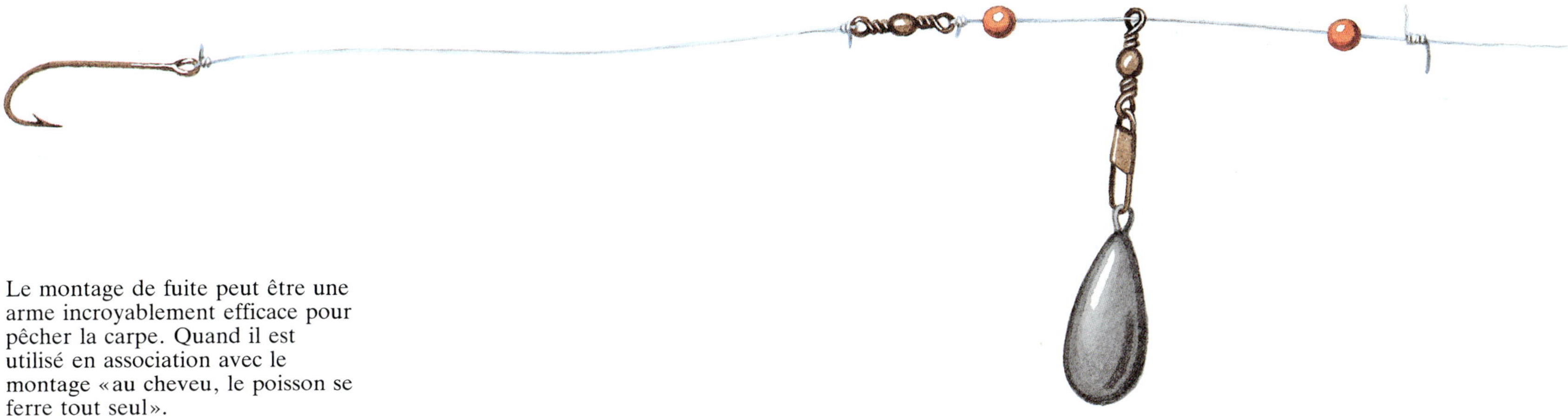

Le montage de fuite peut être une arme incroyablement efficace pour pêcher la carpe. Quand il est utilisé en association avec le montage «au cheveu, le poisson se ferre tout seul».

L'amorçage massif

Voici maintenant une pratique moderne utile pour tous les «carpistes», sauf quelques-uns qui ont la chance de pêcher dans des eaux où les carpes sont nombreuses et peu recherchées. Ces derniers continueront à utiliser les amorces classiques, telles que pain, croûte de pain, ver de terre et pomme de terre à moitié cuite, ainsi que le maïs en boîte, dont l'efficacité n'est plus à démontrer. Mais là où des générations de pêcheurs les ont rendues rusées, le jeu consiste à trouver des produits susceptibles de servir d'appât et à habituer les carpes à s'en nourrir sans méfiance.

L'amorçage massif, avec de grosses quantités de produits comestibles variés, fonctionne particulièrement bien. On en jette dans l'eau en telles quantités, généralement pendant une longue période avant de commencer à leur en présenter sur un hameçon, que les carpes s'habituent à les manger en toute confiance. Cela entre pratiquement dans leur régime naturel et quand, enfin, une carpe est prise sur ce nouvel appât, elle n'a plus la faculté d'établir une relation entre sa capture et ce qu'elle mange. C'est de cette manière que le problème de l'identification par les carpes des appâts potentiellement dangereux pour elles a été résolu dans une large mesure.

Ci-dessous, à gauche: il s'agit souvent de trouver un appât que les carpes les plus méfiantes pourront prendre sans crainte. En médaillon, on voit comment piquer les grains de maïs sur la pointe de l'hameçon.

Ci-dessous, à droite: on peut habituer le poisson à tout nouveau type d'appât par un amorçage massif.

Les graines d'amorçage

Après leurs premiers succès, les «graines d'amorçage», comme on les appelle (encore qu'elles servent aussi bien d'esches que d'amorces), ont gardé longtemps leur efficacité première. L'une d'elles était – et est toujours – la banale cacahuète. Trempées dans l'eau toute une nuit, ces graines d'arachide gonflent au point de doubler de volume et une fois que les carpes sont habituées à s'en nourrir, il leur faut beaucoup de temps avant d'y renoncer. Un spécialiste raconte qu'il jeta une vingtaine de kilos de graines d'arachide dans l'eau d'un lac où il avait coutume de pêcher, cela sur plusieurs mois, chaque fois qu'il venait avec un autre appât. La première fois qu'il essaya ces graines sur l'hameçon, il fit une pêche spectaculaire. Cela continua pendant deux saisons, puis il abandonna, «par pure lassitude», dit-il...

On obtient le même résultat avec quantité d'autres graines: pratiquement toutes les variétés de haricots par exemple; les haricots «à œil noir», notamment, sont très efficaces, surtout si on les a fait cuire dans de la soupe en sachet aromatisée à la tomate ou au concentré de bœuf. Si l'on jette un coup d'œil au rayon alimentaire d'un grand magasin, on constate que la variété de pois et de haricots est infinie, et tous sont bons pour prendre des carpes! Au rayon aliments pour animaux domestiques, on trouve des graines pour les oiseaux: chénevis et «pois d'érable», entre autres, doivent être cuits avant usage. Il y a le blé, le maïs, ce dernier devant être mis à tremper pendant plusieurs jours – jusqu'à ce qu'il commence à fermenter. La graine d'arachide a conduit aux noisettes exotiques (*tiger nuts*), une autre graine de grande valeur. La liste est sans fin. Même la graine de lupin peut attraper des carpes, à condition d'amorcer en quantité suffisante. Si les graines sont trop petites pour être enfilées, il suffit de piquer sur l'hameçon une bille d'argile ou de chewing-gum et de la truffer des petites graines choisies!

Croquettes et granulés

Les produits que nous venons d'énumérer ne sont pas les seuls à être utilisés comme graines ou amorces pour la pêche. On trouve également en grandes surfaces des appâts pour la carpe par sac de 5 kg alors que les distributeurs sont persuadés vendre des aliments préparés pour les chats et les chiens! On découvre ainsi des appâts de toutes sortes, de toutes les tailles, de toutes les formes et aux arômes les plus divers, dont la carpe finit par raffoler.

Ces appâts, bien sûr, sont flottants mais si l'on amorce longuement, les carpes finissent par venir les gober à la surface comme de vulgaires truites de pisciculture. C'est pourquoi ces croquettes et granulés font des appâts intéressants. Pour pouvoir les piquer sur un hameçon, il faut les mouiller un peu et les laisser dans un sac en plastique pendant plusieurs minutes: elles se ramollissent ainsi suffisamment pour ne pas se casser quand on les enfile. Pêcher la carpe aux croquettes flottantes est très amusant – beaucoup plus que de s'asseoir devant un montage de fuite ancré sur le fond.

Les bouillettes

Divers produits riches en protéines et destinés à la consommation humaine sont mélangés avec des œufs, pour servir de liant, puis roulés en petites boules; ces dernières sont ensuite mises à bouillir pendant quelques minutes de façon qu'une peau dure se forme tout autour afin que seules les carpes puissent les manger; les petits poissons, évidemment, ne peuvent pas les désagréger. On leur donne la couleur que l'on veut au moyen de colorants alimentaires. Grâce aux arômes alimentaires concentrés, on peut aussi leur donner des goûts et des parfums différents.

C'est ainsi que l'on fabrique ces fameuses bouillettes, en partant du principe que la carpe, après avoir goûté ces appâts, les recherchera ensuite exclusivement en prenant instinctivement conscience que cette nourriture riche en protéines lui est plus profitable que les autres. La plupart des pêcheurs semblent le croire et c'est par millions que les bouillettes sont consommées chaque année par les carpes. On peut acheter aujourd'hui des mélanges tout prêts auxquels il n'y a plus qu'à ajouter les œufs et parfois un peu d'eau, après avoir choisi tel arôme et tel colorant, dont il se vend des millions de flacons et de paquets. Certains pêcheurs sont assez compétents pour inventer leurs propres recettes, aidés en cela par la prospérité du commerce qui leur fournit une quantité époustouflante d'ingrédients tels que: caséine, lactalbumine, caséinates de calcium et de sodium, protéines de viande, extrait de soja, gluten de blé, germe de blé, granulés pour les chevaux, huile de foie de morue, farines de poisson et de crevette, mélasse en poudre, farines d'arachide, d'os et de viande, etc. La liste est inépuisable.

Les pêcheurs traditionnalistes, dépassés, se réfugient dans le scepticisme: «Les appâts sont si efficaces qu'on peut entrer dans un magasin d'articles de pêche en pêcheur débutant et en ressortir spécialiste», disent-ils. «Tout cela est coûteux et inutile», poursuivent-ils, et ils conseillent ironiquement: «A moins que vos carpes ne soient devenues aussi méfiantes que les carpes anglaises, continuez plutôt dans la voie des haricots, des pois, des noisettes exotiques, des raisins de Corinthe et de Smyrne, du pâté de jambon, des graines et des aliments pour chats et chiens, ce qui vous permettra déjà de tenir jusqu'à cent ans au moins.»

Il n'empêche que la découverte de ces bouillettes constitue un progrès considérable dans l'histoire de la pêche de la carpe. Avec elles, l'action de pêche est la même: il faut amorcer longtemps pour habituer les carpes à s'en nourrir. De plus, on peut faire en sorte qu'elles flottent juste au-dessus du fond ou bien à la surface: il suffit de les passer au four quelques minutes pour les faire gonfler; il faut alors confectionner des boulettes plus petites au départ. La grosseur normale est de 14 à 18 mm de diamètre.

Méthodes d'eschage divers

Pratiquement tous les appâts que nous avons vus peuvent être employés avec le montage «au cheveu» et plus particulièrement les plus durs tels que bouillettes, arachides et noisettes exotiques. Les appâts plus tendres se prêtent également au montage «au cheveu» mais ils peuvent être aussi piqués à l'hameçon. Dans ce dernier cas, il est important de faire ressortir la pointe, sous peine de manquer des touches. Seuls les appâts les plus tendres, comme le pain et la croûte de pain, permettent de cacher complètement la pointe de l'hameçon.

Voyons maintenant la méthode du montage «au cheveu» de façon plus détaillée. Au début, on se servait de petits bouts de fin nylon (0,500 kg de résistance), mais aujourd'hui, on se sert de nylon câblé, beaucoup plus résistant. C'est la souplesse qui compte, et non le diamètre. Attacher une longueur de 4 à 5 cm de micro-Dacron à la courbure ou à l'œillet de l'hameçon, l'autre bout se terminant par une petite boucle.

Il existe des aiguilles spéciales, les passe-bouillette, pour enfiler l'appât sur le cheveu (une aiguille à vif fait l'affaire); ce dernier est maintenu en place en passant un petit arrêt (petit bout de paille ou de gros nylon) dans la boucle.

En association avec le montage «au cheveu», on utilise souvent un dispositif baptisé «chapelet», qui se révèle particulièrement efficace avec les bouillettes, mais aussi avec d'autres appâts. On enfile les appâts sur un fil soluble, en faisant un nœud derrière chaque bouillette pour l'empêcher de glisser. Quand on a disposé quatre ou cinq de ces appâts à courts intervalles, le fil soluble est attaché à la courbure de l'hameçon. Une fois la ligne dans l'eau, le fil se dissout en laissant une belle rangée d'appâts qui conduisent

Les carpes d'un plan d'eau peuvent devenir d'autant plus difficiles à prendre qu'elles sont davantage pêchées. C'est pourquoi les pêcheurs du monde entier ont une expérience aussi différente de la pêche de ce poisson.

tout droit à celui de l'hameçon. Le succès dépend de la direction par laquelle arrive la carpe, mais il y a une chance sur deux pour qu'elle trouve et engame d'abord les cinq appâts du chapelet sans que sa méfiance soit éveillée, avant de rencontrer des ennuis avec le sixième ! Même si le scénario n'est pas tout à fait identique, c'est un bon moyen d'amorcer exactement autour de l'appât à chaque lancer.

Pour décider de la façon dont il convient de présenter l'appât à la carpe, le facteur clé est la nature du fond. Très souvent, il y a une couche de limon mou, comme de la vase liquide, dans laquelle les appâts peuvent s'enfouir. Quelquefois, une petite épaisseur d'algues ou de mousse, ou bien une végétation longue et dense, la recouvre. Bien sûr, les carpes sont capables de fouiller pour trouver leur nourriture dans n'importe quelle nature de fond, mais il est préférable que l'appât soit aussi visible que possible.

L'une des méthodes pour pêcher sur fond limoneux consiste à se servir d'appâts qui ne coulent que très lentement dans l'eau et qui, de ce fait, restent posés sur le fond sans s'y enfoncer. On peut remplacer la plombée par un lest d'une densité suffisante pour que l'appât ne reste pas à la surface, par exemple une olive en bois dur percée d'un axe ; pour ajuster ce lest au mieux, on peut y coller juste ce qu'il faut de lamelle de plomb.

Les appâts flottants

Un autre point intéressant, sur un fond couvert d'herbes aquatiques, consiste à rendre l'appât lui-même flottant, de façon qu'il puisse être présenté à n'importe quelle hauteur à partir du fond. C'est probablement avec la croûte de pain que l'on a d'abord pêché ainsi, mais on le fait aujourd'hui avec les bouillettes passées au four dont nous avons parlé plus haut. On peut aussi utiliser de gros vers de terre dans lesquels on a injecté de l'air au moyen d'une seringue ; pour pêcher dans certaines eaux, cette méthode se révèle très efficace.

Dans les faibles profondeurs, les appâts flottants peuvent être présentés à la surface simplement en allongeant la longueur de ligne comprise entre l'appât et la plombée. Cela ne marche pas toujours, tout dépend des carpes. Si elles ne sont pas méfiantes, elles prendront sûrement ces appâts flottants, surtout si on les a habituées à monter prendre les mêmes appâts lancés dans l'eau pour amorcer. Les carpes les plus rusées monteront ramasser les appâts libres mais éviteront soigneusement ceux qui cachent un hameçon. On peut penser qu'elles se rendent compte que certains sont attachés alors qu'ils devraient dériver au vent comme les autres. Dans ce cas, la solution est de leur présenter un appât esché mais dérivant comme ceux qui sont libres. On y parvient par divers procédés.

Certains utilisent toujours le BULDO® qui, partiellement rempli d'eau, peut être lancé très loin. D'autres ont recours à une olive de bois dur semblable à celle que nous avons décrite plus haut pour le montage tombant lentement vers le fond, mais sans la lamelle de plomb. Pour pêcher près du bord, un simple bout de plume de paon fixé à la ligne par deux coulants est suffisant. Il y a aussi les flotteurs en balsa qui se redressent tout seuls, lestés à leur base par du plomb ou du laiton, que certains préfèrent au BULDO® pour pêcher loin. Ils sont munis d'une boucle à émerillon à la base et au sommet et l'on peut s'en servir pour laisser dériver un appât si la ligne coulisse bien dans la boucle du sommet, ainsi que pour un montage arrêté sur le fond avec une longueur de ligne suffisante et une plombée reliée à la boucle du bas.

Tous ces montages peuvent être utilisés pour faire dériver une croûte de pain, mais avec les croquettes pour chats et chiens, c'est encore plus efficace et amusant. En amorçant un certain temps à l'avance, on habitue les carpes à monter prendre cette nourriture flottante, que l'on trouve dans une grande variété de tailles et de formes et de toutes couleurs. Elles sont faciles à préparer pour être piquées à l'hameçon, comme on l'a vu plus haut. Et là où les carpes n'ont jamais été pêchées de cette façon, leur efficacité est incomparable.

En revanche, si les carpes ont déjà été prises un certain nombre de fois, elles deviennent très méfiantes et détectent habilement, parmi tous ces appâts flottants, lesquels sont piqués sur un hameçon. L'expérience est facile à faire: la première poignée de croquettes d'amorçage est nettoyée en quelques instants et il en est de même pour la seconde… à l'exception de la croquette que l'on a piquée sur un hameçon! Mais aucun vrai «carpiste» n'en déduira que ces poissons sont imprenables.

Ainsi, un pêcheur s'étant aperçu que les carpes reconnaissaient l'olive de bois flottante dont il se servait parvint à en prendre quelques-unes en la remplaçant par un vulgaire bout de bois flotté ramassé sur le bord. D'autres en sont arrivés à la conclusion que les carpes les plus malignes parvenaient à détecter la ligne à laquelle était relié l'appât. Le problème, dans ce cas, est plus difficile à résoudre. Mais l'on y est parvenu en mettant au point un nouveau type de flotteur conçu et lesté pour se tenir à l'oblique et tenir l'appât suspendu à la surface, les vingt derniers centimètres de la ligne ne touchant plus l'eau.

Cette nécessité de garder constamment une longueur d'avance sur les poissons a conduit les pêcheurs à des perfectionnements inimaginables pour les premiers pionniers de la pêche de la carpe. Où cela finira-t-il? On ne le sait pas, mais l'on peut féliciter ceux qui sont maintenant à l'avant-garde de cette pêche, car ils sont incontestablement les pêcheurs les plus habiles et les plus imaginatifs du monde.

Ci-dessus: la mie de pain flottante est un bon appât pour la carpe. Ici, un montage comportant un petit plomb permet de régler la distance entre la plombée et l'appât.

Ci-dessous: un montage coulissant de surface avec une plombée reposant sur le fond. En médaillon: un montage flottant pour tenir le bas de ligne au-dessus de l'eau au moyen d'un flotteur dont l'antenne est oblique.

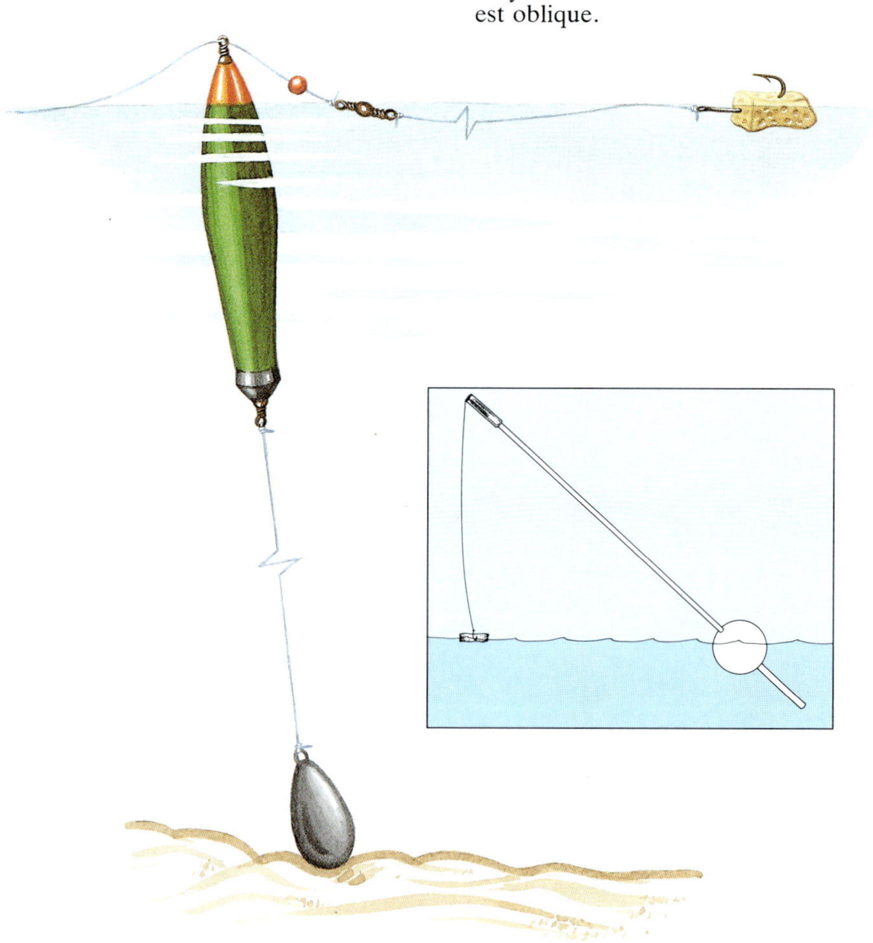

La pêche de compétition

Après avoir abordé quelques-uns des aspects de la pêche des carnassiers et de la carpe, il est temps de les abandonner pour se consacrer à des méthodes concernant la plupart des autres espèces. Ces techniques peuvent être considérées comme les éléments clés de la pêche de compétition.

En matière de pêche à la ligne flottante avec un moulinet, les Britanniques sont reconnus comme étant les meilleurs par tous les pays d'Europe et de Scandinavie qui participent au Championnat du monde sous l'égide de la CIPS. En 1985, la Grande-Bretagne fit grande impression en remportant le titre par équipe en Italie, en pêchant à la ligne flottante à grande distance. Auparavant, en individuel, ce pays avait déjà été plusieurs fois champion du monde en utilisant canne et moulinet. Il avait attiré l'attention et constituait l'une des équipes les plus solides, plusieurs années avant la percée victorieuse en Italie. Cette victoire contribua à accélérer l'exportation des flotteurs et du matériel anglais dans la quasi-totalité des pays membres de la CIPS.

Exporter le matériel est une chose, exporter la façon de l'utiliser avec un maximum d'efficacité tant pour les compétiteurs que pour ceux qui pêchent pour le seul plaisir en est une autre.

La pêche de compétition a donné lieu à un stupéfiant développement du matériel et des techniques dont la valeur est reconnue même par les non-compétiteurs.

Le stick peut être utilisé pour capturer un grand nombre de poissons blancs.

Deux modèles de flotteurs en plusieurs tailles constituent la base de notre équipement, associés à une technique qui n'est pas autorisée en compétition dans les autres pays : l'amorceur, mais qui permet de réaliser de belles captures un peu partout dans le monde. Aucun poisson ne saurait résister soit à un flotteur (stick ou waggler), soit à un amorceur. Examinons-les maintenant plus en détail.

Les sticks

En général, ces flotteurs sont fabriqués en balsa pour la partie supérieure et en rotin très lourd pour la base, respectivement deux tiers pour un tiers. Quelques-uns ont une quille en corde à piano ou en tige d'aluminium. Ils s'utilisent uniquement dans les rivières à courant lent ou moyen et sont fixés sur la ligne au moyen de deux bagues en caoutchouc siliconé, l'une près du sommet et l'autre à la base.

Ils sont recommandés pour les lancers courts et précis avec un moulinet à bobine découverte ou capoté. Avec un peu d'entraînement, ils se contrôlent aisément, sauf s'il y a du vent et surtout si celui-ci souffle de face ou en descendant la coulée. Mieux vaut alors employer une autre technique que nous décrirons plus loin. Ils sont mis à contribution pour capturer pratiquement tous les poissons vivant en rivière : gardon, vandoise, brème, chevesne, ide, goujon, ablette ou perche, plus, à l'occasion, d'autres espèces comme la carpe ou le barbeau. Même le brochet peut parfois happer une esche qui ne lui était pas destinée.

Avec un stick, les clés de la réussite résident dans un très bon contrôle de la ligne et dans la précision de l'amorçage, quels que soient l'appât proposé ou le poisson recherché. À propos du contrôle, il est primordial que le flotteur dévale en parfaite ligne droite. Imaginez un jour de temps calme à un endroit où les poissons peuvent être pris en bordure, par exemple juste sous le scion d'une canne de 4 m. Le flotteur léger est posé sous la pointe du scion et avec le moulinet ouvert, il est entraîné en parfaite ligne droite à la vitesse du courant. Cela correspond souvent à la bonne vitesse de présentation de l'esche mais, quelquefois, le poisson la prend mieux si elle est soit ralentie, soit retenue de temps en temps.

On peut ralentir la ligne de différentes façons. Celle-ci sort plus lentement d'un moulinet capoté que d'un moulinet à bobine découverte avec l'anse de panier ouverte. Certains pêcheurs laissent aller la ligne entre leurs doigts pour la freiner, d'autres pointent la canne vers l'amont immédiatement après le lancer et bloquent le fil sur la bobine avec un doigt, puis accompagnent lentement la dérive vers l'aval pour suivre le flotteur. De cette façon, la vitesse se contrôle avec précision mais quand le bras est allé aussi bas que possible, il faut relâcher le fil et remettre la canne en position initiale vers l'amont et recommencer la manœuvre. Avec un peu d'entraînement, cela peut se faire d'un mouvement très doux.

Le même type de contrôle est également nécessaire pour pêcher plus au large. Plus on va loin, plus le travail devient difficile et il convient souvent de mettre un flotteur plus gros, supportant davantage de plombs. Si le flotteur se couche sur le côté quand on tente de le ralentir, il faut le remplacer par un flotteur de taille supérieure.

Dans la pêche à grande distance, le problème majeur est qu'un ventre se crée dans la bannière entre la pointe de la canne et le flotteur. Cela provoque un dérapage du flotteur et gêne le ferrage quand il y a une touche, en conséquence ce ventre doit être éliminé. La bonne méthode est de bloquer la ligne à la sortie du moulinet et de la retendre très rapidement en direction de l'amont. On peut le faire deux ou trois fois durant la coulée et il est judicieux d'effectuer cette manœuvre juste avant que le flotteur atteigne la zone où se déclenchent les touches. Si l'on ne peut pas contrôler parfaitement le flotteur pendant toute la coulée, il faut au moins le faire dans la partie où cela est important.

L'autre point primordial est l'entretien du coup, qui a pour but évident de rassembler les poissons là où l'on peut les capturer. Les asticots et leurs chrysalides (appelées casters) sont les plus usités. Il est également possible d'amorcer au chènevis et de proposer un asticot ou un caster sur un petit hameçon, généralement un nº 18 ou moins, sauf quand les poissons sont vraiment gros.

Si la rivière est profonde et le débit soutenu, les esches vivantes sont incorporées dans l'amorce pour aller au fond. Si l'objectif est de capturer des brèmes, très friandes d'amorce, cette méthode est toujours la meilleure. Un bon truc pour pêcher avec un stick consiste à amorcer deux coups ; un près du bord et un autre plus au large. Si l'on n'en prévoit qu'un seul, les poissons peuvent devenir méfiants au fur et à mesure que leur nombre diminue et ils finissent par déserter le poste. En entretenant deux coups, on peut en prendre deux ou trois sur l'un, puis le laisser reposer le temps de pêcher le deuxième et ainsi de suite. Cette tactique permet de rester plus longtemps sur le même poste en réalisant de nombreuses captures.

Comme on le voit sur le croquis de gauche, cette répartition des plombs s'adresse à un courant très lent, afin que l'esche descende en souplesse et puisse être saisie à n'importe quel niveau. Il faut repérer le temps que les plombs mettent à couler et quand cela est un peu long, ferrer d'un mouvement doux de la canne. Cela signifie qu'un poisson a intercepté l'esche en cours de descente, empêchant le flotteur de prendre sa position finale. Ce sont des touches entre deux eaux.

Ci-contre: deux modèles de stick ainsi qu'un croquis avec les différentes façons de répartir les plombs. Le montage de gauche avec les plombs très étalés s'adresse aux rivières lentes. Les deux autres montages sont des variantes pour des eaux plus rapides et plus profondes.

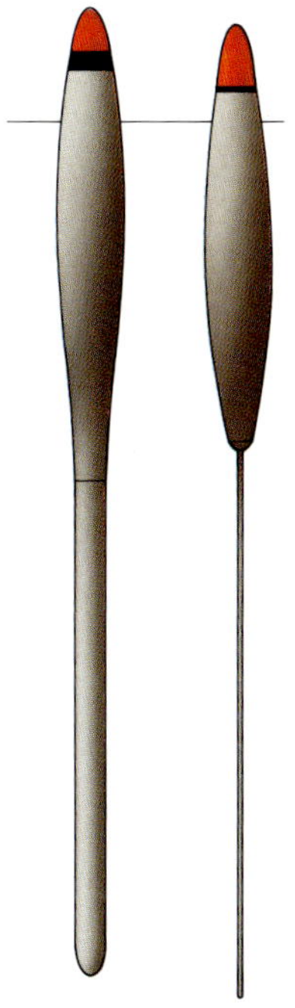

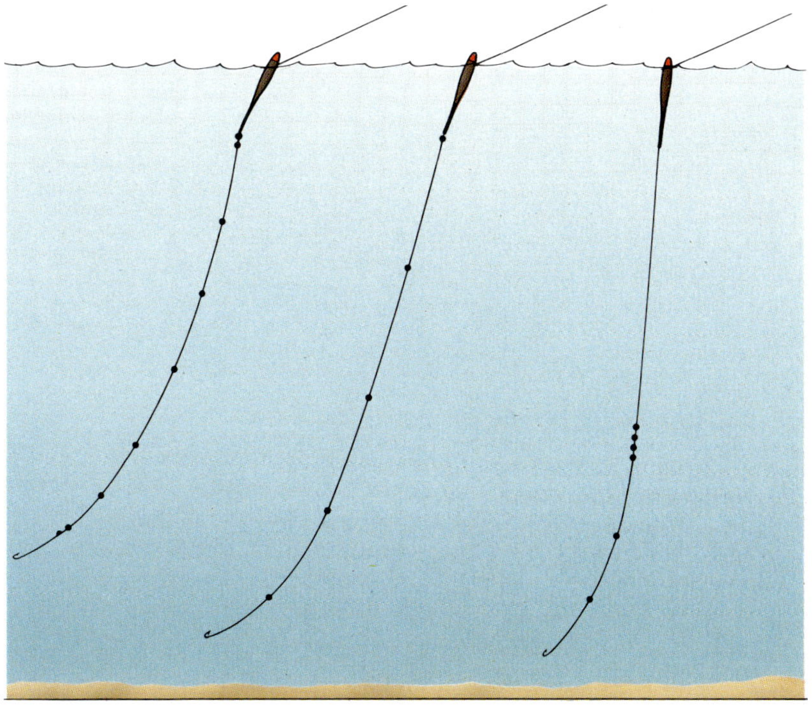

Ci-dessous: il est important que le flotteur progresse en ligne droite et à la même vitesse que le courant. En certaines circonstances, il peut être judicieux de le freiner de temps à autre, ou même de l'arrêter complètement un instant.

Le flotteur balsa est une variante du stick, utilisée dans les rivières rapides et profondes. Le montage indique la position des plombs groupés à un mètre de l'hameçon avec un autre plomb à mi-chemin.

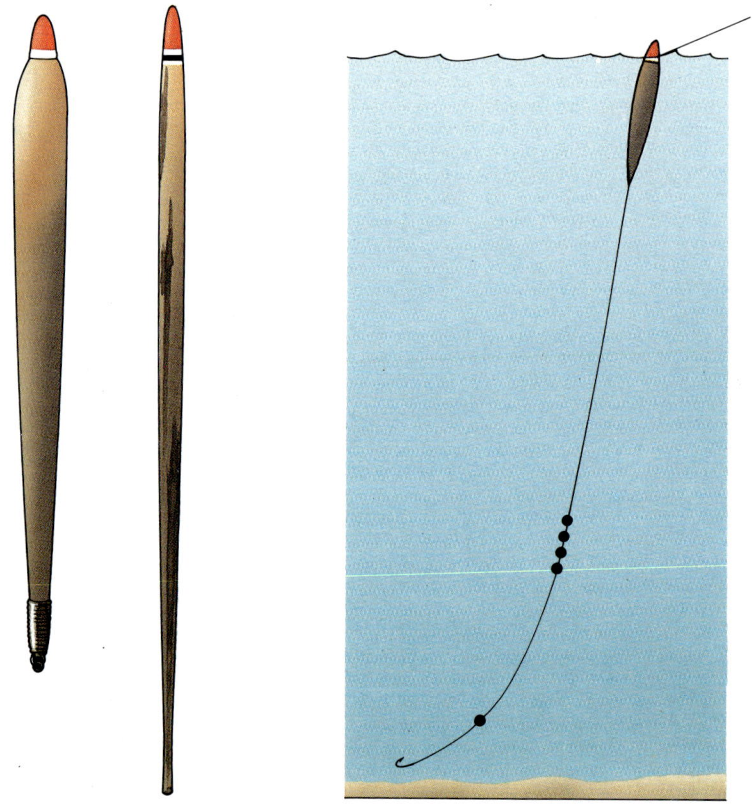

Quand un flotteur s'est mis normalement en position sans enregistrer de touche, il peut être bon d'effectuer de petites retenues amenant l'esche à se décoller légèrement. Cela déclenche souvent l'attaque. Cette tactique demande également de varier fréquemment le fond. Déplacer le plomb du bas est également une bonne chose. Si, en relevant la ligne, on constate que l'asticot a été sucé sans avoir vu la touche, c'est que le plomb du bas doit être rapproché de l'hameçon afin d'augmenter la sensibilité.

En principe, si l'on a pas ou plus de touches, il faut changer quelque chose: la profondeur, la position des plombs ou la vitesse de présentation, afin de les provoquer et de les déclencher.

Dans des eaux plus rapides et plus profondes, la disposition des plombs change. Il faut parfois mettre des plombs plus gros ou les serrer sur le tiers inférieur de la ligne (plombée de droite sur le croquis). Il existe de nombreuses possibilités et il faut trouver le bon flotteur et la bonne plombée, adaptés aux circonstances. Pour les courants soutenus, le stick avec quille métallique est plus stable et plus facile à contrôler.

Les flotteurs balsa

Bien que n'ayant pas été mentionnés auparavant, ils sont une variante des sticks et sont conçus pour des eaux plus profondes et plus rapides. Réalisés entièrement en balsa, ils portent beaucoup plus de plombs, jusqu'à 4SSG, groupés à environ 1 ou 1,25 m de l'hameçon avec un seul petit plomb à mi-chemin.

Ces flotteurs se contrôlent comme indiqué précédemment, à une vitesse aussi réduite que possible. Les appâts peuvent être petits ou gros, avec des hameçons en harmonie. On les utilise pour pêcher les beaux poissons au pain, au pâté de jambon ou aux larves de guêpes.

En Suède, on réalise en rivière d'importantes captures d'ides à l'aide de cette technique. Au Canada, on prend de la sorte, et au lombric, de nombreuses espèces, y compris les truites steelheads.

Les wagglers

Sous ce terme de wagglers sont regroupés tous les flotteurs attachés uniquement par la base mais, en général, ils sont faits en plumes de paon de longueurs et de diamètres différents. Quelquefois, ils ont une partie ventrue à la base afin d'augmenter la plombée supportée. Plus ils supportent de lest, plus ils se lancent loin.

Contrairement au stick, le waggler s'emploie aussi bien en rivière qu'en étang. Équipé à la base d'un œillet à peine plus gros que le diamètre du nylon, il devient coulissant pour s'adapter à toutes les profondeurs. Il est alors bloqué par une ligature d'arrêt. Si la profondeur est de 6 m, par exemple, il est impossible de lancer un flotteur fixe avec une canne de 4 m. Ce problème est résolu avec un waggler coulissant.

En rivière, quand un vent malencontreux empêche le pêcheur de se servir efficacement d'un stick, un petit waggler droit est tout indiqué. Il est lancé plus loin que l'endroit où pêcher, puis la pointe de la canne est immergée dans l'eau et, par quelques tours rapides de manivelle, le flotteur est amené dans la zone amorcée tout en noyant la bannière pour la soustraire au vent. Il ne reste plus qu'à libérer le fil du moulinet afin que le flotteur suive la coulée, tout en guettant une touche éventuelle. Il n'est pas possible de le contrôler aussi bien qu'un stick mais avec la bannière sous l'eau, il dévale malgré tout en ligne droite. Il permet de pêcher dans des conditions où un stick n'est plus adapté.

En rivière, avec un waggler, il devient possible d'atteindre des distances hors de portée d'un stick. Il est important de choisir un flotteur dont la taille permette de lancer aisément à l'endroit souhaité. Il convient tout particulièrement pour les courants lents ou moyens d'une profondeur modérée.

Bien maîtriser le waggler peut être difficile, particulièrement si le vent est assez fort pour occasionner un ventre dans la ligne. Dans ce cas, la bannière est noyée, comme indiqué précédemment, et un problème se pose. Sur une telle longueur de nylon immergé, la tension est telle que le flotteur a constamment tendance à plonger, même s'il n'y a pas de touche. L'hameçon ou le plomb du bas traînant sur le fond l'incite à couler lentement. Le même phénomène se produit quand la moindre anomalie survient sur le fil sortant du moulinet.

En rivière, l'une des solutions consiste à prendre un flotteur assez fort de diamètre au sommet et de le sous-plomber afin d'en laisser dépasser davantage. Avec un peu de chance, il pourra dévaler sans se noyer trop fréquemment. S'il coule très lentement, il faut l'ignorer car ce n'est pas un poisson. Si l'on tire un peu sur le fil, il apparaîtra de nouveau. Quand un poisson saisit l'esche, il arrête la progression du flotteur et, sous l'effet du courant, plonge rapidement. Il est alors temps de ferrer d'un geste ample.

Pêcher en rivière à très grande distance avec un fil noyé est la façon la plus difficile d'utiliser un waggler, bien que, la plupart du temps, les conditions favorisent la pêche avec le fil flottant en surface. Cette méthode est plus efficace. Le flotteur n'a pas tendance à couler tout seul et, si un ventre très important se crée dans la bannière, le fil peut être retenu de la même manière qu'avec un stick. Les pêcheurs de classe internationale ne s'inquiètent pas trop de ce ventre dans le nylon. Ils guettent l'enfoncement du flotteur et ferrent alors d'un geste très ample pour retendre la ligne par la même occasion. Souvent, la canne décrit un arc de 180 degrés, et plusieurs tours rapides de manivelle amènent à prendre contact avec le poisson. Avec cette méthode, le poisson semble recracher l'esche bien plus difficilement, peut-être parce qu'il en est empêché par la ligne maintenue en tension entre le flotteur et lui.

Pour la pêche en étang ou en canal à faible distance, la fonction du waggler reste foncièrement la même, bien qu'il y ait quelques différences. Il permet de noyer la bannière pour la soustraire aux vagues de surface et sa longueur dépend de leur amplitude. En étang, le seul courant est celui produit par le vent et rien ne s'oppose à immerger la ligne. Au moment de la touche, le courant ne vient pas aider à l'enfoncement du flotteur, lequel, en eau dormante ou en canal, doit être plus sensible.

Nous voyons ici deux wagglers différents avec la façon de les utiliser. Le montage de gauche est typique pour pêcher à distance moyenne en lac et en rivière. Celui du centre est destiné aux canaux et aux ruisseaux. Celui de droite, avec un flotteur volumineux, est conçu pour aller très au large dans les rivières et les grands lacs. Naturellement, la distance de pêche est limitée par la distance à laquelle il est possible d'amorcer soit en lançant des boules à la main, soit en utilisant une fronde.

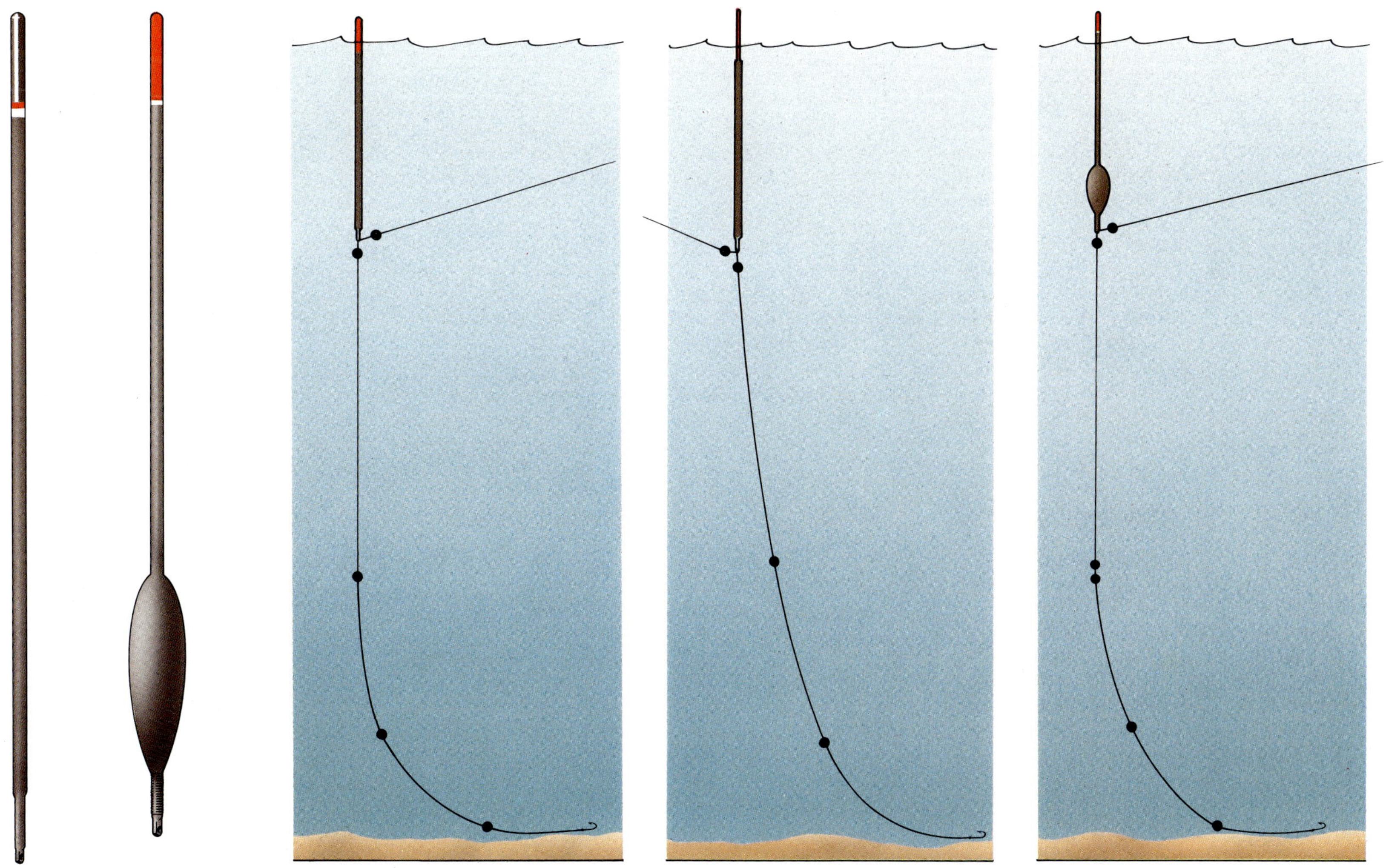

À droite : les wagglers conçus pour les eaux dormantes ont une antenne très fine comme les deux modèles présentés ici, avec la manière de les équilibrer.

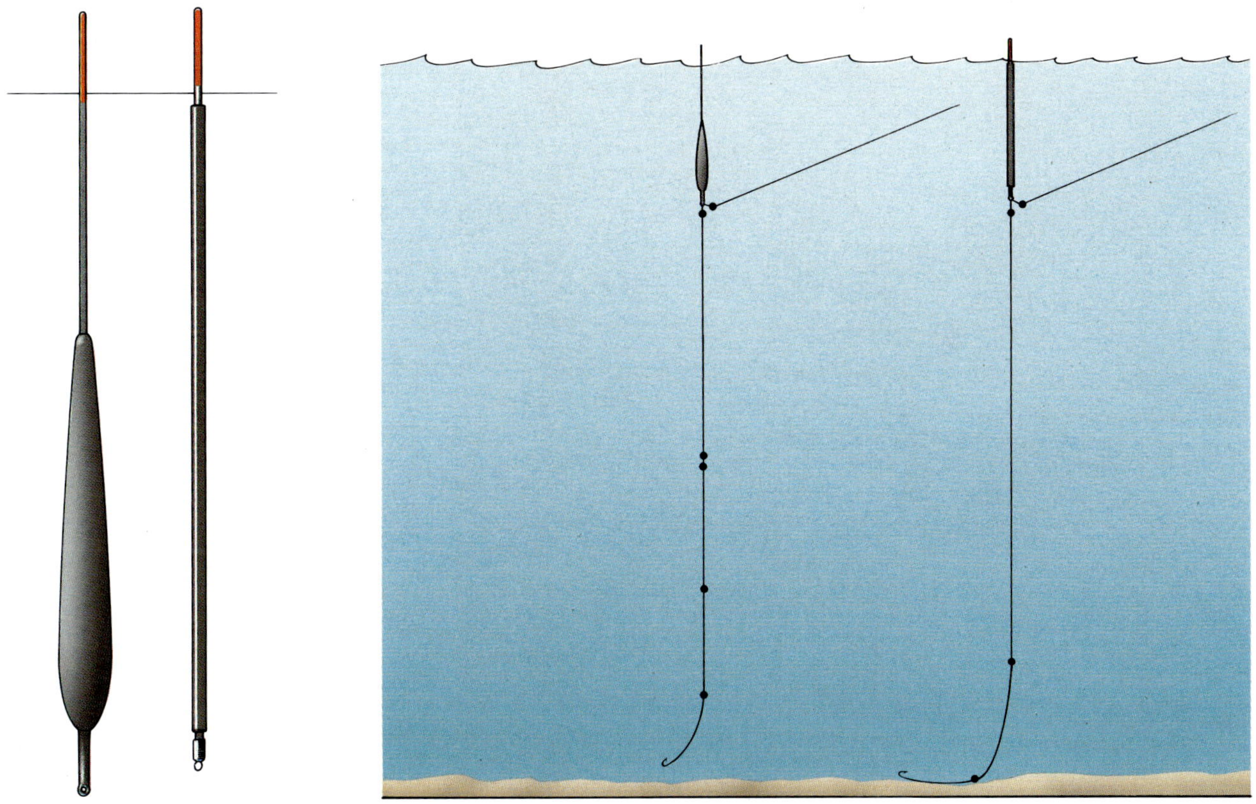

Un poisson d'eau calme qui essaie d'enfoncer un waggler un peu gros conçu pour la rivière sent la résistance à l'enfoncement. Le flotteur est équipé au sommet d'une antenne très fine. Cette dernière peut être une plume de paon, une tige en rotin ou en roseau, ou même des poils d'un balai ou d'une brosse en nylon : cela dépend de la distance de pêche. Plus on pêche près, plus l'antenne peut être fine et sensible. C'est une question de visibilité adaptée à l'éloignement du coup.

Outre une résistance moindre à l'enfoncement, le principal avantage de l'antenne fine est de donner une touche lente et appuyée comme si l'appât ou le plomb du bas traînant sur le fond le faisait couler. L'extrémité de l'antenne doit dépasser le moins possible afin de disparaître à la plus légère sollicitation. Un plomb aussi petit qu'un n° 8 fait couler une antenne en poil de balai de 8 cm.

Le seul cas où une antenne fine n'est pas appropriée aux eaux dormantes se rencontre quand le vent provoque un violent contre-courant. En surface, l'eau va dans un sens et à fond elle va à l'opposé, avec l'esche et les plombs en bas ; le waggler est alors aspiré. Il faut donc trouver le compromis entre une antenne qui résiste à l'enfoncement sans nuire à la sensibilité.

Des pêcheurs anglais ont utilisé des wagglers en Hollande, en France et en Italie bien avant que ces flotteurs ne soient connus et malgré leurs possibilités, les pêcheurs locaux les ont regardés étrangement. En Italie, sur le lac de Garde ils capturèrent des espèces inconnues pour eux comme la perche-soleil ou le poisson-chat. En Amérique, où les techniques européennes de pêche à la ligne flottante sont encore pratiquement inconnues, les wagglers permirent d'attraper des crappies (sorte de perches arc-en-ciel).

Tout cela est bien la preuve que ces techniques sont universelles. Elles réussissent aussi bien en rivière qu'en canal et en lac, ou étang. La technique de l'amorceur n'échappe pas à cette règle.

À gauche : comme toute pêche sportive, la pêche aux appâts est une façon idéale de se détendre au bord de l'eau. La tenche, présentée ici, est un poisson de sport très populaire.

Les wagglers sont reliés à la ligne uniquement par la base. Ils peuvent aussi être coulissants et, contrairement aux sticks, ils s'adaptent aussi bien aux eaux dormantes qu'aux eaux courantes.

Ci-contre: le but de l'amorceur est de faciliter la distribution de la nourriture aux poissons. Il est rempli d'une amorce ou d'un appât de même nature que l'esche proposée sur l'hameçon. En eau courante, une traînée d'amorce guide les poissons vers l'hameçon.

L'amorceur

L'amorceur n'est rien d'autre qu'un tube en plastique lesté ouvert ou non à chaque extrémité, mais de nombreuses inventions ont été retenues avec enthousiasme ou ont suscité des polémiques. Le surnom de «cochon en plastique» est un des moins flatteurs donné au flotteur par les pêcheurs, qui ont vu une partie de leur savoir-faire traditionnel remis en cause par cet accessoire. Grâce à lui, des pêcheurs désespérés ont commencé à réussir, occasionnellement d'abord, puis de plus en plus souvent, jusqu'à se hisser parmi l'élite. Dans des mains expertes, il peut transformer chaque touche en une capture dans des conditions où l'utilisation du flotteur échoue.

Comme son nom le suggère, son rôle est de présenter sur le coup la nourriture de même nature que l'esche proposée sur l'hameçon. Comme il est monté sur la ligne, le pêcheur distribue à la fois l'appât et l'amorce à la même place avec précision. Rares sont les jours où l'amorce et la ligne doivent être lancées séparément, ce qui requiert une grande habitude pour repérer où se trouve l'amorce afin, par la suite, d'y placer la ligne.

Aujourd'hui, toutes ces choses sont perfectibles par un lancer précis. Si, dans la rivière ou l'étang, il y a des poissons capables de prendre ce qu'on leur propose sur un hameçon, ils succomberont à l'amorceur et ce, quelle que soit l'espèce à laquelle ils appartiennent. La technique est simple et efficace bien qu'elle ne soit pas aussi évidente que certains semblent le penser. Avec un amorceur, il est possible de réussir ou d'échouer et, comme par hasard, c'est toujours le pêcheur sérieux qui en tire le meilleur parti.

L'amorceur type est celui dont les deux extrémités sont bouchées, celle du haut pouvant avoir un capuchon amovible, et il est perforé de nombreux trous. Ce modèle est recommandé pour être rempli d'asticots, de casters, de chènevis ou de n'importe quel autre appât assez petit pour passer à travers les trous. Imaginons ce qui se passe quand l'amorceur est lancé en rivière à l'endroit choisi. Quelques particules de nourriture tombent lors de l'impact et d'autres s'échappent en cours de descente, créant une traînée d'amorce sur le fond qui attire les poissons dans la zone principale où se tient l'amorceur. Comme un lancer succède à un autre, la traînée d'amorce devient plus consistante et de nombreuses esches viennent s'éparpiller là où l'amorceur vient se poser en tête de coulée.

De nombreux poissons peuvent être réunis dans cette zone et comme ils se nourrissent en toute confiance, ils trouvent invariablement l'esche avec l'hameçon. Au fur et à mesure qu'ils disparaissent dans la bourriche, ils sont remplacés par d'autres, alléchés par la traînée d'amorce. Simple et efficace donc, à condition que le pêcheur sache détecter et ferrer les touches.

À l'usage, cela se révèle être le problème majeur. Les pêcheurs ont mis au point des cannes avec une pointe fine et flexible en fibre de verre et ils la surveillent avec attention pour repérer la touche qui peut se traduire aussi bien par un minuscule tremblement que par une tirée énergique.

Les esches sont nombreuses mais les asticots sont parmi les plus populaires.

Le secret réside dans le lestage de l'amorceur. Ce dernier est lancé équipé d'une lamelle de plomb qui est théoriquement suffisante pour le maintenir sur le fond en espérant qu'il ne dérape pas. S'il ne tient pas en place, la pointe de la canne le signale en oscillant d'avant en arrière en même temps que l'amorceur rebondit sur le fond. Si tel est le cas, il faut ajouter un gros plomb dans le cylindre et essayer de nouveau. Augmenter ce lestage jusqu'à ce que l'amorceur s'immobilise sur le fond et y reste. C'est seulement après avoir réalisé cette opération qu'il est possible de le remplir d'amorce et de garnir l'hameçon. Cela étant, deux choses seulement peuvent faire bouger l'amorceur: soit un débris entraîné par le courant qui s'enroule dans le fil, soit la tirée d'un poisson.

Le montage est si bien équilibré que même la touche d'un petit poisson peut le décaler et le faire rouler. Simultanément, la pointe de la canne remue violemment d'un côté à l'autre. Il n'est même pas nécessaire de ferrer. Il suffit de soulever la canne et de mouliner. Le poisson est piqué à l'hameçon soit parce qu'il n'a ressenti aucune résistance, soit parce qu'il n'a pu recracher l'appât.

En rivière, il est recommandé d'amorcer légèrement en amont, de sorte que l'amorceur repose sur le fond juste en face du pêcheur. Il est quelquefois bon d'avoir du mou dans la bannière entre l'amorceur et la canne, afin de former un angle légèrement en direction de l'aval. Relâcher quelques tours de nylon facilite la mise en place avec un lest plus léger, mais le ventre favorise une autre tactique: pêcher avec l'amorceur en mouvement.

Après avoir trouvé le lest exact pour immobiliser le montage sur le fond, il suffit d'ôter un ou deux plombs pour qu'il se déplace à nouveau. S'il y a beaucoup de mou dans la ligne, il se dirigera directement vers l'aval au lieu d'aller en travers du courant. Les poissons se méfient de tout ce qui est anormal et une esche qui progresse de travers défie la logique.

On utilise l'amorceur en déplacement quand la position statique cesse d'être opérationnelle parce que les poissons sont devenus méfiants et se sont postés en bas de la coulée. Vu que la ligne bouge, la pointe de la canne remue également, mais de façon lente et régulière. Quand l'appât est engamé, ce mouvement lent devient saccadé et c'est le signal pour prendre la canne et mouliner comme auparavant.

Les amorceurs ouverts aux deux extrémités s'emploient de façon identique mais sont équilibrés avec de gros plombs pincés sur la potence qui les relie au nylon en provenance du moulinet. Ils s'utilisent avec de l'amorce: chapelure additionnée d'asticots ou amorces à base de farines diverses avec du fouillis de vers de vase, très prisées par les pêcheurs en Europe. L'amorce est à réserver uniquement aux espèces qui l'apprécient, la brème en étant l'exemple type.

Certains poissons comme le chevesne fuient parfois l'amorçage bien que, dans un délai assez bref, apparaîtront des amorces qui intéresseront la plupart des espèces. Les pêcheurs de carpe ont démontré que certains arômes avaient un effet attractif supérieur à d'autres en fonction des poissons. Cela ne leur plaît pas, mais les pêcheurs de compétition redécouvrent actuellement ce que les «carpistes» ont déjà trouvé. Les parfums forts et fruités attirent un grand nombre d'espèces en eau chaude tandis que les arômes épicés type curry sont meilleurs en eau froide. Dans un avenir proche, on découvrira certainement quel parfum agit sur quel poisson. Le pouvoir de la vanille, par exemple, est déjà bien connu sur la brème, de même que celui de l'érable sur la tanche. Les Américains ont découvert des produits qui attirent les carnassiers. C'est un domaine où l'on a encore beaucoup à découvrir et à apprendre.

Il va sans dire que les deux précédents modèles d'amorceurs travaillent efficacement dans les eaux calmes et ce, pour les mêmes raisons qu'en rivière. Les principales différences résident dans la détection des touches qui est moins évidente et la proportion de ratés est parfois plus élevée. Il faut se concentrer sur la pointe fine en fibre de verre afin de détecter le plus infime tremblement, particulièrement en hiver. Autre possibilité pour ceux qui recherchent tout spécialement les beaux poissons en eau dormante: employer un détecteur électronique ou un autre système très sensible genre papier d'aluminium pincé sur le fil ou écureuil.

Les pêcheurs en étang peuvent être confrontés à un autre problème: celui de lancer toujours à la même place, surtout à grande distance. Un bon truc consiste à poser la ligne à l'endroit désiré, puis à enduire un mètre de nylon avec du vernis à ongles. Par la suite, il est facile de repérer si l'on a lancé trop loin ou pas assez.

Quelle quantité de lest mettre sur un amorceur? En rivière, le débit varie de lent à très rapide, et à cause de la pression de l'eau sur le fil, la plombée change en fonction de la profondeur et de la distance. Cela peut aller de 7 à 120 g avec une moyenne de 30 à 50 g. Sur certains parcours où l'effet des marées se fait sentir en accélérant ou en ralentissant le courant, il faut s'adapter au fur et à mesure que les conditions évoluent.

En réalité, il est difficile de trouver une canne capable de lancer une gamme de poids aussi étendue mais avec deux cannes, il est possible de faire face aux différentes éventualités: une de 3,30 m à action douce pour des poids légers et une autre de même longueur, plus puissante, pour les poids supérieurs.

Afin de manquer un minimum de touches, la plupart des pêcheurs montent un bas de ligne plus fin. Sur la bobine, ils ont ainsi un nylon d'une résistance de 3 kg, afin d'encaisser le lancer du lest, mais l'empile est en 0,500 ou 0,700 kg. C'est là un problème potentiel, non seulement avec des poissons bagarreurs comme la carpe ou le barbeau, mais également avec la brème ou le chevesne. Quand ils engament en toute confiance, ils peuvent casser le bas de ligne rien que sur l'inertie du lest. Si ce dernier est correct, le poisson le déplace tout naturellement et la ligne reste intacte. Si, au contraire, le lest est coincé, la ligne casse. Une fois le choc initial absorbé, le principal problème est de travailler le poisson avec soin et efficacité. Une canne suffisamment puissante pour lancer 90 g n'est pas l'arme idéale pour combattre un beau poisson sur un fil fin.

Autre point à considérer: le choix de la ligne elle-même, non seulement du point de vue de la résistance, mais aussi du diamètre. Le meilleur nylon est celui qui, à calibre égal, offre la meilleure résistance. Quelques marques réputées comme Browning, Maxima, Mustad, Starlon, Tortue, Ultima, Wasner et Water-Queen se révèlent être excellentes pour la pêche à l'amorceur. Le diamètre du fil peut jouer sur le poids du lest pour assurer la stabilité, et plus la plombée sera légère mieux cela sera.

La position de la ligne intervient sur la bonne tenue de l'amorceur. Par exemple, après avoir déterminé le lest exact, on peut perfectionner le travail en mettant la canne en position haute, de façon à avoir 2 ou 3 m de fil hors de l'eau. Cela suffit à immobiliser un amorceur qui a tendance à se déplacer. De la même manière, on peut l'animer uniquement en abaissant la canne sur ses supports.

Naturellement, dans les eaux dormantes, le lest est déterminé uniquement par la distance à atteindre, bien que, dans des eaux profondes, il soit nécessaire de mettre une plombée un peu plus lourde rien que pour accélérer la descente. Les amorceurs sont vendus équipés d'une lamelle en plomb légère, moyenne ou lourde, mais on peut acheter ou fabriquer des lamelles supplémentaires.

5. En mer : la pêche côtière

Ports et estuaires

Les ports et les estuaires sont intéressants parce que l'on y trouve souvent une grande diversité de postes de pêche très rapprochés les uns des autres. Sur la digue d'un port, par exemple, il peut y avoir, d'un côté, une eau profonde et peuplée par une douzaine d'espèces, et de l'autre, une grande étendue d'eau peu profonde semée de bancs de sable ou de vase qui attirent le poisson seulement au moment de la pleine mer. Le courant rapide d'une bouche d'estuaire où le maquereau et le bar chassent le fretin fait place à des lagunes et à des eaux reculées loin à l'intérieur des terres. On peut trouver là des bancs de mulets et de poissons plats qui tolèrent de faibles salures.

Parmi les nombreux types d'eaux côtières, celles des ports et des estuaires sont les plus influencées par l'homme. Jetées, estacades, canaux dragués, etc., sont les repères communs de toutes les zones industrialisées. Les changements apportés à l'environnement par l'homme ne sont pas forcément mauvais pour les poissons et la faune sauvage en général. À part la pollution, tout ce que l'on réalise sur les côtes se révèle attirant pour de nombreux poissons. Certains sont détournés de leur régime alimentaire normal et ne se nourrissent plus que de déchets de poisson de conserverie, de rejets d'usines agro-alimentaires ou de tous autres aliments qu'ils n'ont pas à chercher. Ces facteurs jouent un rôle important dans la réussite de la pêche de loisir.

Les habitudes du congre en fournissent un bon exemple. Dans un milieu sauvage, c'est un poisson peureux et ultra-méfiant qui se nourrit presque exclusivement de chaîr fraîche — poisson, calmar et crabe, notamment. Les chances de le faire mordre sur quelque chose qui n'est pas absolument frais sont très faibles. Mais dans les ports où les congres ont élu domicile permanent, leurs habitudes alimentaires deviennent franchement détritivores. Les poissons abîmés et la tripaille jetés des chalutiers constituent une nourriture beaucoup plus facile à ramasser que les poissons vivants qu'il faut se donner la peine de chasser ! Si bien que, très vite, les congres renoncent à poursuivre la moindre proie. Ils s'habituent aussi au bruit et à la présence de l'homme, perdant ainsi beaucoup de leur méfiance naturelle. Il y a sans doute plus de gros congres arrachés des digues de ports que des côtes rocheuses sauvages, et l'on en comprend facilement les raisons.

Les installations portuaires et les embouchures d'estuaires offrent, sur une surface relativement restreinte, une grande diversité d'espèces et permettent de pratiquer de nombreuses techniques. Les estacades et les digues, par exemple, abondent en cachettes pour l'anguille, très méfiante. Les poissons plats sont toujours prêts à mordre dans les eaux peu profondes du côté intérieur des brise-lames. Du côté extérieur, dans une eau plus profonde et avec un certain courant, les carnassiers les plus communs sont le maquereau, le lieu et, quelquefois même, la morue. Il est vrai que, à partir des brise-lames, on peut prendre de très gros poissons, tels que le requin, représenté en haut de l'illustration. Des espèces comme le bar, la morue et le maquereau chassent jusque dans les estuaires tandis que d'autres, incapables d'affronter les courants forts, se cantonnent dans les eaux reculées.

Les appâts pour la pêche du bord

La différence des résultats obtenus avec de bons appâts et avec des mauvais est énorme. Bien qu'ils le sachent, la majorité des pêcheurs sont loin d'accorder une attention suffisante au choix de leurs appâts et à leur qualité. Qu'il s'agisse de poissons, de vers marins, de crabes ou de tout autre appât courant, leur fraîcheur ne doit jamais être approximative.

Les meilleurs pêcheurs en bord de mer se donnent beaucoup de peine pour déterrer ou attraper leurs appâts ; en fait, nombreux sont ceux qui consacrent plus de temps à leur recherche qu'à la pêche proprement dite. Une fois ramassés, ces appâts doivent faire l'objet de soins quasi maternels : les vers sont conservés dans des bacs d'eau de mer bien aérée ; les poissons sont congelés ; les crabes restent bien vivants si on les garde dans des endroits frais et humides. Cela peut sembler relever de la maniaquerie, mais les résultats parlent d'eux-mêmes : les appâts d'un spécialiste sont au moins deux fois plus efficaces que ceux du commerce.

Le problème, avec des appâts marins, est que quel que soit le nombre de vers que l'on enfile sur l'hameçon ou la taille du morceau de poisson que l'on y pique, cela représente toujours une bien petite bouchée par rapport à l'immensité de l'océan. Au mieux, la quantité de « suc » attractif exsudé par l'appât est diluée à raison de millions de parts pour une dans l'eau de mer. La plupart des poissons sont extrêmement sensibles à ces stimulants, mais il y a évidemment un seuil au-dessous duquel ils ne peuvent pas détecter ce que l'on a piqué à l'hameçon. Naguère, il n'y avait pas d'autre recours qu'en l'appât lui-même mais, de nos jours, la science nous fournit un principe excellent sous la forme du Biotrack. Ce mélange naturel de stimulants et d'« attractants » constitue un « aimant » biochimique exceptionnellement opérant, qui attire les poissons de très loin et déclenche leur réflexe alimentaire. Tous les pêcheurs sont unanimes pour affirmer que le Biotrack est la plus grande innovation de ce siècle dans la technologie de l'appât pour la pêche. Certains spécialistes ont, grâce à lui, augmenté leurs résultats d'au moins 20 %.

Le poisson

De loin le plus universel des appâts, le poisson est utilisé par les pêcheurs du monde entier. Dans de nombreux pays, il est même considéré comme le seul appât digne de ce nom. Il se présente sous trois formes : entier, en filet ou en fines lamelles ou *fleurettes*. Choisir l'une ou l'autre est affaire de bon sens – plus le poisson que l'on recherche est gros, plus grand doit être l'appât qu'on lui destine.

La plupart des poissons utilisés comme appâts sont fraîchement tués. La pêche au vif est une technique assez peu répandue, en raison de la difficulté qu'il y a à lancer loin un poisson vivant et, quelquefois, à s'en procurer sur place. Le lançon (ou équille) constitue probablement 99 % des vifs marins utilisés en Grande-Bretagne et en Europe. Qu'un vif soit supérieur à un poisson fraîchement tué est discutable. Le point le plus important est que, mort ou vif, le poisson frais est régulièrement supérieur au poisson « avancé ».

Les caractéristiques déterminantes du poisson utilisé comme appât sont l'intensité de l'odeur et de la saveur et une bonne concentration des principes huileux et sanguins. Le mulet, le maquereau, le hareng, l'alose et d'autres espèces semblables réputées comme appâts présentent tous ces qualités ; c'est la raison pour laquelle on les préfère dans presque toutes les situations. Choisir l'un d'eux, ou bien son équivalent local, est l'assurance de ne pas se tromper.

Les vers marins

Les vers marins constituant un fort pourcentage du régime alimentaire habituel des petits poissons, ils font partie des appâts les plus efficaces. Les gros poissons tels que le bar et la morue considèrent sans doute les vers comme une délicieuse bouchée. C'est pourquoi, de la même manière que nous préférons parfois une friandise à un bon repas, ils s'emparent souvent d'un bouquet de vers marins alors

Vivants ou morts, les appâts doivent être d'excellente qualité pour attirer les poissons. Un pêcheur digne de ce nom doit récolter lui-même ses appâts pour être sûr de leur fraîcheur. Les petits poissons et tous les vers marins constituent des appâts très utilisés pour un grand nombre d'espèces.

Les poissons peuvent être présentés soit entiers, soit en morceaux. La lingue représentée ci-contre a mordu sur un gros morceau de filet de poisson.

qu'ils n'auraient pas la moindre envie d'avaler le beau poisson qu'on leur présenterait en guise d'appât. Pour la morue, en particulier, la bouchée d'arénicole est l'appât numéro un pour pêcher du bord en automne et en hiver. De la même façon, la néréide est un appât meurtrier pour le bar.

Les vers marins présentent un autre avantage : comme ils intéressent un large éventail d'espèces, ils constituent un appât idéal pour pêcher le « tout-venant » plutôt qu'une seule espèce en particulier. Une néréide sur un hameçon peut rapporter une pêche variée de poissons plats, de bars, d'anguilles et de chiens de mer, alors que la fleurette de maquereau ne donnerait que du chien de mer.

Les crabes

La majorité des espèces se nourrissant sur le fond ne laisseront jamais passer une occasion de manger un crabe. Le crabe vert commun sur nos côtes européennes, le crabe « fantôme » des mers tropicales, l'araignée de mer, le bernard-l'ermite et bien d'autres encore constituent des appâts de grande valeur pour nombre d'espèces, grosses ou petites. Chose curieuse, presque tous les poissons répugnent à prendre des crabes à carapace dure piqués sur un hameçon, alors qu'ils font naturellement partie de leur régime habituel. Certaines espèces les dédaignent même totalement.

Il faut des crabes en train de muer : soit des crabes « mous », qui n'ont pas encore leur carapace dure, soit des crabes « muant », qui en sont à la période précédant la mue, lorsque la vieille carapace commence à se ramollir. On admet généralement que ces derniers sont légèrement supérieurs, sans doute parce qu'ils exsudent des principes odorants plus puissants à ce stade de leur évolution.

Crabes mous et crabes muants peuvent s'utiliser entiers ou coupés en quartiers, selon l'espèce de poissons recherchée. Les pattes peuvent être décortiquées et enfilées sur la pointe de l'hameçon pour augmenter l'efficacité et la durée de l'appât. La

Diverses espèces de vers marins constituent les appâts favoris de beaucoup de pêcheurs opérant sur fond de sable. En médaillon, on voit les résidus sableux excrétés par certains vers et formant de petits tas sur le sol. En creusant au-dessous, on peut trouver l'animal.

À gauche: le calmar (ou encornet) est souvent pris par les plus gros poissons. Comme on le voit ici, il peut être découpé en lanières pour être piqué à l'hameçon.

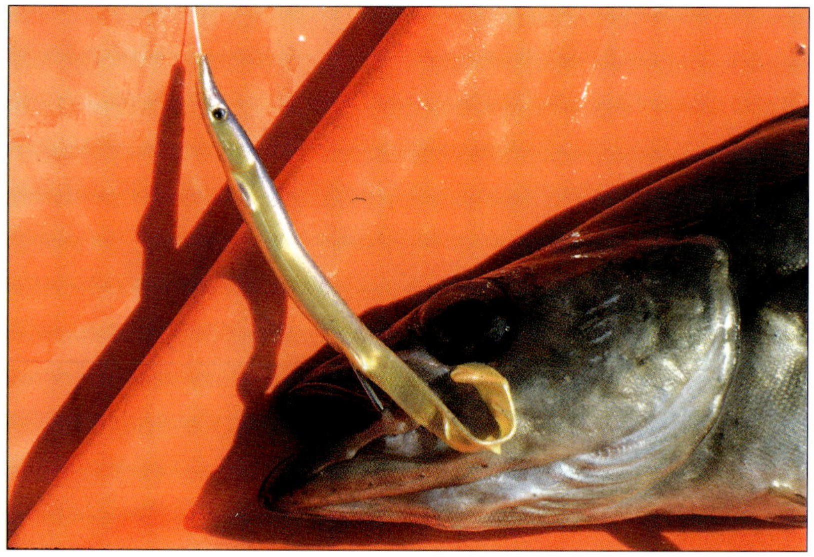

À droite: pour les poissons carnassiers chassant en troupe dans les couches d'eau moyennes, les leurres artificiels sont souvent les meilleurs atouts du pêcheur. Le Redgill représenté ici est l'un des plus efficaces, parce qu'il évoque irrésistiblement le lançon.

plupart des crabes sont employés à l'état frais, mais on peut aussi les congeler pour s'en servir pendant les mois froids, lorsque la mue ne se produit pas.

Les calmars

Le calmar, bien qu'il soit moins productif que les autres appâts, est intéressant parce qu'il semble sélectionner les plus gros spécimens. La pêche du bar en est un bon exemple. Parfois, en pêchant au ver marin, on enregistre touche sur touche, toutes produites par des petits poissons. Mais si l'on remplace le ver par un morceau de calmar, on peut rester assis une journée entière devant des cannes désespérément immobiles. Pourtant, certains spécialistes sont prêts à attendre ainsi plusieurs jours d'affilée, et même des semaines, car ils savent que lorsqu'un bar mordra, ce sera un gros spécimen. Cela se produit de la même façon avec la morue et les grosses espèces de raies de l'Atlantique Nord, raie épineuse et raie blonde en particulier. À moins d'être assez fortuné pour faire soi-même ses provisions, ou trouve les blocs de calmars congelés du Kalamri ou de Californie chez le poissonnier.

Les appâts artificiels

À l'échelle mondiale, les poissons-nageurs et toute la batterie de leurres métalliques faisant partie de la «quincaillerie» du lanceur constituent un pourcentage non négligeable dans le total des captures, mais il serait faux de croire qu'ils rivalisent avec les appâts naturels, si l'on considère la pêche des espèces côtières dans son ensemble, car environ 75 % des différentes espèces prises le long des côtes le sont sur ligne de fond eschées d'appâts naturels.

La force – et la faiblesse – des leurres artificiels est que leur pouvoir attractif s'exerce essentiellement sur des carnassiers grégaires comme les maquereaux et leurs homologues des eaux chaudes équatoriales tels que le tassergal. Quoique très différentes en taille et en agressivité, ces deux espèces occupent un créneau écologique très semblable – celui de prédateurs côtiers pourchassant les bancs de poisson-fourrage jusque dans les plus faibles épaisseurs d'eau lors de leurs curées sauvages. Il suffit de lancer un leurre dans la meute affamée et le succès est garanti. Malgré tout, le chiffre exact des poissons capturés par les pêcheurs sérieux et les amateurs ne doit pas beaucoup modifier les statistiques objectives de la pêche en bord de mer. Le bar, la morue, les poissons plats et de nombreuses espèces sont de bien timides attaquants de leurres et certains restent même totalement indifférents à leur action.

Le choix d'un leurre pour les prédateurs grégaires n'est guère difficile: tout ce qui brille suffisamment pour attirer l'œil du poisson et est assez lourd pour être lancé à la distance voulue convient. Des leurres classiques tels que le Rapala ou le German Sprat sont aussi efficaces l'un que l'autre pour le bar européen et la morue les plus méfiants, ainsi que pour le bar rayé américain. Les poissons-nageurs sont excellents, pourvu qu'on puisse les lancer loin et qu'ils soient capables de plonger jusqu'à la profondeur souhaitable.

Parmi les leurres modernes, le Redgill, imitation du lançon, est un attrape-poisson de premier ordre, réputé dans le monde entier pour les petites et les grandes espèces. Les Mepps et autres cuillers ondulantes ou tournantes sont également très efficaces, même s'il leur manque le pouvoir leurrant universel du lançon.

Les montages de base

Montages de fond

Il faut se rappeler que très peu d'espèces ne peuvent pas être prises au moyen d'appâts naturels présentés sur le fond. La ligne de fond est donc non seulement le plus simple et le plus polyvalent des montages, mais aussi et de loin le plus efficace. Se prêtant aux plus longs lancers, il permet de poser un appât n'importe où, sous la pointe de la canne comme à 175 ou 180 m au large.

Les montages paternoster et coulissants représentés sur l'illustration sont universellement adoptés en raison de leur efficacité et parce qu'ils sont exemplaires. Pour le paternoster, les champs d'expérimentation restent ouverts en ce qui concerne les types d'hameçon, les longueurs de potence et leur espacement, les clips de potence et le choix des clipots. De la même façon, avec le montage coulissant, on peut faire varier la longueur et la résistance de l'empile, le type et la taille des hameçons et même le matériau constituant le bas de ligne: le monofil de nylon convient à la majorité des espèces, mais le congre, la tope et autres requins ou prédateurs pourvus de dents coupantes imposent la crinelle métallique pour les bas de ligne.

Les montages flottants

En général, la pêche au flotteur s'inscrit plutôt dans la catégorie des techniques légères, avec des plombées de 30 à 50 ou 60 g et des corps de ligne ne dépassant pas 5 kg de résistance. Le flotteur peut être simplement un morceau de polystyrène taillé à la forme souhaitée ou bien un bouchon de plastique moulé de forme traditionnelle. Comme pour le montage coulissant, on peut moduler la longueur de l'empile, le poids de la plombée, etc. La profondeur de pêche se règle grâce à un nœud d'arrêt fixé sur la ligne au niveau voulu, le flotteur coulissant librement sur la ligne jusqu'à ce qu'il soit arrêté par la butée.

Des versions plus lourdes de ce montage flottant peuvent se révéler très utiles pour pêcher au-dessus des fonds encombrés de rochers et d'algues, où les montages coulissants classiques entraîneraient de lourdes pertes en matériel. Avec des plombées de plus de 100 g, le meilleur flotteur est encore un ballon de baudruche à demi-gonflé relié à l'émerillon par un bout de nylon. L'émerillon remonte jusqu'au nœud d'arrêt dès que la ligne a été lancée, de façon que l'appât soit présenté à la profondeur convenable, qui, bien souvent, se situe juste au-dessus du fond. Il ne faut pas trop gonfler le ballon : un diamètre de 10 cm fournit une flottabilité suffisante et permet de lancer suffisamment loin sans difficulté.

Les leurres artificiels

Dans la plupart des cas, le leurre est relié à la ligne issue du moulinet directement ou par l'intermédiaire d'un avançon métallique qui tient les dents du carnassier en échec. Le poids du leurre est suffisant pour produire un long lancer et un rapide enfoncement. L'idéal serait de ne pas ajouter de plombée, sous peine de nuire un peu à l'efficacité du leurre. Mais si cela est vraiment nécessaire – et cela l'est toujours avec des leurres de type Redgill –, fixer une plombée ronde ou en olive à 60 cm au moins du leurre ou, mieux encore, à un bon mètre. Le seul problème, avec un leurre et une plombée, est qu'ils ont tendance à tourner l'un autour de l'autre lors du lancer, ce qui freine considérablement et provoque des emmêlements.

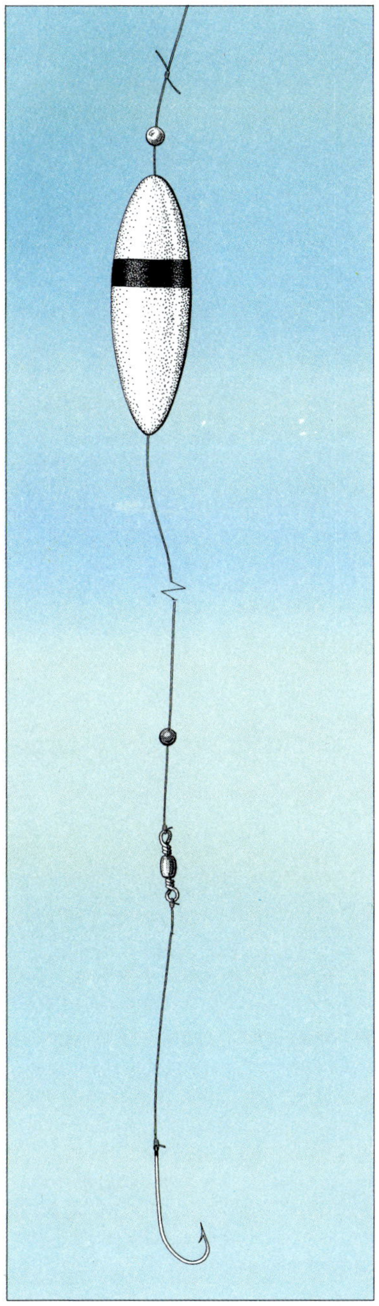

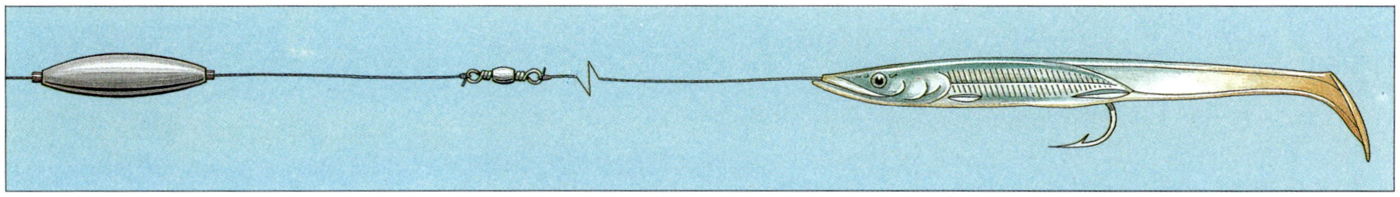

Ci-dessus : les montages pour leurres artificiels tels que le Redgill doivent être lestés pour être lancés suffisamment loin. La plombée est placée à une distance de 0,60 à 1 m en avant du leurre.

À gauche : le montage flottant est très utile pour pêcher au-dessus des fonds encombrés, où les autres resteraient accrochés aux obstacles. Importance de la plombée, longueur du bas de ligne et niveau du flotteur doivent être choisis en fonction des conditions particulières.

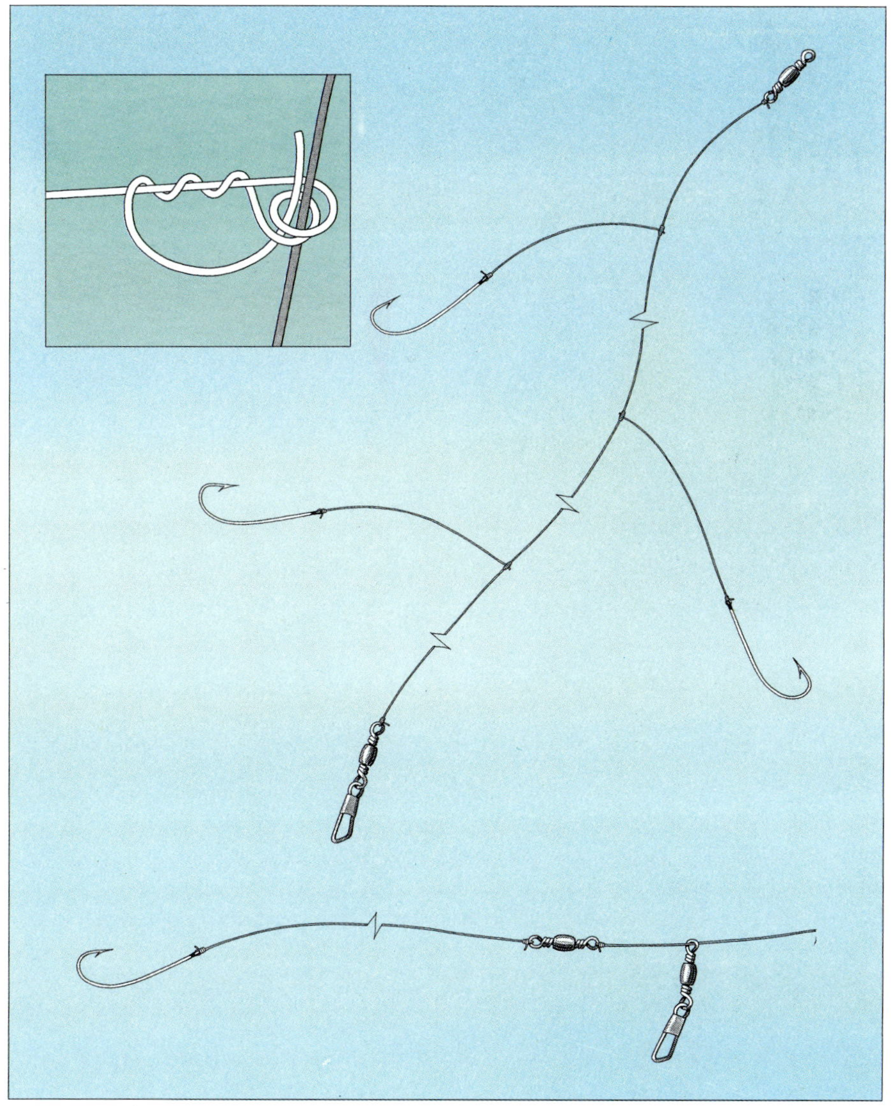

À droite : le montage paternoster se compose normalement de deux à quatre hameçons simples, en plus de la plombée. La longueur des potences et leur espacement varient suivant les conditions de pêche et les espèces recherchées. Chaque potence est reliée à la ligne mère par un nœud solide. Au contraire, le montage coulissant se compose d'un seul hameçon : comme son nom l'indique, la ligne doit pouvoir coulisser librement à la touche pour éviter que le poisson ne prenne peur. Le montage est très employé pour pêcher les espèces méfiantes telles que l'anguille. Sur ces deux types de montage, la plombée est reliée à la ligne par un émerillon.

6. En mer : la pêche en bateau

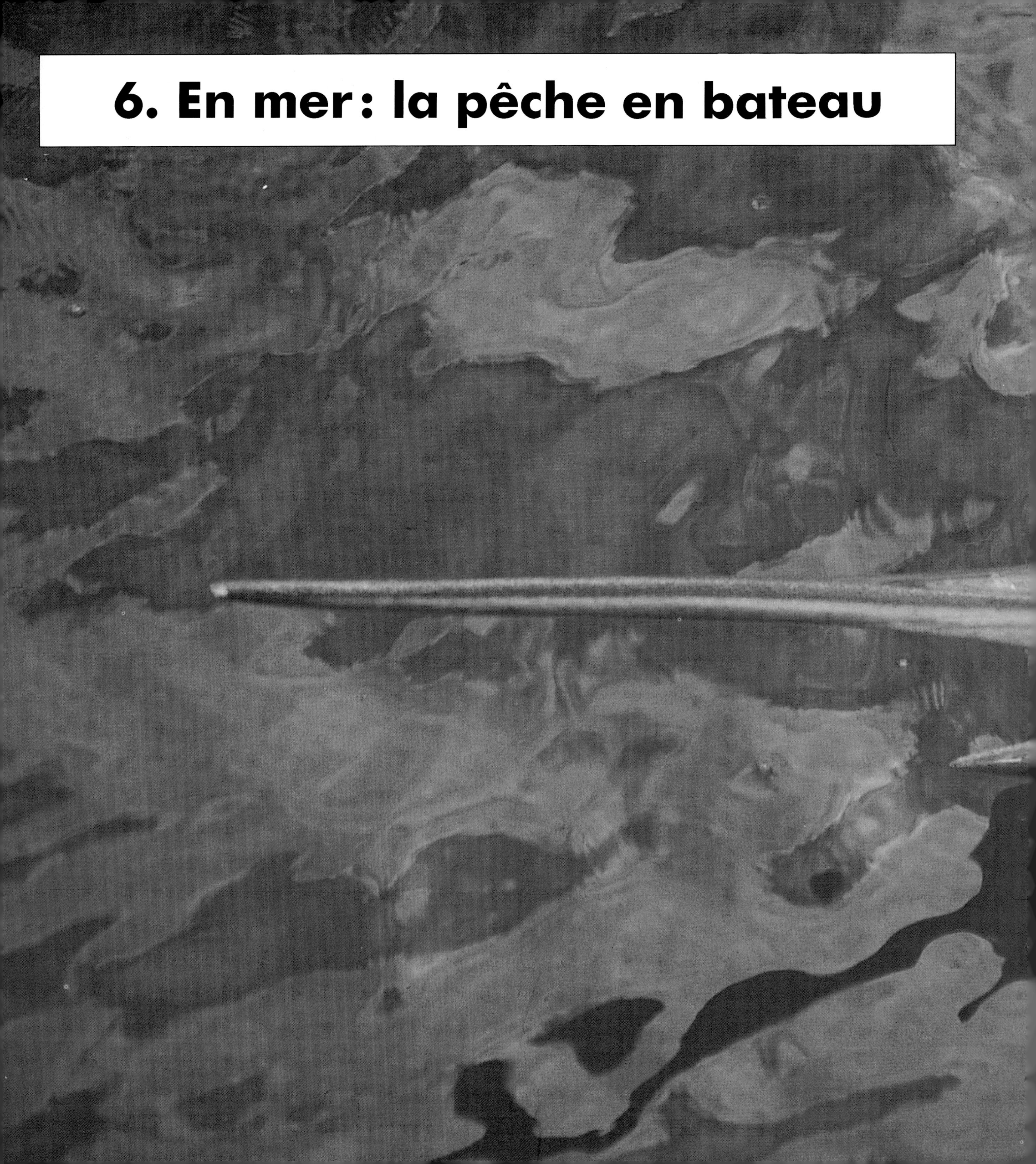

Il n'y a rien de plus agréable qu'une sortie de pêche en mer avec son matériel. On communie véritablement avec la nature. On ne peut jamais prévoir ce que l'on prendra, mais on peut toujours espérer que le poisson de ses rêves sera au rendez-vous. Est-ce la taille des poissons de mer ou leur quantité qui attire les pêcheurs? Ou bien serait-ce également le cadre, le soleil, la chaleur, le grand air, le bon esprit de ces gens qui partagent une même passion, ou, tout simplement, l'occasion de s'échapper du quotidien pour quelque temps?

Le pêcheur fanatique supporte aussi bien le froid glacial des sorties hivernales, bien emmitouflé dans des vêtements chauds, en quête de morues et de lieus même si le fil gèle dans les anneaux, que les belles journées ensoleillées, propices à la pêche du maquereau, des poissons plats et autres espèces à quelques centaines de mètres de la côte. Le but de la pêche en mer, c'est d'arriver à capturer les plus grosses pièces possibles, ou de prendre sportivement des thons, des requins ou des marlins. Pêcher en mer, c'est aussi explorer les récifs, les bancs de sable, les tombants de roche, à la recherche du congre, de la julienne et d'autres espèces moins connues, ou traquer, sous les latitudes lointaines des Caraïbes, le tarpon, un poisson capable de vider un moulinet en quelques instants et de faire littéralement exploser la surface des hauts-fonds environnants. Comme d'autres types de pêche, la pêche en mer est une passion. Mais il ne suffit pas d'avoir envie de s'y adonner, de goûter au sel, de découvrir les oiseaux et les poissons; il faut être correctement équipé. Selon les espèces et les régions, les méthodes et les conditions sont différentes. Toutefois, les modes et techniques de pêche fondamentaux sont universels et le matériel presque toujours le même.

L'équipement

Les cannes

En principe, on peut diviser le matériel de pêche en mer en trois catégories: le matériel léger, le matériel de force moyenne et le matériel lourd. En général, les cannes sont désignées selon leur résistance à la traction. On parle de cannes de 6, 12, 20, 30, 50, 80 et 130 lb («lb» signifie «livre anglaise», soit 453,6 g), des chiffres exprimant une puissance équivalant à 3, 6, 10, 15, 24, 37 et 60 kg. À chaque canne convient une ligne d'une résistance déterminée: une canne de 30 lb (15 kg) sera performante avec une ligne de 30 lb de résistance à la traction. Cette classification est issue du système établi par l'International Game Fish Association (IGFA), le seul organisme reconnu pour l'homologation des records du monde de pêche sportive à la canne sur des lignes de 2 lb (1 kg) à 130 lb (60 kg) de résistance.

Ces cannes sont en fibre de verre, en carbone ou dans un alliage des deux matériaux, appelé «composite», mais la fibre de verre est la plus courante. La longueur d'une bonne canne bateau s'échelonne de 1,70 m à 2,40 m (de 5,5 pieds à 8 pieds). Si l'on pêche debout dans le bateau, la canne doit pouvoir être tenue en main lorsque l'on risque de prendre de grosses pièces. Pour la dandine sur les épaves ou les récifs, la canne doit être plutôt courte, très forte, surtout si la hauteur d'eau est importante, tandis que la pêche à fond avec des appâts naturels est préférable avec une canne plus longue et d'action moins brutale. Les spécialistes de la pêche sur fil fin préfèrent une canne d'action lente, car elle est plus tolérante et docile pendant le combat.

Une canne est constituée de plusieurs éléments: un talon, une poignée, un porte-moulinet, un grip, un blank et des anneaux ou des poulies. Certains blanks sont en deux morceaux égaux, d'autres en un seul morceau que l'on emboîte dans le talon.

Plusieurs sortes de matériaux sont utilisées pour fabriquer le talon: bois, fibre de verre, matériaux synthétiques ou alliages légers. Le talon des cannes de traîne est en général en alliage. Un bon porte-moulinet doit comporter deux bagues de serrage à vis. Un grip de 20 à 30 cm est assez long pour bien tenir dans la main pendant le combat. Il est le plus souvent en liège, en mousse synthétique ou en peau. Qu'il soit monté avec des poulies de type

Ci-dessus: généralement, le matériel pour la mer respecte la classification de l'IGFA, depuis l'ultraléger (6 lb) jusqu'au lourd (130 lb). De gauche à droite, on peut voir un matériel léger de 20 lb et un autre de 12 lb avec moulinet à frein en étoile, et un matériel mi-lourd de 50 lb avec moulinet à frein levier.

Aftco, des anneaux au carbure de silicium de type Fuji, des anneaux en céramique ou en métal chromé dur, le blank en comporte de quatre à sept. Les poulies sont spécialement adaptées à la pêche à la traîne et à la pêche des poissons rapides; elles réduisent au minimum la friction et l'échauffement du fil, car les réas tournent en même temps que le fil va et vient pendant le combat. Ces anneaux et poulies sont fixés au blank par des ligatures simples ou doubles que l'on vernit comme le reste du blank.

Les moulinets

Il existe deux types de moulinet: à tambour fixe ou à tambour tournant à frein en étoile ou à levier. Le premier convient pour les pêches légères, au lancer ou à la traîne, et pour les espèces les moins grosses. Sa construction, à plusieurs renvois de pignons, et sa capacité de remplissage sont les deux faiblesses de ce type de moulinet. Les moulinets démultipliés à tambour tournant possèdent un frein en étoile, comme le Penn Senator, ou un frein à levier, comme le Penn International. La principale caractéristique qui les différencie est le type de freinage. Le frein en étoile agit en pression sur plusieurs disques tandis que le frein à levier commande un seul grand disque qui transfère la friction directement au tambour. De par son épaisseur, le disque d'un frein à levier est plus solide qu'un disque de frein en étoile. Il est plus coûteux à remplacer, mais il dure plus longtemps et grâce à lui, le freinage est plus stable et plus progressif. Le mécanisme d'un frein à levier est plus simple et plus direct, puisque la manette du levier joue à la fois le rôle de manette et celui de bras de serrage, tandis que le frein en étoile est monté avec un dispositif intermédiaire agissant sur le tambour.

Il est important de choisir le moulinet qui convient, en fonction des espèces et de la méthode que l'on envisage. Pour la traîne légère, on préférera le modèle à frein en étoile. Pour la pêche à soutenir ou à dandiner, les deux modèles conviennent, à condition d'avoir un tambour en matière synthétique car les bobines en métal alourdissent beaucoup le moulinet.

Sur un modèle de petite taille, on peut garder le guide-fil qui offre l'avantage de bien répartir la ligne autour de la bobine à la récupération. La classification des moulinets à tambour tournant s'échelonne du 1/0 au 16/0, ce qui correspond à la classification en livres anglaises déterminées par l'IGFA: 12, 20, 30, 50, 80 ou 130 lb. Toutefois, on peut garnir un moulinet de 30 lb avec un fil de 50 lb (24 kg). En général, pour pêcher les espèces les moins grosses, on utilisera un matériel de 6 lb à 30 lb (de 3 à 15 kg) et, à l'occasion, de 50 lb (24 kg). Pour pêcher à fond ou à dandiner, un moulinet de 1/0 à 4/0 suffit. Leur rapport de démultiplication s'échelonne de 2,5 pour 1 (normal) à 3,8 pour 1 (rapide), mais plus le rapport est élevé, plus le combat avec le poisson est difficile.

Les lignes

Les premières lignes en Nylon utilisées en mer datent de la fin de la Seconde Guerre mondiale. «Nylon» est une marque déposée par le fabricant américain Du Pont de Nemours. Jusqu'au début de la guerre, on se servait surtout de fils d'origine végétale mais, bientôt, les monofilaments en Nylon firent leur apparition. Aujourd'hui, les lignes de pêche sont en Nylon, en Dacron (tresse synthétique) ou en acier.

Le monofilament de Nylon, le plus utilisé, est bon marché et solide. Il est imputrescible et sa résistance est élevée. En revanche, il s'endommage facilement et est très élastique, le pourcentage d'étirement allant de 20 à 30 %. Une fois noué, il se fragilise et mouillé, sa solidité s'affaiblit. Mais le plus important, c'est qu'il perd le maximum de sa résistance s'il est exposé au soleil. Il existe du Nylon transparent ou coloré. Il est parfois fluorescent, et cela permet au pêcheur de pouvoir suivre plus facilement les évolutions du poisson pendant le combat ou les déplacements de la ligne s'il pêche à la traîne. La résistance de certains fils est garantie, c'est-à-dire qu'ils ne cassent effectivement qu'à la force de traction indiquée sur la bobine. C'est le cas des fils de classe IGFA (20, 30, 50 lb, etc.), que l'on utilise pour tenter de capturer un poisson record ou dans certaines compétitions de pêche. Leur prix est généralement plus élevé.

Le Dacron est une tresse constituée comme un tube. Il s'allonge de moins de 10 %, ne perd pas sa résistance une fois mouillé et les nœuds le fragilisent beaucoup moins que le Nylon. Il est pratiquement d'un diamètre égal à celui du Nylon pour une résistance donnée parce qu'il est filé, creux, et que l'air qu'il emprisonne est compressé. Le Dacron s'enroule aussi plus régulièrement sur la bobine du moulinet. C'est surtout un fil pour la pêche à la traîne, plus rarement employé pour d'autres modes de pêche. Toutefois, son prix est élevé et les détériorations des fibres sont difficiles à déceler.

Les fils d'acier sont de deux types: les monobrins et les multibrins. Ces derniers comportent de sept à quarante-neuf brins, avec ou sans gaine en Nylon, plombés ou non. Le monobrin est utilisé surtout pour la pêche au treuil ou pour pêcher en eau profonde avec un fort courant. Son poids est très élevé mais ce fil a peu de prise au courant et il ne s'étire pas. En revanche, il s'enroule mal sur la bobine et casse rapidement dès qu'il boucle. En fait, l'acier monobrin est d'un emploi très spécialisé. Les multibrins servent essentiellement à la pêche au treuil. Les lignes plombées sont constituées d'un fil de plomb enrobé d'une tresse synthétique et destinées à la traîne en eau profonde.

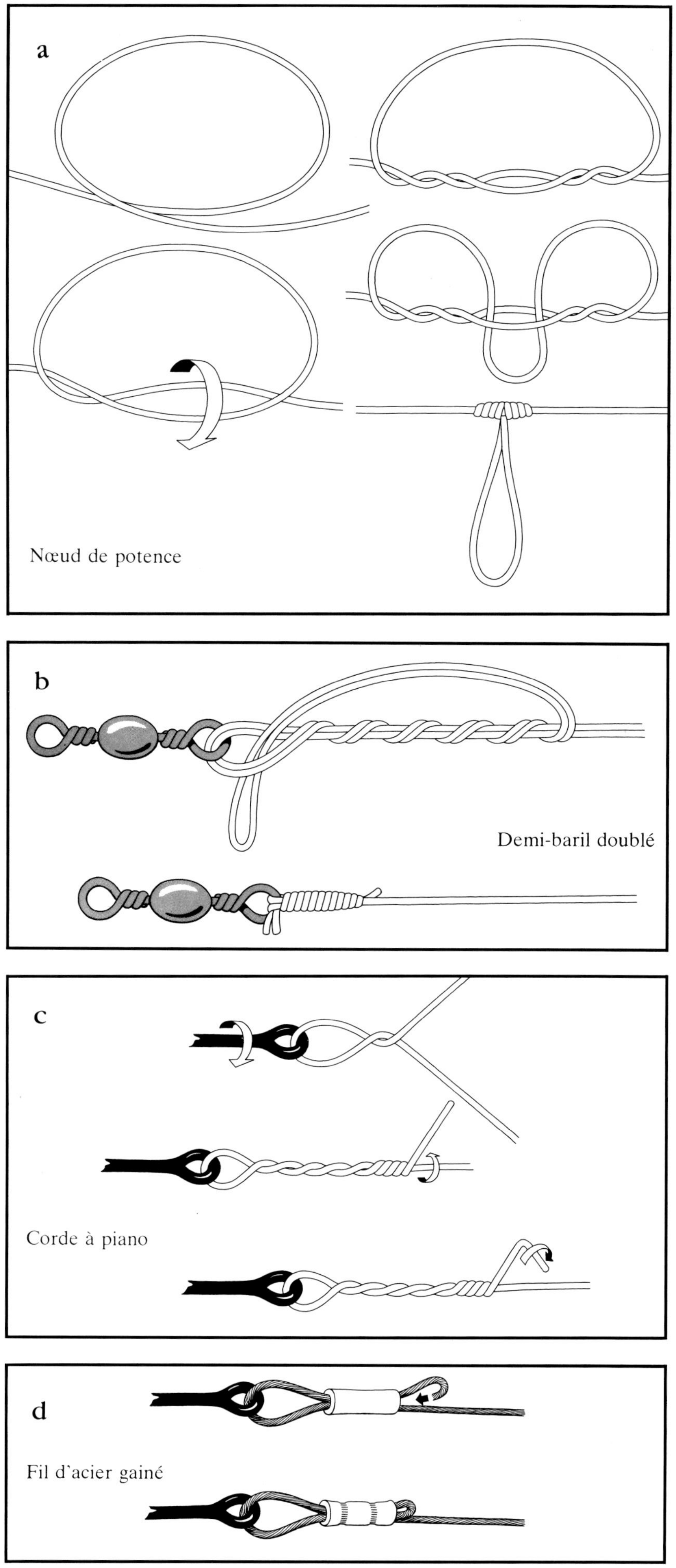

En mer, la simplicité des montages est payante. En règle générale, on doit utiliser le moins de nœuds possible.
(a) Nœud de potence
(b) Demi-baril doublé
(c) Torsade (pour acier monobrin)
(d) Fixation par sleeve (pour acier multibrin)

Les modes de pêche

On peut pêcher à l'ancre ou en dérive, mais certaines espèces ne peuvent être prises qu'à la traîne.

Le choix du mode de pêche dépend de l'espèce recherchée et du type de fond. En dérive, on prend aussi bien des poissons pélagiques, qui vivent entre deux eaux, que des poissons fouilleurs à ras du fond. C'est un mode de pêche très efficace si le profil du fond varie: sable, graviers, roches, cuvettes et hauts-fonds où vivent diverses espèces. Les courants et le vent peuvent rendre la pêche en dérive aléatoire; dans ce cas, la pêche à l'ancre s'impose car la dérive est trop rapide pour que le poisson ait le temps de sentir ou même apercevoir les appâts. Quand le bateau est à l'ancre, la zone de pêche se résume aux environs immédiats du bateau mais, en contrepartie, on prend des poissons qu'un appât dérivant n'intéresse pas. Il est préférable de s'ancrer sur les fonds de roche, les fonds irréguliers, les hauts-fonds, les épaves et les abords d'un à-pic: cela n'empêche pas de capturer des espèces pélagiques.

Lorsqu'on pêche à la traîne, la zone couverte est beaucoup plus étendue. Avec un treuil, il est possible d'explorer toutes les hauteurs d'eau grâce au système de lest auquel la ligne est simplement fixée par une pince. A la touche, le fil s'en dégage et le poisson peut être combattu en prise directe.

On pratique la traîne en divers points du globe. Par exemple, on pêche le saumon de cette matière sur la côte Ouest des États-Unis, et toutes sortes de poissons sont pêchées à la traîne dans les régions plus chaudes. C'est également un mode de pêche classique du maquereau dans les eaux septentrionales.

Leurres et autres appâts artificiels

Un leurre est l'imitation d'un aliment du poisson. Pour être efficace, le leurre doit se mouvoir dans l'eau d'une certaine façon. Les grosses cuillers lourdes ou les leurres à dandiner sont parmi les plus couramment utilisés, ainsi que les vers et les mouches artificiels. Pour les pêches légères, une cuiller ondulante, un poisson-nageur ou une cuiller tournante conviennent bien. Certains leurres norvégiens sont faits de plomb ou de cuivre.

Si le mouvement que l'on donne au leurre à dandiner est essentiel pour attirer le poisson, la couleur joue également un rôle important, déterminant même. À faible profondeur, là ou la lumière permet une bonne visibilité, les leurres de couleur rouge et jaune sont les plus efficaces. Par grand fond, dans la semi-obscurité, les meilleures pêches se font avec des leurres brillants ou des leurres chromés.

On trouve dans les magasins spécialisés toutes sortes de leurres pour la pêche en dérive, de 25 à 750 g. En action de pêche, il faut chercher à dandiner son leurre de façon régulière ou saccadée, à proximité du fond.

Ces gros leurres de dandine sont particulièrement appréciés dans les eaux septentrionales pour la pêche de la morue et du lieu noir ou jaune. Toutefois, on peut les essayer dans des eaux plus chaudes pour les poissons de roche qui chassent plus à vue qu'à l'odorat. Chaque modèle de leurre à dandiner a une forme, une décoration et une densité particulières. Plus il est grand par rapport à son poids, plus il sera remuant dans l'eau. Pendant des dizaines d'années, les Norvégiens et les Suédois ont conçu et utilisé la plupart des leurres de ce type.

La pêche en dérive aux leurres artificiels se pratique notamment sur les fonds rocheux. Morues, lieus et juliennes sont les prises les plus courantes.

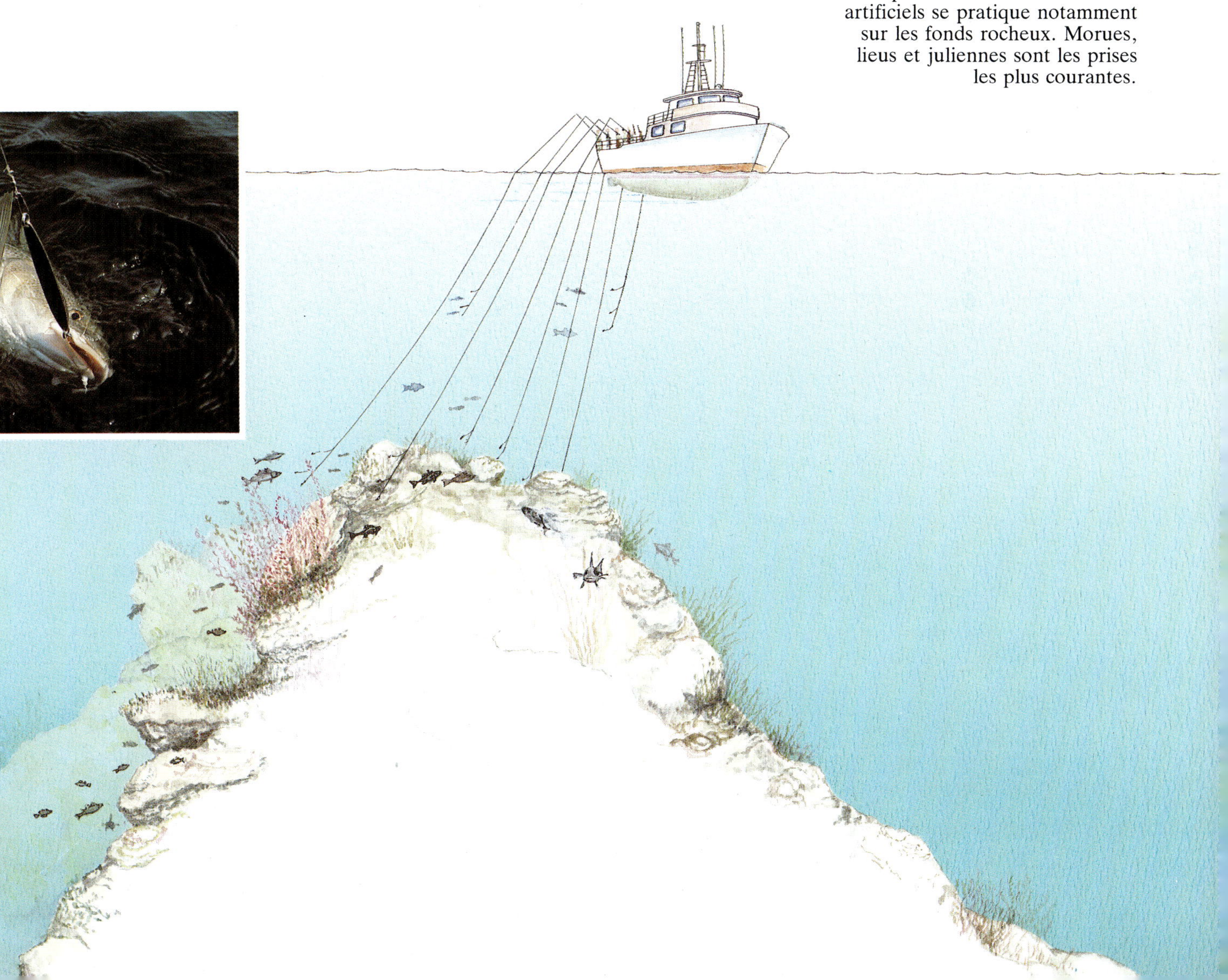

Certaines espèces attirées par le leurre attaquent également des leurres souples, des mouches ou autres imitations artificielles que l'on monte en potences au-dessus des leurres à dandiner. Selon l'espèce recherchée, on fixe au bas de ligne une, deux ou trois imitations de ce genre, selon que l'on désire combattre un poisson à la fois ou en remonter en force plusieurs d'un coup. Il est fréquent de mettre au sec deux ou trois poissons en même temps. Les leurres montés en potence peuvent imiter des espèces spécifiques comme les équilles ou les anguillons.

La cuiller à maquereau est l'un des leurres les plus utilisés dans le monde mais, comme dans le cas de la pêche à dandiner, c'est la profondeur à laquelle se trouve le poisson qui détermine la couleur de l'appât artificiel. Le rouge, le blanc, le jaune et les tons argentés sont efficaces par faible profondeur.

Les têtes plombées, autres leurres à dandine, rapportent de nombreux poissons sur presque tous les types de fonds. On peut les animer et les dandiner sans qu'ils s'accrochent au fond car l'hameçon est orienté vers le haut. On peut aussi ralentir nettement la cadence de dandine du fait qu'une tête plombée est plus mobile dans l'eau qu'un leurre à dandiner plus classique. Les poissons carnivores résistent difficilement à une tête plombée. Les divers types de leurres à dandine peuvent être utilisés pour pêcher au lancer, aussi bien en dérive qu'à l'ancre, offrant dans ce cas des résultats similaires.

La pêche à la traîne nécessite l'emploi d'autres types de leurres fabriqués pour reproduire un mouvement bien précis à une vitesse donnée, ce qui implique de régler la vitesse du bateau. Tandis que les grosses cuillers de dandine, les leurres souples et les mouches ne sont pas adaptés à ce mode de pêche, une tête plombée traînée derrière le bateau prend beaucoup de poissons.

Les appâts naturels

On utilise des appâts naturels lorsque l'on pêche des espèces qui ne chassent qu'à l'odorat, ou des poissons qui utilisent à la fois leurs sens visuel et olfactif. Les appâts naturels sont très variés : languettes de poisson frais, filets entiers, poissons morts ou vivants, crevettes, crabes, moules ou autres coquillages. Les vers sont particulièrement efficaces, notamment l'arénicole et les néréides. Un bon appât doit être frais mais, si possible, mobile. La façon de le fixer à l'hameçon est très importante : assez lâche pour que l'appât s'anime dans le courant, mais pas trop car il risquerait d'en être arraché.

De la fraîcheur de l'appât dépend son pouvoir attractif. Dès son immersion, l'appât commence à se déliter et doit être remplacé assez rapidement.

La forte sapidité du maquereau, de la sardine et du hareng en fait des appâts très efficaces dans toutes les mers. Les poissons fouilleurs aiment particulièrement les crevettes et les crabes. Seiches et calmars sont utilisés entiers ou en languettes. La chair de moule a une sapidité très marquée mais elle tient mal à l'hameçon, un inconvénient auquel on pallie en enrobant l'appât dans un petit morceau de bas à larges mailles ; on forme ainsi une boule qu'il est plus facile de fixer à l'hameçon.

Les appâts vivants sont efficaces en tout lieu. Outre son odeur et son aspect, un vif attire le poisson chasseur par ses mouvements. Les espèces vivant entre deux eaux s'y intéressent particulièrement : la morue, le lieu, les requins ou les thonidés. Toutefois, la pêche au vif est interdite dans certains pays comme la Norvège.

Avec ses appâts naturels, on peut avoir besoin de s'ancrer, surtout si les poissons se concentrent autour d'une épave, cas assez fréquent.

Les bas de ligne et les hameçons

Le bas de ligne est le lien véritable entre le pêcheur et les poissons. Elle doit résister à l'érosion des obstacles immergés comme aux dents parfois coupantes des espèces recherchées. Pour fabriquer un montage, on se sert de Nylon ou d'un fil d'acier monobrin ou multibrin, gaîné ou non. L'acier s'impose pour de nombreuses espèces mais pour la majorité d'entre elles, le Nylon suffit.

Mieux vaut simplifier le montage en réduisant au strict minimum le nombre de nœuds pour limiter les risques d'emmêlage et éviter que les touches ne passent inaperçues. Pour pêcher à fond ou entre deux eaux, les trois types de montages classiques sont le pater-noster, le traînant fixe et le traînant coulissant.

Le pater-noster est le montage le plus courant. Il est constitué d'un bas de ligne à potences courtes. On l'utilise également pour la pêche à dandiner, avec des leurres ou des plumes. On peut toujours ajouter des potences, notamment pour la pêche du maquereau, du lieu ou d'autres poissons grégaires capables de se précipiter sur les appâts à plusieurs. Les potences du pater-noster doivent mesurer de 20 à 30 cm et sont montées avec un nœud baril.

Le traînant fixe n'est qu'un pater-noster à plat, avec une ou deux boucles potences, pour pêcher sur le fond. Comme celui-ci, on l'utilise aussi pour la pêche en dérive.

Le traînant coulissant est préférable pour pêcher à l'ancre la raie, le requin ou les poissons plats, aussi bien sur des fonds irréguliers et des épaves que des hauts-fonds sableux. Le gros avantage de ce montage est que le pêcheur est en prise directe avec le poisson à la touche. Par ailleurs, le poisson ne sent pas la résistance du plomb lorsqu'il engame l'appât. C'est donc le montage idéal pour capturer des poissons méfiants qui prennent le temps d'examiner l'appât avant de l'avaler. Il faut alors ferrer lorsque le poisson s'éloigne, car certaines espèces comme les raies n'engament l'appât qu'après avoir nagé sur quelques mètres. Le ferrage à retardement n'est possible qu'avec un montage coulissant, car ce type de poisson recracherait l'appât s'il sentait une résistance.

Il arrive que le montage à clipots – sommairement constitués d'un brin de fil d'acier – soit plus efficace. Mais l'accessoire le plus important est l'émerillon de raccordement du fil principal au bas de ligne, ainsi que l'émerillon-agrafe servant à fixer le plomb au bas de ligne ou au corps de ligne.

Le nœud de raccordement au bas de ligne est dérivé du nœud baril. Si ce bas de ligne en Nylon dépasse un diamètre de 100/100e, mieux vaut remplacer les nœuds par des boucles frappées à la pince plate d'un ou deux sleeves. Plus le fil est épais, moins un nœud est solide et, dans ce cas, l'utilisation de sleeves en acier est la seule possible.

Bas de ligne pater-noster avec des leurres artificiels.

Bas de ligne pater-noster avec des appâts naturels.

Certaines pêches imposent l'usage de bas de lignes en acier pour éviter qu'ils ne soient sectionnés par les dents du poisson ou endommagés au contact des obstacles et des roches immergées. L'assemblage de ce type de bas de ligne implique l'emploi de sleeves qui correspondent exactement au diamètre du fil et de pinces conçues, si possible, pour cet usage.

De temps en temps, des montages spéciaux se révèlent nécessaires. Les pêcheurs des pays nordiques, par exemple, se servent d'un montage particulier pour la morue, le flétan et le poisson-loup à la dandine: il consiste à enfiler un appât naturel sur l'hameçon de la cuiller ou du leurre à jupe. On peut aussi supprimer le triple d'origine et le remplacer par un traînant appâté. Dans ce cas, la cuiller ou le leurre sert d'appelant et l'appât naturel est plus facilement repéré par le poisson.

Le principe de l'appelant est couramment utilisé en mer et l'on peut en monter sur tout bas de ligne, mais il n'est valable que si l'on pêche en dérive et dans les régions venteuses ou à fort courant. Dans une taille plus petite, l'appelant est utile pour la pêche des poissons plats, sous forme de billes ou de perles enfilées sur le traînant. Elles stimulent l'engamage des appâts naturels, peut-être parce qu'elles imitent vaguement des moules ou des crustacés.

L'émerillon pater-noster, à trois tourillons, est peu pratique car il oblige à faire trois nœuds quand un ou deux suffisent pour une potence classique. Toutefois, on peut le transformer en clipot si l'on enfile sur l'avançon un petit tube de plastique qui couvre le tourillon de l'émerillon. Ainsi, l'avançon reste écarté du bas de ligne.

Pour répondre aux exigences de chaque type de pêche et d'espèce, il existe de nombreux hameçons. L'hameçon de type O'Shaughnessy, très commun, reste solidement planté dans les mâchoires du poisson, que sa gueule soit fragile ou non. La pointe du «Beak», un hameçon fabriqué par Mustad, est légèrement rentrante, ce qui lui permet de bien présenter un appât et de rester plantée dans la gueule du poisson. Les hameçons à hampe longue, comme l'Aberdeen, sont excellents pour la pêche des poissons plats

Bas de ligne coulissant, valable également pour la dérive.

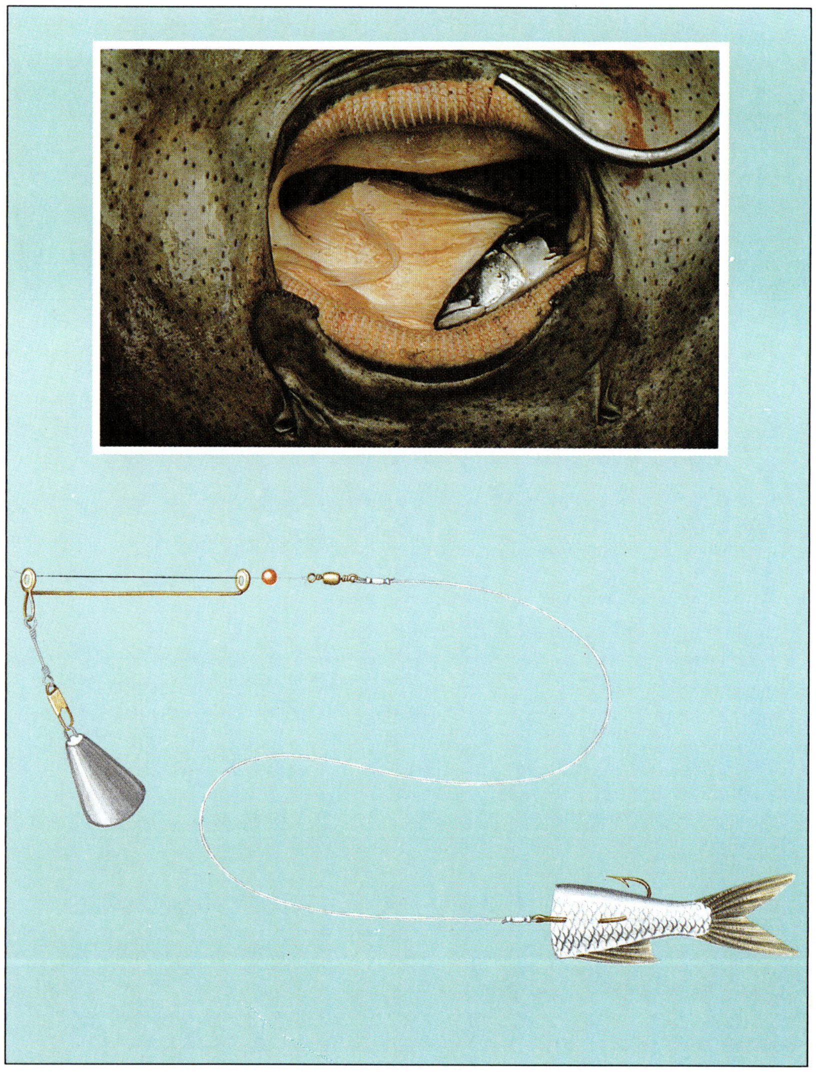

On dénombre 20000 modèles d'hameçons dans le monde, adaptés à toutes les méthodes de pêche et aux diverses espèces de poissons.

Voici les modèles les plus courants. La pointe doit toujours être bien piquante pour se planter dans les mâchoires les plus dures.

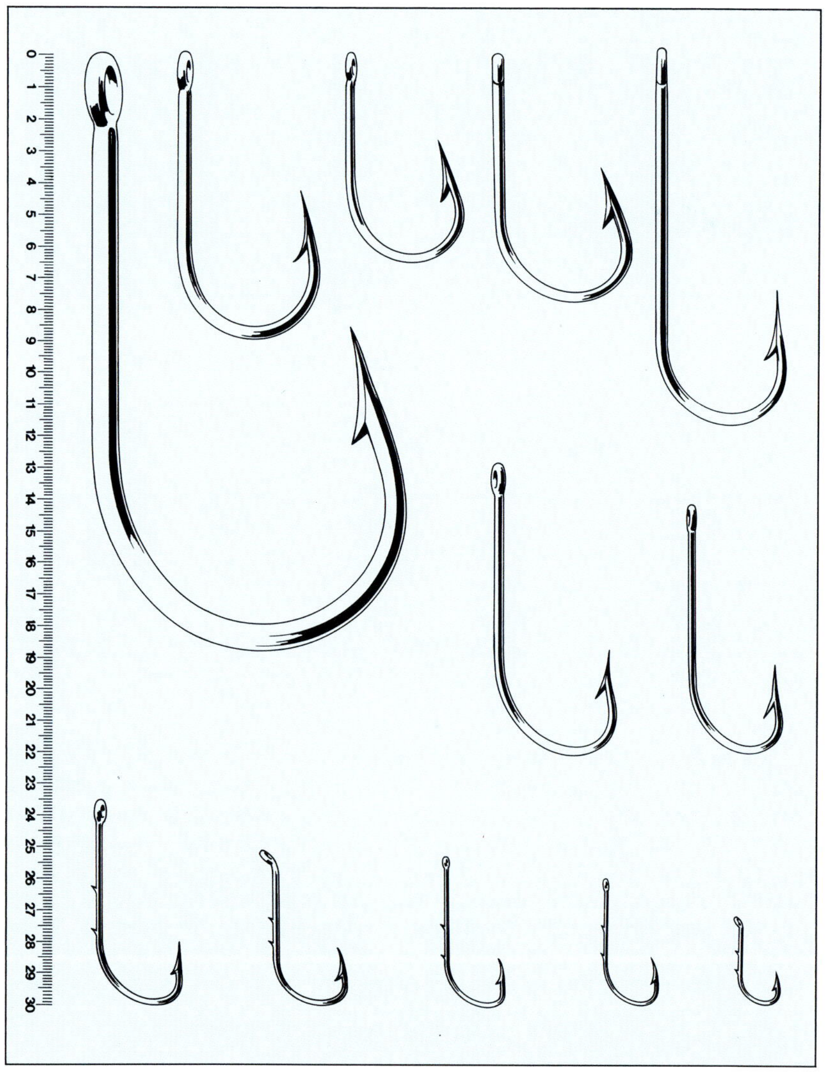

car la courbure, relativement étroite, facilite l'engamage. Il est simple à monter grâce à la longueur de sa hampe.

Il n'y a rien de tel qu'un hameçon parfaitement aiguisé pour ne pas rater son ferrage, à condition, toutefois, que le nœud soit parfait. En d'autres termes, le matériel doit toujours être impeccable pour être performant.

Les accessoires

La lutte avec un gros poisson devient parfois délicate si elle se prolonge, surtout lorsque la mer est forte et le pont glissant. Dans ce cas, une ceinture à godet et un harnais d'épaule ou de reins seront très appréciés. La ceinture est constituée d'une sangle crantée et d'un godet articulé ou non, dans lequel est logé le talon de la canne. Ainsi, on n'a plus à maintenir celui-ci contre son bas-ventre et l'on peut consacrer tous ses efforts à la traction sur la canne. Le harnais d'épaule ressemble à une courte jaquette qui enveloppe entièrement le haut du dos ; on s'en sert pour pêcher de grosses pièces comme le requin ou le thon, mais le moulinet doit être muni de ridoirs que l'on fixe aux mousquetons du harnais. La ceinture à godet et le harnais d'épaules permettent de combattre seul, debout, des poissons de 50 à 100 kg.

On a tout intérêt à posséder une boîte de pêche pour ranger les multiples leurres et montages embarqués. Une grande boîte permet également de mettre à l'abri les bobines et moulinets de rechange.

Les bateaux charters qui proposent des sorties à la journée sont tous équipés de gaffes ou d'épuisettes. Sur son propre bateau, il est indispensable d'en prévoir, les premières étant utilisées pour les grosses pièces et les secondes pour les plus petites. Pour mettre au sec ou relâcher une belle pièce, il est recommandé d'utiliser une gaffe à long manche et une paire de gants très solides pour saisir le bas de ligne ou le fil sans se blesser.

L'amorçage

En mer, l'environnement varie considérablement. On peut se trouver dans une baie protégée, à proximité d'installations portuaires, comme au grand large, sur des récifs artificiels. Dans certains secteurs, les mouvements de marée et les courants sont très forts, et les fonds alternent du sable aux roches.

Les espèces que l'on pêche aux appâts naturels sont volontiers attirées jusqu'au bateau par un amorçage fait de maquereaux écrasés, de morceaux de hareng, de sardine ou autre poisson sapide, et d'autres espèces animales que l'on coupe en tronçons avant de les jeter à l'eau.

C'est une méthode que l'on pratique de diverses manières. Elle est très utilisée pour attirer les requins qui suivent la trace de l'amorçage en remontant le courant. Au mouillage, l'amorçage rassemble aussi les espèces du fond, à condition de fixer à l'ancre un filet rempli d'amorce. Appelé « broumé » en Méditerranée, l'amorçage à base de morceaux de poisson frais amène les thons à évoluer aux alentours du bateau.

D'autres espèces sont intéressées par des types d'amorçage plus surprenants. Les poissons plats viennent facilement sous le bateau si l'on descend au fond, à l'aide de n'importe quel cordage, un bidon troué plein d'aliments pour chat ou chien ; on secoue le cordage de temps en temps pour laisser s'échapper du bidon un peu d'amorce, qui rameute les poissons des environs. La même méthode est employée pour la pêche à l'anguille, de la morue, de la julienne ou d'autres espèces moins connues des eaux méridionales. L'amorçage donne de très bons résultats sur les poissons solitaires comme le congre, la julienne ou la murène qui n'acceptent de sortir de leur cache que si l'attrait de la nourriture est trop fort.

Une ceinture à godet et un harnais d'épaules facilitent le combat debout avec un gros poisson. Les deux ridoirs du moulinet sont fixés aux mousquetons du harnais.

On met des poissons écrasés ou hachés dans un vieux sac à pommes de terre, un filet ou un bidon, immergé le long de la coque. Quel que soit le type d'amorçage, il doit être continu car s'il est interrompu, les poissons s'écartent de la coulée qui les faisait remonter jusqu'aux appâts.

Le ferrage, la lutte et la mise au sec

En principe, le poisson attaque le leurre ou engame un appât car il le considère comme un élément naturel. Il faut donc ferrer avant qu'il ne réalise son erreur et ne le recrache. Il arrive qu'un poisson se ferre tout seul mais, en général, il faut ferrer instantanément, particulièrement lorsqu'on pêche les poissons de grand fond. Pour pomper, il convient de relever la canne vers la verticale, sans exagération, et de maintenir la ligne tendue. Pendant la lutte, la canne doit garder la même courbure et la force exercée par le pêcheur rester égale. Toutefois, on doit laisser le poisson reprendre du fil s'il replonge soudainement. C'est pourquoi il faut régler le frein du moulinet en fonction de la résistance du fil utilisé. Quand le poisson fait surface et se rapproche du bateau, on le sort de l'eau avec la gaffe ou l'épuisette, à moins qu'on ne se contente, s'il est petit, de le hisser directement dans le bateau en bout de canne.

Lorsque l'on pêche aux appâts naturels, il est important de laisser le poisson engamer l'appât avant de ferrer. De nombreux pêcheurs n'ont pas cette patience et ferrent trop tôt, à la touche. Un poisson n'a pas l'habitude de se voir retirer de la gueule un aliment qu'il a eu à peine le temps de goûter. Laissez-lui du temps et ne ferrez que lorsque vous êtes pratiquement certain que le poisson est au bout: vous en prendrez, de cette façon, plus qu'auparavant.

Les aides à la navigation

Pour se repérer sur la mer et pour rechercher les fonds propices à la pêche sportive, le pêcheur d'aujourd'hui dispose d'une gamme importante d'outils. Les progrès de l'électronique moderne ont permis de concevoir des appareils que l'on regroupe sous l'appellation d'aides à la navigation. Ce sont surtout le compas, le sondeur, les appareils de positionnement, les appareils radio VHF et les radars.

Le sondeur permet de repérer les bancs de poissons qui passent ou se regroupent à la verticale du bateau, ainsi que les obstacles du fond qui peuvent cacher certaines espèces sédentaires. Fonctionnant sur un même principe échographique, les sondeurs modernes sont habituellement munis d'un système de reproduction perfectionné, qui peut se présenter sous trois formes différentes: l'enregistrement sur rouleau de papier électrosensible, la visualisation sur moniteur. Sur certains modèles, des mémoires permettent l'enregistrement d'images fixes reproduisant un profil du fond particulier. Les sondeurs les plus puissants sont capables de déceler un poisson de taille moyenne à une profondeur de plusieurs dizaines de mètres.

S'ils n'interviennent pas directement dans le repérage des bancs de poissons, les appareils de positionnement et le radar servent au pêcheur à localiser et, au besoin, retrouver un lieu de pêche avec une précision de quelques mètres, même hors de vue de la côte. A partir d'informations founies par les cartes marines ou les pêcheurs locaux, un appareil de positionnement est capable de mémoriser et d'afficher les données géographiques de plusieurs lieux de pêche, donnant ainsi au pêcheur la possibilité de réduire le temps de route et de recherche des zones propices à chaque sortie en mer.

Le compas et la radio VHF sont obligatoires sur les embarcations autorisées à l'éloigner de la côte et constituent des aides précieuses pour trouver sa route vers le large, revenir à bon port et communiquer avec les autres pêcheurs ou avec les personnes restées à terre.

De nos jours, pour être opérationnel, un bateau doit être équipé d'un matériel de base. Le sondeur électronique permet de repérer rapidement des poissons. Ci-contre, la reproduction sur papier électrosensible de ce que «voit» un sondeur. On peut ainsi connaître le profil du fond et la position des poissons. Un compas et un appareil de positionnement sont aussi nécessaires, de même qu'une radio VHF marine.

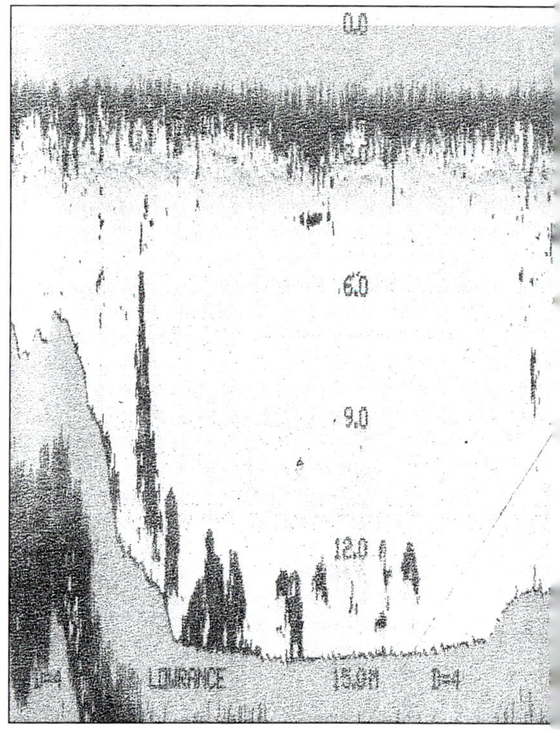

Sondeur à cristaux liquides

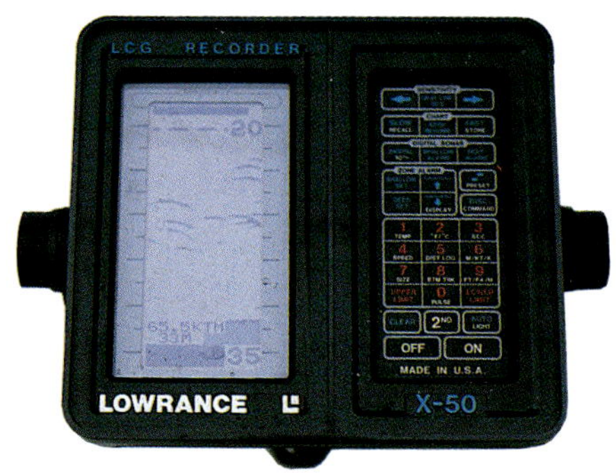

Compas

Appareil de positionnement

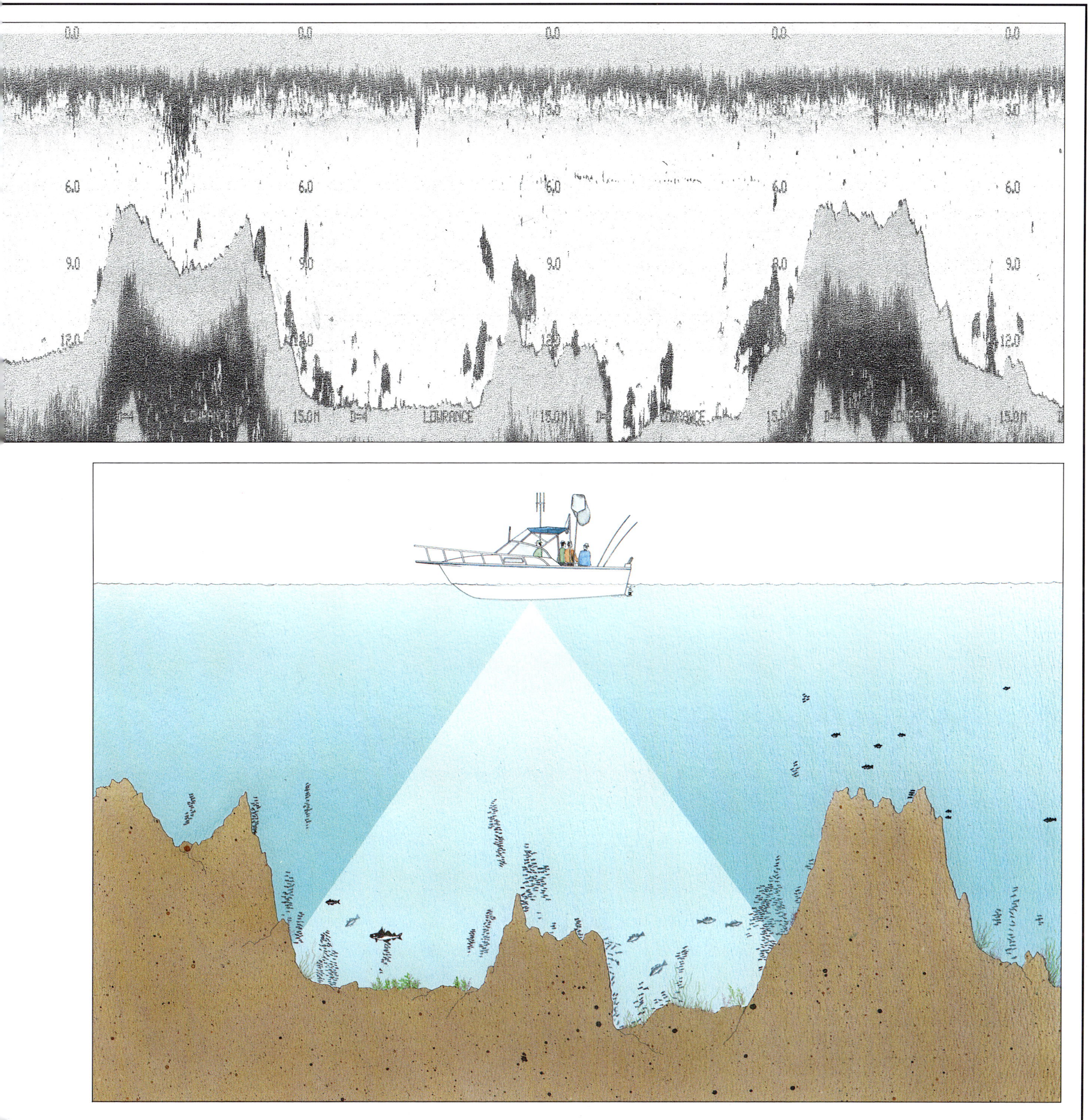
0.0
3.0
6.0
9.0
12.0
15.0M
D-4
LOWRANCE

Les défis du pêcheur en mer

La mer est riche en espèces diverses, de l'Arctique aux régions tropicales et subtropicales. Certaines espèces migrent chaque année sur de très longues distances, de leurs terrains de chasse jusqu'aux zones de frai. Mais c'est la température de l'eau qui les amène à se nourrir ou non. De même, la nature des fonds varie mais on y trouve les poissons qui forment leur nourriture.

Les pêcheurs ne fréquentent qu'une toute petite partie des mers, notamment les secteurs côtiers. Seuls les pêcheurs de grands poissons comme le thon, le marlin ou le voilier, qui sont souvent pris en surface au-dessus de fonds pouvant dépasser les deux mille mètres, s'aventurent à les pêcher au large dans les mers chaudes.

Dans l'Atlantique Nord, les poissons de sport ne manquent pas: la morue, le lieu noir, le lieu jaune, les poissons plats, le congre, l'aiguillat, le chien de mer, le poisson-loup, les raies, la julienne et le maquereau. On rencontre aussi quelques-uns de ces superbes lutteurs en Méditerranée ou dans d'autres mers chaudes. Les bancs de morues restent à la côte ou un peu plus au large mais se comportent aussi presque comme des poissons pélagiques puisqu'ils chassent volontiers dans les bancs de maquereaux, petits lieus, harengs, etc. La morue s'intéresse aux leurres comme aux appâts naturels. Le lieu noir, un superbe lutteur, est une espèce pélagique dont les plus petits sujets se rapprochent des côtes à fort courant, tandis que les grosses pièces se maintiennent au large, souvent entre deux eaux, dans des secteurs rarement visités par les pêcheurs amateurs.

Contrairement au lieu noir, le lieu jaune ne migre pas facilement et se plaît dans les secteurs côtiers mais c'est aussi un magnifique combattant, qui préfère également les leurres artificiels aux appâts naturels. On pêche les poissons plats (la limande, le flet et la plie) dans les zones peu profondes, notamment dans les estuaires, avec un matériel léger et des vers ou des morceaux de poisson. Le turbot vit en eau plus profonde. Le roi de l'Atlantique, le flétan (proche parent du flétan du Pacifique Nord), était commun du nord de l'Écosse à l'Arctique mais l'espèce a été décimée par la surpêche professionnelle. Les plus gros pèsent jusqu'à 300 kg, quoique les pièces de plus de 40 kg prises à la canne sont rares de nos jours même si les professionnels mettent à terre, de temps en temps, des sujets de 50 à 100 kg. Le flétan accepte un leurre comme un appât naturel.

De la même famille que la morue, la julienne ne se sent à l'aise qu'en eau profonde. On la trouve avant tout en mer du Nord et autour des îles Britanniques. Il arrive que des petites juliennes se rapprochent de la côte, mais on pêche les sujets de 10 à 30 kg par 50 à 200 m de fond. Les épaves, qui attirent la julienne comme un aimant, lui procurent l'abri et la nourriture qu'elle recherche. Dans les eaux plus chaudes comme celles du Gulf Stream vit le congre qui se sent à son aise à toute profondeur, du moment qu'il peut y trouver des roches ou un bout d'épave pour s'abriter. S'il peut dépasser les 100 kg, les records enregistrés à la canne, dans la Manche, avoisinaient les 50 kg. On ne prendra le congre qu'avec des appâts naturels, souvent à l'ancre, car il identifie ses proies à l'odeur avant de les engamer.

Le poisson-loup, très apprécié des pêcheurs amateurs, n'apparaît que dans les eaux du nord de l'Europe. Dans son environnement rocheux favori, il se nourrit de coquillages qu'il brise de ses puissantes mâchoires. Il en existe trois espèces: le bleu, poisson de grand fond, et le tacheté sont très répandus près du Groenland, tandis que le rayé fréquente la mer du Nord et la Scandinavie. Le bleu peut atteindre 40 kg, le tacheté de 30 à 35 kg et le rayé jusqu'à 15 kg.

Dans les espèces plus petites, on trouve la roussette, qui abonde autour des îles Britanniques et en Méditerranée, sur fonds sableux; les roussettes sont si voraces qu'elles gâchent souvent toute tentative de pêche d'autres espèces. L'aiguillat vit en bancs près des côtes de l'Europe et de celles des États-Unis, du côté atlantique. C'est une espèce gourmande qui préfère les appâts naturels. Le chien de mer fréquente les mêmes eaux, souvent près de la côte et dans les grandes baies sableuses où le courant est puissant. Il peut atteindre de 30 à 40 kg et sa réputation de lutteur est célèbre, surtout pêché sur fil fin.

Les raies sont largement réparties le long des côtes et en eau profonde, sur fonds de sable, d'argile ou de graviers. Les plus grandes atteignent 100 kg. Sans cesse traquées par les professionnels comme les amateurs, elles sont de moins en moins nombreuses. Les eaux des îles Britanniques sont les plus prolifiques. Parmi les grandes raies, on peut pêcher à l'occasion des espèces moins courantes comme la raie capucin et *Raja lintea* (raie voile). Parmi les petites raies, c'est surtout la raie bouclée que l'on prend à la canne; elle dépasse rarement 10 kg et l'on ne la trouve que par endroits. L'ange de mer est de la même famille que le requin et la raie. Présent dans les eaux britanniques et en Méditerranée, il vit dans peu d'eau. Il peut atteindre une taille exceptionnelle sur la côte Ouest de l'Irlande.

Beaucoup d'espèces de l'Atlantique Nord sont aussi présentes dans les eaux méridionales où, grâce à l'existence d'autres espèces, la pêche en mer est plus variée. L'orphie comme le maquereau fréquentent toutes les eaux européennes. Connu dans le sud de l'Europe, le maquereau espagnol s'apparente au maquereau commun et voisine avec certaines carangues. La baudroie vit sur des fonds réguliers. Les espèces rocheuses et coraliennes, dont les dorades sont les plus répandues, sont également nombreuses, comme *Brama raji*, et d'autres espèces à corps brillant et rougeâtre comme la dorade rose, le pageau et la canthère, qui ne dépassent pas quelques kilogrammes mais se battent bien sur fil fin. La murène vit dans la roche ou dans les cavités.

En zone rocheuse, on peut aussi pêcher les vieilles et, sur fonds sableux, les rougets. Ils aiment des appâts de petite taille, des languettes ou morceaux de poisson ou, à l'occasion, attaquent un leurre souple, une tête plombée ou un poisson artificiel. A Madère, aux Canaries et aux Açores, certaines espèces apparaissent régulièrement, comme les sérioles et autres carangues. Pourtant, on y trouve davantage d'espèces des eaux septentrionales comme le maquereau, le chien et des poissons de roche qui bénéficient là d'une nouvelle zone de développement.

Certaines espèces migratrices, comme l'anguille, la truite de mer et l'alose, sont accidentellement capturées près des côtes à l'approche de la période où elles rejoignent les rivières et les fleuves côtiers. Les mulets, très courants dans les eaux portuaires, font également partie des prises réalisées très occasionnellement en bateau.

En Méditerranée comme dans la partie méridionale des côtes européennes de l'Atlantique Nord, certaines espèces de thonidés, comme la bonite et le germon, profitent du réchauffement des eaux estivales pour se rapprocher des côtes et offrir au pêcheur l'occasion de vivre des moments de lutte mémorables s'il pêche sur fil fin.

Du sud de la Grande-Bretagne jusqu'aux côtes de l'Afrique du Nord, le bar est le poisson le plus populaire parmi les pêcheurs sportifs. Le bar est aussi appelé loup en Méditerranée. Son faux cousin, le bar moucheté se rencontre du sud de la Bretagne jusqu'en Mauritanie mais il n'a pas la même renommée ni la même combativité. Vivant en solitaire quand il vieillit mais chassant en bancs assez nombreux dès que le besoin s'en fait sentir, le bar fréquente surtout des zones rocheuses, les épaves et les hauts-fonds sableux des zones de forts courants, en surface ou entre deux eaux, mais il s'éloigne peu volontiers des régions côtières sauf pour élire domicile dans les épaves du large. Son poids peut dépasser 10 kg mais la surpêche professionnelle a réduit considérablement les stocks de cette espèce et les gros sujets se raréfient.

Le long de la côte Est de l'Amérique du Nord, d'autres poissons ont largement contribué à la pêche en mer sportive. Là aussi, la morue et le lieu noir, comme dans le nord de l'Europe, fréquentent les hauts-fonds, les fonds accidentés et les épaves. En eau profonde, la lingue est également présente. Mais, grâce à certains courants chauds, on y rencontre des espèces inconnues sous des latitudes similaires en Europe, notamment le tassergal et le bar rayé, que l'on capture au large. Plus au sud, en Caroline ou en Floride, on pêche les carangues, les tambours, les mérous et les snappers.

Sur les récifs artificiels et autres fonds accidentés, on retrouve des espèces similaires et des carangues, toutes dépendant d'un certain type d'environnement. Ce qu'on appelle «flats» (plateaux) constitue le milieu le plus extraordinaire, car l'on y enregistre les plus beaux records sur fil fin. Ces immenses zones de hauts-fonds sont concentrées dans le sud de la Floride et les îles qui prolongent cette région, dans les Bahamas et au sein de plusieurs groupes d'îles des Caraïbes.

Selon le climat local, les types de fond et la température de l'eau, les espèces varient. Ci-contre, une raie ; ci-dessous, de gauche à droite, un flétan, un petit requin et une morue.

Les «flats»

Le bonefish, le tarpon, le palomète («permit»), le barracuda et le robale («snook») font partie des espèces que l'on rencontre sur les «flats», ces plateaux sujets à de forts mouvements de marée et parsemés d'îlots de palétuviers. Les «flats» sont riches en crabes, en crevettes, en autres crustacés et proies diverses qui entrent dans le menu des poissons carnivores. L'eau y est limpide et le soleil cuisant. On repère les poissons à leurs nageoires qui émergent de la surface ou aux taches sombres qu'ils forment à distance. C'est le paradis de la pêche fine et de la pêche en barque, mais aussi le royaume de la pêche à la mouche.

Il faut s'imaginer en train de dériver tranquillement le long des palétuviers ou dans une baie peu profonde, quand on aperçoit, hors de portée de lancer, l'ombre d'un gros tarpon de 30 à 40 kg. On tente de s'approcher tout près de lui, de lui balancer un crabe à quelques mètres et de ramener l'appât dans son champ de vision. A la mouche, il s'agit de placer un gros streamer touffu au plus près du poisson. Le tarpon se déplace soudain vers le leurre ou l'appât, ouvre grand son énorme gueule et s'aperçoit immédiatement qu'il est pris. C'est alors un combat de titan qui commence par une série de jaillissements et d'éclaboussements, suivie d'un démarrage furieux qu'aucun frein ne saurait endiguer. Le fil s'échappe par centaines de mètres et le poisson continue sur sa lancée à toute vitesse en ne laissant pas grand moyen au pêcheur pour le contrecarrer. Neuf poissons sur dix finissent par se décrocher et l'on n'a parfois qu'une occasion par jour de tenir un tarpon pendant quelques minutes. Incontestablement, le tarpon fait partie des trophées qu'un pêcheur recherche avant tout.

A chaque saison ses espèces, et la pêche des «flats» est tributaire de la température de l'eau, des déplacements des courants et des phases de Lune. Il est de toute première importance d'être au bon endroit au bon moment, car le meilleur des guides ne peut tout faire. On peut pêcher les «flats» toute l'année, sauf quelques mois, et cela d'autant plus facilement qu'on en trouve sur les côtes de deux continents.

Quelques espèces bien précises seront pêchées au lancer avec un poisson-nageur, une cuiller ondulante, une cuiller tournante ou un leurre souple. Mais, dans la plupart des cas, les appâts vivants sont mieux acceptés: petits crabes ou crevettes, piqués sur un hameçon simple. La méthode est facile, puisqu'il suffit de lancer à hauteur du poisson et de laisser couler l'appât dans son champ de vision, en lui laissant le temps de l'engamer avant de ferrer.

En général, le bateau appartient au guide ou au pêcheur local qui sont des spécialistes, à quelques exceptions près, du repérage des poissons.

La plupart du temps, le pêcheur qui découvre les «flats» pour la première fois aura intérêt à choisir un guide de pêche en barque renommé. Le guide s'occupe de propulser la barque avec une perche, à l'approche des poissons, et localise les bancs comme les solitaires bien avant le pêcheur. Le moteur est arrêté pendant toute la phase de localisation des poissons.

Si les conditions le permettent, on peut aussi se passer de la barque et essayer, avec un guide, de pêcher en se déplaçant à pied dans l'eau. Encore plus délicate, cette approche des poissons est passionnante car elle nécessite des nerfs d'acier et une discrétion parfaite.

On pêche les «flats» sur de petits bateaux avec un matériel léger, surtout aux appâts naturels (crevettes ou crabes) et à la mouche avec des streamers.

Avec des appâts naturels comme le crabe, le mulet, les crevettes ou le poisson-chat, on peut prendre des tarpons en dérive ou à l'arrêt. En Floride, la traîne lente a son efficacité. Mais ces méthodes ne valent pas la pêche à vue, au lancer ou à la mouche. On utilisera un bas de ligne de 10 à 20 kg, avec des hameçons de 1/0 à 6/0, bien que le 4/0 soit le plus utilisé.

Le bonefish est un seigneur des eaux côtières. Le pêcheur voit ce «fantôme gris» avant, pendant et après la touche. Les bonefish cherchent leur nourriture sur les flats de Floride et de nombreuses îles des Caraïbes, arrivant généralement sur ces plateaux avec la marée. Equipé de lunettes polarisantes, on les aperçoit facilement dans l'eau claire mais il ne faut pas s'imaginer que ces poissons ne soient pas en alerte dans un secteur aussi exposé.

Généralement, on pêche le bonefish au lancer avec des crabes vivants ou autres appâts naturels, que l'on expédie dans l'axe de leur déplacement. Mais il est plus tentant encore d'essayer de prendre un gros bonefish de plus de 2 kg à la mouche, avec un streamer. Dès le ferrage, le poisson fonce vers l'eau profonde sans laisser le moindre répit au pêcheur. Si le premier «rush» est contenu, le combat ne sera pas très dur. Sans grand intérêt culinaire, mieux vaut relâcher le bonefish comme on relâche, d'ailleurs, le tarpon.

Ces bonefish se déplacent en bancs. Un bas de ligne de 10 à 20 lb (de 5 à 10 kg) et un hameçon de 1/0 à 2/0 conviennent. Si les sujets de 1 à 2 kg sont monnaie courante, les plus belles pièces, de 4 à 5 kg, sont beaucoup plus rares. On ajoute en général un plomb au bas de ligne car plus on lance loin, plus on a de chances de prendre un poisson sur les flats.

La palomète (ou «permit»), poisson massif et de formes plus rondes, préfère la roche et le corail. Son menu comporte aussi bien les crabes que les crevettes, mais un leurre souple ne lui déplaît pas. Certaines variétés de bar sont aussi assez représentées dans le secteur des «flats».

Tous ces poissons se pêchent à l'aide d'un bas de ligne en Nylon, et non d'acier. Il arrive que, dans les quelques mètres d'eau qui recouvrent ces plateaux, quelques barracudas et requins s'aventurent. Au lancer, le barracuda réagit bien à de grands leurres effilés de 20 à 30 cm, à un ou deux hameçons simples ou triples. Le barracuda est aussi méfiant que les autres poissons et n'apprécie ni la présence de pêcheurs ni les mauvais lancers. Pour cette espèce, un bas de ligne de 20 à 30 cm en acier monobrin ou multibrin s'impose. Les petits requins répondent surtout aux appâts naturels, même s'ils peuvent attaquer un leurre.

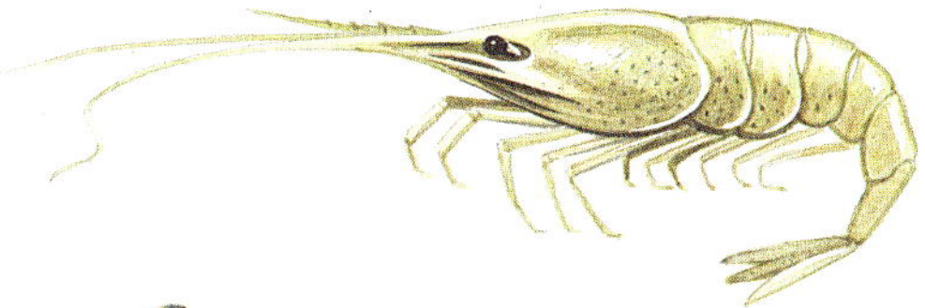

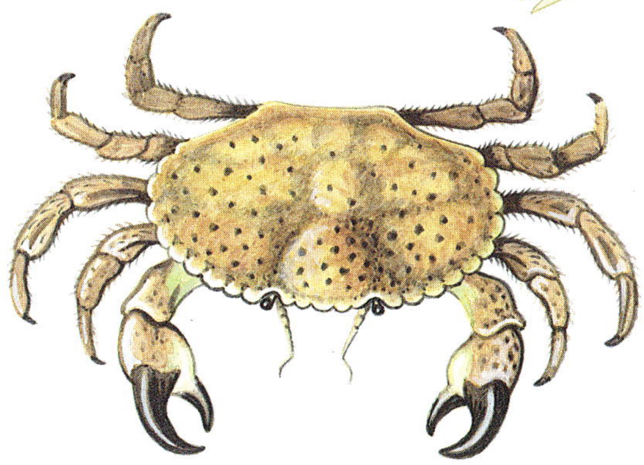

Les «flats» sont le paradis de la pêche à la mouche. Ils font partie des rares endroits où l'on peut prendre de si gros poissons au fouet.

La pêche à la mouche sur les flats

Le passionné de la pêche au fouet en mer est enthousiasmé par les «flats». Le tarpon vide son moulinet en quelques secondes et le bonefish fait tourner la bobine comme une turbine d'avion à réaction. Ces plateaux sont encore un véritable paradis de la pêche à la mouche, mais le revers de la médaille existe: le matériel doit être impérativement le meilleur et le plus solide possible. Pour prendre un poisson, il faut jouer en précision, en habileté et soigner les nœuds comme le reste du matériel car la qualité du guide de pêche n'est pas suffisante. On doit également faire attention à tout ce qui se passe autour de soi. Pas question de lancer au hasard et, de la dizaine de poissons repérés dans la journée, peu seront ferrés. De fait, le lancer ne peut qu'être précis. Il arrive de prendre des poissons records après les avoir approchés de quelques mètres mais plus le lancer est long et précis, mieux cela vaut.

Il existe des soies spéciales pour la pêche en mer. Avec une soie n° 6 à n° 9 et un *backing* de 200 m, on peut prendre des bonefish, à condition que le moulinet soit muni d'un frein réglable, si possible à levier, à choisir parmi les modèles fabriqués par Marryat, Pflueger, Hardy (Sunbeam) ou Scientific Anglers. Pour cette pêche au fouet spéciale, on peut recommander le Pflueger Medalist, d'un excellent rapport qualité/prix.

Tout ce qui concerne le matériel pour la pêche du tarpon mérite un soin encore plus poussé. Les poissons sont bien plus gros et imposent l'emploi d'une canne spéciale, relativement courte par rapport à sa puissance. Les soies n° 11 et 12 sont préférables, soit un fuseau de lancer ou une décentrée. Le matériel n'est pas des plus légers, mais le nombre de lancers est réduit. Toutefois, les tarpons de 5 à 10 kg peuvent être pêchés sur un matériel plus léger. En général, les mouches sont montées sur un hameçon 4/0, ou 1/0 pour les petites pièces. Un bas de ligne de 20 à 30 lb (de 10 à 20 kg) convient.

Les mouches à bonefish, moins grandes, sont montées sur hameçon de 1/0 au plus. Les imitations de crevette rose ont eu leur vague de popularité mais de nouveaux matériaux, comme le Fishair ou le poil de yak, ont permis de concevoir de nouveaux modèles. Globalement, les meilleures mouches comportent une aile d'une longueur double de celle de la hampe. L'important est de récupérer la mouche en imitant la nage de la crevette. Si la palomète n'est intéressée que rarement par une artificielle, elle attaque sans prévenir; le poisson est méfiant et la répétition de lancers précis compte beaucoup dans le résultat. Le barracuda accepte de grands streamers colorés mais ces mouches doivent être précédées d'un avançon de 10 à 15 cm en corde à piano. Quand ils sont présents, le robale et la truite de mer sont faciles à prendre à la mouche.

Le long de la côte Est américaine, il existe d'autres «flats» bordés de marécages, de palétuviers, où les lagons aux eaux limpides connaissent des températures tropicales. Là aussi, d'autres espèces comme le tassergal ou le bar rayé sont intéressantes à prendre au fouet. Il n'est pas nécessaire de se demander si une artificielle les intéresse, car on se rend vite compte que la persévérance permet de ferrer quelques-uns de ces poissons habituellement plus prompts à s'emparer d'un appât naturel ou d'une cuiller.

La pêche au gros

Les gros poissons sont le rêve de tout pêcheur en mer. Un combat qui dure des heures, l'émotion ressentie lorsqu'une touche puissante brise le silence de l'océan et la victoire sur le poisson poussent ces pêcheurs à la poursuite du gros. Quelques rares espèces de plusieurs quintaux de muscles sont capables de partir comme une locomotive à pleine vitesse, avec l'appât dans la gueule, en bondissant ou en sondant, dans une course folle.

La passion du gros a commencé d'attirer les pêcheurs à la fin du XIXe siècle, avec les premières captures de thon et de tarpon à la canne, enregistrées aux États-Unis. En comparaison des prises réalisées aujourd'hui, ces poissons n'étaient pas énormes mais, à l'époque, c'étaient de véritables monstres. Au fur et à mesure, pourtant, le poids des prises augmentait et le premier marlin rayé fut capturé au début du XXe siècle. Dans les années vingt, l'écrivain américain Zane Grey réussit un exploit qui ouvrait de larges horizons: la prise d'un marlin de plus de mille livres.

En ce temps, on commençait de pêcher le thon aussi bien dans les eaux américaines qu'en mer du Nord et au Danemark. Cette pêche devint plus courante de chaque côté de l'Atlantique dans les années trente et le matériel de l'époque permettait, tant bien que mal, la prise de thons géants atteignant les 380 kg. Un Français réussit également à capturer des thons dans le Bosphore et le premier thon pris sur les côtes françaises date des années quarante. L'IGFA, organisme international de la pêche sportive, établit des règles à partir de 1939 pour la pratique de la pêche au gros: leur sévérité garantissait la valeur des records et la loyauté des pêcheurs. Quelques années plus tard, le marlin de Zane Grey fut définitivement exclu des tablettes de records car il avait été blessé par les requins pendant le combat. Ce n'est qu'en 1952 que l'on homologua le premier marlin de plus de 1000 lb.

Les années cinquante et soixante virent se développer considérablement la pêche au gros et le matériel fut modifié progressivement, par étapes successives. En Europe, Pierre Clostermann, célèbre pêcheur français, contribua grandement au développement de cette pêche ; incontestablement, il a été le « pape » de la pêche au gros en France pendant des années, amenant des milliers de pêcheurs à suivre ses traces, comme l'avait fait Michael Lerner, dans l'entre-deux-guerres, aux États-Unis. Puis la Grande Barrière, si riche en marlins de taille exceptionnelle, fut découverte et l'Australien Alfred Dean fit parler de lui avec un requin blanc de plus d'une tonne.

Les Américains se mirent alors à goûter de nouvelles destinations, notamment les Bahamas et Hawaï. Dans les années soixante, des pêcheurs européens s'intéressèrent, en pionniers, aux îles

7. La pêche à la mouche

Définir la pêche à la mouche simplement comme une méthode efficace pour prendre du poisson serait à peine esquisser la spécificité de ce mode de pêche. Quant à ne retenir que son côté sportif élégant, cela serait tout aussi superficiel. Certes, la légèreté aérienne d'un lancer parfait et l'apparente apesanteur d'une soie sont un spectacle des plus esthétique, mais l'intérêt de la pêche à la mouche est bien supérieur.

Il s'agit de la pêche la plus « écologique » du monde, la plus proche de l'élan de la nature. Le pêcheur à la mouche observe du plus près ce qui se passe sous l'eau, acquiert une certaine vision des lois de la nature et apprend à composer avec elles. Il s'appuie sur un phénomène, largement développé dans la nature, d'une grande diversité, faite essentiellement d'illusions. Il travaille ses imitations à l'infini : ses « mouches » ressemblent à s'y méprendre aux formes familières que les poissons reconnaissent comme étant leurs proies. Sa connaissance des modèles naturels est donc le fondement de son succès.

On ne sait pas avec exactitude à quand remonte ce mode de pêche. Les premières tentatives pour prendre des poissons au moyen d'hameçons en os recouverts de poils et de plumes sont très anciennes. Mais datent-elles du tout début de la pêche à l'hameçon ? L'usage de la canne à mouche était déjà bien connu des Macédoniens, comme le relate Claudius Aelianus au premier siècle après J.-C. Outre la simple nécessité de prendre du poisson, ils appréciaient le côté sportif de cette pêche.

Depuis, la pêche à la mouche a occupé une forte position dans le sport halieutique. Quand elle réapparaît en 1496 dans le « Treatise on Fyshinge wyth an Angle », de la légendaire Dame Juliana Berners, cette technique a déjà, en Angleterre, évolué vers une conception de pêche pour le plaisir et est devenue un sport pour les gentilshommes. D'autres récits d'Europe centrale, parfois plus anciens, avaient décrit le raffinement de la pêche avec une canne et une plume.

Des générations entières de pêcheurs se sont consacrées avec passion à la pêche à la canne à mouche. Avec un sérieux quasi scientifique, ils ont observé les mille facettes de la vie aquatique et l'ont étudiée dans ses moindres détails. Ce que l'on sait aujourd'hui de la pêche à la mouche est le fruit de plusieurs siècles d'enthousiasme, qui a conduit à de nombreuses publications, des descriptions sensibles de la nature et des confessions autobiographiques.

C'est en Grande-Bretagne que la pêche à la mouche s'est d'abord épanouie. De là, l'élan a porté ses fruits dans le monde entier, principalement au siècle dernier. Le style anglais a influencé la pêche à la mouche dans toute l'Europe jusqu'à la première moitié du XXe siècle. En Amérique du Nord, toutefois, l'évolution fut assez orageuse car en moins de cent ans, de nouveaux styles virent le jour, empreints d'un esprit conventionnel mais également marqués par l'influence du paysage et des rivières. Cette « manière américaine » de la pêche à la mouche, à son tour, a été longtemps bénéfique pour la pêche et le montage des mouches en Europe et a permis de réaliser de gros progrès dans de nombreux autres pays.

En Europe centrale, c'est dans les dernières décennies que la pêche à la mouche est devenue réellement indépendante. En Scandinavie, elle a subi une expansion explosive ces dix dernières années. C'est seulement en Europe occidentale, notamment en France, en Grande-Bretagne et en Irlande, que la pêche à la mouche est aujourd'hui très populaire dans le vrai sens du terme.

La pêche à la mouche n'est pas seulement une méthode facile à apprendre mais aussi un moyen très naturel de capturer des poissons en leur présentant des imitations de leurs proies habituelles: toutes sortes d'insectes qui vivent dans l'eau ou à proximité.

Deux millions de pêcheurs des iles Britanniques par exemple, profitent de la moindre occasion pour pratiquer leur sport favori, principalement en eau calme. Quant à la majorité des pêcheurs du reste de l'Europe, ils demeurent encore réservés envers ce mode de pêche. En Europe centrale, où les possibilités sont limitées à cause de la densité de la population, la réglementation des eaux et la pollution, les eaux à salmonidés ne sont même pas réservées à la seule pêche à la mouche. La raison principale est une fausse réputation – la pêche à la mouche serait compliquée et coûteuse – qui laisse le pêcheur moyen indécis.

Comment une telle idée a-t-elle pu naître? D'abord, la pêche à la mouche a toujours été auréolée d'une réputation d'exclusivité, non seulement à cause de l'«élitisme» affiché par certains pêcheurs à la mouche, mais surtout en raison de leur enthousiasme pour ce sport. Plus que n'importe quel autre mode de pêche, la pêche à la mouche peut être cultivée comme un art. Ses techniques de base et ses tactiques ne sont pas plus difficiles que celles de n'importe quelle autre méthode de pêche. Seuls un profond intérêt pour la nature et la capacité de s'enthousiasmer sont indispensables. En un mot, il suffit d'être pêcheur.

La pêche à la mouche moderne

Celui qui n'a jamais essayé de pêcher à la mouche sera surpris de voir combien la pêche avec un fouet et une soie peut être variée. Aujourd'hui comme par le passé, les salmonidés sont l'objectif des techniques et des tactiques de la pêche à la mouche. Avec des mouches sèches et noyées et des nymphes, on ne prend pas seulement des truites, des ombres, des ombles arctiques et d'autres salmonidés, mais également de nombreuses autres espèces de poissons. Si l'on ajoute des bucktails, des streamers et des muddlers de la taille qui convient, le nombre de poissons que l'on peut prendre au fouet s'étend jusqu'aux carnassiers, tels que perches et brochets.

La pêche du saumon, qui est un domaine classique de la pêche à la mouche depuis des années, est traitée, en raison de son importance, dans le chapitre 7. De la même manière, la partie «pêche en eau salée», très populaire sur les côtes américaines, est abordée dans le chapitre 6. Nous verrons d'abord la pêche à la mouche noyée, à la mouche sèche, à la nymphe et au streamer. Bien que cette division par catégories soit en général acceptée, elle est toutefois arbitraire car ces modèles et techniques de pêche, s'ils sont indépendants, se rejoignent obligatoirement dans une certaine mesure.

Ces sujets font l'objet de discussions passionnées de la part des puristes, surtout quand ils essaient de donner une définition de la pêche à la mouche. Il en est beaucoup qui, dans leur ardeur, ont tendance à en donner une interprétation un peu trop étroite, en arguant que la pêche à la mouche, c'est la pêche avec des imitations de mouche. Les imitations d'autres genres de proies importantes pour les poissons – petits poissons, batraciens, sangsues – et les modèles très fantaisistes ne sont pas des «mouches» mais des «leurres»; aussi la pêche avec ces gros modèles ne peut-elle pas être qualifiée de «pêche à la mouche».

Bien que les insectes aquatiques aient incontestablement contribué à la naissance de la pêche à la mouche et sont toujours, et de loin, les plus importants aujourd'hui, on ne peut pas dissocier complètement la pêche au streamer de la pêche à la mouche. En outre, la taille des modèles n'est pas un critère suffisant. Les imitations grandeur nature de nymphes de mouches de pierre appartenant à la famille des perlides, ou d'énormes larves d'éphémères de l'ouest des États-Unis, entre autres, sont plus grosses que la plupart des streamers. Les mouches noyées imitant les perlides sont des modèles classiques originaux: Dame Juliana Berners en parle déjà en 1496. Nos mouches, cependant, sont de qualités très différentes.

Si l'on compare les nombreux types de mouches, fondamentalement différents – depuis le minuscule moucheron jusqu'au volumineux streamer à brochet –, c'est qu'ils ont, bien évidemment, des points communs. Les deux principaux, qui concernent tous les modèles de vraies mouches, sont que: premièrement, leur fabrication tient compte de leur attrait visuel mais aussi de leur fonction, inhérente à leur silhouette, de leurs couleurs et de leurs mouvements; deuxièmement, ils sont si légers qu'on ne peut les lancer qu'avec une soie de pêche à la mouche et un fouet appropriés.

Il est donc facile d'éliminer les genres de leurres qui ne présentent pas ces caractéristiques. Par exemple, les têtes plombées recouvertes de plumes et de poils, qui peuvent aussi s'utiliser avec une canne à lancer léger. À première vue, ce genre de pêche a aussi peu à voir avec la pêche à la mouche que le fait d'attacher une mouche sur un buldo ou un dériveur.

Lorsque l'on pêche à la mouche, le leurre poids-plume est propulsé par le seul poids de la soie. Et c'est uniquement l'usage de ces mouches, associées à une canne à mouche et à une soie, qui constitue la pêche à la mouche, rien d'autre. En fait, la pêche à la mouche moderne devrait s'appeler «pêche à la soie à mouche», par allusion aux «soies à mouche», comme les anciens termes allemands «Flugangeln» et «Flugschnur» nous le rappellent.

La pêche à la mouche noyée

La pêche à la mouche noyée est la forme la plus ancienne de la pêche à la mouche. Bien longtemps avant les premiers essais de pêche avec des mouches sèches, qui flottent à la surface, les mouches noyées étaient couramment utilisées. On peut en voir un tel nombre d'anciens modèles que la collection présentée dans le livre de Ronald *Fly Fisher's Entomologie* (1836) semble presque moderne. Si l'on considère l'aptitude de ces vieux modèles anglais à prendre du poisson, ils n'ont rien perdu de leur valeur aujourd'hui. Des deux côtés de l'Atlantique, ceux qui prennent plaisir à pêcher avec ces classiques ne sont pas des cas isolés. ;

La pêche à la mouche noyée est aussi efficace qu'intéressante. Cela n'a rien d'étonnant puisque les salmonidés couvrent 80 % de leurs besoins en nourriture au-dessous de la surface de l'eau. Un grand nombre de cyprinidés se nourrissent entièrement sous l'eau. Au cours des années, la pêche à la nymphe moderne a remplacé, en Europe continentale et en Amérique du Nord, la méthode traditionnelle de pêche au moyen d'une mouche noyée. En Grande-Bretagne et en Irlande, cependant, la pêche à la mouche noyée, surtout dans les lochs, est aussi populaire que naguère.

De tout temps, les pêcheurs à la mouche se sont efforcés de fabriquer leurs mouches en imitant chacun des stades biologiques observés chez les insectes aquatiques et les petits crustacés. Particulièrement appétissantes sont les mouches tendres et moins hérissées qui se déplacent dans l'eau d'une manière qui les fait paraître vivantes. Les spécialistes utilisent des mouches qui ressemblent, en taille et en forme, le plus à la source de nourriture la plus importante du moment. Il existe des modèles passe-partout relativement inoffensifs qui valent la peine d'être essayés. Il arrive que les poissons prennent les mouches noyées pour des insectes terrestres en train de se noyer.

En eau courante, la mouche noyée est principalement utilisée seule, juste sous la surface ou plus profondément. Dans le style classique, elle est lancée en travers du courant et pêche en dérivant vers l'aval. Il est important de faire en sorte qu'elle suive librement le courant, puis, à la fin de la dérive, de la ramener doucement. Chaque lancer doit être exploité jusqu'au bout de la dérive, car c'est souvent au cours de la dernière phase que le poisson prend la mouche. Il peut être passionnant de présenter au poisson une mouche qui a été lancée vers l'amont, technique qui exige une bonne vue et un réflexe rapide.

En eau peu profonde, il vaut mieux pêcher avec une soie flottante, alors qu'en eau profonde une soie plongeante ou à pointe plongeante est mieux adaptée. Une canne de 8 à 10 pieds ayant une bonne action et une soie n° 5 ou 6 permettent de remplir au mieux la nécessité de guider la mouche et de «travailler» la soie.

Les mouches noyées offrent souvent les meilleures chances de faire mordre les poissons, car 80 % d'entre eux trouvent leur nourriture sous la surface de l'eau. Les mouches en plumes molles sont plus pêchantes quand elles dérivent librement dans le courant ou, en lac, quand on les ramène lentement par petites tirées.

Dans les eaux dormantes, la mouche noyée doit être activement animée. Après le lancer, elle est «travaillée» lentement, avec éventuellement quelques tirées saccadées. Pour pêcher les postes plus profonds, procéder de la même manière avec une soie plongeante. Pour pêcher un grand plan d'eau libre, il faut une canne de plus de 9 pieds ; présenter la mouche près de la surface, de façon à mieux voir le poisson la prendre, ce qu'il fait souvent en formant un rond caractéristique. Dès que celui-ci s'achève, ferrer en levant la canne fermement mais sans brutalité, tout en tendant la soie. Dans les eaux plus profondes, une touche est perçue soit comme une tirée faible, soit comme une brusque traction ; il faut alors ferrer de la même manière que précédemment. Quand on pêche vers l'aval, le poisson se ferre souvent tout seul.

La pêche à la mouche sèche

La pêche à la mouche sèche séduit la plupart de pêcheurs à la mouche. Pour beaucoup, même, elle est *la* pêche à la mouche. La raison de son succès est évidente. Tout ce qui se passe quand on pêche à la mouche sèche, depuis le posé jusqu'à la prise, se produit au grand jour et sollicite toutes nos facultés visuelles. En outre, le côté jeu de cette pêche est excitant et ceux qui ont le goût du spectacle ne sont pas déçus. La pêche à la mouche sèche est élégante et divertissante et offre tous les avantages qu'une méthode de pêche puisse offrir. On peut très vite devenir un passionné de la pêche à la mouche sèche.

La pêche à la mouche sèche n'est pas la plus difficile. On voit sans peine où l'on a posé la mouche et l'on sait aussitôt si le lancer a été bon ou non. Si le pêcheur connaît bien les insectes, il n'a aucune difficulté à combler les préférences du poisson. Au départ, la motivation pour la pêche à la mouche sèche était l'observation de l'activité animale à la surface de l'eau. Puis les divers stades de développement et, surtout, le cycle biologique des insectes dans le monde aquatique, ont marqué les artificielles et les tactiques utilisées pour pêcher en sèche. Le fait d'être constamment confronté à ces problèmes a certainement poussé les pêcheurs à la mouche à s'intéresser à l'entomologie.

L'engouement pour la sèche s'est déclaré au milieu du siècle dernier, dans les cours d'eau calcaires du Hampshire. C'est George Pulman, dans son *Vade Mecum of Fly Fishing for Trout* (1841) qui décrivit cette méthode pour la première fois. On connaît les mouches sèches de cette époque grâce à James Ogden, alors considéré comme un expert du montage des artificielles. En une cinquantaine d'années, la pêche à la mouche sèche atteignit son plein épanouissement dans le sud de l'Angleterre. Puis elle devint un véritable culte dans le livre de Halford *Floating Flies and How to Dress them.* Celui-ci, à son tour, inspira Theodore Gordon qui fonda l'école américaine de la pêche à la mouche sèche et ouvrit la voie du succès de la mouche sèche dans cette partie du monde.

Pendant les quelque cent cinquante ans d'histoire de la mouche sèche, ses innombrables adeptes n'ont pas cessé de raffiner ce mode de pêche et d'inventer de nouvelles variations, comme le prouvent les imitations de moucherons – montés avec du duvet sur hameçons n° 28 –, d'une part, et les grosses mouches sèches pour le brochet et le black-bass, d'autre part. En raison de la diversité des paysages et des sortes de poissons et d'insectes, des modèles et des styles spécialisés ont vu le jour un peu partout. Mais le principe général de la pêche à la mouche sèche est simple : on propose des mouches artificielles à tous les poissons qui montent sur des insectes dérivant à la surface de l'eau. Le meilleur exemple : le pêcheur a identifié l'insecte naturel qui est pris et, avec l'imitation correspondante, trompe le poisson en quête de proie.

Plus une mouche artificielle est proche de son modèle – la façon dont elle se présente sur l'eau compte également –, plus elle est prise rapidement. La présence de mouches sur l'eau est due, principalement, aux phases du cycle biologique des insectes aquatiques. Dès la fin du stade larvaire, les nymphes montent à la surface de l'eau où elles se débarrassent de leur enveloppe pour finir leur

Les mouces sèches permettent de voir le poisson monter et gober l'artificielle, ce qui ajoute beaucoup à la séduction de cette méthode. En observant les insectes choisis par les poissons, on peut facilement trouver les modèles qui les feront monter le mieux.

cycle sous forme d'insectes parfaits. Quand les femelles sont prêtes à déposer leurs œufs, elles retournent sur l'eau. Les poissons montent prendre aussi bien les insectes qui éclosent que ceux qui pondent. Même les insectes terrestres qui tombent dans l'eau sont des proies appréciées des poissons. Ils sont d'ailleurs d'une grande importance pour la pêche à la mouche dans l'ouest des États-Unis, mais aussi ailleurs. De nombreuses artificielles ont pour modèle un insecte terrestre.

L'idéal, c'est quand les poissons sont actifs à la surface de l'eau. S'il n'y a pas de gobages à la surface, on peut «pêcher l'eau» dans les secteurs de rivière que l'on connaît bien. Mais l'artificielle doit alors flotter parfaitement et être présentée soit à la surface, soit noyée juste au-dessous. On se sert, dans ce cas, d'une soie flottante et d'un long bas de ligne.

Dans les eaux courantes, on lance la mouche soit en travers du courant, soit en amont. C'est aussi la meilleure façon d'approcher un poisson sans se montrer. La mouche est posée en amont et dérive librement vers le poste du poisson. Tout dépend de la précision du lancer, de l'aspect naturel de la dérive et, évidemment, du choix de la mouche. Il vaut mieux choisir en observant les insectes qui sont sur l'eau qu'en essayant au hasard.

Dans ce mode de pêche, c'est la phase se situant entre le lancer et la montée du poisson qui est la plus excitante. Montera-t-il? Si oui, prendra-t-il la mouche? C'est à cet instant précis qu'il faut alors exercer une tirée pas trop énergique sur la ligne. Tendre la ligne suffit en général pour bien ferrer.

Pour pêcher à la mouche sèche, suivant la profondeur de l'eau et la nature du fond, utiliser une canne de 7 à 9 pieds et une soie n° 4 à 6. Avec les soies les plus légères, on réalise les posés les plus discrets. Cependant, ces lignes étant beaucoup plus sensibles au vent, les pêcheurs qui ne maîtrisent pas encore leur lancer ont donc intérêt à choisir des soies plus lourdes.

Attraper un poisson à la mouche sèche est rarement une tâche herculéenne. Tout pêcheur capable de sortir dix mètres de soie peut apprendre en quelques heures. Parvenir à un haut niveau de perfectionnement nécessite une longue démarche mais des plus passionnante.

La pêche à la nymphe

La pêche à la nymphe est, de loin, la méthode de pêche à la mouche la plus accomplie, la plus excitante et la plus efficace. Pourtant, elle est souvent mal comprise, réellement maîtrisée par peu de pêcheurs et, de ce fait, pratiquée d'une manière un peu primaire.

Les nymphes artificielles imitent les insectes aquatiques dans leur forme nymphale. À proprement parler, elles représentent la phase aquatique du cycle biologique de la mouche de mai ou de la phrygane et la forme qu'elle revêt au moment de l'éclosion. On peut aussi utiliser des imitations d'autres sortes de mouches apparentées à la mouche de mai ainsi qu'à d'autres insectes à deux ailes. Et même toutes sortes de coléoptères ou bestioles aquatiques, comme les amphipodes. En pêche à la nymphe, l'important n'est pas de savoir le nom de l'espèce imitée mais d'en présenter la copie la plus fidèle, la plus réaliste. Quant à savoir si le poisson se trompe sur l'imitation, pleine d'imagination mais aussi, inévitablement, d'imperfections, c'est une autre histoire!

La pêche à la nymphe a commencé à peu près en même temps que la pêche à la mouche sèche, à l'initiative de G.E.M. Skues, de la ville d'Itchen, dans le sud de l'Angleterre. Là, il avait découvert que les truites fario, très difficiles à prendre, avaient un faible pour les nymphes de mouches de mai en train d'éclore et qui dérivaient juste sous la surface de l'eau.

Quand on pêche à la nymphe, une bonne présentation est souvent plus importante que le choix du modèle. Il est essentiel d'amener la mouche sur le poste en imitant la manière dont l'insecte se déplace naturellement.

En 1895, Skues commença à faire des expériences avec des mouches noyées lancées vers l'amont, puis, petit à petit, il en réduisit la taille jusqu'aux premières nymphes modernes. Plus de quarante modèles différents de nymphes, rigoureuses imitations, peuvent lui être attribués. Il décrivit sa technique pour prendre des truites à la nymphe juste sous la surface de l'eau dans plusieurs ouvrages remarquables, tels que *Nymph Fishing for Chalkstream Trout*. Ernest Schwiebert, l'un des grands pêcheurs américains à la nymphe de la nouvelle génération, dans son livre monumental *Trout*, met en valeur la fructueuse correspondance échangée entre Skues et James Leisenring, l'homme qui donna à la pêche américaine à la nymphe son premier élan important. Un autre Anglais, Frank Sawyer, parvint à présenter aux pêcheurs européens à la mouche, dans les années cinquante, une technique complètement différente et pourtant brillante pour pêcher en eau profonde. Les modèles de mouches de Sawyer étaient légèrement lestés, mais, en toute logique, il ne pêchait que quand il pouvait voir le poisson. Il eut l'idée de réduire quelques types de nymphes à leurs formes imitatives les plus élémentaires, ce qui convenait parfaitement aux nécessités de ce mode de pêche. Sa «Pheasant Tail», type de mouche de mai classique, est parmi les nymphes le plus utilisées en Europe aujourd'hui.

Quand on pêche en nymphe, en fonction du poisson et de son activité, on présente la mouche juste sous la surface de l'eau, entre deux eaux ou juste au-dessus du fond. Il est essentiel de proposer au poisson des imitations qui calquent le comportement de leurs modèles. En eau courante, cela veut dire laisser dériver, ou bien animer de légers mouvements – mais jamais tirer contre le courant d'une manière qui ne soit pas naturelle. En eau dormante, toutefois, la nymphe est tirée comme une mouche noyée.

La manière la plus élégante de présenter la mouche à un poisson qui est en train de «nympher», c'est de la lancer en amont ou en travers du courant. Avec un poisson prenant les nymphes juste sous la surface et la mouche présentée juste au-dessus, on peut facilement voir la prise : le poisson se montre bien. Quand on pêche dans les couches d'eau intermédiaires, il faut un œil très exercé pour voir la prise, même dans les conditions les plus favorables. Quand on pêche en nymphe sous une grande épaisseur d'eau, la prise ne peut se sentir que par une petite tirée sur la ligne ou, encore, si l'on voit la pointe de la soie qui marque un arrêt. Il faut alors ferrer immédiatement.

Pour pêcher à la nymphe près de la surface ou à mi-profondeur, choisir une soie flottante. Des soies à pointe spéciale pour la nymphe permettent de voir la touche plus facilement. Pour les eaux profondes, une soie à pointe plongeante est recommandée, même si la prise se révèle parfois plus difficile à percevoir avec ce type de ligne. La soie plongeante ne sert que pour pêcher en lac, où elle est continuellement ramenée, ce qui permet un contact constant avec la nymphe, d'où la plus grande facilité pour sentir la touche.

Pour pêcher en eau profonde avec une soie flottante, il existe certaines techniques de présentation. Mais pour parvenir jusqu'aux couches les plus profondes, il est nécessaire de recourir aux bas de lignes très longs et aux nymphes lourdement plombées, ce qui exige un contrôle parfait de la ligne et une longue expérience pour

La pêche au streamer est une méthode ancienne qui se fonde sur l'imitation de petits poissons ou d'autres grosses proies. En haut à droite, deux streamers utilisés par les pêcheurs lapons des montagnes d'Arjeplog, en Suède, vers 1730.

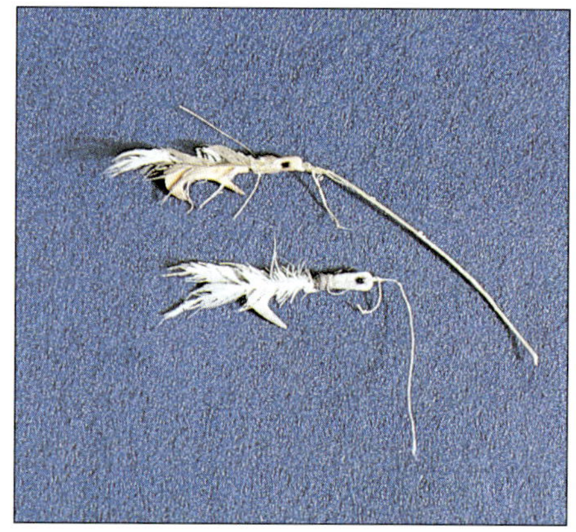

percevoir la touche. Ce mode de pêche avec des nymphes lestées paraît être un genre spécial de pêche à la mouche noyée plutôt qu'une vraie pêche en nymphe.

Une canne sensible d'au moins 8 pieds et une soie n° 4 ou 5 sont les mieux adaptées pour pêcher à la nymphe. Une soie aussi légère que possible facilite une présentation discrète et une dérive naturelle. En eau dormante, toutefois, cette question est sans objet.

La pêche en nymphe peut être la forme la plus élégante et la plus artistique de la pêche à la mouche. À son style et à sa façon de présenter une nymphe, on juge tout de suite l'habileté et la sportivité d'un pêcheur à la mouche.

La pêche au streamer

On croit souvent que la pêche au streamer est une nouvelle sorte de pêche à la mouche. Mais on connaît des modèles plus anciens qui imitent des proies plus grosses, des petits poissons. Ils viennent de pêcheurs qui ne disposaient pas de métal et qui, de ce fait, façonnaient laborieusement des hameçons en os ou en corne. De tels streamers primitifs nous sont parvenus de partout dans le monde. Les pêcheurs des régions montagneuses de la Laponie suédoise, il y a deux cent cinquante ans, se servaient encore des «streamers» rudimentaires habillés de plumes fixées sur des hameçons en bois de renne. Ces anciennes imitations de vairons étaient encore utilisées il y a cent cinquante ans pour attraper les grosses farios des rivières bouillonnantes voisines du cercle Arctique tandis que des pêcheurs de la Suède occidentale prenaient des saumons atlantiques au moyen de mouches à saumon anglaises sophistiquées.

D'autres prototypes de streamers connus provenaient de Nouvelle-Zélande. Les Maoris pêchaient avec des hameçons entourés de plumes bien avant que les Européens, à la fin du siècle dernier, eussent introduit la truite et le saumon dans leurs îles. Il est intéressant de noter que la pêche au streamer dans les célèbres eaux à truite de Nouvelle-Zélande ait renouvelé la tradition plus tard avec la même distinction. De nombreux streamers modernes très efficaces, du type Matuka par exemple, en dérivent.

La pêche moderne au streamer a progressé dans un premier temps grâce aux efforts des pêcheurs à la mouche nord-américains. Ainsi, la plupart de nos modèles viennent du Nouveau Monde. Les populaires bucktails remontent jusqu'aux «Bumble Puppies», mis au point par Theodore Gordon vers 1880 dans la rivière Neversink. Ce même Gordon est à l'origine des fondations de la pêche américaine à la mouche sèche, ce qui prouve l'ouverture d'esprit et la polyvalence des pêcheurs à la mouche américains.

Le terme «pêche au streamer» est relativement restrictif. Les streamers d'aujourd'hui, largement répandus, imitent en principe un seul poisson, ou vairon – d'où le nom de «mouche-vairon» que l'on donne parfois au streamer en France –, alors que d'innombrables grosses mouches varient dans leur aspect et ont une efficacité différente. Cela vaut également pour les autres modèles imitant de près des modèles naturels comme les alevins, les chabots et les sangsues. Il y a aussi les mouches fantaisistes qui doivent leur efficacité simplement à leurs couleurs et mouvements. Comme on peut le constater, les frontières sont très élastiques.

Le but de la pêche au streamer est de prendre des espèces de poissons qui se nourrissent de proies plus grosses. Pour propulser ces mouches plus grosses, il faut toutefois une canne, une soie et des bas de ligne spéciaux. Les plus grandes mouches non lestées peuvent se lancer et s'animer facilement à condition que la soie puisse les supporter et que la canne soit assez forte. Les cannes qui ont une bonne action et les bas de ligne résistants au bout de soies n° 7 sont les plus performants pour la pêche au streamer. La longueur de canne minimale est de 8 pieds, mais des cannes plus grandes sont meilleures. Selon les eaux et les méthodes de présentation, on peut pêcher avec des soies flottantes, des soies à pointe plongeante ou bien des soies noyées.

Dans les eaux courantes, on « travaille » les streamers en fonction des modèles utilisés et du type de poisson que l'on trouve à la surface, dans les couches intermédiaires ou sur le fond. L'artificielle appropriée est lancée en travers ou peut être un peu en amont, de façon qu'elle puisse dériver, à la bonne profondeur, jusqu'au poisson. En donnant une courbe à la ligne contre le courant au bon moment, on réalise une dérive bien naturelle. Les grosses mouches aux mouvements figuratifs peuvent procurer de bonnes prises, même en eau dormante. Chaque lancer est poursuivi jusqu'à ce que la ligne soit complètement étendue ; puis elle est récupérée lentement en remontant le courant. Si le poisson n'est pas visible, ce qui est normalement le cas, il est important de connaître parfaitement leurs postes. On obtient les meilleurs résultats quand l'on parvient à faire dériver la mouche en la livrant au courant jusqu'à l'aire de chasse du poisson ou quand on la fait « cloquer » à la bonne vitesse juste devant le poisson.

En eau dormante, la dérive de la mouche est plus facile à contrôler. Elle est guidée en fonction de l'humeur et du comportement du poisson concerné – lentement ou très rapidement. Souvent, le bruit de l'artificielle cloquant l'eau incitera le poisson à mordre.

Les streamers et autres grandes artificielles élargissent considérablement les possibilités de la pêche à la mouche et lui ouvrent de nouveaux champs d'action. Quand on pêche les salmonidés, on n'utilise les streamers que pour les très gros poissons. Dans les ruisseaux à truite, de telles mouches sont inutiles, sauf, peut-être, pour les gros sujets cannibales indésirables. L'attitude négative de beaucoup de pêcheurs à la mouche à l'égard de la pêche au streamer est injustifiée. Celle-ci, bien conduite – ou, plus précisément, la pêche aux grosses artificielles de toutes sortes –, offre les mêmes qualités que toutes les autres pêches à la mouche.

L'équipement

Dans les milieux de la pêche sportive, on pense toujours qu'un équipement pour la pêche à la mouche est obligatoirement extensif et coûteux. C'est encore une conception erronée de la pêche à la mouche, qu'il faut réfuter. Avec deux cannes, deux moulinets, une bobine de rechange, cinq lignes, un assortiment de bas de lignes et quelques douzaines de mouches, il est possible de faire face pratiquement à toutes les situations. Un équipement complémentaire s'impose seulement pour le saumon et pour les gros poissons marins. Un bon assortiment passe-partout comprend les éléments suivants, auxquels on ajoutera des séries de mouches noyées, sèches, nymphes et streamers :

Voici plusieurs cannes à mouche à une main en bambou refendu, avec le traditionnel panier de pêche, une épuisette et une boîte de mouches.

1 canne de 7,5 à 8 pieds (2,30 à 2,50 m) — soie n° 5 AFTM ;
1 canne de 8,5 à 9,5 pieds (2,60 à 2,90 m) — soie n° 7/8 AFTM ;
1 moulinet + 1 bobine de rechange — soie n° 5 + 40 m de ligne de réserve ;
1 moulinet + 2 bobines de rechange — soie n° 7/8 + 120 m de ligne de réserve ;
1 soie flottante DT ou WF n° 5 AFTM + 40 m de ligne de réserve ;
1 soie à pointe plongeante DT ou WF n° 5 AFTM + 40 m de ligne de réserve ;
1 soie flottante DT ou WF n° 7 AFTM + 120 m de ligne de réserve ;
1 soie à pointe plongeante DT ou WF N° 5 AFTM + 120 m de ligne de réserve ;
10 bas de ligne en queue-de-rat de 16/100 à 35/100 en pointe.

On dispose aujourd'hui d'un large choix de matériel. Cela ne facilite pas la tâche du débutant, et il vaut mieux consulter un pêcheur expérimenté en cas d'embarras. Au fil des ans, le matériel – cannes et soies en particulier – a atteint un niveau de qualité que l'on n'aurait pas imaginé il y a seulement quelques dizaines d'années. Et grâce à celui-ci, qui n'est pas plus onéreux, débuter à la mouche ne présente réellement aucune difficulté.

Mais chacun doit savoir – même ceux qui veulent seulement faire un essai – qu'il vaut mieux éviter d'acheter du matériel trop bon marché. Les « équipements pour débutant » mal conçus ont voué à l'échec beaucoup d'essais prometteurs. Il faut rechercher la bonne qualité qui, en fin de compte, est payante.

Depuis que les fabricants américains ont normalisé les soies de pêche à la mouche et fait accepter l'échelle de classement AFTM dans le monde entier, il est très facile de constituer son équipement. Il suffit de savoir ce qu'il faut attendre d'une canne à mouche et de suivre les recommandations des fabricants pour assortir la ligne à la bobine ou l'inverse.

La mouche, le bas de ligne, la soie, la canne et le moulinet constituent les cinq éléments de cet équipement, qui sera fonctionnel à condition que le matériel soit adapté à sa fonction, que chaque élément pris séparément remplisse la sienne de façon parfaitement fiable et que tous se conjuguent harmonieusement.

Les mouches

Le nombre des modèles de mouches utilisées aujourd'hui et celui des mouches noyées, des sèches, des nymphes et des streamers qui se montent selon la fantaisie de chacun est impossible à évaluer, d'autant que de nouveaux modèles voient le jour quotidiennement. C'est la variation à l'infini qui permet cette fantastique créativité et constitue en même temps un défi pour de nouvelles modifications. Dans le but de concrétiser leurs idées et observations, les passionnés de la pêche à la mouche montent leurs propres modèles.

De tout temps, les modèles de mouches ont été un thème de discussion pour les moucheurs. Pour ces derniers, les artificielles et leurs modèles naturels sont aussi fascinants que la capture. Les imitations de mouches sont fabriquées entièrement à la main et, par conséquent, les belles mouches sont coûteuses. Quand on achète des mouches, il est impératif de veiller à leur qualité. Les artificielles montées n'importe comment, ou bien celles qui sont faites avec des matériaux qui ne conviennent pas valent rarement, en action de pêche, leur prix.

Les hameçons doivent être de la meilleure qualité possible. Si la trempe est trop dure, par exemple, ils risquent de casser. Appuyer avec des pinces sur un ardillon inutilisable pour le casser est un bon test. En revanche, si la trempe est trop molle, l'hameçon peut s'ouvrir pendant la lutte avec le poisson. Pour qu'un hameçon soit solide et prenne bien, son ouverture doit être proportionnée à la longueur de la pointe. Les hameçons à tige longue permettent, certes, le montage de streamers aux formes profilées et allongées, mais produisent un effet de levier qui donne prise au poisson pour se décrocher pendant le combat.

Les proportions de la mouche – ailes, hackle, corps et queue – doivent être conformes, et les imitations reproduire les caractéristiques de leur modèle. Les mouches sèches doivent être légères comme une plume et flotter correctement. Les noyées doivent couler rapidement mais leur poids, toutefois, ne pas affecter leur nage.

L'efficacité d'une mouche dépend, dans une certaine mesure, de la conviction avec laquelle le pêcheur la présente au poisson, mais avant tout d'une technique de montage bien étudiée, en fonction de l'usage qui convient.

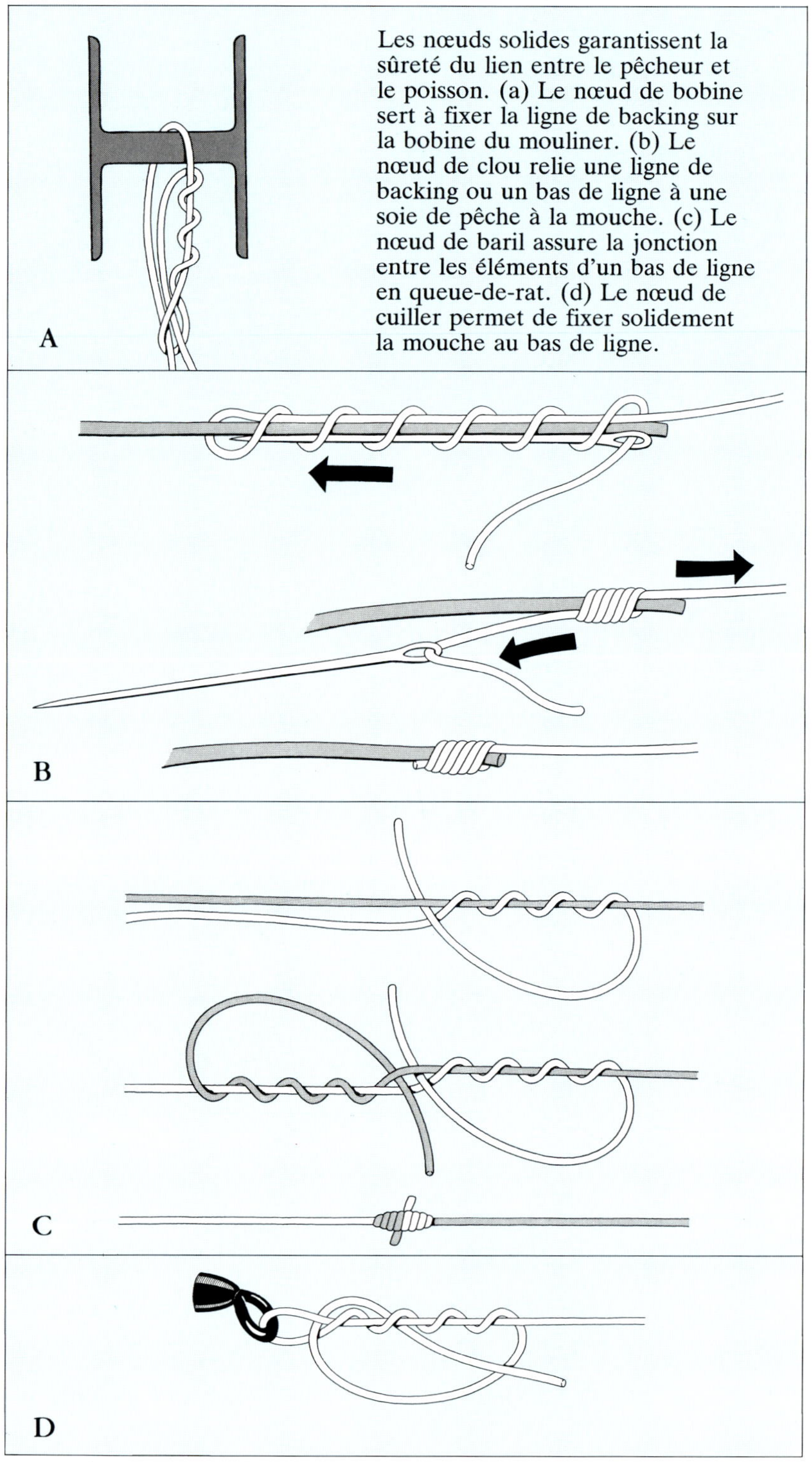

Les nœuds solides garantissent la sûreté du lien entre le pêcheur et le poisson. (a) Le nœud de bobine sert à fixer la ligne de backing sur la bobine du mouliner. (b) Le nœud de clou relie une ligne de backing ou un bas de ligne à une soie de pêche à la mouche. (c) Le nœud de baril assure la jonction entre les éléments d'un bas de ligne en queue-de-rat. (d) Le nœud de cuiller permet de fixer solidement la mouche au bas de ligne.

Les bas de ligne

Le bas de ligne sert d'intermédiaire entre la soie et la mouche. Il présente un certain nombre de fonctions différentes. Pour la pêche en sèche, il vaut mieux qu'il soit suffisamment long pour masquer la relative épaisseur de la soie. Sa pointe doit être assez fine pour assurer une bonne présentation de la mouche, mais aussi résistante pour contenir un combat fougueux. Il doit également pouvoir être bien lancé, même lorsque le vent souffle, suivre la soie dans ses harmonieuses paraboles et se poser bien étendu ou en faisant une courbe.

Aujourd'hui, la construction de la majorité des bas de ligne obéit à des contraintes variables. Depuis la partie supérieure au diamètre le plus gros, qui assure une transition progressive avec la pointe de la soie, il s'amincit en queue-de-rat par étapes (progressivement dans le cas du bas de ligne sans nœud) jusqu'à leur fine pointe. De 60 à 70 % environ de la longueur d'un bas de ligne constituent la partie la plus résistante, celle qui propage l'énergie du lancer, le reste se répartissant entre la fin de la queue-de-rat et la pointe. Cette dernière doit avoir une longueur minimale de 0,50 m pour la pêche en sèche, mais plus importante, de préférence, pour pêcher en noyée ou en nymphe.

On peut aisément confectionner des bas de ligne en se servant de sections de monofil de Nylon. Le matériau utilisé doit simplement être lisse et pouvoir se nouer facilement; mais en aucun cas il ne doit être mou. Les nœuds, solides et fiables, qui assureront un amincissement progressif, sont réalisés avec des sections de diamètre décroissant de 5/100 en 5/100.

Les bas de ligne de 2,40 à 2,80 m conviennent à la plupart des eaux. Ceux qui sont montés selon la formule « Rafale », préconisée par Charles Ritz il y a plus de trente ans, sont recommandés, leurs qualités surpassant toujours celles des articles modernes.

On trouve des bas de ligne tout montés dans les versions les plus variées: à nœuds et sans nœuds, à monofil plat, ou à sections comprenant un connecteur soie-Nylon en fils câblés ou tressés, une section amont câblée ou tressée et une pointe. Un bas de ligne câblé ou tressé offre l'avantage d'une plus grande souplesse et d'un déroulement plus délicat au posé. En revanche, il est un peu fragile et sa réalisation plus complexe.

La pointe des bas de ligne doit toujours être adaptée à la taille de la mouche. Avec des artificielles sur hameçons inférieurs au n° 16, présentées avec une canne souple, on peut descendre jusqu'au 12/100. S'il y a une possibilité de toucher des poissons de bonne taille, il vaut mieux, par sportivité, ne pas employer de pointe de moins de 18/100. Pour pêcher en noyée avec des modèles de grande taille (sur hameçons N° 8 à 4), une longueur de monofil de même diamètre, d'une résistance appropriée, suffira pour faire un bas de ligne. Quand on pêche avec une soie à pointe plongeante ou une soie plongeante, un bas de ligne très court peut être avantageux. De cette façon, on est sûr que la mouche est amenée au ras du fond par la pointe de la soie qui coule profondément.

Bien qu'il soit à la mode, depuis peu, de coller la « queue » du bas de ligne à l'extrémité de la soie ou la soie dans la « chaussette » du bas de ligne câblé, le nœud simple est encore la meilleure méthode pour unir le bas de ligne à la soie. Un monofil de Nylon en 45/100, d'une longueur de 30 cm environ, est noué au bout de la soie, et à sa suite, le bas de ligne choisi. Si cette longueur se raccourcit trop par suite de changements fréquents, on utilise un nouveau bout de Nylon en remplacement. Cela s'effectue facilement, même en cours de pêche. Le « nœud d'attache amélioré », simple et très fiable, est celui qui convient le mieux pour la pêche à la mouche.

Les soies de pêche à la mouche

Pour la pêche à la mouche, le type de soie est d'une importance capitale puisque c'est cette dernière qui donne la masse de lancer et, donc, sert de véhicule de transport à la mouche. Afin que la soie puisse se déplacer avec élégance, se maintenir en l'air et être lancée avec précision, elle doit être fabriquée selon certaines normes. Sa section, par exemple, augmente ou s'amincit en queue-de-rat en fonction des lois de l'aérodynamique.

Les soies modernes sont l'aboutissement de dizaines d'années d'expérimentation et de recherche. Il fallait réussir à conjuguer plusieurs impératifs: elles doivent pouvoir bien se lancer, pénétrer dans l'air, rouler des boucles sans problème et, grâce à leur surface lisse, se projeter parfaitement. À mesure que les pêcheurs à la mouche découvraient de nouvelles eaux et de nouveaux territoires pour la pêche, on perfectionnait sans cesse les soies. Dans le même temps que la soie passe-partout se développait, d'autres soies à emploi spécialisé apparaissaient, permettant au moucheur moderne de s'équiper de façon appropriée pour chaque sorte de pêche.

Les soies pour la pêche à la mouche sont fabriquées selon les standards de l'AFTM en quinze classes de poids. Ces classes, symbolisées par des numéros en référence avec le poids, sont déterminées en pesant les trente premiers pieds (9,14 m). Les soies jusqu'au n° 3 sont très légères et utilisables seulement pour les pêches les plus fines, les jours sans vent. Les n° 4 à 6 couvrent la plupart des besoins de pêche normaux en sèche et en noyée. Pour la pêche au streamer, une soie un peu lourde est recommandée, de façon à pouvoir effectuer des lancers parfaits même avec de grosses mouches. Les n° 10 à 15 s'utilisent pour la pêche du saumon et des gros poissons de mer.

Si l'ancienne « soie parallèle » est dédaignée, il existe deux principaux types de soie: le double-fuseau (DT), dont le diamètre se rétrécit en queue-de-rat à chaque extrémité, et le fuseau décalé

Les caractéristiques techniques d'une soie dépendent de la conicité de son profil. (a) Soie parallèle. (b) Double fuseau. (c) Fuseau décalé. (d) Soie pour l'eau salée. (e) Tête de ligne ou *shooting-heat*.

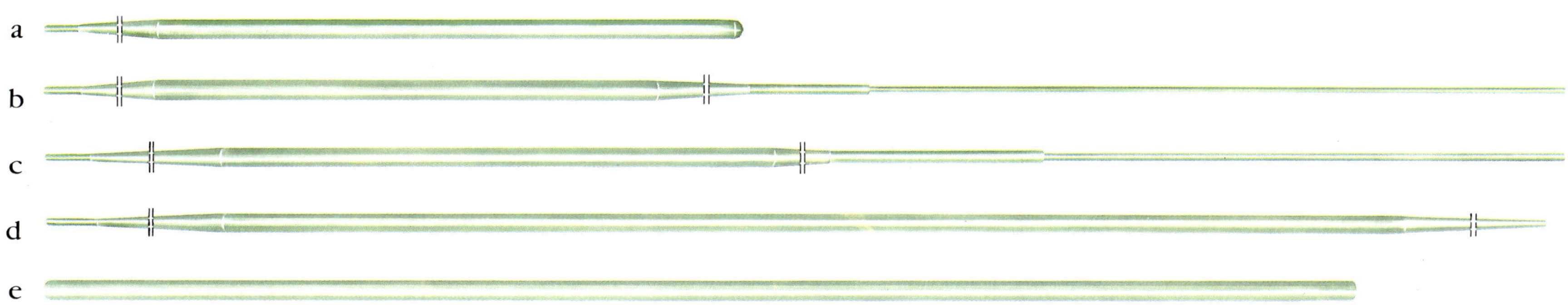

(WF). La soie en double fuseau a un calibre régulier au milieu, qui s'amincit en pointe aux deux extrémités. Cet amincissement vers une pointe assure non seulement la transition avec le bas de ligne, mais est important pour lancer et assurer le posé délicat et précis de la mouche. En raison de sa construction symétrique, une soie DT peut tout simplement se retourner quand l'un des bouts est usé. Ce type de ligne, facile à lancer, est l'un des plus populaires.

Sur les soies WF, la masse de lancer est concentrée sur une longueur limitée décalée vers l'avant de la ligne. La pointe de la soie se fond dans ce ventre de 26 pieds (8 m) qui s'amincit ensuite en une fine soie de lancer. Les soies WF ont été mises au point essentiellement pour permettre les longs lancers. Leur variété est grande. Les soies qui ont un poids très décalé vers l'avant (fuseaux pour le black-bass et l'eau salée) sont particulièrement recommandées pour lancer de grosses mouches sensibles au vent. Les soies avec un ventre très étiré (WFL = long ventre) fonctionnent comme des soies DT pour les lancers courts, mais offrent les avantages des soies WF pour les lancers longs. Les soies à «tête de ligne» (ST = *shooting taper* = fuseau de lancer), enfin, sont simplement des portions de ligne qui jouent le rôle de projectiles, sont directement reliées à des lignes de lancer et s'emploient pour les lancers à longue distance.

Pour la pêche à la mouche sèche ainsi que pour la pêche à la noyée et à la nymphe dans les eaux peu profondes, on se sert de soies flottantes (FL = ligne flottante). Pour des eaux plus profondes, des soies avec des pointes qui coulent (F/S = ligne flottante/plongeante) ou des soies entièrement plongeantes (S = soie plongeante) sont employées. Comparés avec ces dernières, les nombreux types de soies à pointe plongeante offrent de réels avantages. Dans la mesure où elles existent avec des pointes plongeantes de longueurs différentes, on peut pêcher des poissons précis, même à des profondeurs importantes, tout en les contrôlant facilement grâce à leur partie flottante. Les soies F/S et S sont disponibles en différentes classes de plongée; les soies à plongée lente ne conviennent que pour les eaux dormantes. Plus le courant est rapide, plus la soie doit plonger vite.

Il ne faut pas négliger la couleur des lignes. Pendant le lancer et la dérive, les soies de couleur claire sont plus faciles à suivre que celles de couleur foncée. Les soies flottantes et la partie flottante des soies à pointe plongeante doivent se voir aisément, même dans de mauvaises conditions d'éclairement. Cela est très important pour réussir à la pêche. La crainte d'effrayer le poisson avec des soies de couleur claire n'est pas fondée.

Les soies ont presque toujours une longueur de 27 à 30 yards (de 25 à 27 m). Même si la longueur est rarement utilisée en entier et suffit pour la plupart des combats avec le poisson, toutes les soies sont reliées à une ligne de réserve. Ce *backing* sert aussi au remplissage du moulinet, de façon que la soie ne soit pas enroulée en spires trop serrées.

Il vaut mieux éviter les lignes de réserve en monofil qui ont tendance à s'emmêler. Le Dacron câblé, malgré son diamètre plus fin, est tout aussi résistant et durable. Pour lutter avec un poisson qui fait un long départ, il faut utiliser un moulinet. Sortie à la main et tombant librement sur le sol, la ligne en Dacron s'emmêle généralement en une perruque incontrôlable qu'il est impossible de démêler et qui mène souvent à la perte du poisson en fuite. La meilleure ligne de réserve est en Dacron à surface synthétique enrobée, bien que ce matériau soit sensiblement plus épais et prenne plus de place sur le moulinet.

Les cannes à mouche

La canne à mouche est un outil de lancer qui fonctionne comme le prolongement du bras pour placer la soie quand on lance la mouche, mais également un outil de combat contre le poisson

La canne sert non seulement à lutter contre le poisson d'une manière sportive, mais aussi à lancer la soie comme il faut et en douceur. C'est pourquoi elle constitue la pièce maîtresse de l'équipement et doit être choisie avec le plus grand soin.

piqué. Son rôle d'outil de lancer est de transmettre l'énergie à la soie sans vibrations. La canne doit être capable d'effacer toutes les forces irrégulières qui accompagnent l'action de lancer, de façon que la soie se déroule sans à-coups et puisse se poser à l'endroit souhaité. Elle doit aussi être sensible, afin que même les plus faibles impulsions soient transmises et reçues, mais assez puissante toutefois pour porter la soie du numéro pour lequel elle a été construite et soutenir le combat.

Jusque vers le milieu des années cinquante, les cannes à mouche étaient faites exclusivement en bambou refendu. Depuis, les cannes en matériaux synthétiques ont conquis le marché. Après une brève mode des cannes en fibre de verre plein ou tubulaire, apparut l'ère des fibres high-tech avec les cannes en carbone, une innovation qui progresse encore aujourd'hui. Grâce à ces matériaux, des méthodes de fabrication et de profilage de cannes à mouche plus avancées sont apparues. Leur action, leur puissance et leur résistance à l'eau ont atteint le summum de leurs performances, tandis qu'elles font du lancer un jeu d'enfant. Sur chaque canne figurent des informations concernant le numéro AFTM de soie pour laquelle elle a été prévue, ce qui facilite énormément l'assemblage des divers éléments de l'équipement.

Avec l'avènement des fibres artificielles, on aurait pu imaginer que l'âge des belles cannes en bambou faites à la main était révolu à jamais. Mais depuis ces toutes dernières années, les cannes en bambou refendu connaissent un regain de popularité. En Europe centrale, ce sont essentiellement les artisans facteurs de cannes indépendants qui ont influencé la création de cannes en refendu modernes atteignant une qualité et une finition inconnues jusqu'ici.

On classe les cannes en fonction de leur performance, de leur «action», comme on dit. Les cannes à action de pointe font preuve d'une plus grande souplesse à leur sommet, tandis que les cannes à action totale répartissent les forces uniformément sur toute leur longueur. Entre les deux, on trouve les cannes à action moyenne. La plupart des cannes modernes sont du type à action moyenne. L'action du dernier tiers s'exerce avec des longueurs de soie relativement courtes. C'est seulement avec des charges plus importantes – quand on fait travailler la canne plus durement – que l'action se répartit sur toute la longueur de la canne et, de là, transmet une force de lancer plus grande encore.

La pêche à la mouche est sujette à des courants de mode qui affectent tout, depuis le style de lancer et tout ce qui touche au poisson jusqu'à la fabrication des cannes. Le style de lancer alpin, sous l'influence de Hans Gebetsroither, a longtemps conduit au raccourcissement des cannes. Quant aux fouets de 6 à 7 pieds, (de 1,80 à 2,40 m), courts et relativement raides, ils avaient le vent en poupe. De telles cannes sont, bien sûr, des outils de première classe pour ce style moderne de lancer économisant l'énergie, mais leur courte longueur est un désavantage en action de pêche. Leur raideur ne permet pas non plus les bas de ligne courts, sauf si l'on pratique une contre-poussée parfaitement maîtrisée.

Un nombre sans cesse croissant de pêcheurs redécouvrent les avantages des cannes plus longues et plus souples. Le cas extrême de cette tendance est représenté par la canne «longue molle», un fouet très long pour soies très légères. Il existe même une tendance pour la pêche ultra-légère avec les cannes à moucheron légères correspondantes. Pêcher avec de tels engins va souvent au-delà de la sportivité car ils ne permettent pas des combats courts et loyaux. Les standards de la pêche à la mouche ne devraient pas être dictés par les mouvements de mode mais par les nécessités pratiques et l'attitude sportive.

Le moulinet sert surtout de réserve pour la soie et la ligne mais il doit aussi avoir un système de frein efficace pour répondre à la défense d'un beau poisson.

Une canne à mouche doit correspondre aux conditions de pêche pour laquelle elle est utilisée. Il faut prendre en considération non seulement la longueur et le numéro de la soie, mais aussi la taille des prises espérées, le type d'eau et l'environnement naturel. Les cannes au-dessous de 7 pieds (2,10 m) ne sont pratiques que pour pêcher en marchant dans l'eau, mais même dans ce cas, elles ne permettent pas une meilleure maîtrise de la soie. La longueur universelle est de 8 pieds, mais des fouets plus longs sont recommandés pour les eaux plus larges. Pour les classes de cannes, les normes AFTM des soies s'appliquent bien. Pour les cannes en carbone, en général plusieurs numéros de soie sont indiqués. Le débutant a intérêt à choisir le numéro le plus élevé, car on apprend plus rapidement à maîtriser la soie avec une masse plus lourde.

Le poids d'une canne à mouche moderne ne pose jamais de problème, même à un lanceur peu entraîné. En effet, les longues cannes à une main pour les soies aux numéros les plus élevés (8 à 10) pèsent rarement plus de 120 à 140 g, et permettent une pêche confortable, à condition que la poignée soit conçue pour s'adapter à la main du lanceur. La forme de la poignée est également très importante. Pour bien lancer une canne légère jusqu'à 8 pieds (2,40 m) de long, on doit poser l'index sur la poignée, et la plus appropriée, dans ce cas, est celle en forme de cigare. Les cannes plus longues et plus puissantes imposent la prise au pouce et là, le «standard américain» ou la «queue de poisson» est meilleur. Pour les cannes lourdes à une main, une pièce terminale amovible – la poignée de combat – est utile car elle aide à user un poisson qui se bat durement. Les anneaux doivent assurer un lancer bien coulant. On peut utiliser indifféremment des anneaux monopattes en oxyde d'aluminium ou les traditionnels guide-fils serpentiformes, du moment qu'ils sont de bonne qualité.

Pour la plupart des pêcheurs à la mouche, la canne est la pièce la plus importante de l'équipement, et plus que pour toute autre méthode de pêche, la relation entre le pêcheur et sa canne est primordiale. Si la canne et sa façon de travailler conviennent à la constitution physique et au caractère du pêcheur, ce dernier est quasiment assuré de réussir car il ira au bout de ses possibilités.

Les moulinets

Aucune autre pièce de l'équipement n'est l'objet d'une appréciation aussi contrastée de la part des pêcheurs à la mouche que le moulinet. Les «maniaques» du matériel trouvent leur plus grande joie dans les détails raffinés d'un moulinet sophistiqué, alors que des pêcheurs moins intéressés par la technologie considèrent leur moulinet simplement comme un porte-soie commode. Pour la pêche légère, le type de moulinet importe peu, du moment qu'il fait ce qu'on attend de lui. En cas de panne, on peut maîtriser un petit poisson avec la soie déjà sortie. La lutte avec des poissons plus gros, cependant, exige davantage: contenance de ligne, maniabilité et fiabilité totale.

Il existe deux grands types de moulinet à mouche. Ceux à «action simple» sont de conception rudimentaire. La ligne s'enroule sur une bobine tournante équipée d'une manivelle. Quand on tire de la soie, la manivelle tourne à l'envers. Un cliquet grossièrement réglable ou un ralentisseur fixe réglable, sur l'axe, empêche la bobine de s'emballer quand la ligne est sortie à grande vitesse. Les autres moulinets sont dotés d'un frein à disques réglable très efficace. La vitesse à laquelle un moulinet peut enrouler la ligne dépend du diamètre de la bobine et de la quantité de soie qu'elle contient. Certains modèles sont munis d'un système multiplicateur. Des moulinets d'une bonne maniabilité et à antiretour ont un système de frein à engrenage au réglage très sensible. Quand la ligne se dévide de la bobine, la manivelle reste immobile, ou bien peut être tournée en sens inverse. En réglant correctement le frein, on peut éviter la casse du bas de ligne provoquée par une brutale tirée sur la ligne, survenant alors que l'on récupère.

Sur les modèles normaux, la bobine est en général placée dans un carter qui lui fournit le support nécessaire. Les moulinets dont l'une des faces est celle de la bobine doivent être parfaitement ajustés pour éviter les problèmes de soie coincée. Pour les moulinets en matériaux synthétiques, ce problème n'est toujours pas résolu.

Pour résumer, les critères de choix d'un moulinet à mouche fonctionnel sont les suivants : il doit être aussi léger que possible, tourner parfaitement, être relativement solide et avoir une capacité correspondant au type de pêche choisi ; pour la pêche légère, la soie et 40 m environ de ligne de réserve ; pour la pêche plus lourde, la soie et 120 m de réserve. Mais la bobine ne doit être remplie que jusqu'au point où aucune partie de la soie ne touche aux pièces transversales. Il faut pouvoir changer facilement de bobine, et un système de frein fiable ainsi, surtout, qu'un réglage sensible sont indispensables. Avec les moulinets à action simple, il vaut mieux compléter le système de freinage intégré en appuyant sur le rebord de la bobine avec le doigt. Des manivelles à prise confortable, avec des vis de réglage, sont nécessaires, tout comme une fenêtre de sortie de soie au rebord lisse, de préférence grande mais étroite, et un carter antireflets.

En outre, le moulinet doit répondre aux besoins du pêcheur, qu'il soit droitier ou gaucher, quant à l'emplacement de la manivelle. S'assurer qu'il a subi un traitement anticorrosion pour l'eau de mer. Quand le genre de pêche choisi repose sur les caractéristiques techniques du moulinet, seule sa qualité compte.

L'équipement vestimentaire

La manière de s'habiller pour pêcher à la mouche n'est pas seulement une question de goût personnel, elle est aussi fonction des conditions que l'on rencontre. Un tweed de chez Harris et une cravate seront peut-être agréables sur une rivière traversant la riante campagne anglaise, mais évidemment hors de mise dans les épais fourrés épineux des berges d'une rivière de Laponie ou lors d'une descente de rivière d'Alaska dans un raft de caoutchouc.

Les vêtements de pêche n'ont nullement besoin d'être camouflés mais doivent rester discrets cependant pour des raisons tactiques, ainsi que confortables. Que l'on préfère un gilet de pêche ou que l'on mette son petit matériel dans une boîte solide ou dans un sac à dos n'a aucune importance, du moment que tout est facilement accessible. Le style et le comportement d'un pêcheur à la mouche ne se déterminent pas par le détail extérieur mais par son attitude.

En raison de l'étroit rayon d'action de la pêche à la mouche, il faut profiter de la possibilité de pêcher en marchant dans l'eau, la seule limite étant dans ce cas la profondeur de l'eau et la force du courant. Même les pêcheurs du bord, enveloppés dans des lainages, sont à l'occasion obligés de marcher un peu dans l'eau. Il ne faut pas négliger l'équipement pour pêcher en marchant dans l'eau : il doit isoler du froid et assurer une progression sûre aussi loin que possible.

Le choix entre les cuissardes et la combinaison de pêche dépend de la méthode de pêche pratiquée. La combinaison permet de pêcher en eau profonde mais est moins confortable que les bottes ou les pantalons de wading, surtout si l'on a de longs parcours à faire à pied sec sur la rive. Les matériaux de faible épaisseur sont plus légers mais moins isolants. Même si l'on porte des sous-vêtements épais et chauds, la forte condensation intérieure peut être très inconfortable dans l'eau froide. Les combinaisons modernes en néoprène offrent les meilleures conditions car elles sont agréables à porter, isolent d'une manière incomparable, sont légères, solides et faciles à réparer.

La qualité des semelles des cuissardes et combinaisons doit faire l'objet d'une attention spéciale. Les semelles en caoutchouc sont antidérapantes quand elles comportent des petites barrettes d'acier noyées dans la masse. Les semelles alpines, armées de pointes de tungstène, sont, bien sûr, antidérapantes mais le crissement qu'elles produisent sur le fond effraie les poissons. Les semelles en feutre sont mieux adaptées mais elles s'usent vite. Une grossière pièce de moquette utilisée comme semelle est imperméable et inégalable pour assurer la prise au sol. N'importe quel wader de bonne qualité peut être ainsi « suréquipé » à moindres frais par un cordonnier.

Dans un fort courant, il ne suffit pas toujours d'avoir des semelles antidérapantes. Là, un bâton de marche dans l'eau est nécessaire pour servir de « troisième jambe ». N'importe quelle trique solide coupée dans un taillis et arrivant à l'épaule peut convenir, mais éviter le bois mort, susceptible de casser. Naturellement, ce bâton de marche dans l'eau sera attaché au pêcheur pour éviter de le perdre lorsque l'on est loin du bord, ce qui pourrait se révéler désastreux.

Parmi les bâtons de marche dans l'eau vendus dans le commerce, les plus solides sont les meilleurs. Les bâtons pliants munis d'un cordon central de caoutchouc ne devront être utilisés que si leurs différentes parties sont unies par un système parfaitement fiable. La plupart des spécialistes préfèrent un embout de caoutchouc « silencieux » à une pointe en métal au bout de leur bâton.

Dans les eaux dormantes ou faiblement courantes, où la combinaison de pêche n'est pas assez haute et où l'on ne peut pas aller en bateau, une bouée-bateau ventrale accroît l'intérêt de la pêche. Il s'agit d'un flotteur constitué d'une bouée remplie d'air (deux chambres valent mieux qu'une seule) dont le fond comporte une place assez confortable pour s'asseoir. L'occupant doit porter une combinaison de pêche qui monte jusqu'aux aisselles car il est assis dans l'eau, et celle-ci lui arrive à peu près à la taille. Il se déplace au moyen de palmes. La bouée-bateau peut servir pour pêcher partout où cela est techniquement possible, il suffit de la dégonfler et de la transporter dans un grand sac. Cette façon de pêcher avec une vision « à vol d'oiseau » de l'eau devient de plus en plus populaire.

Les autres accessoires

Parmi le riche assortiment d'accessoires disponibles, nous mentionnerons ceux qui font partie de l'équipement de base. Quelques-uns, non cités, se révèlent utiles mais non indispensables.

L'une des choses à ne pas négliger est une bonne protection des yeux. Une mouche qui échappe au contrôle du pêcheur, à la suite d'un mauvais lancer ou un jour de fort vent, peut endommager définitivement un œil. Un chapeau à large bord ou une casquette à visière basse sont donc recommandés non seulement pour la vue, mais aussi pour assurer un minimum de protection. Quant aux mouches sans ardillon, elles sont peut-être dangereuses pour le poisson, mais également pour le pêcheur.

La meilleure protection pour les yeux est encore la paire de lunettes. Les lunettes de soleil, de préférence polarisantes, sont un avantage : elles protègent les yeux des reflets éblouissants du soleil sur l'eau, réduisent la réflexion à la surface et améliorent la visibilité au travers de l'eau – considérablement sous certains angles.

Si l'on désire porter un gilet de pêche, le nombre des poches est moins important que leur disposition et leur système de fermeture. On perd moins de choses dans des poches profondes que dans des poches larges mais peu profondes, surtout si elles ne sont pas munies de fermoirs Velcro. Les gilets qui comportent des poches placées les unes au-dessus des autres paraissent seulement grotesquement gonflées, mais ne sont pas plus pratiques pour autant. Les poches dorsales ne sont utiles que si on peut les atteindre facilement. Cela vaut surtout pour les courts gilets de wading.

Les sacs de pêche doivent être suffisamment grands pour pouvoir contenir, non seulement des boîtes à mouches et divers petits articles, mais aussi un vêtement de pluie ou un pull-over. Les musettes ou sacs de forme allongée sont préférables. Ils doivent

Une combinaison de pêche, un gilet-mouche, une épuisette, des lunettes de soleil et un chapeau à large bord, tout cela ne prend pas plus de poissons mais fait tout de même partie de l'équipement de base du pêcheur à la mouche chevronné.

être faits avec des matériaux imperméables et munis de bonnes fermetures. Un compartiment principal à casiers ou pochettes permet de ranger les objets. Des pochettes extérieures hermétiques sont indispensables. La courroie d'épaule doit permettre de porter le sac sans douleur et une ceinture est nécessaire pour l'empêcher de glisser autour du ventre quand on se baisse.

Choisir les boîtes à mouches parmi les modèles assurant une protection de chaque mouche, permettant de les voir toutes, fermant bien et pouvant flotter. Pour les mouches sèches, les boîtes à compartiments conviennent, surtout si chacun dispose de son propre couvercle. Les boîtes en mousse de caoutchouc protègent les hameçons, permettent de voir toutes les mouches et, si elles sont larges et profondes, assurent leur protection. Pour les mouches noyées et les nymphes, même les boîtes plates sont recommandées. Les aimants ne sont utiles que s'ils tiennent bien. Les boîtes à mouches à agrafe métallique ne conviennent que pour les streamers et les plus grandes mouches, modèles qui peuvent se garder à plat et dont les hameçons ne risquent pas d'être abîmés par les agrafes elles-mêmes. N'importe quel système d'agrafage est bon à condition qu'il n'endommage pas les hameçons.

Il existe des étuis pour renfermer les bas de ligne tout préparés, mais un portefeuille convient parfaitement. Il est plus important d'avoir un distributeur de Nylon pour bas de ligne. Un bon distributeur doit contenir de quatre à six diamètres différents et fournir les fils facilement et doucement, mais seulement à la demande, pas accidentellement dans le sac.

Un couteau et des ciseaux sont indispensables. Un bon couteau, solide et bien conçu, sert à beaucoup de choses et pas seulement à tuer et à vider le poisson. Une paire de grande pinces-ciseaux est pratique pour décrocher délicatement les poissons, couper la ligne et, éventuellement, retailler les mouches. Pour ne pas les perdre, les attacher à un cordon élastique ou à un enrouleur à ressort.

Ceux qui sont incapables d'attraper précautionneusement un poisson à la main peuvent choisir une épuisette à manche court ou une épuisette télescopique fiable. Pour assurer les gros poissons, la largeur de l'ouverture est moins importante que la profondeur du filet. Les épuisettes de wading à armature de bois, que l'on porte attachées sur le dos, sont légères et d'un emploi agréable ; elles peuvent avoir d'autres emplois que la pêche en marchant dans l'eau. Sur les berges encombrées par la végétation, un filet qui pend librement peut être une source d'ennuis et un modèle d'épuisette pour la rivière munie d'un fourreau convient mieux. Pour réussir la mise à l'épuisette à partir d'une berge élevée ou en eau profonde, les modèles à long manche sont préférables.

Pour la préparation de l'artificielle, on dispose de nombreux produits qui rendent les mouches sèches plus flottantes. Les formules liquides sont les meilleures, car elles ne changent pas l'apparence de la mouche et sont très efficaces une fois que le solvant s'est évaporé. L'amadou est parfait pour sécher les mouches mouillées, mais la peau de chamois convient aussi. Les produits gras flottants peuvent être efficaces pour graisser les bas de ligne et les soies. On peut rendre aux bas de ligne et aux soies plongeantes lentes leur qualité plongeante en les frottant avec un peu de boue pour ôter la graisse.

Les techniques de lancer

Ce sont les soies qui caractérisent le mieux la pêche à la mouche. La technique habile du lancer fascine par son harmonie rythmique. Les gestes du lancer paraissent presque un jeu facile, d'une élégance coulée. En suivant des yeux le parcours aérien de la soie, on pourrait presque penser que les lois de la pesanteur n'existent plus.

Merveilleuse à observer, mais incroyablement difficile à apprendre, telle est la croyance répandue parmi les pêcheurs. Et cette appréhension de l'apprentissage du lancer est justement ce qui empêche la plupart d'entre eux d'essayer de pêcher à la mouche. Pourtant, la pêche à la mouche n'a rien de mystérieux, elle est le résultat de mouvements synchronisés dont chacun peut être exécuté aussi facilement que courir ou nager, une fois que l'on en a compris le principe.

Bien entendu, savoir lancer est important. Une présentation correcte de la mouche présuppose, avant tout, un lancer réussi. La pêche proprement dite est maîtrisée seulement quand on a atteint une certaine sûreté dans le lancer sans avoir besoin de se concentrer. Mais une chose est sûre : on n'a pas besoin d'être un super lanceur pour pêcher avec succès. Il existe de nombreux lanceurs remarquables qui, en dépit de leur talent, seront toujours de médiocres pêcheurs ; et des pêcheurs à la mouche brillants qui ont peu d'adresse au lancer. Bien qu'ils soient importants, le lancer et la présentation ne constituent qu'une partie, brillante certes, de la pêche à la mouche.

Aujourd'hui, il est courant d'entendre qu'une personne ne peut pas apprendre à lancer seule. Il est vrai que si l'on suit une instruction pratique avec un professeur expérimenté, cela aide bien au début. Mais un cours de lancer n'est pas indispensable. Des milliers de personnes sont devenues des pêcheurs à la mouche enthousiastes sans l'aide de personne. Il suffit de manifester un minimum d'intérêt pour apprendre les bases essentielles de la technique du lancer. Après quelques heures seulement d'entraînement dans un champ, on est capable d'apprécier la première sensation de sa canne et de sa soie. Et bientôt, n'importe quel pêcheur normalement doué réussira un lancer acceptable. Arrivé à ce stade, il faut aller pêcher, car il n'y a pas de meilleure façon de s'entraîner.

Insistons encore sur le fait qu'il est très important de posséder un équipement bien coordonné. Il est simple de marier les pièces les unes aux autres si l'on respecte les informations des fabricants (selon les normes AFTM). Déterminer le meilleur type de canne s'apprend avec le temps.

Pour un débutant, une canne en carbone à action moyenne de 7,5 à 8 pieds (de 2,20 à 2,40 m) et une soie n° 5 ou 6 de couleur claire sont à conseiller. Choisir le numéro de soie le plus élevé prévu pour la canne choisie car ainsi, le poids de la ligne, même pour de courtes distances de lancer, est plus facile à maîtriser. Au bout de la soie, attacher un bas de ligne en queue-de-rat d'une longueur égale à celle de la canne et ayant un 20/100 en pointe. Pour les tout premiers essais, on peut se passer de mouche, mais en aucun cas du bas de ligne, car ce dernier absorbe le puissant retour de la soie et le conduit doucement jusqu'à sa pointe. Si les premiers lancers sont réussis, une mouche de couleur claire sur hameçon n° 12 sans ardillon peut être attachée à la pointe. Une mouche « sans hameçon » ne s'accrochera pas dans les herbes et est moins dangereuse en cas d'accident.

Apprendre à lancer

Le principe de base du lancer est le suivant : la masse de lancer mobile est constituée par la soie. L'outil de lancer est la canne. Par un relevé suffisamment puissant, la canne est « chargée » et l'énergie se transmet sur toute la longueur de la soie. Ainsi, l'inertie initiale de la masse de lancer, transmise par la canne, est contrebalancée et la soie est projetée en l'air en une boucle. Si l'on ajoute de l'énergie synchronisée pendant les mouvements arrière et avant, la soie peut être maintenue en l'air ; la vitesse sera augmentée, la soie s'allongera jusqu'à la longueur choisie et la mouche pourra alors être posée au bon endroit.

Dans la pratique, cela est plus facile à faire qu'à décrire. Allons dans un pré et essayons, en tâtonnant, d'acquérir cette sensation de la canne et de la soie.

Le lancer vertical

D'abord, le point de départ : sortir de 6 à 8 m de soie et les étendre, ainsi que le bas de ligne, sur le sol. La main doit avoir une prise solide sur la poignée de la canne, qui sera meilleure encore si l'on pose l'index sur cette dernière. L'autre main s'empare de la soie au-dessous du premier anneau et la serre en fermant la main dessus à peu près à mi-hauteur, de manière que la soie bien étendue forme une boucle par-dessus le pouce. Le bras droit (ou gauche pour les gauchers), coude détendu, est tenu droit vers l'avant. La main gauche est alignée avec la canne. L'épaule droite est un peu ramenée en arrière et le poids du corps porte sur la jambe correspondante. Le pied de l'autre jambe, légèrement écarté, est orienté dans la direction du lancer. La pointe de la canne descend un peu vers le bas.

Premier exercice : d'un geste décidé, la canne est amenée de la position horizontale à la verticale. Arrêter le mouvement vers l'arrière sans contracter les muscles. La soie décolle du sol, suit le lancer arrière et s'étend. La canne est ensuite ramenée à la position horizontale par un lancer avant. La soie, à nouveau, suit le mouvement de la canne, passe vers l'avant en formant une boucle par-dessus la pointe de la canne et s'étend. Abaisser la canne et laisser la soie se détendre. Le bras droit, dessus, et le bras gauche, dessous, sont maintenus pliés selon le même angle l'un par rapport à l'autre pendant tout le temps du lancer. Le mouvement du lancer est accompli uniquement avec les omoplates. Le bras droit est amené vers l'avant seulement quand la ligne est détendue.

La canne doit suivre son mouvement oscillatoire selon deux couloirs parallèles : pendant le lancer arrière, la canne est inclinée légèrement vers l'extérieur ; la soie passe à côté de la canne et du lanceur. Pendant le lancer avant, la canne est bien droite de haut en bas. La soie roule vers l'avant par-dessus la pointe de la canne. Il est important que la main qui tient la soie accompagne le mouvement de celle qui tient la canne en gardant la même distance relative. C'est seulement quand la soie est complètement étendue, avec une ligne tendue entre la main gauche et le premier anneau, que l'énergie impulsée peut être totalement transférée à la soie et lui donner l'accélération nécessaire. La séquence entière du mouvement doit être régulière, rapide et bien marquée, mais avec des phases nettement séparées. Le point d'arrêt vertical de la canne doit être scrupuleusement respecté. Le lancer avant ne doit pas commencer avant que le poids de la soie filant vers l'arrière ne soit ressenti dans la canne, c'est-à-dire quand la soie est bien étendue.

Manipulation de la soie

Pour pouvoir lancer et réaliser toutes les techniques de présentation, il est important d'apprendre à manipuler la soie de réserve. Sur les rives encombrées de végétation où l'on ne peut pas laisser tomber librement la soie ou bien quand on se tient dans le lit d'une rivière où un fort courant l'entraîne, la main gauche assure la retenue des boucles de réserve. Il y a de nombreuses manières de tenir ainsi la soie prête à être libérée.

On la ramasse en petites boucles d'égale dimension. C'est un procédé facile et pratique. On peut, de ce cette façon, garder une douzaine de mètres de soie enroulés en boucles égales que l'on tient dans la main et que l'on libère une à une à la demande.

Une technique élégante consiste à tenir la soie entre le pouce et l'index et à l'enrouler en faisant des 8 entre l'index et les deux derniers doigts, le majeur n'intervenant pas. On peut ainsi ramasser dans la main gauche une quinzaine de mètres de soie en 8 de taille égale. En desserrant légèrement les doigts, on libère la longueur de soie désirée.

La soie est recupérée par grandes boucles de la taille que l'on veut et que l'on laisse pendre en les tenant serrées par le haut. Au moment du «coulé», il faut un peu d'habitude pour laisser partir la bonne longueur de soie.

Enfin, on peut disposer la soie dans un panier ou plateau que l'on fixe à la taille et où les boucles se superposent, prêtes à fournir l'allongement des lancers ou à se dérouler sur le «coulé». Ces paniers de lancer, jadis en vannerie mais maintenant en toile repliable, sont très commodes pour effectuer de longs lancers, surtout quand on pêche en marchant dans l'eau.

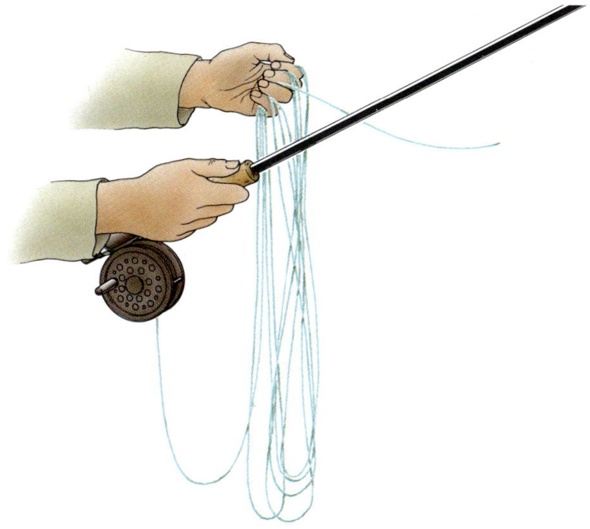

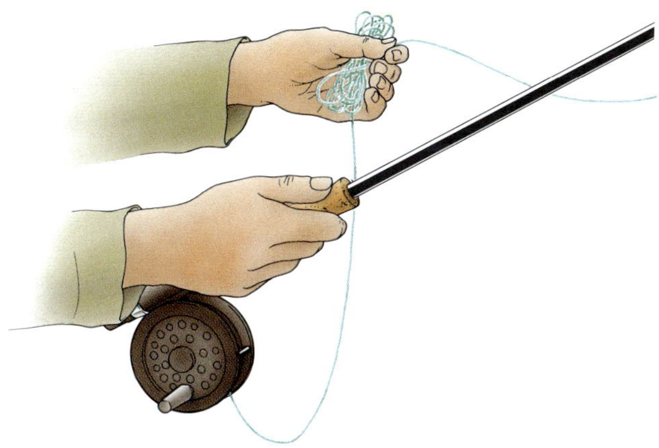

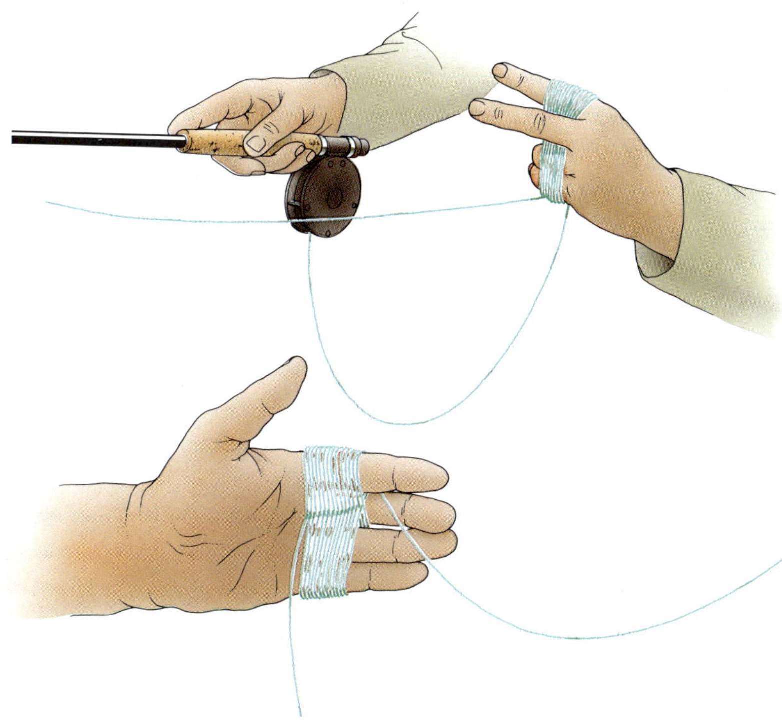

C’est le bon rythme qui déterminera la réussite du lancer. Un lancer avant commencé trop tôt, quand la soie n’est pas complètement étendue, produira un coup de fouet, qui peut être si puissant que la mouche risque d’être claquée de la pointe du bas de ligne cassé. Si, au contraire, le lancer avant vient trop tard, la soie tombera, touchera peut-être le sol et tout s’effondrera.

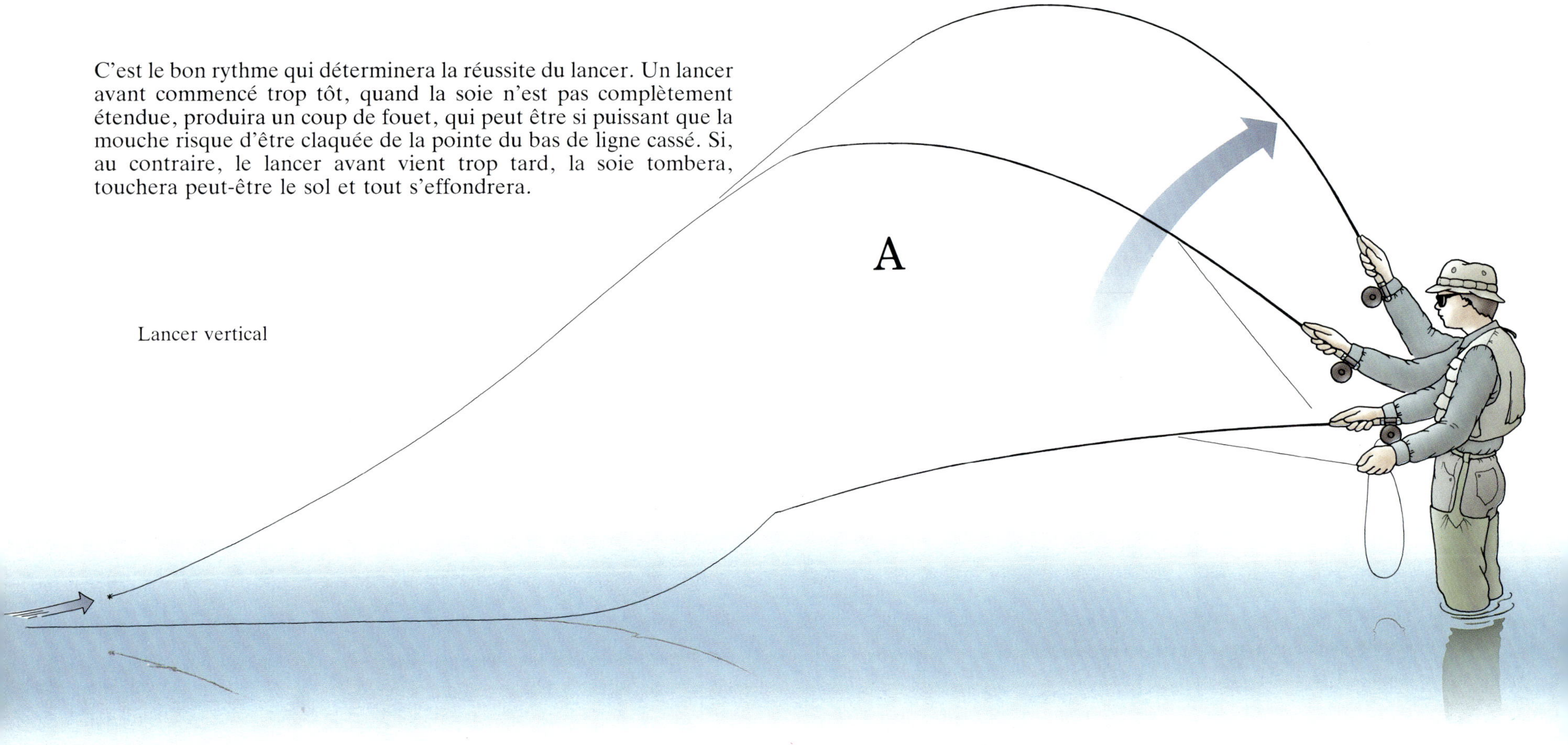

Lancer vertical

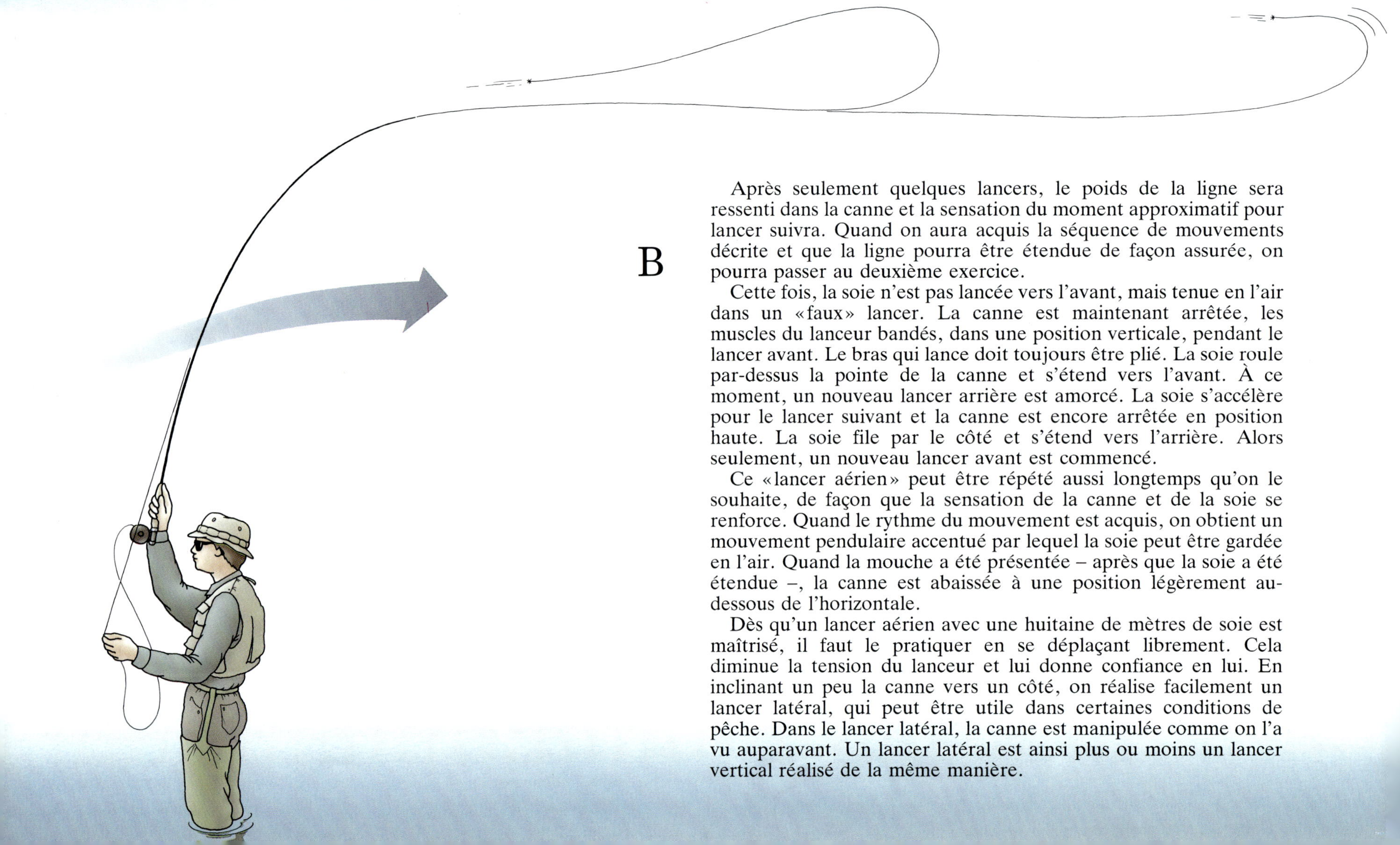

Après seulement quelques lancers, le poids de la ligne sera ressenti dans la canne et la sensation du moment approximatif pour lancer suivra. Quand on aura acquis la séquence de mouvements décrite et que la ligne pourra être étendue de façon assurée, on pourra passer au deuxième exercice.

Cette fois, la soie n’est pas lancée vers l’avant, mais tenue en l’air dans un «faux» lancer. La canne est maintenant arrêtée, les muscles du lanceur bandés, dans une position verticale, pendant le lancer avant. Le bras qui lance doit toujours être plié. La soie roule par-dessus la pointe de la canne et s’étend vers l’avant. À ce moment, un nouveau lancer arrière est amorcé. La soie s’accélère pour le lancer suivant et la canne est encore arrêtée en position haute. La soie file par le côté et s’étend vers l’arrière. Alors seulement, un nouveau lancer avant est commencé.

Ce «lancer aérien» peut être répété aussi longtemps qu’on le souhaite, de façon que la sensation de la canne et de la soie se renforce. Quand le rythme du mouvement est acquis, on obtient un mouvement pendulaire accentué par lequel la soie peut être gardée en l’air. Quand la mouche a été présentée – après que la soie a été étendue –, la canne est abaissée à une position légèrement au-dessous de l’horizontale.

Dès qu’un lancer aérien avec une huitaine de mètres de soie est maîtrisé, il faut le pratiquer en se déplaçant librement. Cela diminue la tension du lanceur et lui donne confiance en lui. En inclinant un peu la canne vers un côté, on réalise facilement un lancer latéral, qui peut être utile dans certaines conditions de pêche. Dans le lancer latéral, la canne est manipulée comme on l’a vu auparavant. Un lancer latéral est ainsi plus ou moins un lancer vertical réalisé de la même manière.

C

Le troisième exercice a pour but d'essayer d'augmenter la distance du lancer en allongeant la longueur de soie sortie. On tire de deux à trois mètres de soie supplémentaires et, au départ, on les tient en réserve entre la main gauche et le moulinet. Puis on commence les faux lancers avec la longueur de soie du début. Grâce aux puissants lancers avant et arrière, la soie reçoit une quantité

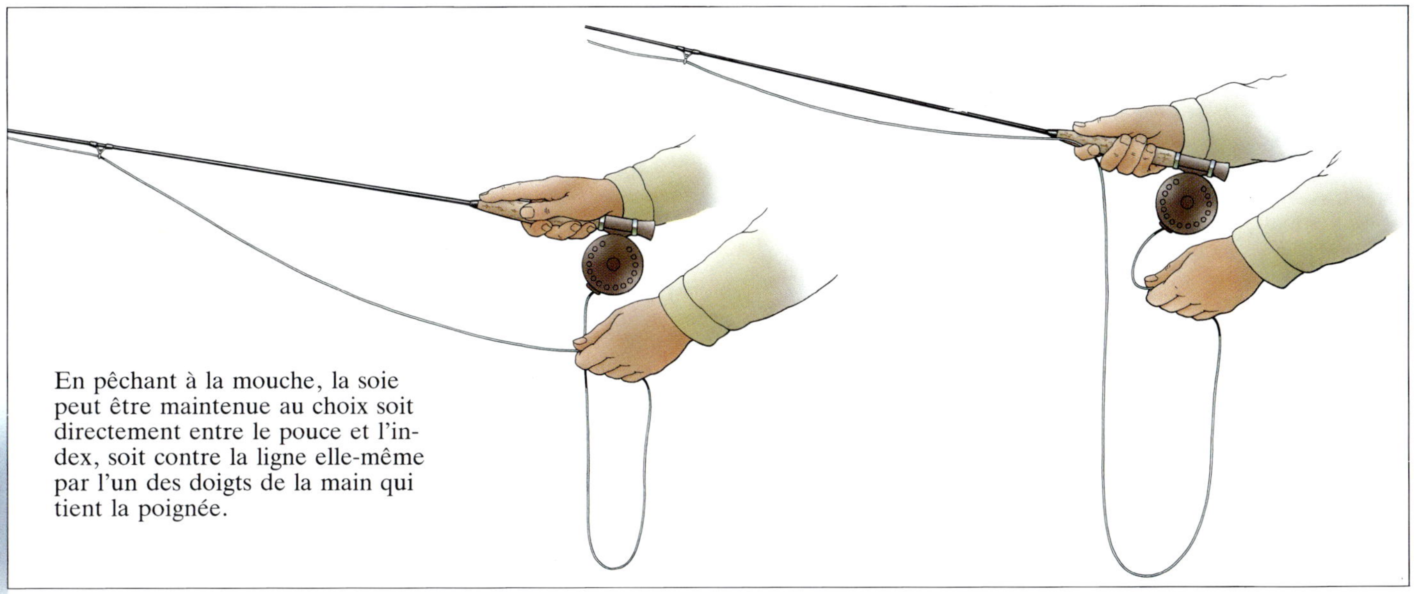

En pêchant à la mouche, la soie peut être maintenue au choix soit directement entre le pouce et l'index, soit contre la ligne elle-même par l'un des doigts de la main qui tient la poignée.

D

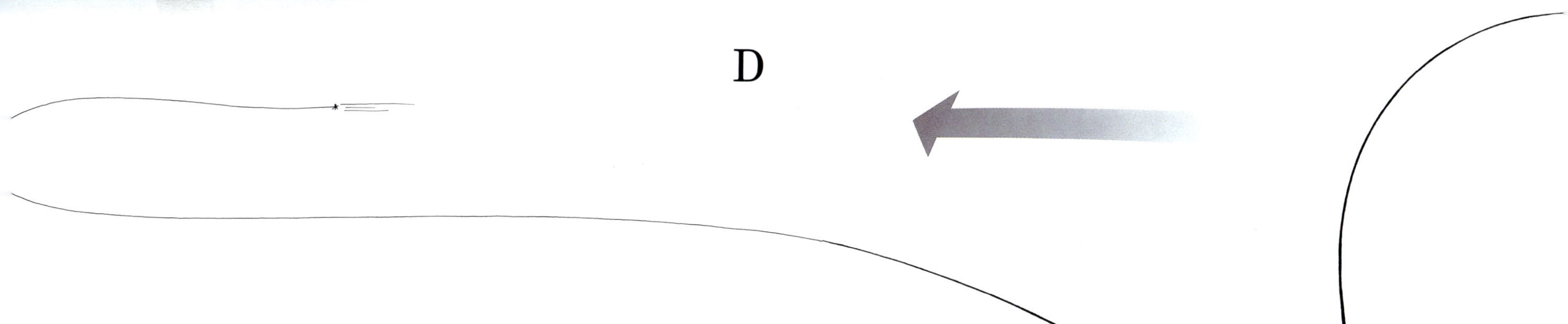

d'énergie plus grande que celle qui lui est nécessaire pour demeurer en l'air. Cette énergie est nettement ressentie quand la ligne se détend : la soie tire sur la main gauche. Si, alors, on lâche un peu de la soie de réserve, elle glisse à travers les anneaux. Si cela se produit au bon moment – même là, le bon rythme est essentiel –, la soie de réserve est absorbée par la soie déjà sortie.

Cette absorption de soie de réserve n'est pas seulement utile pour allonger la soie pendant les faux lancers. Même quand on pose la soie, le lancer peut être allongé de quelques mètres en libérant une longueur supplémentaire de soie. Cela sert également à obtenir un bon posé, surtout avec une mouche sèche. En principe, on libère un peu de soie de réserve à chaque lancer pour obtenir un posé mœlleux et discret.

En posant la mouche, un point situé à environ 60 cm au-dessus de la cible est visé et un lancer avant est réalisé sur une position horizontale. Quand la tirée de la soie étendue est ressentie, la réserve est libérée et la canne abaissée. L'énergie restante est prise par la soie en mouvement et la mouche se pose doucement.

Il est important de s'entraîner à libérer de la réserve et à poser la soie, mais pour commencer, une distance de 10 à 12 m est largement suffisante. Une fois que l'on maîtrise bien cette longueur, plus aucun problème ne se pose pour bien pêcher sur des petites surfaces d'eau.

Les variantes du lancer et le posé

Il y a plusieurs techniques de lancer, chacune ayant ses avantages propres dans une situation donnée. Dans les secteurs de rivière où le courant présente de grandes variations tout particulièrement, la qualité de la présentation peut être considérablement améliorée en variant la technique de lancer.

C'est sur des poissons actifs en surface que les conditions sont réunies pour effectuer la première sortie avec l'équipement de pêche à la mouche. La montée du poisson ou le rond qu'il a provoqué et la place exacte où il faut lancer sont bien visibles. En observant de plus près, on peut déterminer ce que les poissons prennent. Même pour un débutant, commencer dans ces conditions n'est pas très difficile. Un pêcheur expérimenté dans d'autres techniques le sait bien; seuls le matériel et la technique de présentation sont quelque peu nouveaux pour lui.

Naturellement, pendant les premiers jours, il est sage de choisir des portions de rivière qui n'exigent pas une adresse particulière pour lancer et poser la mouche: les sections dégagées, au courant régulier, avec assez de place derrière pour le lancer arrière. Si, en remontant le cours d'eau, on approche avec précaution du poisson qui gobe, on peut presque toujours atteindre la bonne distance de lancer.

Pour un posé avec ligne bien étendue, la première chose à faire est de sortir la bonne longueur de soie, soit un peu plus qu'il n'est nécessaire pour la longueur du lancer. Quand on marche dans la rivière, on peut tout simplement laisser pendre la réserve de soie sur l'eau. Du bord, on la laisse reposer sur le sol, en veillant toutefois à la tenir à l'écart de tout ce dans quoi elle pourrait s'accrocher et qui pourrait l'empêcher de filer librement dans les anneaux.

La bonne distance est déterminée, la bonne longueur de soie est sortie et tenue en faux lancer et le lancer est réalisé en travers amont du courant. Au moment de poser la mouche, on vise un point situé au-dessus du poisson qui gobe. Ce point est pris, comme nous l'avons déjà vu, à environ 60 cm en amont du poisson et, au lancer, on laisse filer un peu de soie. On ne relâche la ligne que quand elle est presque entièrement étendue lors du lancer avant, la canne abaissée à une position horizontale. On réalise le posé non en livrant la soie à elle-même, mais en la laissant «couler» toute seule dans la main partiellement ouverte. La petite friction qui se produit ainsi aide à garder la soie bien étendue sur toute sa longueur et jusqu'à la pointe du bas de ligne pendant le posé. La mouche se pose alors délicatement et peut dériver vers le poisson visé.

Une fois que la mouche a été posée, la soie est fortement serrée contre la poignée de la canne par l'index de la main droite, tandis que la main gauche tire la soie en trop à la même vitesse qu'elle dérive sur le courant. Le bout de la canne est pointé vers la mouche et la suit dans sa dérive. De cette manière, on garde constamment le contact avec la mouche. Quand le poisson la prend, on tire la soie rapidement mais surtout sans brutalité, on lève la canne et le poisson est piqué. Si ce raidissement de la soie provoque ce «ferrage» dont on parle tant, on risque de casser le bas de ligne. Cela parce que le poisson se pique exactement au moment où il redescend, donc dans le sens opposé au mouvement de la soie.

En outre, si on a une manière de pêcher moderne, consciente de son environnement, avec des mouches sans ardillon, il est inutile de ferrer avec force pour enfoncer l'hameçon dans la gueule du poisson. Si la mouche n'est pas prise, lui laisser poursuivre sa dérive bien en aval du poisson avant de commencer un nouveau lancer. La raison pour laquelle la mouche n'a pas été prise est qu'elle a été mal présentée, ou qu'elle n'est pas la bonne – et souvent les deux. Un lancer et une présentation médiocres sont les principales causes d'un refus de mouche en sèche. De ce fait, la présentation exige un maximum d'attention. La mouche doit dériver naturellement dans le courant et sans faire de sillage. En aucun cas elle ne doit labourer la surface de l'eau.

Avec un bas de ligne étendu, cela n'est possible que quand la surface de l'eau courante est uniforme. Là où la vitesse du courant est irrégulière, ce qui est souvent le cas, on parvient à un meilleur résultat si le bas de ligne n'a pas été étendu lors du lancer. Le courant «avale» alors les sinuosités flottantes du bas de ligne avant qu'il fasse «draguer» la mouche. Il est donc essentiel, dans certains cas, d'avoir un bas de ligne sinueux au lancer.

Un *lancer bloqué* s'utilise, en pêche à la mouche sèche, lorsque le bas de ligne est suffisant pour compenser les irrégularités du courant de la zone de lancer. Même en mouche noyée, on peut recourir au lancer bloqué: une mouche arrêtée sur un bas de ligne détendu coule plus rapidement. Quand on pêche vers l'amont, un lancer bloqué peut être un avantage; quand on pêche transversalement ou vers l'aval, il est souvent indispensable.

Le *posé sinueux* en sèche aide à atténuer les irrégularités d'un courant de surface et prolonge la dérive libre de la mouche. Si l'on a préparé assez de soie de réserve, il est facile à exécuter. Pendant la sortie de la soie, il suffit d'animer la pointe de la canne de petits effets de fouettage sur un plan horizontal. La soie épouse ces mouvements et se pose sur l'eau en gardant ces sinuosités. De cette façon, s'il y a un courant plus fort au milieu, par exemple, les mouches dérivent sans être tirées pendant tout le temps que le ourant absorbe les sinuosités.

Dans la même situation, surtout si l'on pêche vers l'aval, on peut recourir au *lancer parachute*. Dans la forme classique de ce lancer, la canne est arrêtée presque en position haute et la soie étendue à la même hauteur que la pointe de la canne. Puis la canne est abaissée vers l'eau et c'est le posé de présentation de la mouche. En abaissant la canne à nouveau, deux longueurs de soie de réserve peuvent être délivrées. Dans le lancer parachute «style Gebetroither», le lancer avant est arrêté presque de la même manière pendant le faux lancer: la ligne part en suivant un angle orienté vers le haut et la pointe de la canne est abaissée presque vers la surface de l'eau. La partie arrière de la soie se pose la première; le bout de la soie et le bas de ligne se posent en même temps et la dérive vers l'aval est retardée.

Quand on pêche en travers aval ou presque droit en aval, on peut allonger considérablement la soie après tous ces lancers en la faisant fouetter sinueusement pendant qu'elle sort. La condition préalable pour cela est, une fois de plus, de préparer une réserve suffisante entre la main gauche et le moulinet. Dès que la mouche a touché l'eau, la réserve – exactement comme pour le «coulé» final – est sortie et la canne est fouettée à plat et énergiquement en remontant vers l'amont. La soie étant retenue par la surface de l'eau sur laquelle elle est posée, la réserve est sollicitée et se transfère devant l'anneau de tête; elle peut alors être projetée vers l'aval par un lancer avant à hauteur moyenne. Pour chaque coup de fouet, la dérive de la mouche est prolongée d'une longueur de canne environ. Si une plus grande longueur de soie est sur l'eau, il est facile d'en sortir encore de l'anneau de tête autant que l'on veut en «secouant» la pointe de la canne et, par ce moyen, d'augmenter encore la dérive libre de la mouche.

dans le dos: les ombres du corps, de la canne et de la soie doivent rester hors du champ de vision du poisson. Des ombres mouvantes à travers une surface ensoleillée lui font très peur. C'est seulement dans les zones à demi ombreuses, en particulier devant une végétation qui bouge, que l'on peut se permettre de se déplacer plus librement. Il ne faut pas approcher plus près qu'il ne le faut pour pêcher les rives sans végétation. Le cas échéant, le pêcheur gagnera une bonne position de lancer en rampant.

Dans les eaux peu profondes à la surface lisse, les risques d'être découvert trop tôt sont les plus grands. Mais même dans les eaux profondes à la surface lisse, les beaux poissons sont vite effrayés et s'enfuient. Partout où le poisson peut facilement être vu, le pêcheur lui-même peut être découvert s'il ne se comporte pas assez discrètement. Seules les eaux au courant rapide, à la surface très mouvementée, camouflent bien le pêcheur – mais, alors, le poisson est difficile à voir.

Tout pêcheur qui pêche en aveugle dans les ruisseaux et les petits cours d'eau ne peut faire une capture occasionnelle que par chance. Les conditions ne permettent aucune tactique stéréotypée. On doit observer et s'adapter constamment. C'est d'ailleurs une telle diversité qui fait tout l'intérêt de cette catégorie d'eaux.

L'activité du poisson – sa manière de chercher sa nourriture – dépend principalement de l'existence des populations d'insectes. Cela affecte tout ce qui se passe sous l'eau. Le choix de la mouche et même le choix entre mouche sèche, mouche noyée, nymphe ou, peut-être, grosse mouche, est guidé par les goûts des poissons. Il dépend de la façon dont ceux-ci cherchent leur nourriture et du moment. Les artificielles les plus efficaces sont celles qui ressem-

Quand, en eau courante, un poisson s'apprête, comme cette truite, à prendre un insecte qui dérive à la surface, il monte en se laissant glisser vers un point situé en aval de sa tenue. Aussi faut-il poser sa mouche plus ou moins en amont de ce point.

Voici quelques postes typiques en petits cours d'eau: (a) Berge creuse avec végétation surplombante. (b) Branche d'arbre penchée constituant le «toit» d'un abri, surtout si un chevelu de racines fournit une protection supplémentaire.

(c) Devant, de chaque côté et derrière une grosse pierre. Le trou qui se forme derrière un gros caillou est un poste très fréquent. (d) Les fonds vaseux en bordure de joncs dans les reculées d'eau ne sont pas des postes typiques mais les truites y chassent souvent en raison de leur richesse en proie, notamment en diverses espèces de mouches de mai. (e) L'aval des herbiers offre beaucoup de proies, ainsi qu'ombre et abri.

blent le plus aux proies courantes et celles qui sont présentées comme leurs modèles originaux – à la surface, juste dessous ou complètement sous l'eau. Observer attentivement ce que les poissons prennent à un moment donné est une bien meilleure méthode que des essais faits au hasard. Mieux on connaît la vie des insectes aquatiques et ses diverses formes, plus le choix des mouches sera efficace et précis.

L'activité de surface des poissons est certainement la plus facile à découvrir. Il est bien sûr difficile, à certains moments, de savoir si la

A

B

C

D

E

proie est effectivement prise au-dessus ou juste au-dessous de la surface, mais le comportement alimentaire des poissons fournira des informations précises sur ce point.

Si les poissons prennent vraiment à la surface, il faut choisir les mouches sèches. Si l'activité ne peut pas être déterminée avec certitude, ou si les artificielles sont obstinément refusées, les noyées ou les nymphes, présentées juste sous la surface, sont dans ce cas les plus efficaces. Au contraire, même des poissons apparemment passifs peuvent être tentés par une mouche sèche correctemnent présentée, si on sait les trouver. Pour se rendre compte de l'activité subaquatique, il faut un œil très exercé. Une bonne vue est indispensable pour voir avec précision si les poissons prennent des proies dans les parties profondes du milieu. Leurs mouvements donnent aussi des indications : s'ils se déplacent un peu en avant ou en arrière, s'ils font de brefs écarts de côté ou de courtes montées, par exemple, cela signifie qu'ils prennent des nymphes. Si on ne voit aucune vie dans l'eau, une nymphe ou une mouche noyée travaillée d'aguichante manière peut donner de bons résultats. L'important, c'est de trouver les postes et de les pêcher comme il faut.

Si l'on compare les habitats préférés des divers salmonidés dans les petits cours d'eau, les très grosses truites fario se trouvent dans les postes les plus difficiles à pêcher. C'est là qu'elles trouvent à la fois nourriture et abri : coulées où le courant se concentre, secteur protégé par la végétation retombante des rives, berges creuses, voisinage d'un grand fond, petit calme dans un courant, proximité d'une grosse pierre ou d'un herbier, etc. L'arc-en-ciel ne recherche pas un abri avec tant d'exigence. L'ombre et l'omble se tiendront même en plein milieu de la rivière, car ils aiment les contre-courants. Dans les cours d'eau plus petits, tous les gros poissons préfèrent les secteurs assez profonds pour leur fournir des refuges camouflés. Ce n'est pas avant la tombée de la nuit que l'on trouve les plus gros poissons dans les faibles épaisseurs d'eau, où beaucoup de secteurs sans intérêt dans la journée deviennent alors intéressants.

Que l'on pêche en amont, en aval ou en travers dépend du comportement du poisson que l'on cherche, des conditions particulières du lieu, et, ce qui n'est pas le moins important, des capacités du lanceur. Il est plus excitant, et peut-être plus sportif, de ne pêcher que les spécimens les plus intéressants. Mais avant de leur présenter une mouche, il faut étudier soigneusement la configuration de leur poste et la structure du courant.

La tactique la plus commune pour pêcher dans les petits cours d'eau est de pêcher en remontant lentement vers l'amont. Le pêcheur peut ainsi parvenir sans être découvert à bonne portée de ligne d'un poisson qui gobe. Dans les eaux peu profondes, c'est souvent la seule méthode qui réussisse, que l'on pêche en sèche, en noyée ou en nymphe. L'inconvénient, c'est que les queues de courant, où l'on trouve souvent les plus grosses truites, sont abordées trop directement. Si un gros poisson est enclin à mordre, il n'est pas mauvais de contourner le poste et d'essayer de lancer vers l'aval.

Pour pêcher vers l'amont, tenir la canne à mi-hauteur pour poser la soie, si possible par un lancer courbe. En marchant au milieu de l'eau, on atteint les deux rives avec une égale facilité. Si un lancer est réalisé droit vers l'amont avec une soie bien allongée, il y a toujours le risque qu'elle passe par-dessus un poisson posté là et qui, effrayé, s'enfuit. Même si la mouche se pose comme il faut, le poisson visé ne la prendra pas si ses congénères l'alertent par leur fuite. La présentation droite peut convenir dans les eaux agitées, où le poisson doit rester dans la sécurité du courant et où sa capacité d'alerte visuelle est restreinte.

Dans les secteurs un peu plus larges, les lancers transversaux aval ou aval droit peuvent être payants mais seulement s'ils sont assez longs ou bien masqués par des écrans de branchages. Sinon les poissons sont effrayés et fuient avant même que la mouche se soit posée sur l'eau. Seul l'ombre, sur certaines rivières, a suffisamment de sang-froid pour rester indifférent à la présence de pêcheurs gesticulants. En revanche, son esprit critique s'affine devant les mouches et leur présentation, et il devient très méfiant sur la pointe d'un bas de ligne.

Une présentation correcte de la mouche lancée en travers de courants irréguliers ne peut être réalisée que par un lancer bloqué sinueux ou un lancer parachute. Et ce ne sont pas seulement les mouches sèches qui doivent dériver sans sillage : même les nymphes et les mouches noyées ne sont attractives que par une dérive naturelle et détendue. Si, au contraire, elles sont balayées en travers de l'eau à la remorque d'une courbe de la soie poussée par le courant, les poissons les dédaigneront ou bien s'enfuiront.

Outre la richesse en nourriture, les postes de chasse et la structure du courant ont une grande influence sur la fameuse « sélectivité » du poisson, objet de tant de discussions. Plus le courant est rapide, moins les poissons sont sélectifs. Dans les eaux au courant rapide, ils doivent réagir très vite, sinon le courant emportera les proies et elles seront perdues pour eux. Lors d'une importante dérive d'un seul type d'insecte, le champ de vision peut tout de même être assez sélectif. L'ombre est le seul qui parvienne même en eau peu profonde et relativement rapide, à établir une sélection étonnamment précise.

Pour pêcher à la mouche sèche dans les eaux peu profondes, on peut jouer sur un élément de surprise en posant très court. Il est plus facile de faire prendre une mouche à des poissons méfiants en leur laissant très peu de temps pour l'examiner. Si la mouche est posée juste devant leur nez ou à côté, ils ont très peu de temps pour réagir. Il est plus efficace de laisser les poissons voir la mouche pendant qu'elle descend vers eux, mais quelquefois, on peut faire monter une truite réticente en ayant recours à une présentation « serrée » comme celle-là. Dans les eaux au courant lent et dans les calmes, cependant, ce genre d'astuce n'est guère payant. Ce sont le lancer précis, le posé discret et la dérive la plus naturelle possible qui sont la clé du succès auprès des gros poissons – quand la mouche convient.

Pour les nombreuses tactiques et techniques qui conviennent dans les ruisseaux et les petits cours d'eau, un matériel passe-partout très léger est ce qui convient le mieux. Une canne sensible de 7 à 8 pieds (de 2 à 2,25 m) de long, pour une soie n° 4 à 5, est juste ce qu'il faut pour pêcher en sèche, comme en nymphe et en noyée. Les petites cannes de 7 pieds sont les plus courtes que l'on puisse utiliser, même pour les petits ruisseaux encombrés de branchages retombants, car elles permettent de sortir la soie où il n'y a pas beaucoup d'espace tout en restant aptes au lancer aisé dans une végétation arrivant à l'épaule du pêcheur. Dans la majorité des cas, la soie flottante se comportera très bien ici, même pour une mouche noyée. C'est seulement dans une rivière plus profonde qu'une soie complémentaire à pointe plongeante sera nécessaire. Pour les lancers à courtes distances qui s'imposent ici, les soies DT suffisent. Les bas de ligne de 2 m sont parfaits.

On ne peut pas recommander la pêche avec un équipement ultraléger, même dans les plus petits ruisseaux à salmonidés. Ce n'est pas seulement parce que les basses branches entraînent la perte de mouches, mais parce que les poissons se défendant âprement ne peuvent être vaincus qu'après une lutte prolongée. On ne peut même pas concéder une largeur de main de soie quand une truite essaie de corriger son erreur par la fuite. Aussi les pointes de bas de ligne en 14/100 sont-elles un minimum. Avec ce diamètre, les poissons les plus méfiants sur le bas de ligne peuvent être dupés. Cacher une technique de présentation déficiente avec des bas de ligne ultrafins est moins qu'élégant. Sur les petits ruisseaux, il vaut bien mieux perfectionner son lancer et ses posés dans un secteur riche en salmonidés. Cela fournit au pêcheur le meilleur terrain d'entraînement qu'il puisse trouver.

La pêche dans les grandes rivières

Petites rivières, petits poissons ; grandes rivières, gros poissons. La véracité de cette règle de base n'est plus à démontrer. Non seulement l'idée d'attraper des poissons plus gros fait de la grande rivière à salmonidés un défi tentant, mais ses dimensions même font complètement différer l'acte de les pêcher.

Dans les eaux larges, le poisson n'est pas aussi régulièrement réparti que dans les petites. Dans certains secteurs, on trouve des populations notablement clairsemées de poissons ; dans d'autres, il n'y a que des alevins et dans d'autres encore, une seule sorte de poisson est représentée. Cela s'explique par les exigences des différentes sortes de poissons à propos de leur environnement et de leur régime alimentaire. Même si ces dernières sont bien connues, il en est des quantités encore inconnues.

Le grand besoin des salmonidés en oxygène pose des limites à leur expansion dans les eaux de la zone tempérée. Dans des eaux à température moyenne plus élevée, les salmonidés sont obligés de rester dans les parties au courant le plus rapide (les rapides). Dans les eaux toujours froides des rivières de haute montagne, cette image est effacée. Là, c'est surtout la richesse en nourriture qui détermine les secteurs où l'on peut trouver des poissons. En plus de l'existence d'insectes, celle des vairons est importante dans la plupart des rivières. Et dans les rivières de grossissement des saumons du Pacifique, le choix des habitats et les habitudes alimentaires de l'arc-en-ciel sédentaire et de l'omble sont, naturellement, influencés par le cycle de reproduction des poissons migrateurs.

Se faire une opinion exacte sur une grande rivière n'est pas facile et, à moins que l'on ait à sa disposition un expert pour y être introduit, cela ne peut se faire que pas à pas. La présence d'insectes fournit la première information capitale. Il est moins difficile de voir que même les insectes aquatiques sont cantonnés dans des secteurs bien précis. Pour certaines espèces d'insectes, naître, essaimer et pondre s'effectue dans des secteurs bien définis et, de ce fait, le poisson est actif seulement là. Beaucoup d'oiseaux, tels que les hirondelles, les sternes et les mouettes, donnent de bonnes indications sur la présence d'insectes. Les secteurs de rivière où les oiseaux circulent et plongent se voient de loin ; ils valent toujours la peine d'être pêchés. Il faut regarder très attentivement pour découvrir, de loin et sur une surface agitée, un rond de gobage ou seulement la perturbation d'une prise au-dessous. Une paire de jumelles (grossissement de 8 à 10) est donc bien utile, même pour identifier les insectes.

Si on ne voit pas le moindre insecte, il y a toujours la possibilité de déduire la présence d'une petite faune (et, de là, le modèle de mouche qui promet) par l'examen du fond des secteurs peu profonds. Les parties du lit de la rivière au sec, toutefois, ne fournissent aucun indice fiable. Dans les parties profondes, on peut rarement éviter de pêcher systématiquement l'eau.

Les rapides avec un fond de gros galets et des courants irréguliers, qui produisent larves et nymphes, espace vital et, de ce fait, de la nourriture et des postes d'abris pour les poissons, sont les secteurs les plus favorables à la pêche. Les étendues sombres et couvertes d'herbiers, les secteurs rocheux et les coulées profondes ne doivent pas être survolés. Les courants calmes et profonds sont particulièrement intéressants quand ils sont juste en aval des courants, qui apportent larves et insectes à tous les stades. Les secteurs agités où la dérive de nourriture est concentrée sont toujours de bons postes de pêche. La forme en V typique peut souvent se voir à la surface de l'eau. Beaucoup de « lames » (courants lisses juste en amont de rapides) ainsi que des courants des entrées et des sorties de pools offrent cette image. Il peut aussi être très payant de pêcher les courants d'entrée et, mieux encore, de sortie des lacs ou des élargissements de la rivière ressemblant à des lacs dans les rivières de haute montagne. Beaucoup de poissons y viennent pour y trouver leur nourriture.

Les poissons sont moins effrayés par les ombres dans les grands cours d'eau que dans les petits. Si le courant et la profondeur le permettent, on peut les approcher à bonne portée de lancer en marchant lentement dans l'eau. Cependant, leur position est souvent difficile à déterminer, aussi le pêcheur doit-il sortir de l'eau pour gagner un bon poste de pêche. Mais il reste tout de même des distances importantes à couvrir et l'on peut rarement éviter les longs lancers à partir du bord dans les cours d'eau les plus larges.

Les cannes de 8,5 à 9 pieds (de 2 à 3 m), douces, sont idéales pour les grandes rivières. Elles rendent l'emploi de longues soies plus aisé et facilitent leur manipulation et leur posé. Les soies n° 5 à 7 constituent un bon choix, elles sont suffisamment légères pour la pêche en sèche mais, ce qui est particulièrement important, peu sensibles au vent. Les soies flottantes permettent de prospecter des épaisseurs d'eau allant jusqu'à un mètre. S'il faut pêcher plus profond, des soies à « pointe plongeante rapide » ou à « tête noyée » conviennent mieux que des soies « à pointe plongeante ». Leur corps flottant assure une meilleure orientation de la ligne vers le point visé.

Naturellement, la méthode de présentation dépend de la structure de l'eau. Dans les queues de pool, où la surface est cassée par de multiples zones de calme et de courant, il faut sortir le moins de soie possible. On peut présenter la mouche par des lancers vers l'avant, vers l'aval ou transversaux. L'important est de chercher la plus longue dérive possible pour donner au poisson tout le temps de prendre, que l'on pêche en sèche ou en streamer. C'est seulement en ayant recours au lancer bloqué avec posé sinueux ou en parachute que l'on peut garder une mouche aussi longtemps sur l'eau ou lui permettre de dériver longuement le long du bord. C'est seulement sur une ligne détendue qu'une mouche noyée peut dériver de façon tentante dans les veines de courant à l'intérieur du rayon d'action court des poissons dans les queues de pool.

Dans les zones calmes, le poisson est protégé non seulement par la réflexion à la surface, mais aussi par les coulées ou bien là où le courant le permet, par l'eau qui a été « aspirée » dans ces amortis. Les grands remous, c'est sûr, ne permettent pas un examen approfondi. Si on a atteint une bonne position en marchant dans l'eau, tous les postes à bonne portée doivent être bien – c'est-à-dire plusieurs fois – pêchés avant le changement de position.

Quand on pêche dans une rivière lente, il est important que la soie ne soit pas tirée à la surface par le courant afin que la mouche puisse traverser le poste sans sillage. Si, par exemple, la truite est aux aguets juste sous la surface, on la voit sans difficulté dans ses différentes attitudes de quête alimentaire. Il est facile de lui présenter la mouche car la distance de dérive est courte. Mais pour pêcher un poisson posté en profondeur, il faut que la canne soit tenue très avancée et la mouche présentée sur une ligne très détendue, car la dérive sera longue. L'ombre, par exemple, monte presque toujours du fond et plus l'eau est rapide et profonde, plus il faut lancer loin en amont de l'endroit où l'on a aperçu le rond du gobage. C'est seulement si la mouche a été posée suffisamment loin que l'ombre peut la prendre. Cependant, alors que l'ombre, sous une faible épaisseur d'eau, ne prendra la mouche que si elle passe dans une surface très limitée (son « territoire »), il n'hésitera pas, en eau profonde, à monter du fond pour prendre une mouche qui dérive à plusieurs mètres à droite ou à gauche.

Dans beaucoup de grandes rivières, la mouche noyée est incontestablement la plus importante. Pour la présenter juste sous la surface ou entre deux eaux, il est préférable de lancer un peu en amont ou bien légèrement en travers aval. Réaliser un léger blocage de la soie pour poser la mouche un peu en amont du poisson posté ou bien du poste supposé occupé. L'artificielle peut alors couler librement. Aussitôt après le posé, on impose un posé courbe amont à la ligne pour l'empêcher de faire un « ventre » vers l'aval quand le courant la prendra. Ce posé courbe s'obtient en fouettant la pointe de la canne vers l'amont, parallèlement à la surface de l'eau. Il faut faire en sorte que seule la partie de la soie reposant sur la surface de l'eau se soulève pour se reposer en une courbe un peu sinueuse faisant un ventre en amont. La pointe, le bas de ligne et la mouche ne doivent pas bouger du tout. En répétant cela tout au long de la dérive, on permet à la mouche de suivre l'eau sans le moindre sillage jusqu'à ce que la soie soit complètement étendue vers l'aval. Là, la force du courant fait remonter la mouche. Cette remontée provoque souvent la brusque attaque du poisson.

Quant à savoir si une dérive « morte », sans mouvement, est plus efficace qu'une dérive animée de petits mouvements, cela dépend, en grande partie, de l'insecte qui est pris par le poisson à ce moment-là – quelquefois tout simplement de l'humeur du poisson. Le comportement des insectes à leurs divers stades de développement est étroitement lié à l'espèce. Tout pêcheur qui les connaît bien sait, par exemple, que les nymphes de diptères et beaucoup d'éphémèroptères émergents dérivent sans mouvement dans l'eau, mais que les éphémères à éclosion libre se débattent pour gagner la surface en faisant des mouvements vifs. En observant plus soigneusement et en faisant des essais après avoir réfléchi un peu plus, on rend moins difficile le choix des modèles d'artificielle et de leur présentation.

La profondeur de présentation est importante aussi. En général, il vaut mieux se rapprocher le plus possible de la manière dont le poisson prend ; c'est-à-dire : poser la mouche très haut pour les poissons en surface et très profond pour les poissons près du fond. Les truites de courants rapides peuvent, cependant, monter d'une grande profondeur pour prendre une mouche flottant à la surface. Au contraire, les membres de la famille des ombles, très attachés au

Pour réaliser un posé courbe, la pointe de la canne est brusquement ramenée en amont par un coup de fouet qui décolle de la surface le milieu de la soie et lui imprime une légère courbe sans faire bouger le bas de ligne et la mouche.

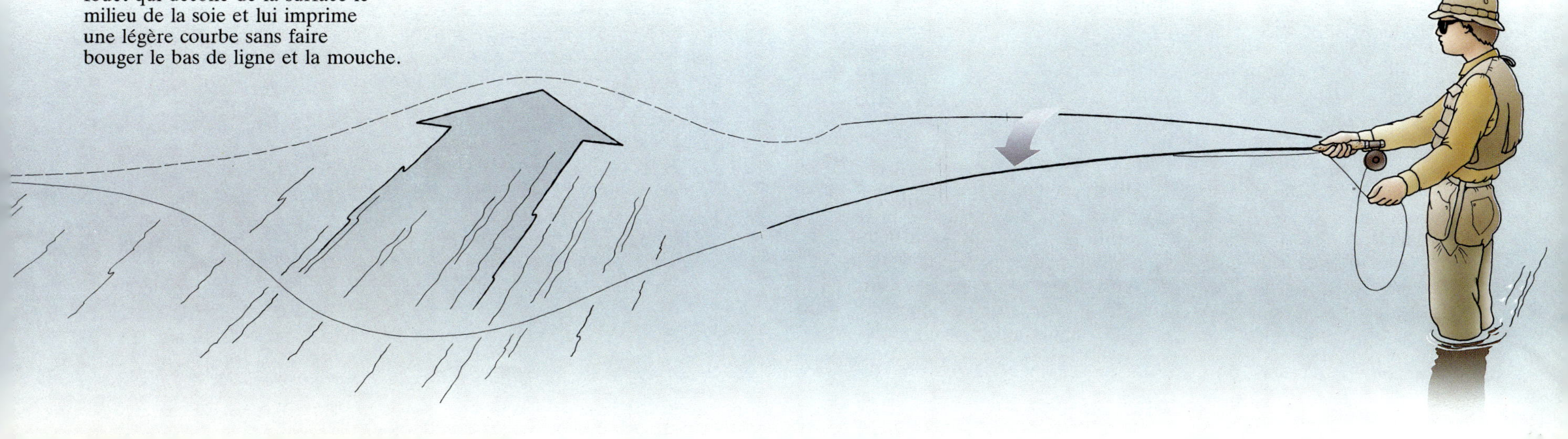

voisinage du fond, ne le font jamais, pas plus, par exemple, que les gros ombres qui, dans beaucoup d'eaux, peuvent trouver toute leur nourriture sur le fond.

C'est seulement quand sa présentation est suffisamment en amont du poste supposé que la mouche a le temps de s'enfoncer jusqu'à la profondeur nécessaire et de dériver jusqu'au poste d'affût du poisson. Le posé courbe doit être réalisé au bon moment pour que la mouche reste à la bonne profondeur jusqu'à la fin. Tout «ventre» de la soie provoque le sillage de la mouche, mais le posé courbe lui permet de couler à nouveau. Ces mouvements de montée et de descente de la mouche peuvent d'ailleurs être faits exprès. Dans beaucoup de cas, une vive animation est supérieure, et de loin, à une dérive «morte».

Prendre des gros poissons avec des petites mouches est incontestablement ce qu'il y a de plus excitant et de plus élégant. Si la biologie des insectes est normale, les plus grandes rivières fournissent d'excellentes occasions d'expérimenter cette méthode de pêche. Dans beaucoup d'eaux où le vairon compose le plus gros du régime alimentaire des salmonidés, toutefois, les grosses mouches se révèlent meilleures. Il en est de même pour la pêche en sèche. Là, seules les «sauterelles» de taille exagérée et les énormes sedges en poils de cerf peuvent faire sortir les grosses bagarreuses de leur trou. Pour pêcher systématiquement les poissons de toutes les cachettes profondes possibles, les grosses artificielles, streamers, muddlers, woolly-worms, etc., sont les mieux adaptées.

Dans les grands cours d'eau, les postes des poissons se situent
plus ou moins aux mêmes emplacements que dans les petits.
Ici, on les trouve, par exemple, devant les «tombants»,
derrière les pierres, sous les arbres et la végétation en surplomb
et au point de jonction des différents courants.

L’activité de surface

Même les mouvements les plus insignifiants que l’on peut observer dans l’eau peuvent être la preuve d’une activité de surface. Les poissons actifs se trahissent par de petits dômes et de discrètes ondes qui affectent le miroir lisse de l’eau, même s’ils n’en crèvent pas effectivement la surface. Dans la forme la plus fréquente de montée, des ronds de tailles variables, qui ne correspondent pas forcément à celle du poisson qui les produit, apparaissent à la surface.

Quand il chasse juste au-dessous de la surface, le poisson montre seulement sa nageoire dorsale et le haut de sa queue, ce que l’on appelle « marsouinage » ; la grosse truite montre bien son dos, tout comme l’omble et le poisson blanc. Mais quand ils prennent à la surface, les poissons — surtout les grosses truites — montrent franchement et successivement le nez, la dorsale et la queue.

L’activité de surface dans les courants rapides et profonds, se traduit souvent, chez l’omble, l’ombre et la truite, par un bruyant éclaboussement d’eau dû à la grande vitesse à laquelle ils montent du fond. Des faux gobages sont souvent produits par le retournement du poisson qui vient de prendre sous la surface de l’eau, très semblables à de vrais gobages.

La pêche en lac

Dans les îles Britanniques, la pêche à la mouche dans les eaux non courantes est le fruit d'une tradition ancestrale. La truite fario dans les lochs écossais, les lacs du pays de Galles et du Lake District, et même la truite de mer et le saumon dans les loughs d'Irlande fascinent les pêcheurs depuis toujours. La longue pratique de ces poissons et de leur habitat particulier a fait naître un style classique indépendant – une manière spéciale de pêcher à la mouche – qui a su garder tout son charme et son efficacité.

Grâce aux nombreux lacs de barrage récemment construits – qui sont aussi exploités commercialement comme plans d'eau de pêche à la ligne – la pêche à la mouche est devenue l'une des plus populaires (et aussi des moins coûteuses) de sa catégorie en Grande-Bretagne. L'ouvrage de T.C. Iven, *La Pêche à la mouche en eau dormante* (1952) fut le premier guide sérieux d'initiation à cette intéressante méthode de pêche, peu connue hors des îles Britanniques.

La plupart des pêcheurs font toujours preuve d'un très grand respect envers les lacs. Les grands plans d'eau en découragent plus d'un et, quand les poissons ne montent pas gober à la surface – ce qui est le cas le plus fréquent –, il est facile de s'y sentir perdu. Les moments de plaisir que procure l'eau dormante sont occasionnels et on leur préfère les plus petites eaux, car il faut en effet une patience sans égale et un grand savoir-faire pour pêcher à la mouche en lac.

Il vaut mieux commencer dans de petits plans d'eau. Si le poisson y est en activité, même un débutant le prendra, avec une nymphe présentée en profondeur, une mouche noyée ou un streamer. Une canne d'au moins 9 pieds de long, avec une soie n° 6 à 9, donne une marge de distance correcte quand on pêche du bord. Quant à la méthode de présentation, on a le choix entre des soies flottantes pour la mouche sèche, des soies à pointe plongeante pour pêcher juste sous la surface, et des soies plongeantes pour pêcher en profondeur.

Si aucun poisson n'apparaît à la surface, il faut se livrer à une prospection en éventail à partir du bord au moyen d'une mouche travaillée en profondeur. Commencer par des lancers courts, puis allonger et élargir progressivement la zone prospectée. S'il n'y a pas de touche, recommencer de la même manière cinquante pas plus loin, etc. Après le lancer, laisser couler la mouche, puis récupérer la soie par courtes tirées. Prolonger l'action de pêche jusqu'au ras du bord. Souvent, les poissons isolés ne mordent qu'au dernier moment. La récupération de la ligne par petites tirées peut se faire très lentement ou très rapidement, selon le travail de l'artificielle dans l'eau.

S'il n'y a ni courant d'arrivée d'eau ni courant de sortie, pêcher la rive au vent, où des vagues concentrent les particules alimentaires. Les rives à fond de cailloux d'une profondeur convenable sont préférables aux berges qui tombent à pic. Elles offrent de bons

La pêche à la mouche en eau dormante diffère de la pêche en eau courante en bien des points. La surface d'eau à prospecter étant plus vaste, il faut beaucoup d'obstination, une bonne aptitude au lancer et une grande discrétion. La méthode diffère aussi du fait que les poissons des eaux dormantes passent moins de temps dans les couches de surface. Aussi faut-il, pour que les poissons aient une chance de la trouver, présenter une mouche bien sélectionnée plutôt en profondeur.

Tous les percidés et apparentés chassent à vitesse modérée, sont curieux et mordent facilement, sans toutefois perdre leur méfiance. C'est aux Marabou multicolores, de taille 4 à 8, qu'ils répondent le mieux, travaillés lentement et en profondeur mais très mobiles, sur des soies plongeantes ou à pointe plongeante. On aperçoit souvent des isolés, la dorsale repliée, suivant la mouche sur ses derniers mètres avant de se laisser tenter. Les plus aisés à prendre sont ceux de taille moyenne qui vivent en troupes et s'associent pour traquer les alevins en des chasses spectaculaires. Les perches de cette taille et même plus grosses prennent souvent de petites nymphes. Les très gros sujets, chassant en solitaires, se trouvent au voisinage immédiat des bancs de petites perchettes, qui se nourrisent volontiers des alevins de leur propre espèce. Elles observent souvent des périodes de repos sur le fond, ce qui n'empêche pas de les prendre à la mouche, travaillée au ras du fond: il suffit d'avoir la patience de localiser leurs postes.

Le plus grand percidé européen, le sandre, ainsi que son homologue américain, le doré (ou walleye), sont pêchés à partir du fond. On trouve parfois des troupes de gros spécimens des deux espèces. Comme tous les carnassiers qui se nourrissent de petits poissons, ils mordent mieux sur des streamers de type mouches-vairons, de taille moyenne à grande, travaillés lentement. Le sandre attaque souvent brutalement. En raison de ses nombreuses petites dents, le 45/100 est la limite inférieure pour le bas de ligne.

À l'inverse des percidés, le brochet attaque plutôt les streamers de grande taille, ramenés rapidement. C'est le chasseur à l'affût typique: puissant et aux nerfs solides, peu facile à affrayer. Au contraire, son attention est attirée par un posé très bruyant. Dans les eaux peu profondes, poser la mouche aussi peu discrètement que possible, réaliser un second lancer aussitôt après au même endroit et ramener la soie rapidement dès que le leurre a coulé est une bonne tactique. Si le brochet est en embuscade, il attaquera généralement la mouche dès qu'elle touche l'eau. Toutes les mouches animées trop lentement sont souvent suivies avec intérêt mais prises seulement au moment où on les arrache de l'eau. On observe fréquemment ce phénomène en eau claire.

Si le brochet mord voracement, il est presque toujours piqué profondément au fond de la gorge et solidement. Quand l'attaque est plus timide, on perd souvent le poisson, surtout s'il est piqué dans la mâchoire supérieure, dure et garnie de dents, dans laquelle l'hameçon a du mal à s'enfoncer. Le ferrage doit être très appuyé, ce qui implique l'emploi d'un matériel suffisamment puissant: une canne robuste de 8,5 pieds pour une soie n° 7 à 8 et un bas de ligne d'un diamètre d'au moins 45/100. Seul un bas de ligne en acier (tel que le Steel-on-Leader, de Berkley) résiste aux mâchoires tranchantes d'un brochet. Les captures d'une longueur inférieure à la taille minimale légale peuvent être décrochées sans risque d'endommager le poisson au moyen d'un dégorgeoir à long manche.

On utilise des streamers de 10 à 15 cm de long. On peut pêcher sans problème avec des modèles Matuka et des petites mouches classiques montées de façon similaire mais de taille égale. La plus employée offre une silhouette claire. Un peu de brillant (Flash-a-Bou, par exemple) procure attrait à la mouche et lui donne un semblant de vie. Les petits hameçons à saumon dans les tailles 4/0 à 6/0 et certains types spéciaux à large ouverture, comme le Mustad 3282, sont parfaits. Pour les eaux peu profondes, choisir des soies à pointe plongeante; pour les eaux profondes, les soies plongeantes sont préférables.

On parvient rarement à faire mordre un brochet que l'on voit. La plupart du temps, il se tient à l'affût, bien caché près du fond. Avec ce mode de pêche, le plus important consiste à rechercher les postes typiques. En eau courante, on trouve souvent le brochet près du bord, à la pointe des avancées de terrain, sous les bois flottés, à l'aval des herbiers les plus denses et à l'abri des gros cailloux bordant les courants plus rapides. En lac, son poste se situe dans les touffes de roseaux et les bordures d'herbiers, au pied des berges abruptes. Dans certains lacs – en particulier ceux de deuxième catégorie –, on le trouve aussi au large, en pleine eau.

La pêche du brochet est une forme stimulante de pêche au streamer et quand elle atteint ses moments de grande excitation, aucune autre ne peut la surpasser. Le brochet offre tout ce que l'on peut attendre d'un poisson de sport: taille, puissance et tempérament combatif. Tous ceux qui ont fait une fois l'expérience de ce carnassier au bout d'une canne à mouche n'ont plus qu'une idée en tête: recommencer.

Les cyprinidés

Pour la majorité des pêcheurs à la mouche, le premier contact avec les poissons de la famille de la carpe s'est fait par hasard, dans des eaux où celle-ci cohabite avec les salmonidés recherchés. En Europe centrale, il s'agit principalement de l'ide mélanote, du chevesne, de la vandoise et du barbeau, qui se tient généralement sur le fond des cours d'eau. En Amérique du Nord, la place de la plupart de ces espèces est occupée par les membres de la famille très répandue des «suckers». Dès le premier contact, on découvre, si on ne le savait déjà, que, d'un point de vue purement sportif, le mépris manifesté à l'égard de ces espèces par certains pêcheurs à la mouche est dénué de tout fondement.

En général, les cyprinidés, en raison de leurs mœurs, sont beaucoup plus difficiles à attraper que les salmonidés. Ils sont plus lents et plus prudents dans la recherche de leur nourriture et les sujets les plus gros sont extrêmement méfiants. Le toucher et le goût jouent un rôle important dans leur quête alimentaire, surtout dans les eaux troubles. Ils ont en outre une vision bien meilleure qu'on ne le croit communément et répondent parfaitement à une stimulation optique: la mouche. Il vaut mieux procéder quand on voit le poisson.

En eau courante, les cyprinidés qui gobent à la surface prennent les mouches sèches et les mouches faiblement noyées correctement présentées. La présentation de l'artificielle doit être étudiée avec soin, et il faut tenir compte de leur lenteur à prendre. Un ferrage prématuré risque de tout gâcher et, si le cyprinidé a le moindre soupçon, toute tentative est condamnée à l'échec. C'est encore pire en eau dormante. La mouche sèche doit se poser sur l'eau le plus légèrement possible, comme une graine de chardon, et le modèle à animer sous la surface être ramené à petites tirées douces. Le poisson prend littéralement au ralenti et seulement si l'artificielle correspond à ce qu'il recherche. Dans tous les cas, il est plus facile d'observer ce qui se passe sous l'eau et de réagir en conséquence.

Pêcher en noyée dans les eaux profondes et troubles exige d'autres précautions. Il faut en premier lieu avoir une parfaite connaissance des aires de nourrissement et du comportement du poisson, et ensuite faire montre d'une patience à toute épreuve pour espérer réussir en pêche profonde à la nymphe. On utilise une soie flottante et un bas de ligne d'une longueur appropriée ou une soie à pointe plongeante. Après le lancer, on laisse à la ligne le temps de couler, puis on ramène la mouche très lentement. Toujours très prudente, la touche est difficile à déceler. Tout déplacement de la soie à l'endroit où elle touche l'eau peut être une indication et il faut y répondre par un redressement sans violence de la canne. Une fois l'hameçon piqué, il ne sortira pas de la bouche à consistance de cuir du cyprinidé.

L'aspe vorace est, en raison de sa nature carnassière, très différent des autres cyprinidés européens. Sa frénétique chasse aux proies le trahit de loin. Des ablettes qui sautent hors de l'eau indiquent que les aspes affamés sont en chasse. Un streamer vivement ramené près de la surface réussit bien avec ce poisson et fait de la pêche à la mouche dans les eaux où il abonde une expérience des plus excitantes.

Il est intéressant également de pêcher à la mouche, dans les basses eaux à salmonidés, l'habile nageur qu'est le barbeau. Ce poisson de fond qui vit en troupe se rencontre même dans les eaux vives les plus profondes. Quand ils se retournent pour chercher leur nourriture sur le fond, on aperçoit les éclats argentés ou dorés de leur flancs. C'est le moment le plus propice pour leur présenter une nymphe.

Il n'est pas difficile de s'approcher d'une bande de barbeaux en activité à distance suffisante pour lancer, mais la mouche ne devra être présentée que si les poissons continuent à se nourrir. Ici, le modèle d'artificielle a moins d'importance que sa présentation correcte sur le fond. Le moindre déplacement de la soie dérivante à l'endroit où elle touche l'eau peut être une indication de touche. Il faut ferrer immédiatement. Aussitôt, ce poisson très puissant se défend plus violemment que la plupart des salmonidés.

La pêche du saumon à la mouche

Le saumon et la truite de mer font l'objet d'une spécialisation particulièrement fascinante de la pêche à la mouche. Bien qu'il existe diverses méthodes pour prendre ces deux poissons, aucune n'engendre la même tension nerveuse ni la même atmosphère que la pêche à la mouche.

La pêche des cyprinidés à la mouche est plus difficile que la plupart des pêcheurs ne le croient. Mais une artificielle bien présentée et ramenée par petites tirées est souvent prise, même si le poisson est méfiant. Le ferrage prématuré est souvent la cause de la perte du poisson.

Saumon atlantique

La saison

En général, ce sont les plus gros saumons qui remontent les premiers, suivis des saumons de taille moyenne puis des plus petits. Dans les rivières norvégiennes, les sujets les plus précoces peuvent avoisiner les 10 à 12 kg. Les saumons des rivières de Grande-Bretagne, d'Islande, d'Irlande et d'Amérique du Nord sont notablement plus petits. Mais les saumons d'automne des rivières écossaises comme la Tweed, la Tay et la Nith peuvent rivaliser en taille avec les saumons norvégiens.

Dans les rivières écossaises et irlandaises, la première remontée se produit à partir du 11 février pour certaines et un peu plus tard pour d'autres, comme la Tweed, la Dee et la Spey. La saison du saumon est, dans les îles Britanniques, non seulement la plus précoce mais aussi la plus longue. Quand elle est terminée, en novembre, dans la Tweed par exemple, on peut descendre plus au sud vers la Camel et la Fowey, en Cornouailles, où la pêche se poursuit jusqu'à la mi-décembre.

La saison du saumon de printemps s'étend, en Écosse, du début du printemps jusqu'à la fin mai. Dans les mois qui suivent, on capture le saumon d'été, le grilse et la truite de mer. De septembre jusqu'à la fin de la saison, c'est au tour du saumon d'automne. Les lacs intérieurs d'Écosse et d'Irlande qui hébergent des saumons et des truites de mer sont aussi très intéressants.

En Scandinavie, c'est la Norvège qui, de loin, est la plus riche en rivières à saumon. En effet, celui-ci remonte dans plus de deux cents rivières et jusqu'à un millier si l'on inclut les cours d'eau de moindre importance où saumons et truites de mer de petite taille peuvent remonter après les fortes précipitations. Juin et juillet sont les meilleurs mois pour pêcher le saumon en Norvège. La saison commence le 1er juin dans la plupart des rivières, parmi lesquelles la Vossa, la Laerdal, la Surna, l'Orkla, la Gaula, la Sjordal, la Namsen et l'Alta, pour ne citer que les plus célèbres. Pour la truite de mer, la fin juin et tous le mois d'août sont les meilleures époques.

En Finlande, une seule rivière, la Tenojoki – qui sert de frontière avec la Norvège –, a encore de bonnes remontées de saumon. Les rivières qui se jettent dans la Baltique étaient naguère riches en saumon, mais elles ont été barrées par les centrales hydroélectriques. La Suède ne peut pas s'enorgueillir d'avoir beaucoup de rivières à saumon et à truite de mer, mais on peut faire de temps en temps de belles prises dans la Morrüm, l'Eman, l'Ätran et quelques autres. Les moments les plus intéressants de la saison sont mai et juin pour le saumon et septembre pour la truite de mer de fraîche montée.

Un grand nombre de pêcheurs considèrent l'Islande comme l'endroit idéal: ses rivières sont encore riches en saumons de remontée, grâce aux sévères restrictions de pêche et à l'interdiction de la pêche commerciale au filet à l'entrée des estuaires. Bien que de superficie relativement réduite, l'Islande offre une cinquantaine de rivières à saumon. Parmi les plus connues, citons la Laxà en Adaldal, la Laxà en Kjos, la Sela, la Nordura, la Grimsa et la Stramfjordara. Quelques-unes sont riches aussi en ombles arctiques migrateurs. Comme en Norvège, la remontée du saumon a lieu en été.

En Espagne, la saison du saumon s'étend entre la fin mars et la mi-juillet. Les meilleures époques de pêche varient selon les rivières. Sur la côte atlantique nord, on trouve seize bonnes rivières, les meilleures étant la Sella, le Cares-Deva, la Narcea, l'Ason, le Pas, l'Eo, la Navia et le Canero.

Les rivières françaises, quant à elles, regorgeaient de saumon de remontée, mais la plupart d'entre elles sont aujourd'hui dépeuplées à cause de l'urbanisation et de la pollution. Des rivières naguère célèbres comme la Sienne, la Sée et la Sélune ne produisent plus que quelques centaines de saumons par an... Actuellement, les meilleures eaux à saumon sont probablement les cours d'eau du bassin de l'Adour, notamment le Gave d'Oloron, mais il ne faut pas oublier l'Allier.

Truite steelhead

L'Amérique du Nord offre aussi les meilleures pêches d'été. Le long de la côte Est, on trouve de bonnes rivières pour le saumon atlantique comme le Narraguagus, dans le Maine, et la Margaree, en Nouvelle-Écosse. Dans le Nouveau-Brunswick, le cours d'eau le plus important est le grand bassin du Miramichi, avec ses affluents: le Miramichi du Nord-Ouest, le Petit Miramichi du Sud-Ouest, le Cains, le Dungarvon, le Renous et la Sevogle. Au Québec, Grant Cascapedia, Restigouche et Matane sont très populaires chez les pêcheurs à la mouche. Terre-Neuve et le Labrador ont une réputation mondiale pour leurs rivières à saumon, parmi lesquelles l'Humber, la Portland Creek, l'Eagle et la Sainte-Marie.

Plusieurs espèces de saumon du Pacifique remontent dans quelques rivières des côtes Ouest du Canada et des États-Unis. Pour le pêcheur à la mouche, ce qu'il y a de plus intéressant est peut-être la steelhead, qui offre un sport fabuleux à la canne à une main. On peut aussi pêcher à la mouche des espèces de saumons du Pacifique dans certaines rivières qui se jettent dans les Grands Lacs.

Les postes

Dans la mesure où la remontée des saumons en eau douce a pour objet la reproduction et où ils ne se nourrissent pas pendant cette période, pêcher ces poissons à la ligne peut sembler un sport curieux. Mais pourquoi le saumon prend-il l'artificielle avec une telle constance? La plupart des pêcheurs pensent qu'une sorte de mémoire héréditaire de ses premières années de vie le pousse à happer une mouche. D'autres croient que le récent arrêt du processus d'engraissement en mer perturbe les réflexes d'attaque du saumon.

Cependant, tous s'accordent à dire que c'est un mécanisme de défense du territoire qui déclenche le réflexe d'attaque. Cette théorie paraît la plus plausible, si l'on considère que le saumon ne prend pas la mouche pendant sa migration mais seulement quand il a trouvé une frayère qui lui convient. Quoi qu'il en soit, il est important de savoir où se trouvent les bonnes frayères sur la rivière pêchée.

Les pêcheurs de saumon parlent de pools à hautes eaux et de pools à eaux basses. Dans les petites rivières aux eaux chaudes en été, les saumons s'arrêtent souvent aux endroits où le courant est rapide et où, par conséquent, l'eau est bien oxygénée. Dans les grandes rivières aux eaux abondantes, les saumons se trouvent souvent dans les secteurs qui séparent les pools. Après les fortes pluies qui ont gonflé les rivières et rendu leurs eaux boueuses, les saumons se tiennent généralement tout près des berges.

Chaque rivière ou portion de rivière a son profil et son caractère particuliers, qui constituent pour les poissons les facteurs déterminants du choix de leurs postes. Il ne suffit pas que le courant et la profondeur conviennent: la configuration du fond est aussi importante si le saumon doit stationner dans le pool. Dans un bon pool à saumon, le fond doit être constitué d'un mélange de cailloux de petite taille et de gravier, avec de gros blocs rocheux çà et là. Autour des plus gros blocs, il se forme souvent des excavations, qui constituent d'excellents postes de repos pour les saumons.

Le pool classique pour la pêche à la mouche commence en tête de courant à la fin d'un passage rapide, là où le courant commence à s'assagir et se termine en queue, là où le courant s'accélère en se concentrant dans un passage plus étroit. Souvent, ces pools ont une rive praticable en *wading* et un rive profonde avec un brusque tombant qui donne sur le chenal profond du lit.

Par eau basse, le saumon se tient en tête du pool, où l'eau est la plus oxygénée. Il peut aussi se trouver dans le chenal profond, près de la berge abrupte. Le mieux pour pêcher, c'est quand le niveau de l'eau est moyen, car le saumon peut alors se tenir partout dans le pool. Par eau très haute, ainsi que quand elle est boueuse, on trouve le saumon tout près du bord de la rive peu profonde, à l'écart du fort courant principal.

La rencontre de deux courants est un bon poste à saumon. Là, il peut se tenir soit au point exact de jonction, soit de chaque côté du courant. Les virages sont aussi de bons postes, car les poissons s'y arrêtent lors de leur remontée. Les rétrécissements du lit de la rivière sont également intéressants à prospecter, saumons et truites de mer y stationnant pour se reposer un peu avant de reprendre leur voyage vers l'amont.

Plusieurs facteurs déterminent les postes d'attente des saumons lors de leur remontée vers les frayères. Cette section de rivière montre quelques postes typiques où l'on trouve souvent des saumons. Au confluent d'un affluent avec le cours d'eau principal, les poissons stationnent fréquemment, en formant un V. Ils peuvent aussi remonter dans l'affluent, s'il leur offre des frayères. Selon la grandeur de la rivière, ils peuvent être en amont et en aval du point de rencontre des eaux. Autres postes clefs : juste en aval des rapides, où les saumons marquent une pause avant d'affronter l'obstacle, et à l'entrée des rapides qu'ils viennent de franchir, où ils s'arrêtent avant de reprendre leur remontée. Ils aiment aussi rester en attente sur la bordure extérieure du courant, dans le dernier virage avant un rapide.

Il existe des quantités de postes d'arrêt possibles pour les saumons, mais, en tout état de cause, il n'est pas certain qu'un bon pool le sera encore l'année suivante. Le profil d'une rivière change constamment, par exemple si le niveau de l'eau est resté anormalement haut pendant une longue période, ou bien s'il y a eu une forte crue de fonte des glaces.

Au-dessous et à droite, la même portion de rivière qu'au-dessus, mais par faible niveau d'eau. Les saumons se tiennent là où le courant est rapide et l'eau bien oxygénée.

Dans un pool, les postes à saumon se situent à l'entrée et à la sortie du courant, ainsi que devant les gros blocs rocheux.

Lancer avec la canne à saumon à deux mains

Tout au long du cours d'une rivière, le profil de l'eau et le terrain ne cessent d'évoluer. Dans le but d'utiliser le courant, il vaut mieux connaître, du point de vue de la technique de pêche, différents types de lancer dont chacun a son champ d'action particulier. Les plus importants d'entre eux sont le lancer roulé, le lancer vertical, le lancer sous la main et le Spey cast simple.

Le lancer roulé n'est pas un lancer de mouche, car, en fait, la ligne roule sur l'eau. Il est très utile dans les pools restreints, où la végétation ne permet pas d'allonger la soie vers l'arrière. Toutefois, le meilleur usage du lancer roulé consiste à faire rouler la soie en boucle à la surface de l'eau avant de la lever pour effectuer un lancer classique. Pour réaliser un lancer roulé, la ligne est étendue à la surface. La canne est relevée lentement, un peu de côté, jusqu'à la position 1 H. Avant de donner l'impulsion, la canne est assez franchement abaissée, de façon que la soie fasse une courbe à hauteur du pêcheur. L'impulsion est donnée par un mouvement de la canne qui va en s'accélérant progressivement. Ce mouvement est arrêté quand la canne parvient à l'horizontale. Alors la ligne s'étend en se déroulant sur l'eau.

Lancer vertical avec une canne à deux mains

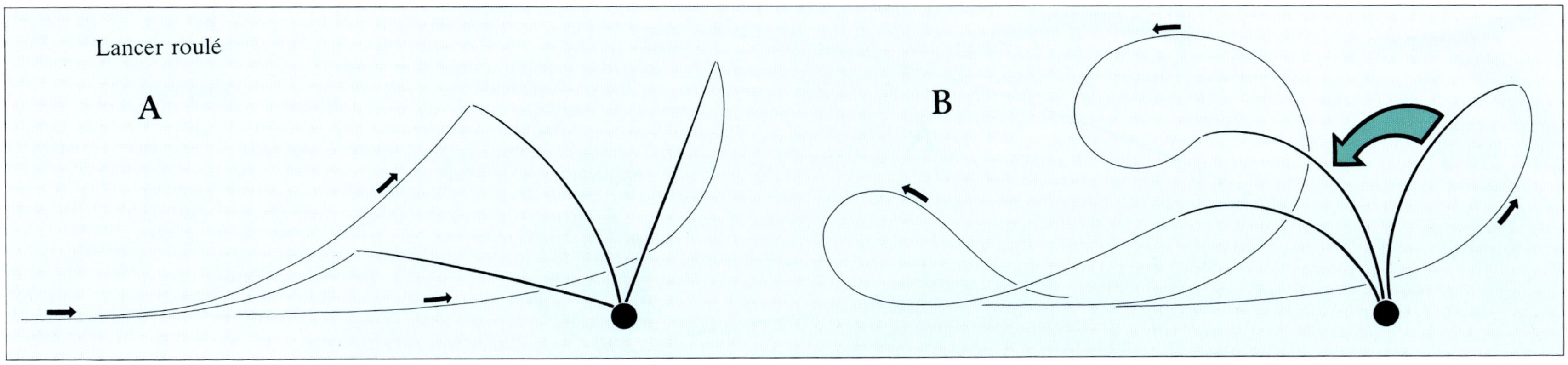
Lancer roulé
A
B

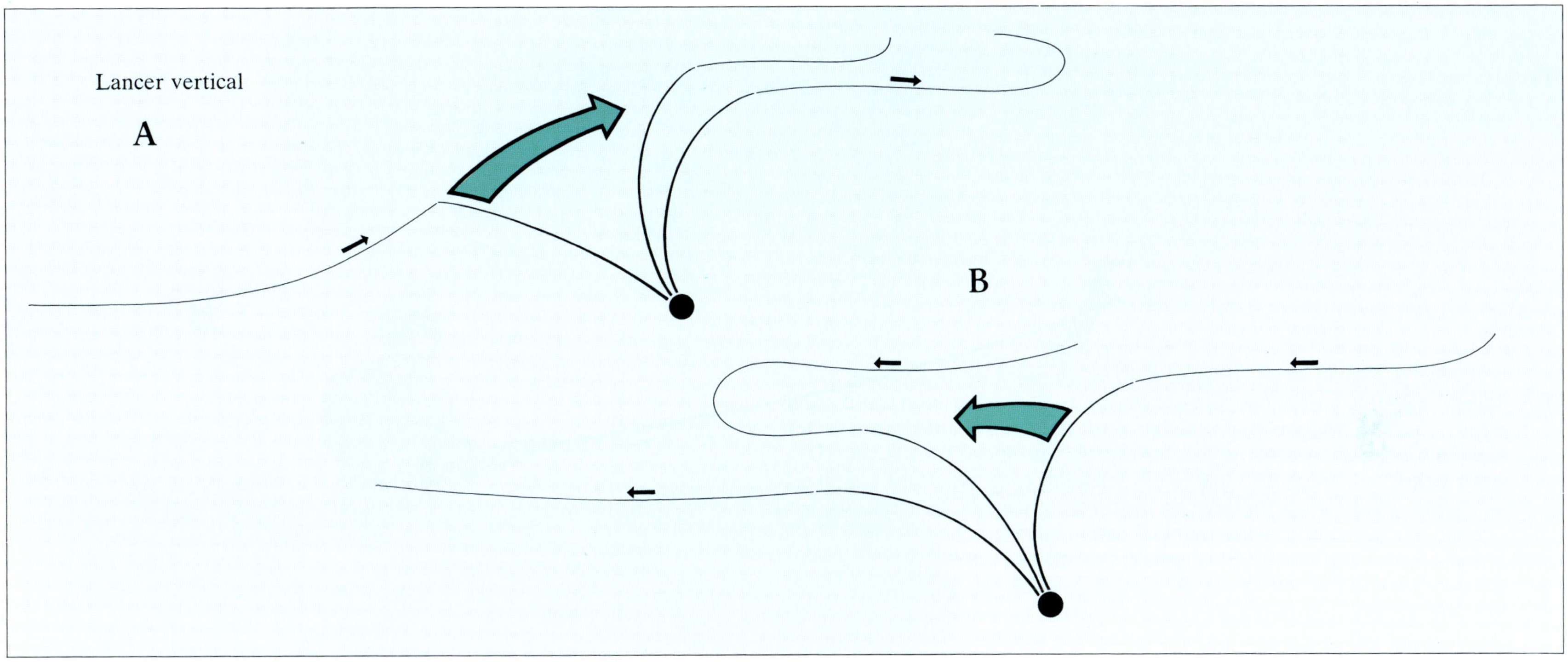
Lancer vertical
A
B

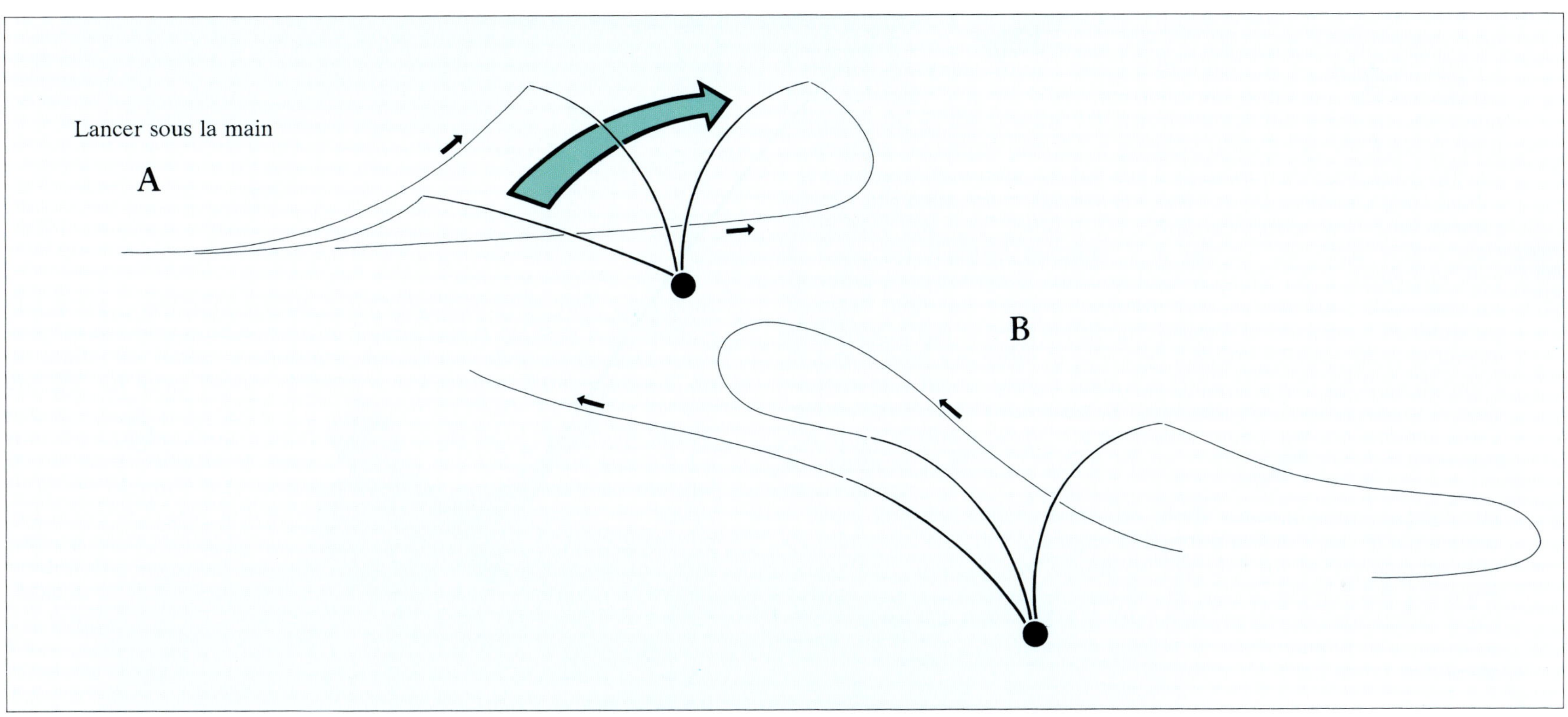
Lancer sous la main
A
B

Les méthodes de pêche

Il semblerait que la majorité des pêcheurs pensent que la pêche du saumon à la mouche n'est possible que quand les eaux ne sont ni trop fortes ni trop froides. Cela ne correspond en rien à la vérité. Avec la diversité des types de soie que l'on trouve dans le commerce, la pêche à la mouche est la meilleure technique passe-partout pour pêcher le saumon, du moment qu'elle sait s'adapter aux conditions. Les méthodes les plus communes pour pêcher le saumon et la truite de mer à la mouche sont avec une soie plongeante ou avec une soie flottante. Aux méthodes classiques peuvent s'ajouter des méthodes pratiquées localement telles que : mouche sèche, *riffling hitch, backing up, harling, dibbling* et *dapping*.

Pêche avec une soie plongeante dans un pool présentant des courants variés. À l'entrée du pool, où le courant est rapide, la mouche est lancée par le travers aval pour être immédiatement pêchante ; puis, aussitôt, un posé courbe est réalisé pour absorber la dérive de la soie. Au milieu du parcours, où le courant se ralentit, le lancer est transversal, sans posé courbe. À la sortie, où le courant reprend de l'accélération, le lancer s'opère à nouveau par le travers aval.

Pêche lourde avec soie plongeante

C'est en tout début de saison et dans les grandes rivières froides descendues des hautes montagnes – par exemple celles de la côte Est de l'Écosse – que l'on pêche les plus gros spécimens. Mais on peut aussi en pêcher en été dans les rivières qui subissent les crues de fonte des neiges ou pendant les longues périodes pluvieuses.

Quand on pêche le saumon dans ce type de rivière, les meilleures chances de réussite se situent entre le fond et les couches d'eau de moyenne profondeur. Dans des conditions aussi difficiles pour la mouche, la canne la mieux adaptée est la canne à deux mains de 15 à 16 pieds, avec une soie n° 11, à l'action puissante.

Si l'on peut choisir entre une soie WF et une DT, opter pour cette dernière car elle convient à toutes les cannes à deux mains. Il existe des soies à spécification «plongeante rapide» (S2) ou «plongeante très rapide» (S3) qui sont particulièrement bien adaptées.

Pour toute pêche au saumon, il est indispensable que le moulinet soit fiable et de grande capacité. Il doit pouvoir contenir, outre la soie, une ligne de réserve de 150 à 200 m et d'une résistance de 12 à 15 kg. Selon le poids et la taille de la mouche, le diamètre de pointe du bas de ligne doit être de 45 ou 50/100. Comme les saumons, en grande rivière, ne sont pas particulièrement timides, un bas de ligne de 1,50 à 2 m de longueur suffit.

Pour pêcher le saumon dans les grandes rivières froides, il faut des mouches de grande taille, tube-flies, Waddington et Esmond Drury notamment. Les modèles aux couleurs vives sont les plus attractifs. Destinées spécialement aux eaux froides et montées en tube-fly et Waddington, on trouve la Gary, la Green Highlander, la Dee Royal, la Black and Gold, la Willie Gunn et la Tadpole.

Dans les grandes rivières, le saumon se trouve généralement juste au-dessous des courants les plus rapides. Cela signifie que l'on peut également le trouver stationné près du bord. C'est donc avec précaution qu'il faut se déplacer en wading. Il est souvent suffisant d'avoir de l'eau jusqu'aux genoux si l'on a vraiment besoin d'y entrer. Beaucoup de pools aux eaux très hautes peuvent se pêcher du bord.

Le saumon est un poisson au sang froid et ses réactions sont lentes tant que l'eau n'a pas atteint 7 ou 8° C. Aussi doit-on animer la mouche plutôt lentement ; le mieux est de la présenter aussi en travers aval que possible. Dans les pools au courant lent, le lancer peut s'effectuer un peu plus près de la transversale du courant. Il ne faut pas se méprendre sur le sens des mots quand on parle de pêcher lentement et profondément. La mouche ne doit pas apparaître comme sans vie dans les pools les plus calmes mais, au contraire, être maintenue en mouvement, car c'est sa dérive même qui intéresse le saumon.

En fin de dérive, quand la mouche est contre la rive en aval du pêcheur, il ne faut pas trop se presser de récupérer la soie pour faire un nouveau lancer – cela vaut également pour la pêche à la truite. C'est souvent après une longue dérive que le saumon, tout comme cette dernière, s'empare de la mouche.

Pêche classique avec soie plongeante

Un peu plus tard dans la saison, quand la température de l'air et celle de l'eau ont monté, la pêche à la mouche devient plus variée. Dans des eaux entre 8 et 12° C, c'est entre la surface et la mi-profondeur que les chances de prendre des saumons et des truites sont les plus grandes.

Pour profiter pleinement de cette période, il convient d'avoir un matériel différent, adapté aux besoins de cette pêche plus variée, qui demande une alternance de la canne à une main et de la canne à deux mains. Dans les petites rivières communes, on peut réduire la longueur des cannes à deux mains et choisir des 13 à 15 pieds pour des soies n° 9 à 10, qui se révèlent un peu moins rapides qu'il ne le faut pour la pêche lourde dans les grandes rivières froides.

Le choix d'une soie pour pêcher dans des eaux dont la température atteint de 8 à 12° C se porte en général sur une intermédiaire (1) ou une plongeante lente (S1). La première est une soie qui plonge extrêmement lentement et reste juste sous la surface après le posé. La seconde est une soie plongeante normale dont les utilisations sont multiples.

Pour pêcher une rivière plus petite et plus chaude, il faut un bas de ligne plus long que pour les eaux grosses et froides. Un bas de ligne en queue-de-rat de 2,50 à 2,75 m convient parfaitement. Le diamètre de pointe peut varier entre le 30/100 pour les plus petites mouches sur hameçon n° 8 et le 45/100 pour les mouches montées sur hameçons simples 3/0. Le diamètre le plus utilisé avec des hameçons doubles n° 6 à 2, qui sont les tailles les plus communes actuellement, est le 40/100.

Pour ce genre de pêche, la plupart des pêcheurs préfèrent la canne à une main. Cela s'applique aussi à la pêche à la mouche dans les rivières nord-américaines et islandaises. Dans les rivières norvégiennes, la canne à une main est plus utilisée comme complément du lourd équipement à deux mains. La canne à une main est même un outil très léger pour la truite de mer et pour pêcher le saumon sur soie flottante.

Pour ces deux poissons, les meilleures longueurs de canne à une main sont de 10 à 12 pieds, pour des soies n° 8 ou 9. Préférer les cannes à action totale, de façon à pouvoir, éventuellement, soutenir le combat avec un gros saumon. Pour la pêche à une main, une soie WF offre plus d'avantages qu'une soie DT.

À ce moment de la saison, le choix de la mouche s'élargit, tant pour la taille que pour le modèle. Un assortiment de mouches Drury sur hameçons simples, doubles et triples dans les tailles 8 à 3/0 est ce qu'il y a de mieux.

Quant aux modèles, une règle de base fait loi : si le soleil brille et que l'eau est claire, ce sont les mouches légèrement colorées qui réussiront le mieux, avec, de préférence, un corps argenté et un peu de vert dans les ailes. Des modèles dignes de confiance par beau temps sont : la Silver and Blue, la Silver Grey et la Green Highlander. Par temps nuageux et sombre, des modèles sombres et neutres tels que la Grey Heron, la Black Doctor et la Rusty Rat constituent un bon choix. Quand la rivière est marécageuse ou les eaux brunâtres, la Garry orange et la General Practitioner rouge foncé sont des modèles stimulants. La pêche de nuit du saumon est très pratiquée dans les rivières de Norvège, avec des modèles de mouche tout noirs, comme la Stoat's Tail, la Black Tosh et la Black Shadow.

À cette période de l'année, répétons-le, le pêcheur dispose d'un large choix pour ce qui est des modèles et des tailles de mouches. Si le pool a été bien pêché avec des mouches de taille petite et moyenne mais sans succès, on a alors intérêt à faire une dernière tentative avec une mouche d'une taille plus grande.

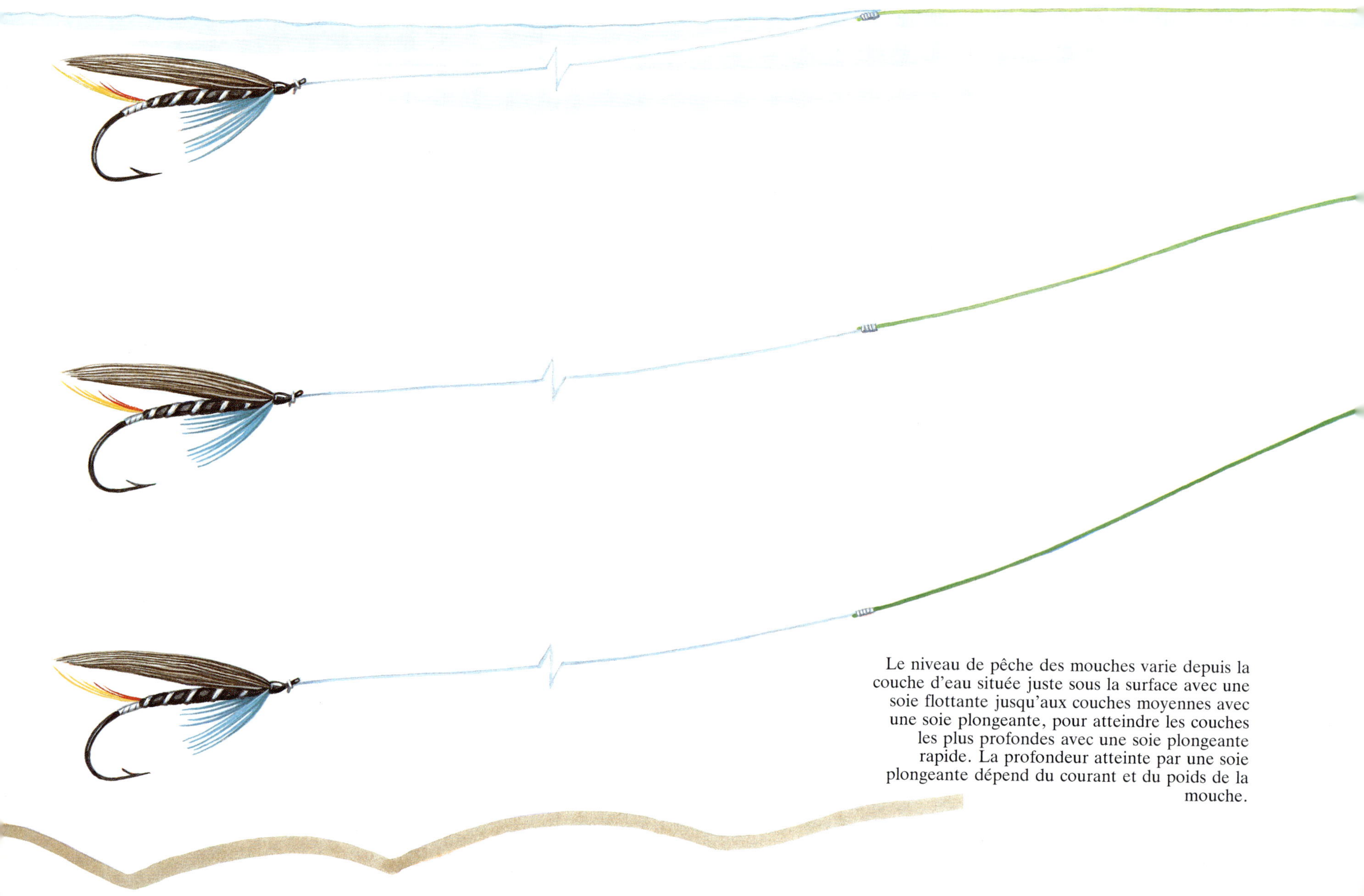

Le niveau de pêche des mouches varie depuis la couche d'eau située juste sous la surface avec une soie flottante jusqu'aux couches moyennes avec une soie plongeante, pour atteindre les couches les plus profondes avec une soie plongeante rapide. La profondeur atteinte par une soie plongeante dépend du courant et du poids de la mouche.

Pêche avec des soies flottantes

La plupart des pêcheurs pensent que pêcher avec des soies flottantes est la méthode de pêche à la mouche la plus sportive pour le saumon et la truite de mer. Dans cette discipline, le pêcheur le plus célèbre est l'Anglais A.H.E. Wood. Entre les années 1913 et 1934, il a mis au sec pas moins de 3.490 saumons – dont la plupart avec des soies graissées et des petites mouches de surface – dans les eaux de Cairnton et la Dee, en Écosse.

La pêche avec soie flottante est à associer aux petites rivières chaudes d'été, mais pas uniquement. Elle donne de bons résultats quand l'eau est froide, à condition qu'elle ne soit pas trop profonde. Toutefois, la propension à la prise de la mouche augmente vers 8 ou 9° C.

Quand on pêche la truite de mer la nuit, dans les rivières limpides de l'ouest de la Norvège, la soie flottante est indispensable. Elle est plus facile à arracher de l'eau pour un nouveau lancer que la soie plongeante, ce qui est très appréciable par nuit noire. Sur posé courbe (la soie fait en ventre vers l'amont) de la soie flottant correctement, il est possible de prospecter un plus large rayon qu'avec une soie plongeante, avec laquelle la pêche se limite aux traditionnels 45° aval. De la même manière, la truite de mer mord bien dans le noir sur une mouche pêchant haut.

D'après A.H.E. Wood, le but du pêcheur à la mouche est d'essayer de présenter la mouche de côté à la vue du poisson. Normalement, le lancer se fait donc plus en travers du courant qu'avec une soie plongeante. Le posé courbe est réalisé dès que la soie fait mine de s'incurver vers l'aval. En courant rapide, il est impossible, bien sûr, de réaliser le posé courbe et de montrer la mouche de côté dans le même temps. Pour pêcher les pools à fort courant, il vaut mieux présenter la soie flottante ainsi que la plongeante en diagonale aval.

Pour pêcher le saumon et la truite de mer avec une soie flottante et des mouches de petite taille, une canne à une main de 10 à 11 pieds est un instrument élégant. Mais une canne souple à deux mains de 13 à 15 pieds a ses partisans pour le saumon. Pour la canne à une main, employer une soie flottante WF n° 8 ou 9, et pour la canne à deux mains une DT n° 10 ou 11. Normalement, avec une ligne flottante, on utilise un bas de ligne sensiblement plus long qu'avec une soie plongeante. Un bas de ligne en queue-de-rat d'une longueur de 3 m, avec une pointe en 30 ou 40/100, selon la grosseur de la mouche, est le plus souvent employé. Les moulinets à mouche les plus adaptés se situent dans la classe «saumon léger», d'un diamètre de 9,5 à 10 cm, le plus petit étant pour la canne à une main et le plus gros pour la canne à deux mains.

La pêche avec une ligne flottante atteint le summum de l'élégance quand on pêche avec des petites mouches, dans les tailles 8 à 4. Souvent, on monte des modèles sobrement fournis spécialement pour la pêche avec soie flottante : il s'agit des mouches dites «pour eaux basses», dont le corps ainsi que les ailes sont plus courts que

Le choix d'une mouche est parfois difficile pour un pêcheur de saumon. Comme on peut le voir, le nombre des mouches à saumon est infini mais on accorde trop d'importance, bien souvent, au modèle en particulier. Ce qui importe le plus, c'est la combinaison des couleurs. Cette règle, qui ne date pas d'aujourd'hui, est toujours valable : les modèles brillants sont les meilleurs par beau temps et eaux claires, et les modèles sombres conviennent au mauvais temps et aux eaux troubles. Les mouches de couleur orangée constituent le meilleur choix dans les eaux très brunâtres.

Pour sortir un saumon de l'eau au moyen d'un lasso de queue, faire passer la queue du saumon dans la boucle, puis serrer le nœud coulant tandis que l'on soulève le poisson hors de l'eau.

Chaque pool à saumon, dit-on, a son poste de mise au sec, où le poisson peut être attrapé sans trop de peine. Il faut donc le repérer dès le début du combat pour essayer d'y conduire sa prise le moment venu.

Si l'on est seul, choisir un endroit qui offre une longue pente douce vers l'eau pour y faire échouer le poisson facilement. Il ne faut pas le hisser au moulinet mais bloquer la bobine et remonter la rive en reculant, quand le poisson n'est plus qu'à quelques mètres, afin de la faire glisser au sec. Il a aussi intérêt à exercer une traction latérale sur le saumon quand il arrive sur le bord: c'est ainsi que, bien souvent, on le fera se coucher sur le flanc et s'y abandonner sans résistance. Alors on peut s'en approcher, en gardant la ligne tendue, le saisir par le pédoncule caudal.

Cependant, on ne trouve pas toujours, sur une rivière, une disposition aussi favorable pour mettre son saumon au sec. La situation est périlleuse quand le saumon est au pied d'une berge abrupte, dans un courant profond et rapide. Si, dans ce cas, on ne peut compter sur aucune aide, la gaffe est le meilleur instrument pour sortir le saumon de l'eau. Un lasso de queue (*tailler*) ou une épuisette peuvent convenir aussi, mais les risques sont plus grands face à un très gros saumon.

Pour gaffer un poisson du haut d'une berge élevée, il doit être complètement épuisé. Quand la tête est tout près et fait face au courant, sur un lancer à main gauche, tenir la canne de la main gauche (de la droite si l'on est sur l'autre rive) en tirant le moins possible vers le haut, l'arrière ou le côté. C'est de cette façon que l'on peut amener le poisson à bonne portée de gaffe pour piquer le fer soit dans le pédoncule caudal, soit dans la tête. Beaucoup préfèrent gaffer à la queue pour que celle-ci se présente la première hord de l'eau.

À deux, bien sûr, ces manœuvres sont beaucoup plus faciles, surtout quand on est sur une berge abrupte. Le pêcheur conduit le poisson jusqu'à celui qui va le mettre au sec. Sur les rivières écossaises, c'est l'épuisette qui est le plus employée. Le lasso de queue a néanmoins ses partisans sur certaines rivières. Il s'agit d'une tige avec une poignée et un bout de câble métallique formant un nœud coulant. On passe celui-ci autour de la queue du saumon et on relève brusquement le lasso en le faisant remonter vers la tête. Le nœud coulant se resserre sous le poids du poisson et, grâce à la forme particulière de la queue du saumon, y assure une prise solide.

Une fois le saumon à terre, il faut le tuer le plus rapidement possible. Le mieux est de lui assener plusieurs coups d'assommoir dans le cou.

La passion de la pêche à la mouche

Pour clore ce chapitre, sachez que si vous avez la chance de goûter aux joies que procure la pêche à la mouche, vous ne pourrez plus vous en passer et rien ne vous donnera plus jamais autant de plaisir. Car ce mode de pêche est, en effet, le plus captivant qui soit. Une fois que vous aurez tenu un poisson combatif sur votre canne sensible et senti, dans la main qui tient la soie, ses sauvages tentatives de fuite, vos émotions seront si vives que vous serez, vous aussi, «pris à l'hameçon».

Si, donc, vous devenez pêcheur à la mouche, de nouveaux horizons sportifs s'ouvriront à vous. À la longue, votre conception tout entière de la pêche changera, car vous verrez le monde aquatique avec d'autres yeux. Ce n'est plus pour manger que nous, hommes du XXe siècle, allons à la pêche, mais pour y exprimer nos instincts naturels. Et la pêche la plus belle dont un homme puisse faire l'expérience est la pêche à la mouche.

La technique de la pêche à la mouche est à la fois ancienne et moderne. Avec l'instinct inné qui a fait de nous des pêcheurs, profitons pleinement de la vie, en humble communion avec la nature, au niveau le plus humanitaire, librement et avec passion.

8. Le montage des mouches

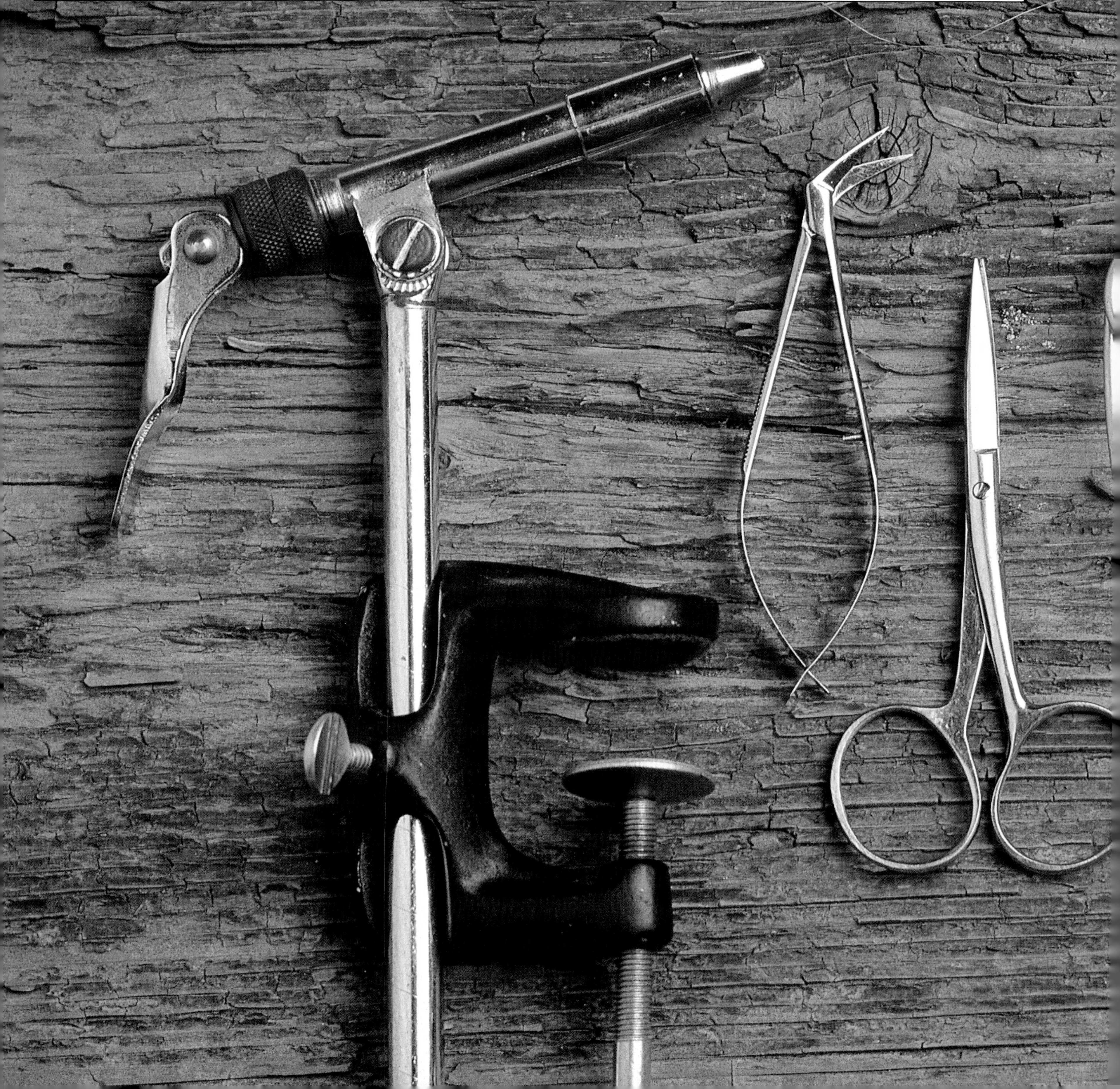

Les outils

Aux tout débuts de la pêche, les dresseurs de mouches devaient commencer par monter un bas de ligne en gut ou bien une boucle à leurs hameçons, car ces derniers étaient dépourvus d'œillet. Ils le faisaient en même temps que le montage de la mouche, l'hameçon étant tenu «à l'envers» dans la main gauche, la courbure tournée vers la droite pour tenir le bas de ligne écarté. Pour éviter d'utiliser un étau, on tenait l'hameçon directement entre les doigts.

Aujourd'hui, on se sert d'hameçon à œillet; l'emmêlement avec la pointe du bas de ligne pendant le montage n'est plus à craindre et l'on peut donc serrer l'hameçon dans un étau, ce qui laisse les deux mains libres. Pour faciliter le travail, on peut se servir de petits outils: la panoplie de base convenant pour un débutant est décrite aux pages précédentes.

L'étau de montage constitue le plus gros investissement. Il en existe à tous les prix, mais il vaut mieux en choisir un de bonne qualité. Les mâchoires doivent être en acier dur, pour retenir solidement l'hameçon et résister à l'usure, et doivent s'ajuster sur toutes les tailles d'hameçon. La plupart des monteurs choisissent un étau comportant un dispositif de serrage pour la fixation sur le rebord de la table; certains préfèrent un étau à socle lourd, que l'on peut poser n'importe où sur la table sans avoir à le fixer. Le fil de montage est retenu par un porte-bobine; il est conseillé de disposer de plusieurs bobines de différentes couleurs. C'est le poids de la bobine qui tient le fil tendu pendant le montage, même lorsqu'on le laisse échapper des mains. un enrouleur facilite l'enroulement du fil sur l'axe de la bobine.

Deux paires de petits ciseaux sont nécessaires: l'une, aux pointes très fines, pour couper la soie, les hackles et tous les matériaux délicats; l'autre pour couper les matériaux plus durs, comme le tinsel et le fil métallique. L'aiguille à dubbing sert également à manipuler les petites choses. On peut en fabriquer une excellente avec une aiguille à repriser fixée sur un petit manche de bois.

Des pinces à hackles sont utilisées pour enrouler les hackles autour de l'hameçon; leurs mâchoires dotées d'un ressort doux maintiennent la pointe du hackle en place tandis que, l'index passé dans l'anneau, l'on enroule délicatement le hackle bien tendu autour de la tige de l'hameçon.

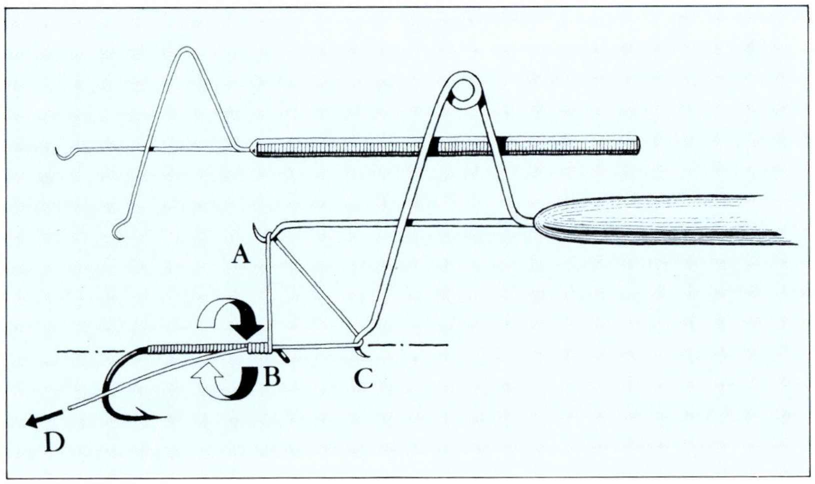

Pages précédentes.
Pour monter ses propres mouches, un étau de montage est indispensable afin de tenir solidement l'hameçon. Il faut deux paires de ciseaux: l'une pointue, pour le fil et les matériaux tendres, l'autre plus forte pour le tinsel métallique. Au milieu, une pince à hackle et, à sa droite, des modèles de porte-bobine. Ensuite, un passe-fil, des brucelles et une pierre à aiguiser. En bas, un finisseur (wip-finisher) et une aiguille à dubbing.

On peut terminer un montage en fixant le fil par des demi-clés, mais la majorité des monteurs préfèrent se servir d'un finisseur, petit outil irremplaçable une fois que l'on a appris à s'en servir. On peut l'acheter, bien sûr, mais il est facile de s'en fabriquer un avec deux épingles de sûreté et une petite tige de bois. En passant le fil de montage dans les crochets A et C, puis en faisant tourner le finisseur sur le fil en B, de façon que A fasse un tour complet autour de B, on obtient un nœud «caché» grâce aux deux spires s'enroulant sur le fil lui-même. Pour finir, la boucle AC est passée sur l'œillet et le fil se défait de l'outil tandis que, sur D, on tire l'autre bout du fil pour la resserrer.

Il est conseillé de compléter l'outillage de base par des brucelles et une pierre à affûter: les premières servent à peu près à tout et la seconde permet d'avoir des hameçons toujours bien piquants.

Les matériaux

Les poils et les plumes sont les composants traditionnels des mouches artificielles, mais un grand choix de matériaux synthétiques s'est imposé récemment sur le marché. Même les pêcheurs dont la préférence va aux produits de la nature reconnaissent que certains sont excellents. Les plumes, dont les variétés de teinte, de longueur, de mollesse et de souplesse de barbes sont infinies, offrent de gros avantages. Il en est de même pour les poils et les fourrures de divers mammifères, bien que, aujourd'hui, ces matériaux sont souvent remplacés par de bons produits synthétiques de substitution. Nombre d'oiseaux et de mammifères étant en voie d'extinction, les monteurs sont obligés de rechercher et d'expérimenter de nouveaux matériaux de synthèse.

Les plumes à hackles classiques proviennent normalement de volailles domestiques; on peut s'en servir sans remords pour monter des mouches. Les hackles raides pour les mouches sèches se trouvent sur des plumes de cou de coq, tandis que pour les mouches noyées, les hackles de poule, plus moelleux, sont de meilleure qualité. La queue peut être réalisée avec les longues barbes raides des plumes du cou d'un coq, mais aussi des barbes provenant de plumes de la queue d'un coq faisan, ou bien avec les longs poils souples de divers quadrupèdes tels que le blaireau.

Réaliser des ailes à partir de sections de plumes d'ailes d'oiseaux (appelées *quills*) est un montage classique. On utilise pour cela des plumes d'ailes de petits oiseaux tels que l'étourneau, d'oiseaux plus gros tels que poules et canards, et de très gros oiseaux comme les oies et les cygnes. Les pointes de hackles ou les lames de barbes provenant de rémiges de canard peuvent faire également de très belles ailes, ainsi que des mèches de poils de queue d'écureuil et de poils bien choisis d'animaux à fourrure. Les poils creux de daim et d'élan augmentent la flottabilité de la mouche.

Depuis quelques années, on se sert de divers types de fibres synthétiques (polypropylène, poly-yarn, etc.) pour fabriquer des ailes, en particulier pour certaines imitations de mouches de mai et de phrygane. Pour faire le corps, on utilise plusieurs qualités de floche, de laine et de soie ainsi que de poly-yarn, que l'on enroule autour de la tige de l'hameçon. Des mèches des mêmes matériaux montés en dubbing autour d'un fil poissé peuvent convenir. Ce dubbing est identique à celui que l'on réalise avec des poils d'animaux tels que lièvre, opossum, taupe et vison, pour ne citer que ceux-là.

En général, on trouve des plumes de toutes les couleurs, mais l'on peut teindre les hackles et autres matériaux avec des teintures textiles ordinaires. Les barbes prises sur des plumes qui conviennent servent aussi à la fabrication des corps de mouche. De nombreux modèles courants ont, par exemple, un corps de herls de paon, prélevés sur les longues plumes de queue vert bronze de cet oiseau.

Les corps dorés ou argentés sont en tinsel — étroite bande découpée dans une fine feuille de papier métallique et enroulée autour de la tige de l'hameçon. Si l'on souhaite seulement obtenir un éclat métallique, la mouche est simplement cerclée d'un fin fil d'or ou d'argent formant une spirale espacée autour du corps. Avec ce fil métallique, le corps de la mouche résiste mieux aux dents pointues des poissons.

Les monteurs de mouche se servent presque exclusivement de fil de montage synthétique fin et solide, prépoissé dans la plupart des cas. Celui-ci a l'avantage de ne pas pourrir, ainsi la mouche n'est pas fragile. Comme il est plus fin que l'ancienne soie de montage, il donne à la mouche un aspect plus soigné, plus délié. Dans les fournitures de montage figurent également le vernis et la poix. On utilise le premier pour renfoncer la mouche entre les différentes étapes de la fabrication et pour laquer la tête. La seconde est appliquée sur le fil de montage afin de le rendre collant et permettre au poil de fourrure d'y rester englué pour former un corps en dubbing.

Pour commencer à monter ses propres mouches, l'assortiment complet des matériaux n'est pas indispensable, mais la liste des objets s'allonge néanmoins très vite: plumes, fourrures, poils, pelotes de laine, etc. On trouve tout dans les magasins spécialisés, mais ailleurs également: dans les merceries, dans les bois et les champs en se promenant, ou même autour du bassin d'un jardin public, en donnant à manger aux canards.

Les plumes et tous les matériaux que l'on rapporte chez soi doivent être soigneusement désinfectés pour éviter que des bestioles nuisibles ne s'introduisent dans l'atelier de montage. Il est prudent de traiter toutes les récoltes au produit antimites et de les conserver dans des sachets en plastique scellés si l'on veut éviter une invasion de mites affamées qui pourraient faire un festin des cous de coqs, plumes, fourrures et poils!

Dresser une liste complète de tout ce qui est nécessaire pour débuter est pratiquement impossible. L'illustration de la page précédente donne une idée de ce que l'on considère en général comme un bon assortiment de base. Il sera complété au fur et à mesure, en fonction des mouches que l'on utilise le plus fréquemment.

Adhérer à un club de montage de mouches est un bon moyen pour obtenir des conseils de monteurs expérimentés. Certains matériaux, tels que les cous de coq de grande qualité, sont d'un prix assez élevé ; mais comme un seul cou suffit à fabriquer des centaines de mouches, on peut faire des achats groupés avec le club et se partager les matériaux. On peut également acheter deux cous de couleur différente avec un ami et les partager ; ainsi, chacun pourra se constituer une bonne sélection de matériaux en peu de temps à un prix intéressant.

En haut, des cous de poule ; à droite, des cous de coq, dont l'un est teint en rouge. Au-dessus: une plume de paon, une peau de tête de lièvre et diverses plumes de corps et d'ailes d'oiseaux. À droite, sous le masque de lièvre, quelques plumes en marabou et, au-dessus, une longue plume de queue de coq faisan. Au milieu, des boîtes d'hameçons, de laque et de poix, ainsi que du tinsel argenté et doré et du fil de montage. À gauche, des plumes rouge orangé de cou de faisan doré, des poils et des fourrures de divers animaux et, à droite, des queues d'écureuil de différentes couleurs. En bas, des brins de laine pour les corps de mouche et des lanières de plastique brillant, connues sous le nom de lurex et Flash-A-Bow.

Mouches noyées en hackles mous

Les premières mouches furent certainement des mouches noyées en hackles mous. Le plus souvent, elles coulaient et, de ce fait, se comportaient en mouches noyées. Mais il arrivait que certaines ne coulent pas et se transforment ainsi en mouches sèches. Finalement, deux versions différentes de cette mouche primitive furent créées: une mouche noyée faite avec un hackle de poule mou et absorbant, et une autre avec un hackle de coq raide et flottant à la surface de l'eau. La classique Red Tag, ainsi baptisée en raison de sa petite queue rouge, existe dans les deux versions; ici, on la voit en mouche noyée.

Les mouches noyées sont généralement montées sur hameçons nos 10, 12 et 14. Pour faciliter les premiers montages, il vaut mieux commencer sur hameçon no 10.

- 1. Serrer l'hameçon dans l'étau comme montré sur le dessin. Cacher la pointe entre les deux mâchoires (1a) permet, certes, d'éviter d'accrocher le fil sur la pointe ou l'ardillon et de le casser, mais gêne inutilement l'accès des doigts à la partie arrière de l'hameçon.
- 2. Attacher le fil de montage et monter un brin de soie floche ou de laine rouge écarlate sur toute la longueur de la tige pour éviter un renflement du corps. Couper la laine en laissant dépasser seulement un petit bout pour figurer la queue ou tag.
- 3. Prendre deux herls de paon et les fixer par la pointe.
- 4. Les torsader sur le fil de montage pour les renforcer, car c'est un matériau fragile.
- 5. Enrouler herls et fil en même temps sur la tige par des tours serrés et en remontant vers l'œillet. Laisser un espace pour le hackle et la tête. Couper le herl au ras.
- 6. Fixer un hackle de poule brune face antérieure vers l'avant. Utiliser la pince à hackle pour l'enrouler autour de la tige, de façon que les barbes forment une collerette.
- 7. Ligaturer la pointe du hackle et faire deux ou trois tours espacés du fil de montage dans l'épaisseur des barbes, en remontant vers l'œillet; veiller à ne pas prendre des barbes sous le fil.
- 8. Faire une tête bien formée avec le fil et terminer par un nœud en whip finish. Couper la pointe de hackle qui dépasse (fig. 7) et vernir la tête.

C'est alors que l'on se rend compte si l'on a laissé assez de place pour la collerette et la tête! Les derniers tours de fil ne doivent pas déborder par-dessus l'œillet (fig. 8a).

La Red Tag est une bonne mouche d'ensemble et, en petite taille, elle fait parfois merveille pour l'ombre. La Black & Peacock, au contraire, est une excellente mouche pour la truite arc-en-ciel, en réservoir, présentée juste sous la surface. Il existe aussi des combinaisons de mouche et de nymphe, baptisées *flymphs*, qui se montent avec un corps en dubbing, un hackle mou de mouche noyée et, quelquefois, une queue souple.

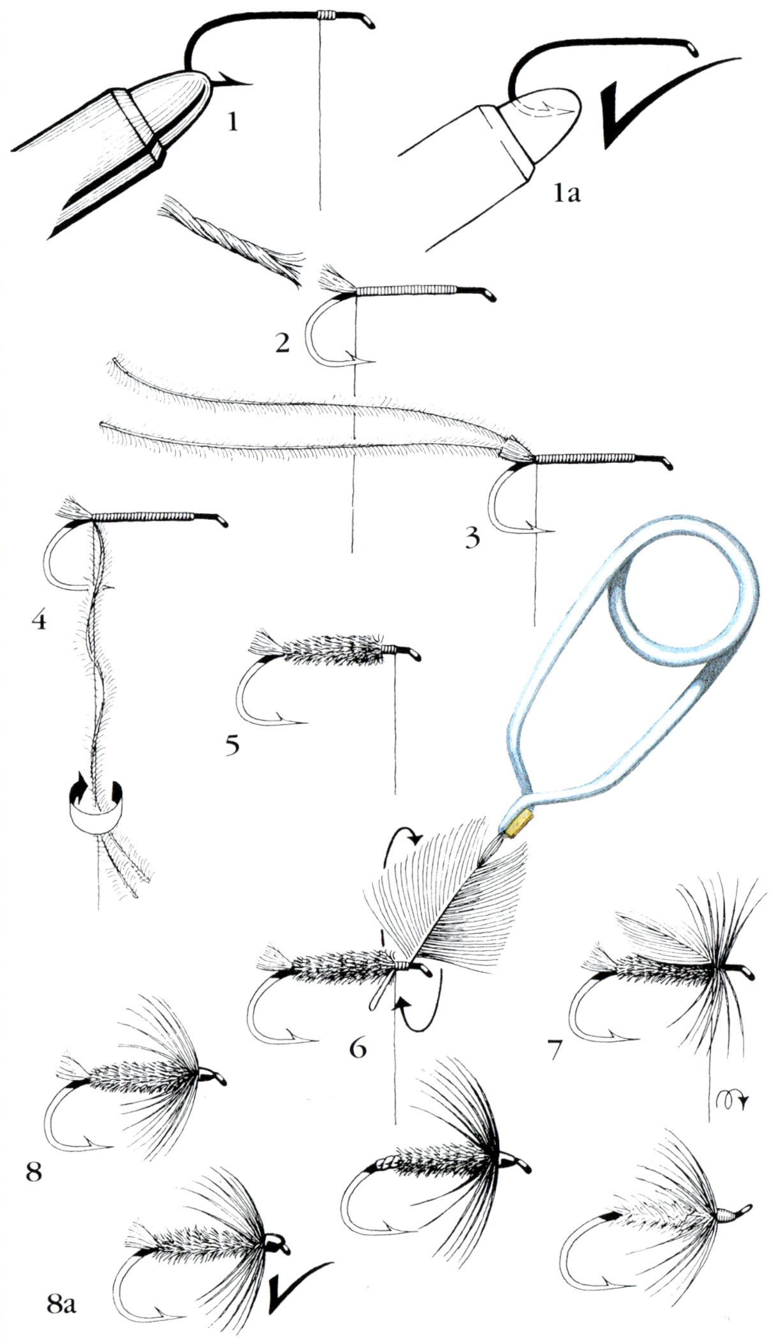

Black & Peacock

Hameçon: nos 10 à 14
Fil: noir
Corps: herl de paon

Hackle: poule noire

Opossum Flymph

Hameçon: nos 12 à 18
Fil: brun clair ou gris
Corps: sous-poil d'opossum en dubbing
Hackle: gingembre clair ou gris clair

Mouches noyées à ailes

Pour imiter encore mieux les insectes ailés, on eut l'idée de poser sur le dos des mouches des ailes faites de lames de plumes d'ailes d'oiseaux: les premières mouches noyées à ailes étaient nées. La Dark Alder a toujours été une favorite pour pêcher la truite en noyée dans les curants.

On trouve un ancien modèle d'Adler Fly avec un corps rouge bordeaux sombre et un cerclage espacé en herl de paon (2a). Malheureusement, elle n'est pas solide, même si le herl est monté en commençant dès la courbure (1a): les dents pointues des poissons l'arrachent vite.

- 1. Fixer deux herls de paon par leur extrémité.
- 2. Enrouler sur la tige les deux herls torsadés l'un sur l'autre au moyen de fil de montage rouge bordeaux. La couleur du fil sera bien visible, surtout quand la mouche aura été mouillée. En fixant les herls par la pointe, on donnera un joli corps fuselé à la mouche.
- 3. Prélever deux sections de lame identiques sur deux plumes tachetées de brun sombre: l'une provenant de l'aile tige de l'hameçon.
- 4. Les fixer et couper ce qui dépasse vers l'avant.
- 5. Arracher une touffe de barbes d'un hackle de poule noire et la fixer en faux hackle de gorge. Si nécessaire, compléter par une petite touffe supplémentaire de chaque côté de la tige pour obtenir un hackle de gorge bien étalé. Faire la tête, le nœud terminal et vernir.

Il est important que les barbes de hackle soient molles, de façon à pouvoir se mouvoir doucement dans l'eau. Les hackles ne servent pas à imiter les pattes d'un insecte, comme beaucoup le croient, mais à créer une apparence de vie par les mouvements qui les animent lorsqu'on fait travailler la mouche sous l'eau. Choisir des barbes très duveteuses, qui prendront l'eau plus rapidement et facilement l'immersion de la mouche.

La Butcher est une mouche très classique, qui mérite l'attention: elle a un corps brillant et des ailes bleu noir faites en plumes d'ailes de canard mallard. Les mouches de la série Teal sont aussi très utilisées dans quantité d'eaux. Elles ont les ailes en plumes de flancs de sarcelle et le nom est dérivé du matériau qui la compose. Black and Peacock, décrite précédemment, en est un exemple, bien que, dans ce cas précis, la partie de son nom concernant la couleur vienne de la teinte du hackle et non de celle du corps, comme la série des Teal.

Butcher

Hameçon: n°s 10 à 14
Fil: noir
Queue: barbes rouges
Corps: tinsel argenté
Cerclage: argenté
Ailes: quills bleus de canard mallard

Teal & Green

Hameçon: n°s 10 à 14
Fil: noir
Queue: tippets
Corps: vert brillant
Cerclage: argenté
Ailes: plumes de flancs de sarcelle

Teal & Red

Hameçon: n°s 10 à 14
Fil: noir
Queue: tippets
Corps: rouge écarlate
Cerclage: argenté
Ailes: plumes de flancs de sarcelle

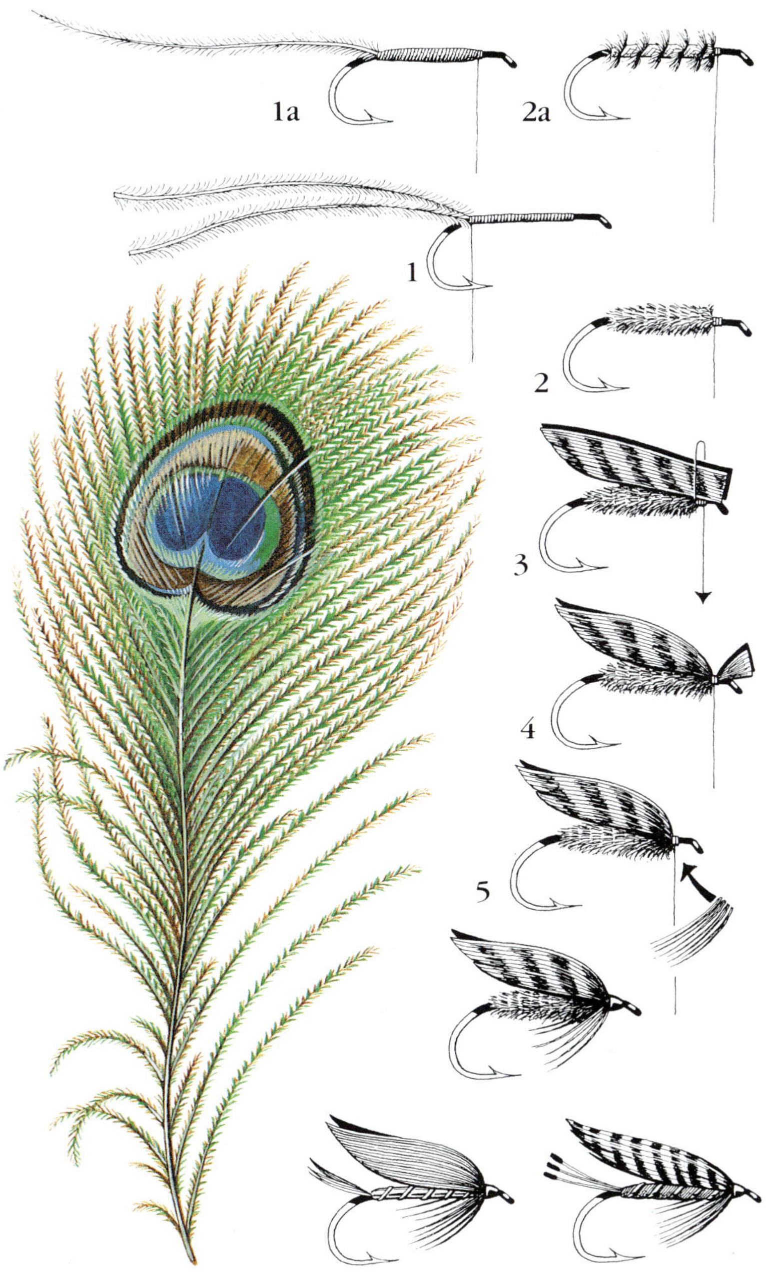

Mouches sèches à hackle

Les mouches sèches à hackle sans ailes sont d'excellentes artificielles d'ensemble imitant une variété infinie d'insectes. Elle sont faciles à monter. On peut les modifier comme on veut, aussi bien au niveau de la teinte que de la présentation, et de même, les faire minces ou grosses. Les mouches de ce modèle en teintes neutres (gris, beige ou brun) sont souvent les meilleures. Bien fournies et ébouriffées, elles sont étonnamment flottantes dans les courants forts et rapides. Si on les monte très fines et délicates, elles ressemblent alors à de petits moucherons.

Ne présentant aucune difficulté de montage et offrant un large éventail de variations tant pour les couleurs que pour les présentations, la mouche sèche à hackle est un type d'artificielle très employé. Pour pêcher l'eau en sèche, elle se révèle souvent la meilleure « chercheuse de poisson ».

Mais on peut également la monter avec un corps mince et une collerette faite de quelques tours de hackle seulement. Cela donne une mouche déliée et gracieuse, ressemblant à une éphémère ou à un moucheron. Bien fournie, au contraire, elle fait penser à une phrygane avec des ailes papillonnantes.

- 1. Mettre l'hameçon dans l'étau, fixer le fil de montage et monter un hackle de coq. Veiller à bien mettre la face interne de la plume vers l'extérieur pour l'enrouler. Certains monteurs préfèrent commencer directement par l'étape 2 et continuer jusqu'à l'étape 6 – c'est-à-dire achever le corps de la mouche – avant de monter le hackle.
- 2. Prendre une touffe de barbes de hackle de coq pour faire la queue. La poser sur la tige et l'y fixer par un enroulement de fil de montage se poursuivant jusqu'à l'aplomb de l'ardillon. S'assurer que les hackles sont de la même longueur et les maintenir bien en place pour les empêcher de glisser vers l'arrière de l'hameçon.
- 3. Plier la queue vers le haut et faire un tour de fil derrière et par-dessus.
- 4. Remettre la queue en position et faire un tour serré pardessus, juste en avant du tour précédent; ainsi, les barbes s'étaleront en éventail et constitueront des points d'appui sur l'eau. Poisser le fil et coller dessus, en dubbing, du sous-poil de lièvre ou tout autre matériau semblable.
- 5. Réaliser le corps en enroulant le dubbing: un dubbing en spires minces espacées donne un corps élancé; un dubbing épais en spires jointives donne un corps « ventru ».
- 6. Enrouler le hackle et ligaturer. Réaliser délicatement quelques tours de fil dans l'épaisseur du hacke, en veillant à ne pas coincer des barbes dessous. Faire la tête, le nœud terminal et vernir.

Après avoir pondu, la mouche de mai meurt et se laisse emporter par le courant à la surface, les ailes étalées à plat. On lui donne alors le nom de *spent spinner*. Pour l'imiter, partager la queue et les ailes en deux parties égales par des tours croisés en huit. Sur l'illustration, on voit la *spent* de dessus (a) et de face (b).

Grey-Brown d'ensemble

Hameçon: n°s 10 à 14
Fil: brun
Queue: barbes de hackle de coq brun ou grizzly
Corps: sous-poil de lièvre
Hackle: coq brun ou grizzly

Black Gnat

Hameçon: n°s 16 à 20
Fil: noir
Corps: fil de montage noir

Hackle: coq noir

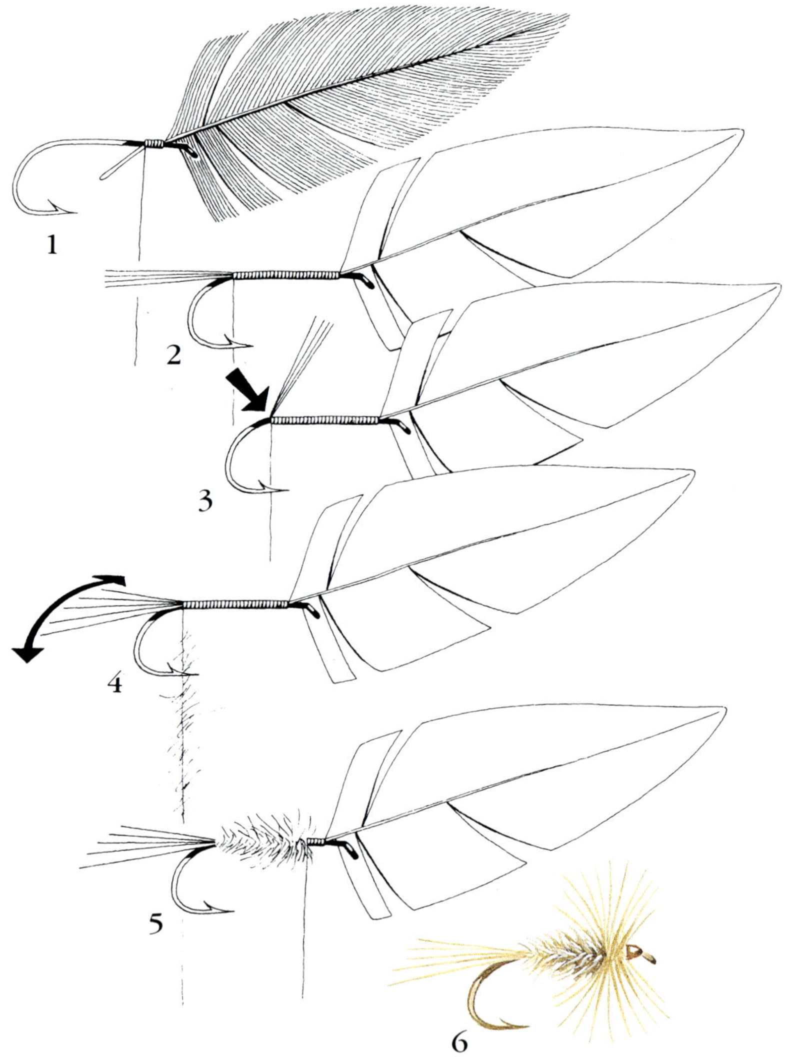

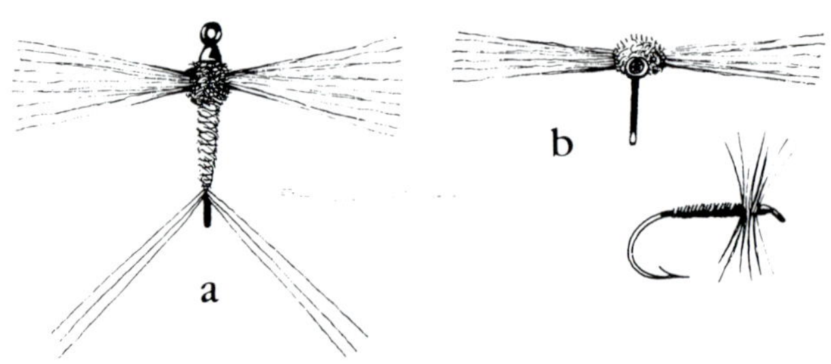

Mouches sèches à ailes

Alors que les Anglais montaient naguère leurs mouches avec des ailes en quill, les pêcheurs américains créèrent un type de mouches à ailes plus souples, faites de barbes de plumes provenant des flancs de divers canards, de carolin de préférence. Aujourd'hui, il est aussi courant de monter des ailes avec des pointes de hackle ou de fibres synthétiques. Ces ailes ne doivent pas être trop raides et la mouche doit être bien symétrique pour éviter le vrillage du bas de ligne au lancer.

Si la mouche sèche à hackle est considérée comme une artificielle d'ensemble, la mouche sèche à ailes est généralement supposée imiter un insecte précis. Cependant, il faut choisir sa couleur en fonction de celle du modèle vivant.

Voyons maintenant le montage d'une mouche américain: la Light Cahill.

- 1. Fixer le fil de montage et monter une touffe de barbes de plume de canard carolin ou de matériau équivalent, car certaines plumes sont maintenant introuvables. Les maisons spécialisées fournissent d'autres plumes qui conviennent bien, teintes à la couleur souhaitée si nécessaire.
- 2. Plier les barbes d'ailes vers le haut et les partager en deux en forme de V par des tours croisés en huit.
- 3. Monter la queue avec le même matériau, ou bien n'importe quelles barbes de hackle brun clair. Étaler la queue en éventail.
- 4. Poisser le fil et faire un dubbing en poly-yarn beige clair.
- 5. Enrouler le dubbing pour former un corps fin et fuselé.
- 6. Fixer le hackle, l'enrouler et ligaturer selon la méthode habituelle. Certains monteurs préfèrent fixer le hackle derrière les ailes et l'enrouler vers l'avant pour éviter que les poils du hackle ne se trouvent pris quand le fil sera enroulé vers l'avant; pendant la suite des opérations, il reste pendant sous la tête.
- 7. La première méthode donne un hackle plus «éclaté».

La Coachman représentée sur l'illustration est une mouche anglaise avec des ailes en quill (voir l'Adler Fly, mouche noyée). L'Adams est une mouche américaine avec des ailes en pointe de hackle. Actuellement, de nombreuses mouches sont montées avec des ailes en poly-yarn. La plupart des mouches sèches sont conçues pour imiter des éphémères. Ces insectes ont toujours joué un rôle important dans le montage des artificielles. Leurs œufs éclosent dans les eaux calmes ou rapides, selon les espèces. La larve grandit et se change en nymphe. Lorsque les nymphes éclosent, parfois en multitudes, on peut assister à la «danse pendulaire» exécutée par les insectes adultes (imago) avant de pondre leurs œufs dans l'eau. Les poissons se nourrissent d'éphémères à tous les stades: nymphe, nymphe ascendante, adulte et *spent*, après la ponte. Chacun de ces stades fait l'objet d'imitations en mouches artificielles!

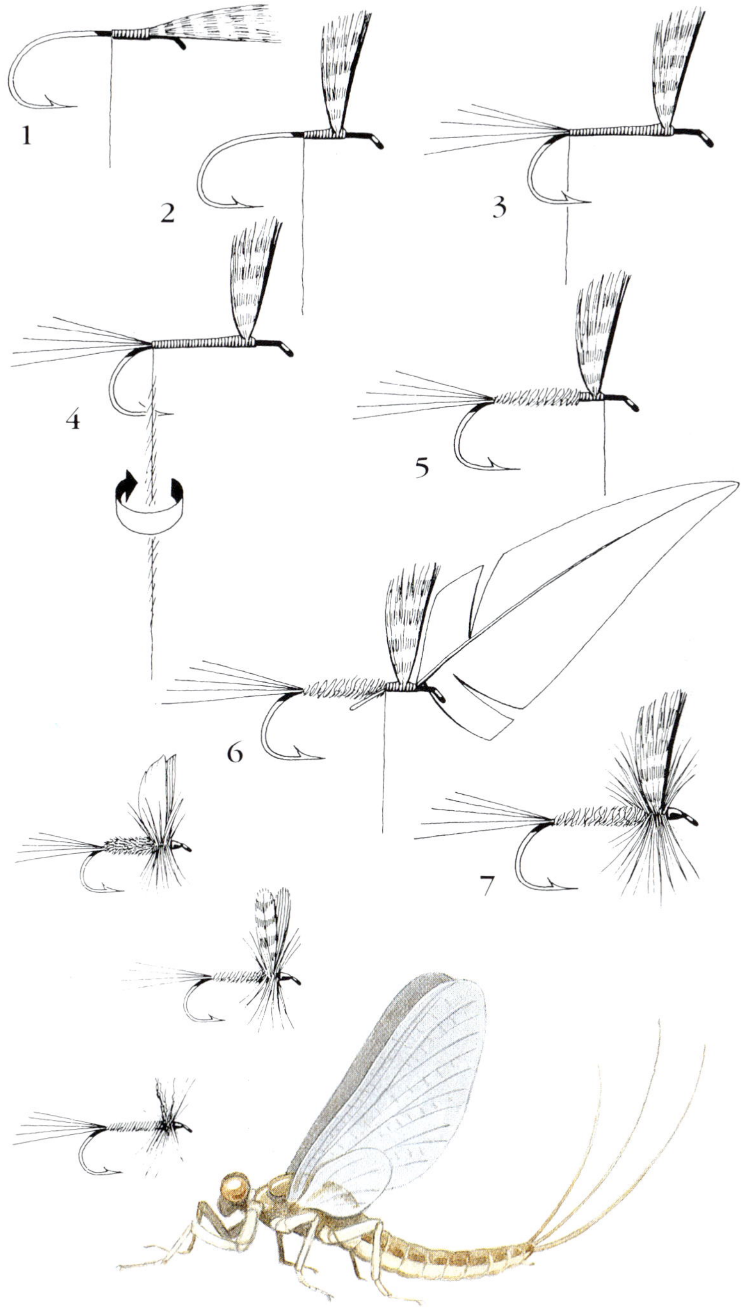

Coachman

Hameçon: n°s 12 à 14
Fil: noir
Queue: barbes de hackle de coq brun
Corps: herl de paon
Ailes: section de lames de plumes d'ailes blanches
Hackle: brun

Adams

Hameçon: n°s 12 à 14
Fil: noir
Queue: barbes mélangées de hackles de coq brun et grizzly
Corps: rat musqué gris ou poly-yarn gris
Hackle: une plume de coq grizzly et une plume de coq brun

Les larves-nymphes d'éphéméroptères

Il y a bien des années, Franc Sawyer eut l'idée de remplacer la soie de montage par un fil de laiton de teinte sombre pour monter ses nymphes. L'illustration ci-contre montre l'une d'entre elles. Monter une nymphe avec du fil de laiton ne présente aucune difficulté, mais la plupart des monteurs préfèrent lester d'abord l'hameçon par un enroulement de fil de laiton et monter ensuite la mouche au fil de montage selon la méthode habituelle. Sawyer créa ses nymphes en différentes variantes de gris et de brun.

L'éphémère vit une partie de sa vie aquatique à l'état de fausse nymphe. Dans les eaux fortement courantes, on trouve des nymphes *rampantes*, qui se collent au fond, sur les galets et les graviers. Dans les eaux faiblement courantes, les nymphes *nageuses* se tiennent dans les plantes aquatiques. Certaines espèces vivent cachées dans de petites galeries creusées dans le sable du fond et ne sont prises par les poissons que lorsqu'elles montent à la surface pour éclore. Les eaux dormantes abritent également les nymphes.

Les nymphes de Franck Sawyer sont lestées de manière à pêcher entre deux eaux, alors que celles qui sont montées sans fil de laiton restent à la surface ou juste au-dessous. Les nymphes à hackle mou créées par l'Anglais G.E.M. Skues appartiennent à cette dernière catégorie. Elles ont presque toujours un corps en dubbing et sont montées avec un hackle aux barbes courtes et clairsemées.

L'Américain Jim Leisering créa une méthode de pêche en nymphe identique avec ses mouches noyées en hackle mou. Son compagnon de pêche Pete Hidy les baptisa *flymphs*. Il faisait évoluer ses artificielles juste sous la pellicule de surface, à peine immergées, mais également à la surface, comme une mouche sèche à demi noyée, imitant une nymphe en train d'éclore. Comme les éphémères, les grosses libellules passent par le stade de nymphe ; leurs imitations sont montées sur des hameçons à streamer à longue tige, avec sacs alaires, hackles et barbes de queue (représentées en bas de l'illustration).

La Pheasant Tail de Swayer (nymphe)

- 1. Lester un hameçon avec des tours de fil en laiton en formant un thorax renflé. Monter trois barbes de plumes de queue de faisan pour former la queue.
- 2. Ensuite les barbes autour du corps.
- 3. Attacher une petite touffe de barbes de queue de faisan et les replier vers l'arrière par-dessus le thorax. Faire suivre le fil et ligaturer.
- 4. Replier à nouveau vers l'avant, puis vers l'arrière…
- 5. … jusqu'à ce que la nymphe soit pourvue de sacs alaires bien renflés.

La Blue Winged Olive de Skues (nymphe)

- 1. Fixer trois barbes de plume de flanc de mallard sur un hameçon n° 14 à 16. Faire un cerclage en fin fil de laiton.
- 2. Sur la soie de montage, réaliser un dubbing en sous-poil brun olive…
- 3. … l'enrouler…
- 4. … et cercler la partie postérieure du corps. Refaire un nouveau dubbing sur la soie…
- 5. … et former une imitation de thorax plus sombre.
- 6. Enrouler un hackle moucheté teint en olive foncé.

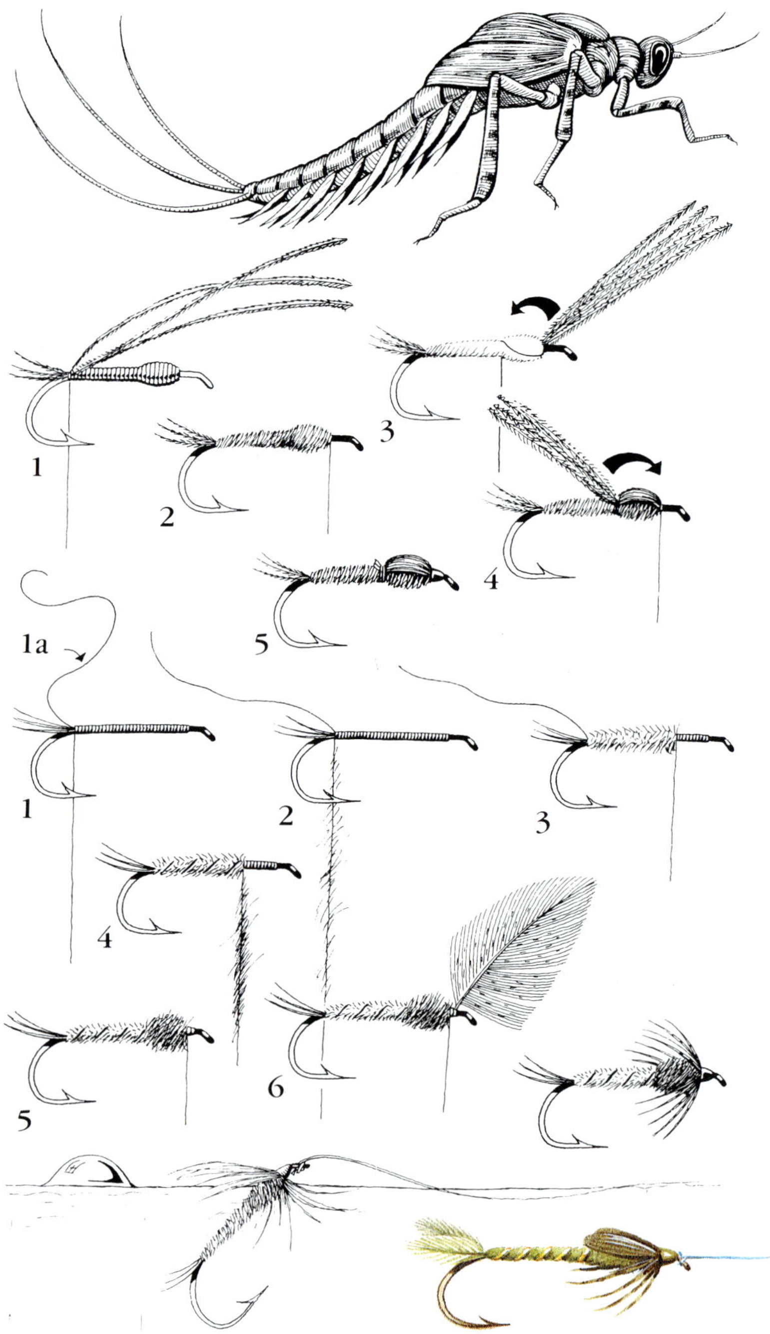

Les sedges (imitations de phryganes à ailes)

Tant aux États-Unis qu'en Europe, les sedges occupent une place importante dans la pêche à la mouche. En Scandinavie, ils supplantent les autres artificielles sur beaucoup d'eaux. Une bonne variante de la Elk Hair Caddis est le sedge au corps en poil de lièvre et aux ailes en poils d'élan (le cerf «wapiti» américain). Le modèle original est monté avec un corps en hackle de couleur variable; mais on peut se passer du hackle et, à la place, monter quelques poils raides arrachés d'une peau de lièvre.

On trouve des phryganes dans toutes les eaux. Ces insectes ont une grande faculté d'adaptation aux milieux les plus divers. Ils se présentent sous une grande diversité de couleurs, bien que le corps et les ailes de la plupart d'entre eux revêtent des nuances plus ou moins gris brun. À l'état adulte, les phryganes sont des insectes très actifs. À la surface, ils peuvent nager d'une manière si vigoureuse qu'ils tracent un sillon dans l'eau! En vol, ils papillonnent très rapidement et ressemblent à des mouches sèches à hackle parfaitement montées! Il est facile de reconnaître une phrygane au repos, car ses ailes forment un V renversé caractéristique, semblable au toit d'une maison. Leurs imitations artificielles sont appelés «sedges».

Elk Hair Caddis (variante)

- 1. Enrouler le fil de montage en spires serrées autour de l'hameçon: poisser le fil et réaliser un dubbing en poil d'oreille de lièvre.
- 2. Enrouler le dubbing pour former le corps et poser une touffe de poils d'élan sur la tige pour faire les ailes. S'assurer que les poils sont de la même longueur. Tirer le fil vers le bas pour le serrer, en évitant que les poils ne glissent vers l'arrière de l'hameçon.
- 3. Faire plusieurs tours de fil autour de la base des ailes, ligaturer et vernir. Couper ce qui dépasse vers l'œillet et terminer en ébouriffant les poils les plus gros du dubbing pour jouer le rôle du hackle.

Rackelhanen

Kenneth Boström, le pêcheur à la mouche suédois bien connu, a créé «Rackelhanen», un sedge en poly-yarn dont la réputation a franchi les frontières scandinaves en quelques années. Son extraordinaire flottabilité l'a fait adopter par la plupart des pêcheurs. Quand on l'enfonce sous l'eau, il remonte aussitôt à la surface en formant un «rond» irrésistible pour une truite.

- 1. Enrouler le fil autour de l'hameçon, puis le poisser et monter un dubbing en fibres de poly-yarn frisé.
- 2. Former un corps épais.
- 3. Attacher une touffe de poly-yarn de la même couleur par le milieu pour former les ailes. Rassembler les deux parties...
- 4. ... et ligaturer l'ensemble. Refaire un dubbing sur le fil avec le même poly-yarn pour former le corps. Couper les ailes à la longueur désirée.

Green Elk Hair Caddis

Hameçon: n°s 12 à 16
Fil: brun-beige
Corps: laine olive
Hackle de corps: olive
Ailes: poils d'élan

Européa 12

Hameçon: n°s 12 à 14
Fil: jaune
Corps: dubbing gris
Cerclage: fil de montage jaune
Ailes: plumes de flanc de cane mallard
Hackle: brun

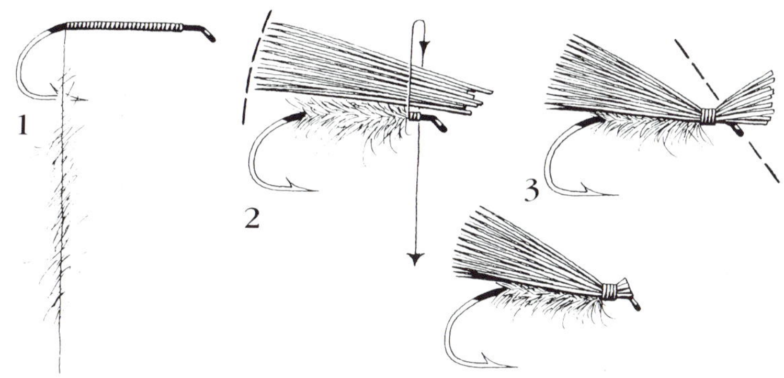

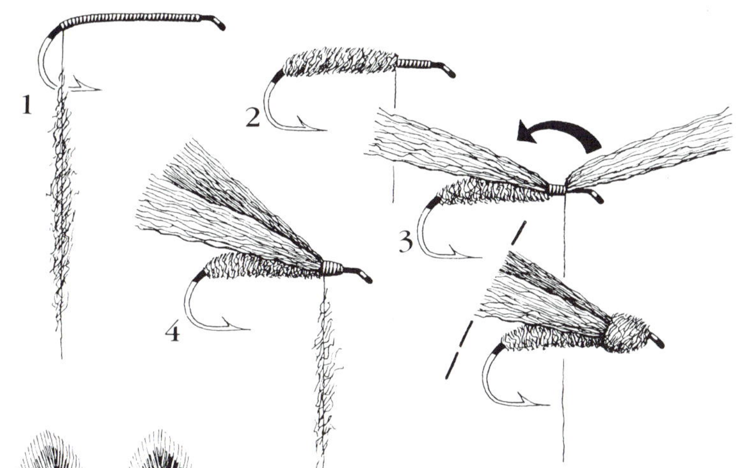

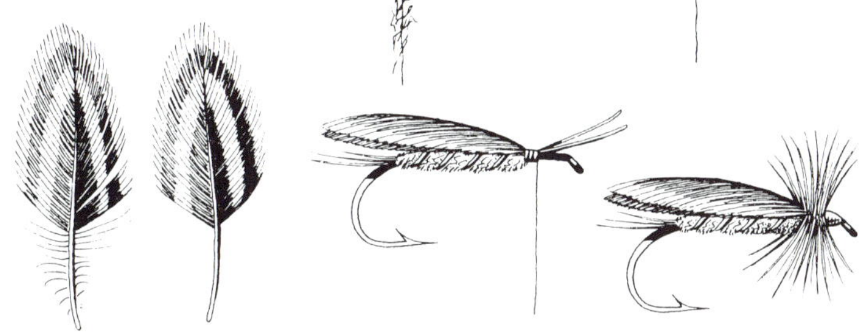

9. Le matériel

Comment monter sa propre canne

Un nombre de plus en plus grand de pêcheurs essaie de faire leurs propres cannes. Quelques-uns y voient une source d'économie, ce qui est certainement vrai, à condition de commencer avec des blanks de bonne qualité. Cependant, la plupart des pêcheurs sportifs pensent plus à bénéficier d'une canne parfaitement adaptée qu'à faire des économies.

Pour les bricoleurs, choisir le bon blank est l'étape la plus difficile, surtout si la canne doit être utilisée dans de nombreuses situations. Si vous êtes pour le moins incertain quant au blank à choisir, un bon détaillant devrait être capable de vous conseiller.

Les blanks sont aujourd'hui généralement en fibre de verre, de carbone, en boron ou en kevlar. Ces deux derniers sont ajoutés pour donner de la rigidité. Tous ces matériaux peuvent aussi se combiner entre eux, mais il est impossible de recommander l'alliage parfait car cela dépend de l'opinion et des goûts de chacun.

Le bambou est encore un autre matériau utilisé pour fabriquer des cannes. Les cannes en bambou refendu sont construites à partir de jets spécialement sélectionnés. Elles restent les meilleures pour des cannes à mouche légères jusqu'à 2,40 m avec des soies n° 6 maximum. Pour de nombreux pêcheurs, une bonne canne en bambou refendu constitue la canne à mouche la plus performante.

Position des anneaux

Il faut tout d'abord décider de quel côté du blank les anneaux doivent être fixés. Cela n'est pas du tout évident pour le néophyte, car même les monteurs chevronnés ne s'accordent pas sur ce point.

Le plus simple est de poser le blank sur une cale située à chaque extrémité et de le laisser tourner librement pour qu'il trouve son centre de gravité. Pour une canne à mouche ou à lancer, les anneaux sont placés sur la face inférieure, de même que le moulinet. Si, au contraire, vous envisagez de mettre un moulinet démultiplié, celui-ci se fixe sur la face supérieure ainsi que les anneaux. Veillez à bien repérer le côté de la canne qui va être utilisé.

Montage de la poignée liège

L'étape suivante consiste à percer les trous dans les bouchons de liège qui constituent la poignée. Si nécessaire, employez une lime pour les ajuster au diamètre du blank à l'endroit où ils seront collés.

Après avoir façonné tous les bouchons à la bonne dimension, classez-les et numérotez-les dans l'ordre où ils seront collés. Utilisez une colle qui résiste à l'eau.

À l'exception des cannes à mouche à une main où il est posé plus tard, le porte-moulinet est monté en même temps que la poignée liège. S'il ne s'adapte pas parfaitement à la canne, celle-ci peut être enrobée de ruban adhésif jusqu'à obtention de la bonne épaisseur. Bien s'assurer que le porte-moulinet est dans l'axe des anneaux avant de le fixer à l'aide d'une colle époxy. Ensuite, après avoir donné à la poignée sa forme définitive, vous la poncerez avec un abrasif fin. Si vous possédez un tour, son utilisation, pour façonner la poignée, fournit un travail de qualité.

Quant à la forme de la poignée, il y a autant de modèles que de bricoleurs, ce qui ne facilite pas les choses. La règle d'or est que chaque pêcheur doit faire sa poignée de façon à l'avoir bien en main pour manœuvrer confortablement.

En considérant l'agencement et la forme du porte-moulinet, il ne faut pas perdre de vue deux points importants: maintenir fermement le moulinet sans alourdir l'ensemble.

Si la canne reçoit un pommeau à la base de la poignée, il sera monté en dernier, après la poignée et le porte-moulinet. Il existe trois principaux types de pommeaux. L'un est un embout en aluminium fixé à la poignée dans lequel se visse une butée en caoutchouc, un autre est en caoutchouc dur et le troisième, enfin, en plastique. Le choix dépend de la canne et du type de la poignée. Les trois modèles sont à fixer avec une colle époxy. Sur de nombreuses cannes de mer, le pommeau à la base est remplacé par un manchon rainuré.

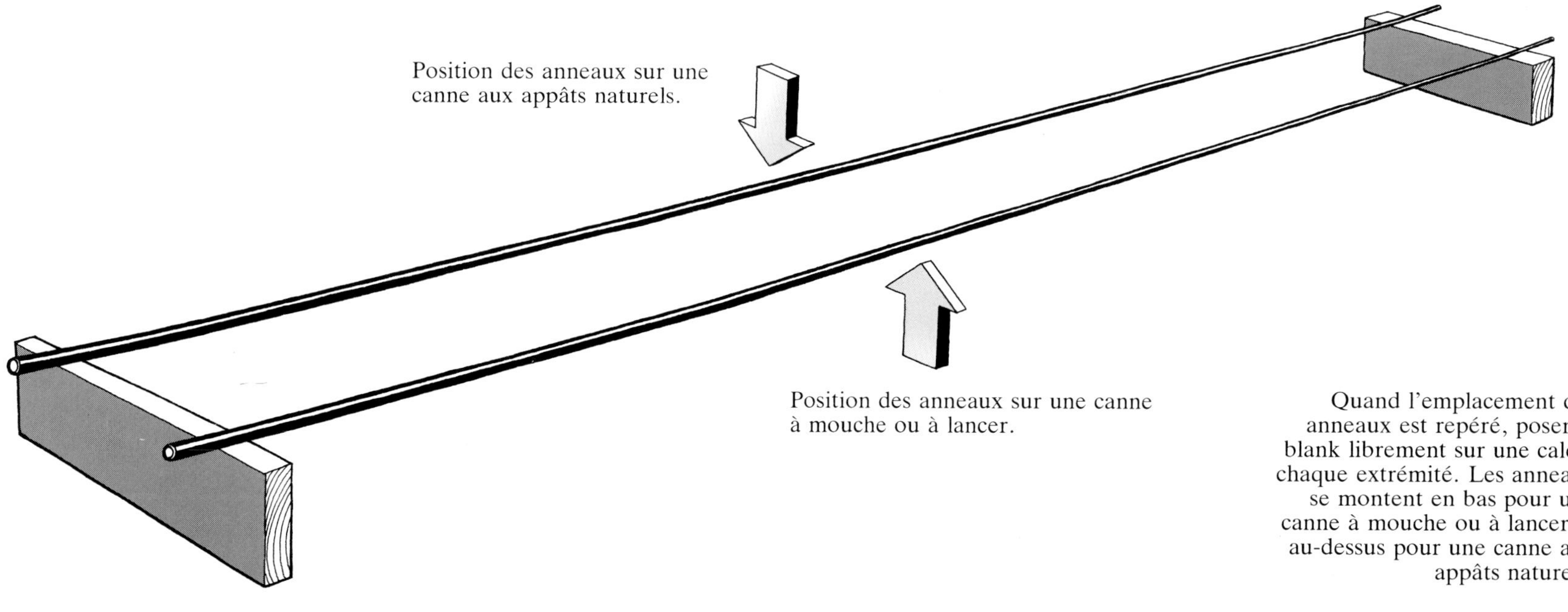

Quand l'emplacement des anneaux est repéré, poser le blank librement sur une cale à chaque extrémité. Les anneaux se montent en bas pour une canne à mouche ou à lancer et au-dessus pour une canne aux appâts naturels.

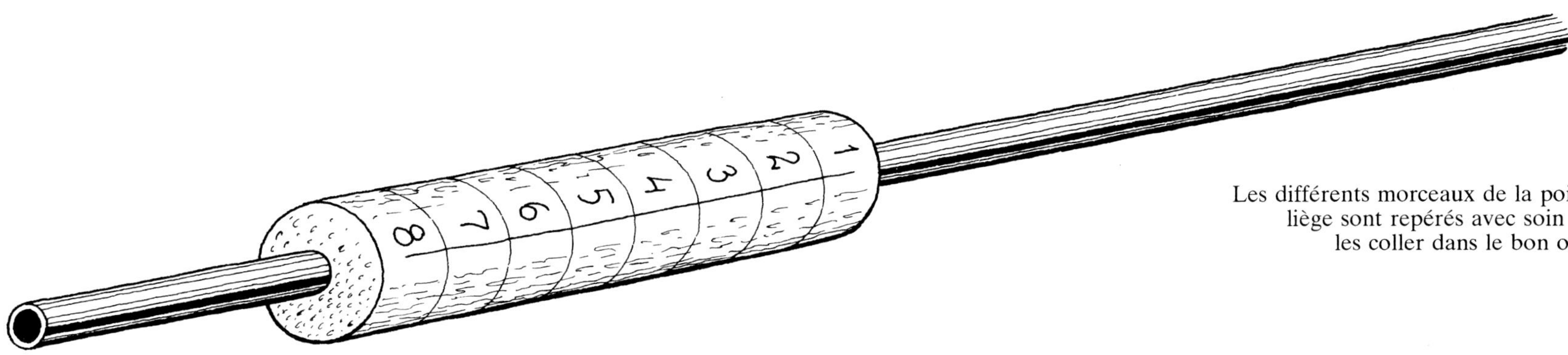

Les différents morceaux de la poignée liège sont repérés avec soin pour les coller dans le bon ordre.

Montage des anneaux

La distance entre les anneaux dépend à la fois du type de la canne et des anneaux utilisés. Mais il est important de garder à l'esprit que leur rôle est d'empêcher le fil de coller sur la canne en action de pêche.

Pour un débutant, il est judicieux de s'informer avec précision sur la façon de placer les anneaux au moment de l'achat. Un bon détaillant doit également pouvoir vous conseiller pour choisir les anneaux les mieux adaptés à votre blank.

En fonction des cannes pour lesquelles ils sont conçus, les anneaux se répartissent généralement dans les catégories suivantes : anneaux pour cannes à mouche, pour cannes à lancer lourd, pour cannes à lancer léger, pour cannes à appâts naturels et pour cannes de pêche en bateau. Les anneaux sont en acier chromé dur ou avec un anneau intérieur en oxyde de titanium ou d'aluminium.

Pour les cannes à mouche, trois anneaux différents sont employés : les serpentiformes, les doubles pattes surélevés d'un œillet métallique ou en céramique et les monopattes. Les serpentiformes chromés durs sont les meilleurs pour la plupart des cannes à mouche, mais les anneaux à double patte sont préférables pour les cannes plus puissantes qui reçoivent des lignes plus lourdes. Exceptionnellement, les anneaux en céramique sont de bons anneaux de départ.

Souvent les fabricants de cannes combinent les trois sortes d'anneaux. Par exemple, une canne très nerveuse avec une pointe fine et sensible, destinée à recevoir des lignes assez fortes, peut avoir au départ deux anneaux en céramique, puis des anneaux surélevés à double patte et ensuite des serpentiformes. L'œillet de pointe est alors en acier avec un anneau en forme de poire.

Les anneaux en acier chromé dur devraient être utilisés sur les cannes à lancer en raison de leur légèreté et de leur solidité. Il faut les manier prudemment car une mauvaise manipulation peut endommager les soudures, mais mieux vaut prendre ce risque que de monter des anneaux plus lourds qui diminuent les performances de la canne. Les anneaux renforcés et chromés dur se ligaturent sur les cannes à lancer lourd ou pour le surf-casting ainsi que sur certains types de cannes-bateaux.

Sur les cannes à lancer, les anneaux de pointe ont généralement un œillet métallique doublé à l'intérieur par une bague en oxyde de titanium ou d'aluminium. Sur les cannes à lancer léger, les anneaux les plus courants ont juste un œillet métallique et une seule patte afin de ne pas nuire à l'action de la canne. Ils sont très légers mais aussi très fragiles, ce qui signifie que les anneaux peuvent être facilement cassés ou endommagés durant le transport s'ils ne sont pas manipulés avec soin.

Les mêmes matériaux sont également employés pour les cannes de pêche au coup. Le fait de tenir la ligne éloignée de la canne est plus important que la robustesse ou le poids de l'anneau, car le fil très fin a tendance à venir s'y coller quand il est mouillé. C'est pourquoi les anneaux sont relativement surélevés, y compris sur les cannes destinées à la pêche en plombée. Sur ces dernières, les anneaux sont en acier inoxydable chromé dur. La conception de l'anneau de pointe est identique, mais il possède un filetage pour recevoir un *swing-tip* ou un *quiver-tip*.

Les cannes destinées à la pêche en bateau en eau salée doivent résister à la corrosion, ce qui signifie que les anneaux doivent être en acier inoxydable. Une canne légère pour pêcher en eau salée

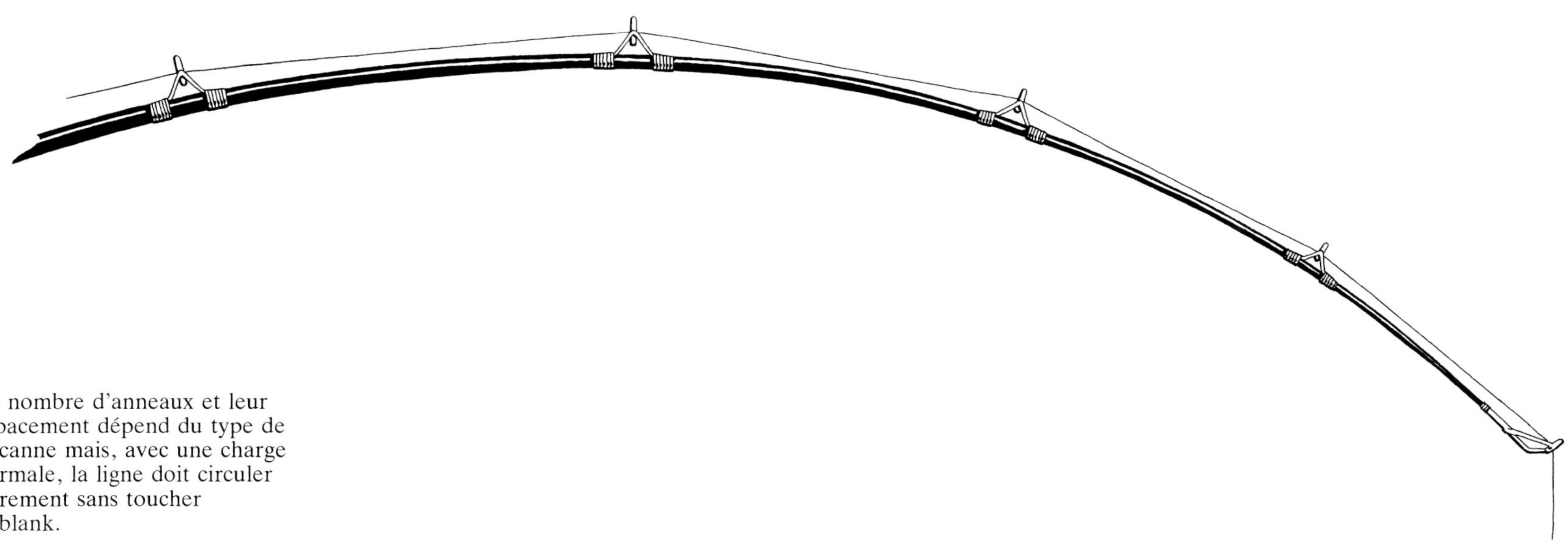

Le nombre d'anneaux et leur espacement dépend du type de la canne mais, avec une charge normale, la ligne doit circuler librement sans toucher le blank.

Anneaux pour canne à mouche

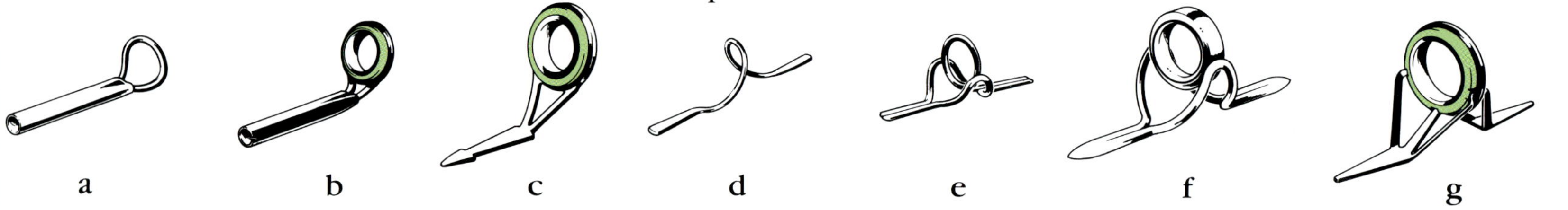

Anneaux pour canne au lancer et canne aux appâts naturels

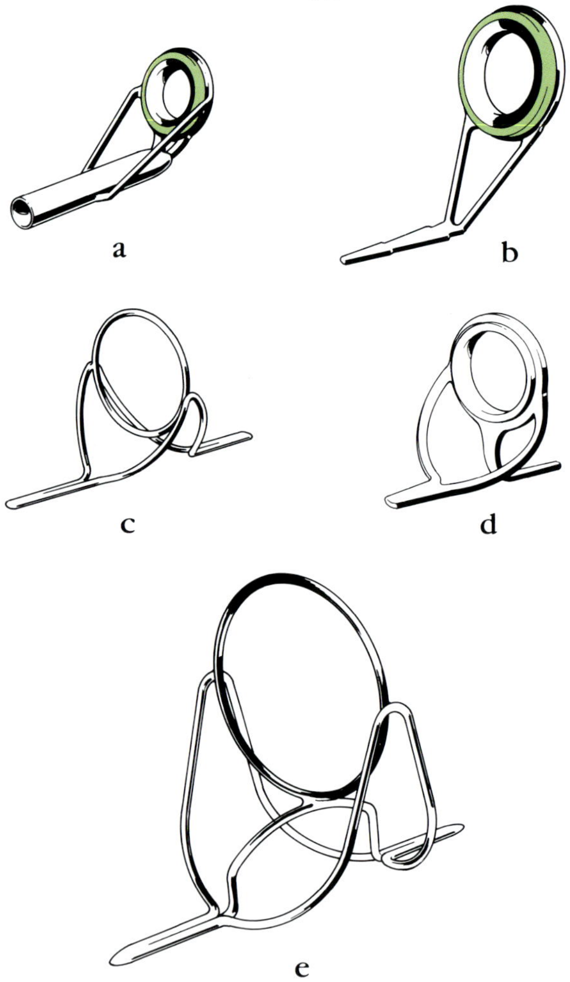

Anneaux pour canne concours

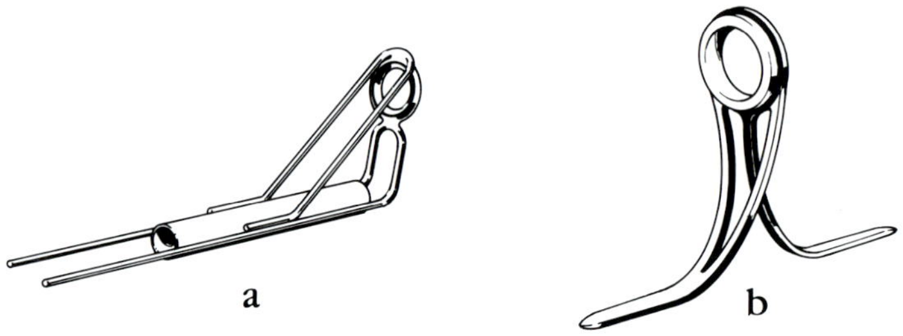

Anneaux pour canne à mouche: *(a)* A. de pointe en forme de poire. *(b)* A. de pointe avec œillet en céramique. *(c)* A. intermédiaire monopatte avec œillet en céramique. *(d)* A. serpentiforme. *(e)* A. avec œillet surélevé. *(f)* A. de départ. *(g)* A. de départ avec œillet en céramique.

Anneaux pour canne à lancer et canne aux appâts naturels: *(a)* A. de pointe avec œillet en céramique. *(b)* A. monopatte avec œillet en céramique. *(c)* A. chromé dur. *(d)* A. à trois pattes avec œillet en céramique. *(e)* A. chromé dur renforcé.

Anneaux pour canne concours: *(a)* A. de pointe avec filetage pour *swing-tip* et *quiver-tip*. *(b)* A. très surélevé avec œillet en céramique.

Anneaux pour canne-bâteau: *(a)* A. de pointe avec poulie. *(b)* A. chromé dur très grand. *(c)* A. à trois pattes avec œillet en céramique. *(d)* A. à poulie.

Anneaux pour canne-bâteau

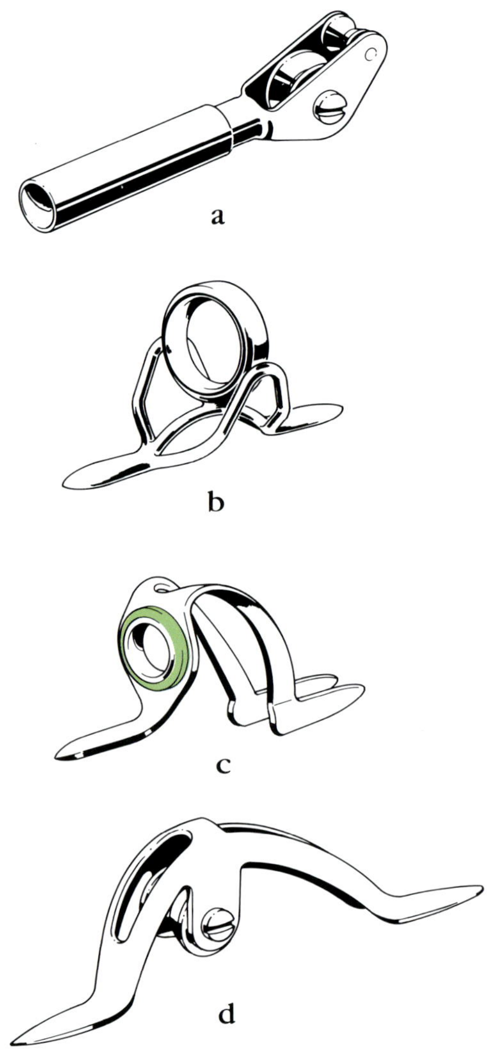

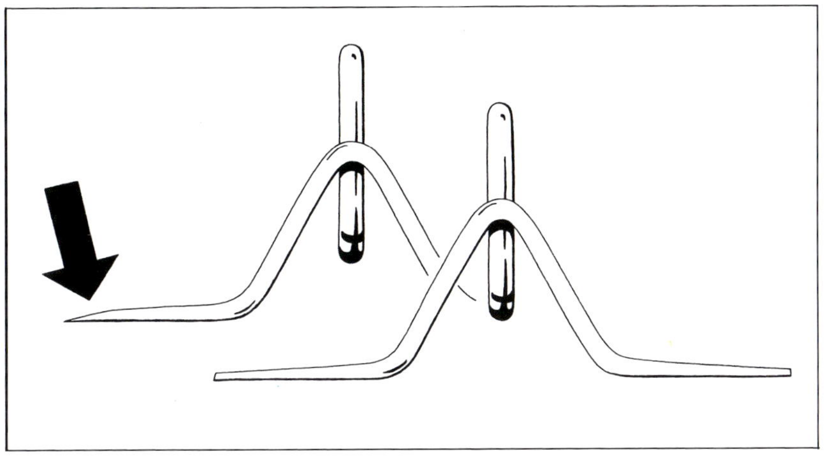

Ci-dessus: élimez les pattes des anneaux avant de les ligaturer.

Ci-dessus: ligaturez les anneaux à spires jointives en maintenant une tension uniforme.

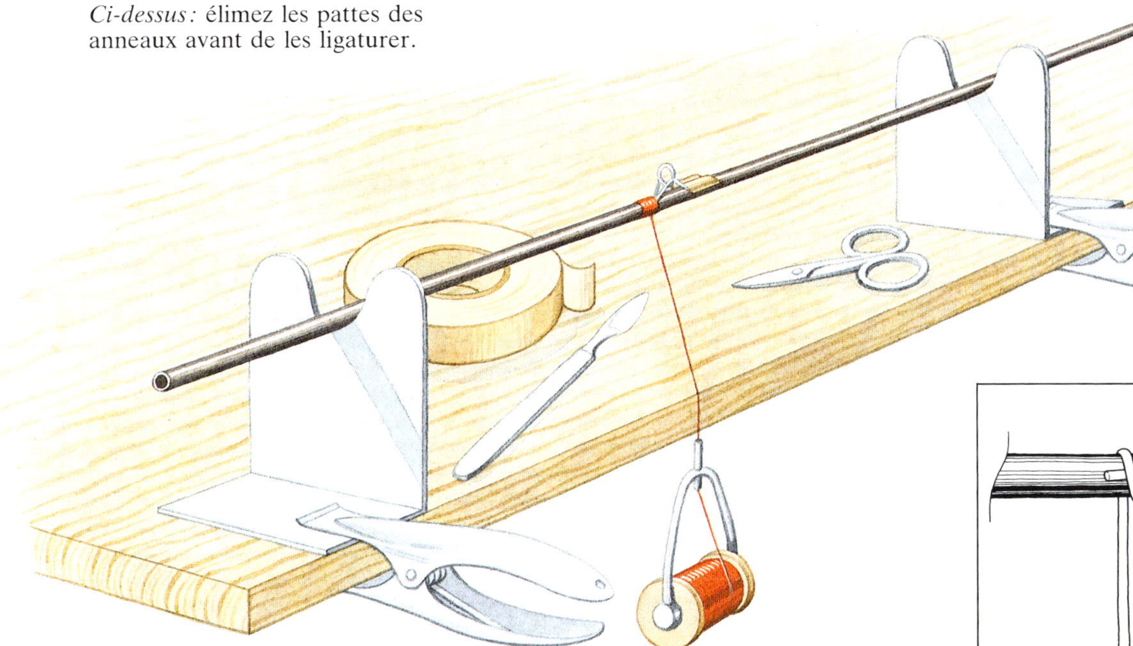

À gauche: les accessoires pour faire les ligatures sont: un support pour le blank, des pinces-étau, un porte-bobine, un scalpel, des ciseaux et du ruban adhésif.

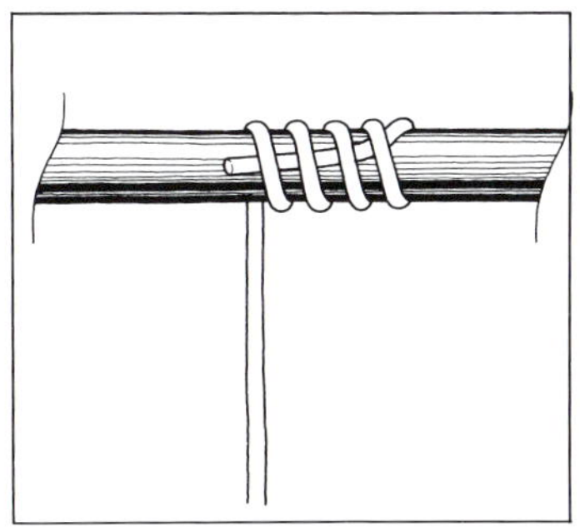

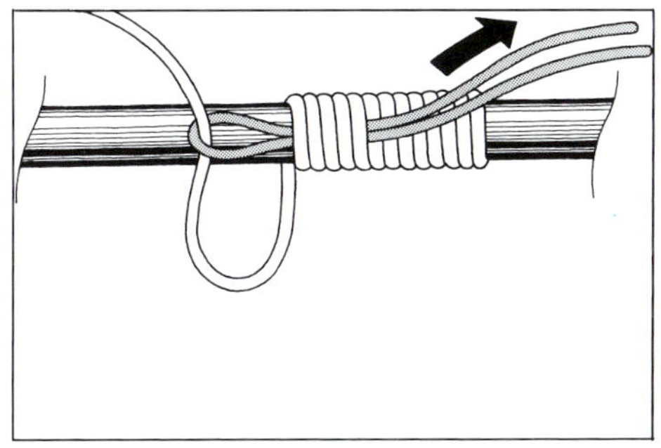

Ci-dessus, à gauche: comment commencer une ligature. *Ci-dessus, à droite:* comment finir une ligature.

devrait avoir des anneaux chromés dur de grand diamètre. Les grosses cannes pour bateaux qui peuvent recevoir des lignes tressées ou plombées sont équipées d'anneaux à poulie. Si vous avez l'intention de mettre plusieurs types de lignes, vous pouvez monter un anneau à deux poulies près de la poignée et un anneau avec une seule poulie en pointe. N'oubliez pas que la glace peut se former sous certaines latitudes à des températures inférieures à 0 °C sur la poulie de tête. Une canne conçue pour un climat assez rude devrait être équipée entièrement d'anneaux en acier.

Avant de ligaturer les anneaux, les pattes sont limées et poncées pour les rendre plus lisses et effilées. Dans un premier temps, ils sont positionnés sur la canne de façon provisoire à l'aide d'un ruban adhésif. Ils sont alors alignés sur toute la longueur.

Une fois l'emplacement exact repéré, les anneaux sont ligaturés. Il est très important que les spires soient enroulées régulièrement à la fois au niveau de l'espacement et de la tension du fil. Assurez-vous qu'elles ne chevauchent pas. Quand la ligature est terminée, coupez à ras les extrémités du fil avec un scalpel ou une lame de rasoir. Tout fil qui a tendance à s'effilocher peut facilement être soudé avec le bout incandescent d'une cigarette.

La tension du fil de la ligature est un point important qu'il ne faut pas négliger. Afin que l'anneau demeure parfaitement en place, le pêcheur a tendance à croire qu'il est nécessaire de serrer fortement la ligature. Sur des éléments de canne fins et fragiles, les pattes des anneaux risquent de pénétrer dans la fibre et d'y créer des lésions irréversibles pouvant entraîner par la suite une casse pure et simple du brin. Sur certaines cannes, le degré de serrage de la ligature peut même intervenir au niveau de l'action. Ainsi, une canne parabolique peut être totalement dénaturée et ne plus réussir à lancer uniquement parce que ses ligatures sont trop lourdes ou trop serrées.

Quand toutes les ligatures sont achevées, y compris celles pour décorer et celle pour fixer l'œillet accroche-leurre, vous pouvez alors vernir. Si vous voulez garder la couleur d'origine de la ligature, appliquer avant le vernis plusieurs couches d'un protecteur de couleur. Pour étendre le vernis, utilisez un petit pinceau.

Bien que la plupart des vernis soient de bonne qualité, notre préférence va aux vernis gras. Toutefois, quel que soit le type de vernis que vous employez, le résultat doit être une surface absolument lisse. N'hésitez pas à passer autant de couches que nécessaire jusqu'à ce que vous puissiez glisser un doigt sur les ligatures sans ressentir la moindre aspérité.

Comment rénover une vieille canne

Le meilleur moyen d'apprendre à monter une canne neuve est d'en rénover une usagée. C'est aussi la façon la plus économique. Bien que cela soit aussi long que le montage d'une canne neuve, la remise en état peut représenter une grosse dépense – parfois inutile – surtout si ce travail est effectué par un monteur professionnel.

Une canne peut évoquer, ce qui peut suffire, d'agréables souvenirs pour ne pas s'en séparer. Ou bien, s'il s'agit d'un modèle en bambou refendu, vous risquez de ne pas être capable d'en refaire une identique. Il y a de toute façon de nombreuses raisons pour rénover une bonne canne, tant sur le plan économique que sur le plan sentimental.

Il faut commencer par découvrir quand et par qui la canne a été construite. Rénover totalement une canne renommée d'un grand fabricant «pour se faire la main» est à déconseiller.. Il est recommandé de s'exercer d'abord sur une canne qui ne requiert pas trop de précautions, afin d'acquérir de l'expérience et d'éviter des erreurs de débutant. Toutefois, si vous n'avez pas assez confiance en vous, mieux vaut alors laisser ce travail à un professionnel.

Il existe de nombreuses façons de déterminer l'âge et l'origine d'une canne. Pour les cannes américaines, le livre de Martin J. Keane *« Classic Rods and Rod-makers »* constitue la documentation la plus complète de l'histoire. Les vieux catalogues de fabricants, les catalogues Hardy par exemple, peuvent aider à identifier les vieilles cannes, du moins celles de marque Hardy. Mais cette identification peut se révéler être un très long travail de détective.

Si vous possédez une vieille canne, rare et précieuse, réfléchissez deux fois avant d'entreprendre sa remise en état. Une fine couche de vernis gras suivie d'une mise à la retraite à une place d'honneur, au-dessus d'une cheminée par exemple, est le meilleur traitement dont on puisse gratifier ces trésors. Mais une canne ordinaire, qui n'a aucune valeur historique et n'est pas une antiquité, tire toujours profit d'une consciencieuse remise à neuf.

L'inspection doit débuter par les viroles, le porte-moulinet et la poignée. Le problème le plus courant est que la ou les viroles, si la canne est en plusieurs éléments, ne s'ajustent plus avec précision. La première chose que l'on remarque est qu'elles tournent légèrement les unes dans les autres. Si la friction a été sévère, cela a pu jouer sur l'assemblage, mais il est bien difficile de s'en apercevoir. Un emboîtement qui a du jeu nuit à la canne et l'affaiblit. Pour vérifier les viroles, assemblez la canne et gardez le doigt sur l'emboîtement tout en remuant doucement d'avant en arrière. S'il y a le moindre jeu, le doigt le détecte.

Si le jeu est faible, la virole n'a pas besoin d'être remplacée. Ces problèmes de contact peuvent être aisément résolus par l'utilisation d'un mandrin à trois mors. Enrober tout d'abord la virole femelle de plusieurs tours de ruban adhésif afin que les mors n'y laissent pas de traces. Serrer ensuite doucement les mâchoires du mandrin jusqu'à ce que l'assemblage n'ait plus de jeu.

Sur les plus vieilles cannes en bambou, il y a fréquemment du jeu entre la canne et la virole. Ce jeu peut également provoquer des fissures dans la ligature, à la base de la virole. Le frottement inévitable entre le bambou et les viroles cause aussi des craquelures en surface.

Les fissures peuvent avoir pour origine le décollement des viroles mais on ne peut le vérifier qu'après avoir défait la ligature. Cassées ou endommagées, les viroles doivent être remplacées. Cet inconvénient s'aggrave si elles sont en laiton.

À l'occasion de vacances au bord de la mer, de nombreux pêcheurs en eau douce ont tendance à vouloir emporter les cannes qu'ils utilisent en étang ou en rivière. Au retour et, mieux, après chaque séance de pêche, il faut rincer le matériel afin d'éviter tout dépôt de sel, particulièrement sur les anneaux, les viroles et le porte-moulinet. Faute de soins, l'oxydation peut causer de graves dommages, souder des viroles ou bloquer des filetages par exemple. Si les dégâts sont légers, une huile dégrippante devrait remédier à cet incident, sinon il ne vous reste plus qu'à remplacer la pièce détériorée. Un papier abrasif très fin peut redonner à une virole l'éclat du neuf sans la rayer, à condition d'agir en douceur.

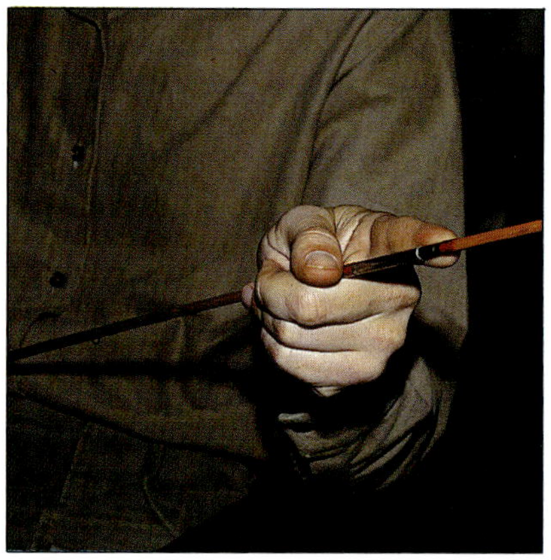

En tenant votre doigt sur l'emboîtement et en remuant la canne doucement d'avant en arrière vous pouvez sentir s'il y a du jeu.

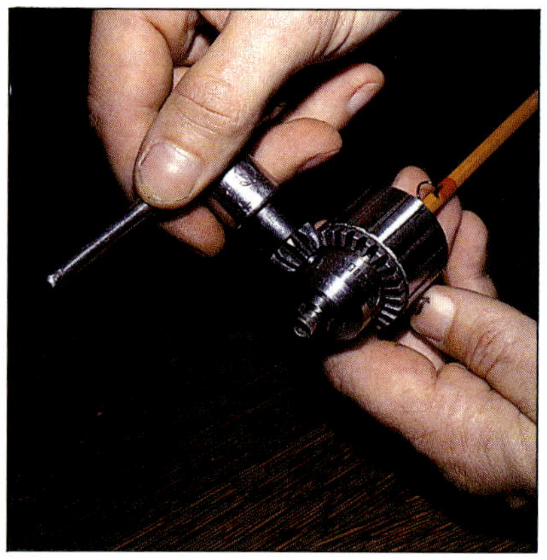

Avec un mandrin à trois mors vous ajustez la virole femelle jusqu'à ce que le jeu ait disparu.

Remplacer de vieilles viroles

Oter la vieille ligature à l'aide d'un couteau aiguisé ou d'une lame de rasoir. La couper en partant de la base et en allant vers la virole, sans endommager la canne.

Sur les modèles anciens, les viroles sont souvent assujetties par un petit rivet, et ce procédé est toujours en vigueur chez des fabricants américains. Faite sauter ce rivet avant de desserrer la virole en le dégageant tout autour et en le limant soigneusement avant de l'enlever.

Si la virole est fixée par un rivet, commencez par le retirer.

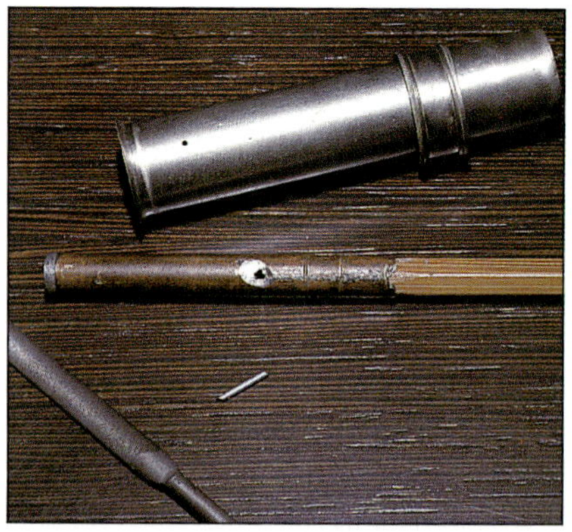

Si la virole résiste, chauffez-la légèrement pour fondre la colle.

Si vous souhaitez réutiliser la virole, il convient de la démonter avec un outil qui ne risque pas de l'abîmer. La meilleure méthode consiste à percer, dans un morceau de bois dur, un trou correspondant au diamètre extérieur de la virole. Scier alors la pièce de bois en passant exactement au milieu du trou afin d'obtenir deux moitiés identiques. Si vous ne comptez pas vous resservir de la virole, le plus simple est de l'arracher avec une pince multiple ou avec un outil similaire.

Serrer la canne dans un étau et essayer de retirer la virole. Si rien ne bouge, chauffer légèrement avec une cigarette ou avec un briquet pour faire fondre la colle. Évitez de surchauffer la virole afin de ne pas endommager le blank. Cette opération doit être effectuée seulement en cas d'absolue nécessité et de préférence à deux, ce qui permet à l'un des partenaires de tenir la flamme pendant que l'autre tire sur la virole.

Remplacer une vieille poignée

Le porte-moulinet peut également être fixé à la canne par de petits rivets, ce qui crée un problème pour le démonter si l'on veut le réutiliser. Procéder de la même manière que pour les viroles, en gardant constamment un œil sur les clous ou les rivets qui risqueraient de l'abîmer.

Le meilleur outil pour démonter la poignée est un couteau ou une râpe. Bien penser à noter les dimensions et la forme de l'ancienne poignée : elles vous seront nécessaires pour façonner la nouvelle.

Remplacer des anneaux

Sur de nombreuses cannes anciennes, les anneaux sont de mauvaise qualité et ont tendance à fatiguer les lignes et particulièrement les soies. Avant de démonter les vieux anneaux, bien repérer leur position et sur quel côté de la canne ils sont fixés. Si vous refaites la canne en totalité en la revernissant, notez également la position du porte-moulinet. Les ligatures sont coupées avec un scalpel ou avec un couteau bien aiguisé. Coupez soigneusement le fil en-dessous de la patte de l'anneau, sans endommager le blank.

Si vous voulez préserver le nom du fabricant ou une autre inscription sur la poignée de la canne, décalquer le texte sur un papier pelure après avoir démonté les ligatures et les anneaux, puis recopier ensuite le texte sur la canne avec un stylo indélébile.

La partie la plus délicate de la réfection est celle qui consiste à enlever le vieux vernis. Effectuez ce travail avec calme et méthode. Il est important de ne jamais employer un dissolvant : cela cause presque toujours des dégâts irréversibles aux emboîtements collés, particulièrement sur les cannes en bambou refendu. Sur les cannes en fibre, utilisez de la laine d'acier pour poncer le vieux vernis. Sur les cannes en bambou refendu, le meilleur moyen est d'avoir recours à une lame de rasoir protégée par un ruban adhésif. Enveloppez un seul côté pour ne pas se couper les doigts et laissez l'autre dégagé pour gratter. Un grattoir d'ébéniste ou un outil similaire peut aussi être utilisé, mais ils sont vraiment trop grands et trop peu maniables pour travailler correctement sur une fragile canne à pêche. Une vitre ou une feuille de plexiglass est une excellente surface de travail, mais n'importe quelle autre surface convient aussi bien.

Tenez la lame de rasoir entre le pouce et l'index, de façon à former un angle fermé avec la zone à gratter. Partez toujours de la partie la plus grosse en allant vers l'extrémité la plus fine. Avec l'extérieur de la main reposant sur la surface de travail, grattez lentement et soigneusement avec la lame. Si vous travaillez sur une canne en bambou refendu, raclez une seule face à la fois. Utilisez un aspirateur pour garder la surface de travail propre.

Quelques parcelles de vernis peuvent se révéler très résistantes : insistez sur ces endroits avec un abrasif à l'eau très fin. Placez l'abrasif sur un morceau de bois de 20 à 25 cm de long et de 3 à 4 cm de large, et frottez d'avant en arrière sur la zone à décaper jusqu'à disparition totale du vernis incrusté. Pour la finition, roulez un morceau d'abrasif autour du blank et promener-le de haut en bas jusqu'à obtention d'une surface parfaitement lisse.

Pour avoir la forme et les dimensions de l'ancienne poignée, dessinez-la avant de la démonter.

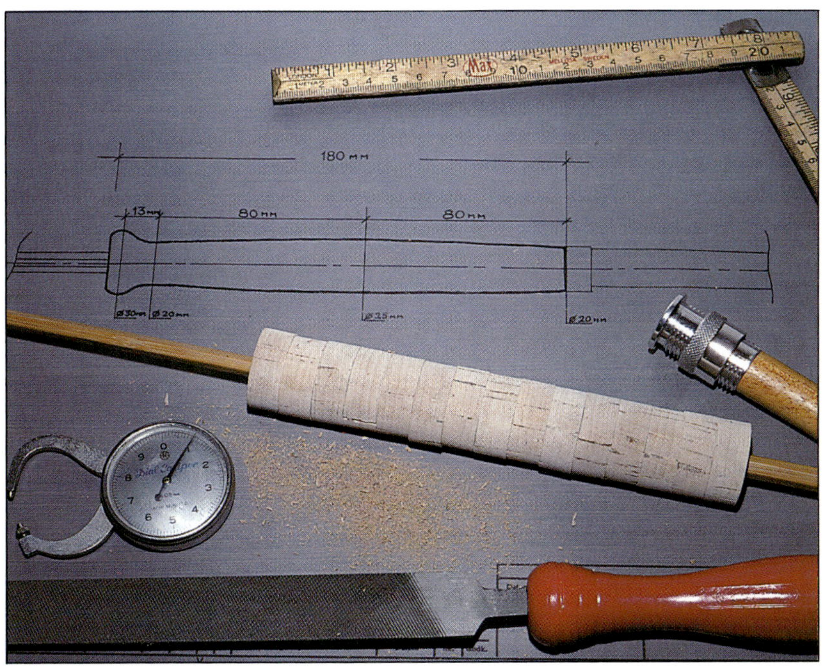

Afin de ne pas endommager le blank, coupez la vieille ligature sous la patte de l'anneau.

Pour gratter le vieux vernis, prenez une lame de rasoir en protégeant un côté par de l'adhésif.

Si vous rénovez une très vieille canne, il est bon de l'enduire d'huile de lin après avoir ôté l'ancien vernis. Il est important que la canne soit juste humectée, car un excès d'huile de lin peut causer plus de tort que de bien.

À ce stade, il est possible de commencer à remonter la canne. Débutez par deux ou trois couches de vernis que vous étalez à l'aide d'un pinceau ou des doigts. Avant de démarrer le vernissage, vérifiez bien qu'il n'y ait aucune poussière sur la canne.

Sur les cannes en fibre de verre ou de carbone, il est bon de passer, à l'aide d'un chiffon, un produit dégraissant du genre acétone avant de vernir. Cette simple opération permet d'obtenir une bien meilleure adhérence.

Il existe plusieurs sortes de vernis. Dans le cas d'une canne en bambou refendu, pour lui redonner son aspect d'origine, employez un vernis à base d'essence de térébenthine. Pour une canne plus récente, un vernis polyuréthane est un bon choix. Si, après avoir verni, vous découvrez des poussières ou des bulles, elles peuvent être éliminées en polissant la surface avec un produit pour carrosserie de voiture. Avant de procéder de la sorte, attendez que le vernis soit parfaitement sec.

Quand le blank est fini, et le vernis totalement sec, replacez les viroles. Si vous ne trouvez pas de viroles ayant le même diamètre intérieur, choisissez-les un peu plus grandes. Leur taille ne doit pas être inférieure, cela risquerait de nuire à la canne et même de la casser. Collez les viroles avec une colle à deux composants à séchage lent, en l'appliquant à la fois sur la canne et sur la virole. Au préalable, dégraisser bien la virole avec un dissolvant.

Mettez les viroles en place et essuyez l'excédent de colle. Utilisez un fil solide pour les maintenir bien en place contre la canne pendant le séchage.

Suivez le même procédé pour les viroles mâles et femelles, en assemblant la canne dans l'ordre que vous voulez. Vérifiez la rectitude et faites les corrections nécessaires. Une colle à séchage lent est nécessaire, afin d'avoir le temps de procéder à ces modifications. Quand vous êtes satisfait de la tenue de la canne, laissez-la jusqu'à ce que la colle soit entièrement sèche.

Une fois la colle durcie, le fil qui maintient la virole peut être retiré et l'excès de colle poncé. Dans le même temps, vous pouvez poncer les bords des viroles pour qu'ils finissent en mourant contre la canne. L'étape finale consiste à les ligaturer avec deux couches de nylon ou de soie à ligaturer. Passez ensuite une ou deux couches de vernis gras et laissez sécher.

Poncez les dernières traces de vernis avec un papier abrasif très fin.

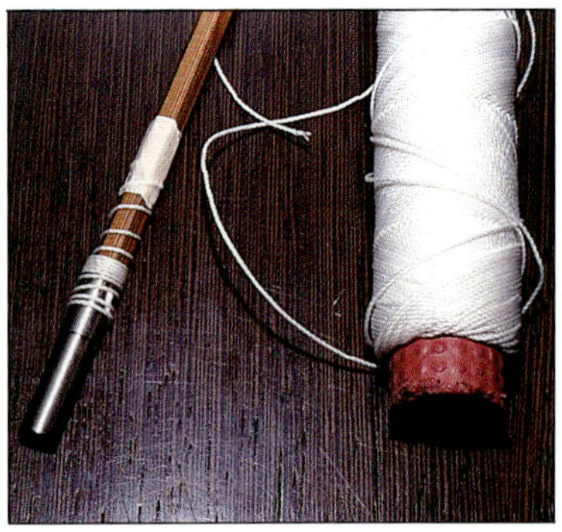

Quand les viroles sont collées, serrez-les avec un fil solide pour qu'elles adhèrent sur le blank.

Fabriquer ses propres leurres

Les pêcheurs enthousiastes ne se contentent pas de faire leurs cannes. Depuis les années soixante-dix, ils produisent également leurs propres leurres. Bien que l'une des raisons soit leur prix de plus en plus élevé, le véritable motif est probablement que les pêcheurs sportifs sont devenus très compétents et ne se satisfont plus des cuillers et des leurres du commerce. Le pêcheur d'aujourd'hui veut faire ses propres leurres et les désire meilleurs que ceux du commerce.

Les poissons-nageurs

Petites imitations en bois ou en plastique, les poissons-nageurs sont les leurres les plus souvent bricolés à la maison. Le corps d'un poisson-nageur est facile à tailler au couteau, à limer et à modeler. La bavette peut être réalisée en plastique dur ou en métal fin, les hameçons peuvent être facilement montés sur des œillets vissés et le traitement de surface n'est pas trop difficile. L'attrait du poisson-nageur ne réside pas seulement dans son imitation, mais également dans sa nage. Aucun autre leurre ne possède un aspect aussi naturel. En choisissant différents matériaux et formes de corps, en variant la taille et l'inclinaison de la bavette, en changeant le centre de gravité, le comportement dans l'eau du poisson-nageur peut être contrôlé.

Pour vibrer intensément, un poisson-nageur doit être court. Plus il est long, plus il nage calmement. Si la bavette a un angle ouvert par rapport à l'axe horizontal, la nage est peu profonde; avec une bavette proche de l'horizontale, il plonge rapidement vers le fond.

Le bon équilibre est déterminé en y soudant ou en y collant un lest. La règle d'or est que plus le lest est placé loin de la bavette, plus il nage rapidement. Le contraire est également vrai: plus le lest se trouve près de la bavette, moins il y a de mouvement.

Le poisson-nageur le plus simple n'a pas de bavette pour guider sa nage. En revanche, son front est taillé selon un angle précis pour obtenir la «bonne nage».

Pour sa réalisation, partir d'un cylindre de bois de 8 à 10 cm de long. Façonnez-le jusqu'à ce que la partie ventrue ait une forme incurvée. En vue d'ensemble, le corps doit s'affiner vers la queue. Ensuite, poncez le poisson-nageur avec un papier de verre jusqu'à ce qu'il soit parfaitement lisse, puis plongez-le dans l'eau. En se mouillant, le bois ramollit et quelques fibres apparaissent en surface, après séchage, un nouveau ponçage élimine ces aspérités.

Le corps doit être lesté, tant pour trouver l'équilibre que pour avoir la bonne nage. Pour disposer ce lest, creuser dans la partie ventrale un trou de 2 à 3 cm, y introduire un morceau de plomb de 10 à 12 g et reboucher avec une colle époxy. Marquez alors l'emplacement des œillets en s'aidant d'une vrille. Il ne reste plus qu'à commencer le traitement de surface.

Les poissons-nageurs en bois doivent recevoir une protection efficace et durable pour résister aux dents des carnassiers. Si le revêtement de surface prend l'eau, le bois s'imbibe et le vernis se craquellera. À la longue, le traitement de surface des leurres en bois finit par se détériorer en fonction des efforts qu'ils subissent.

Recouvrez d'abord le bois de deux couches d'apprêt plutôt que de vernis mat. Choisissez-le de la couleur finale du ventre. Les motifs et les décorations peuvent être ajoutés de plusieurs façons. Le plus simple est de les peindre à la main en utilisant un petit pinceau. Si vous n'avez pas confiance dans ce système, recouvrez de ruban adhésif les parties à protéger et retirez celui-ci quand la peinture est sèche.

Les meilleurs résultats s'obtiennent avec des peintures en bombe, principalement pour reproduire les motifs de nombreux poissons.

Les écailles peuvent être simulées en projetant la peinture à travers un filet à mailles fines, et les points sur les perches ou les truites se font en perçant des trous dans un morceau de papier qui se transforme en pochoir.

Pour peindre les yeux, prenez un clou à tête large, plongez-le dans la peinture et appliquez-le sur le poisson-nageur. Quand cette première couche est sèche, répétez l'opération avec un clou plus petit et une autre couleur, la pupille est alors en place.

Pour réaliser un poisson-nageur, la partie la plus délicate est de préparer le revêtement de surface résistant à l'eau. La finition demande cinq couches de vernis clair. Par sa résistance et sa dureté, le vernis à bateaux est le mieux adapté. Ce traitement de surface étant long, il est préférable de faire plusieurs leurres à la fois.

Pour d'évidentes raisons d'esthétique, le pêcheur s'ingénie à réaliser un poisson-nageur qui ressemble le plus possible à la réalité. Si ce but est, bien entendu, louable, il ne doit pas faire perdre de vue le côté attractif de la nage, car le carnassier attaque le leurre autant et même plus par les vibrations qu'il émet que pour sa beauté ou sa ressemblance avec une proie réelle.

Les Indiens fabriquaient un autre type de poisson-nageur sans bavette à partir des bois d'élan ou de renne. Le bois convient parfaitement surtout si le morceau est prélevé dans une fourche ou une branche avec un nœud. Pour durer longtemps, les contours du poisson-nageur doivent suivre le sens de la fibre.

Pour ce poisson-nageur, employez les mêmes outils que ceux décrits précédemment. Le lest est, là encore, un morceau de plomb collé à l'intérieur du corps et le traitement de surface est le même.

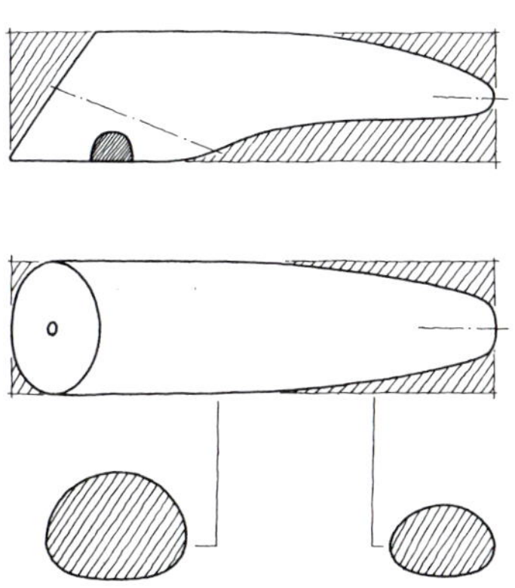

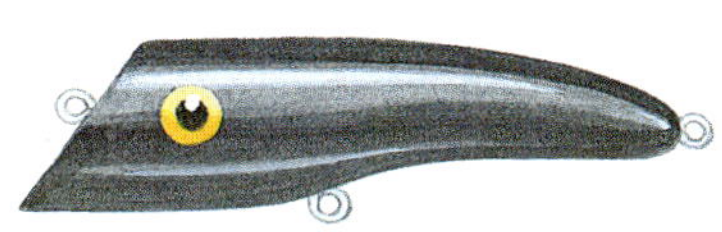

Le plus simple des poissons-nageurs n'a pas de bavette. Il est cependant important d'avoir un nez prononcé et un ventre incurvé, et un corps lesté pour obtenir une bonne nage.

La différence est que les trois centimètres de tête sont entièrement plats. Si l'on ne fait pas cela, on obtient uniquement un morceau de bois taillé et peint.

Ce type de poisson-nageur est appelé Cisco Kid et il est fait en bois léger: aulne ou tilleul. Pour simplifier le lestage, on y perce un trou avec un foret et on le remplit de résine. Cette dernière n'est pas aussi lourde que le plomb, aussi en faut-il un peu plus pour lester le poisson-nageur.

Sur un Cisco Kid, la bavette est en métal, généralement une feuille de cuivre ou de laiton de 1 mm d'épaisseur. Elle est fixée en tête du corps, près de l'abdomen, avec deux vis. La tige centrale est faite dans une grosse corde à piano ou dans un vieux rayon de bicyclette.

De nos jours, le poisson-nageur le plus célèbre est sans doute le Rapala finlandais. À l'origine, les corps étaient en pin, ils sont maintenant en balsa. Ce bois est si tendre que l'hameçon ne peut y être fixé dans un œillet vissé. Il faut prendre une tige métallique avec un œillet à chaque extrémité et coller de chaque côté les deux moitiés du corps du poisson-nageur. Une tige d'acier inoxydable de 1 mm de diamètre est ce qu'il y a de mieux. Le corps du leurre est donc constitué de deux moitiés solidement collées. Les seuls outils nécessaires sont un couteau, une lime et du papier de verre. Une fente à hauteur de la moitié du corps est découpée à la scie.

Quand les deux moitiés, rigoureusement symétriques, ont été coupées à la forme du poisson-nageur, elles sont séparées et de petits trous y sont faits juste derrière l'incision de la bavette. Ces trous doivent pouvoir recevoir plusieurs plombs fendus de 3 g. Chaque plomb est collé à sa place à l'aide de colle époxy. Le côté plat des deux parties du Rapala est généralement enduit de colle, puis les deux moitiés sont réunies autour de la tige métallique. Le poisson-nageur est alors maintenu serré par du ruban adhésif jusqu'à ce que la colle durcisse. Si la séparation entre les deux parties est quasi invisible, le travail a été bien fait.

Ce poisson-nageur est fait dans une fourche ou une branche d'arbre avec un nœud. Son nez mesure 3 cm et est pratiquement plat.

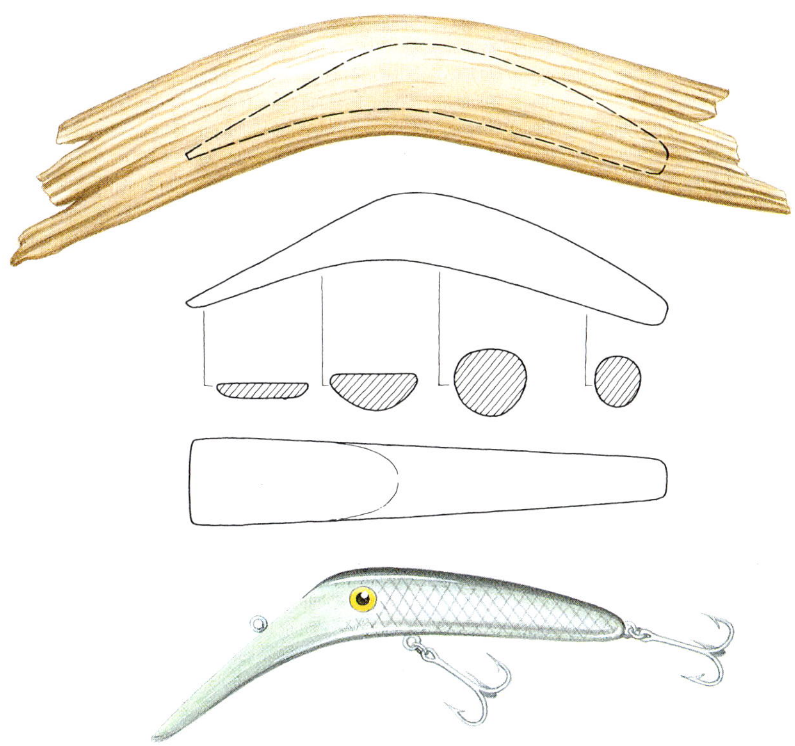

La bavette peut être découpée dans la partie incurvée d'une bouteille en plastique, généralement près du goulot, là où l'épaisseur et la courbure sont les mieux appropriées. Un dessin peut être tracé à partir d'un modèle du commerce et reporté sur la pièce en plastique. En incisant la fente pour la bavette, tenez compte du fait qu'elle doit être placée verticalement sans bloquer la tige qui traverse le corps dans la longueur. Fixez la bavette avec la colle époxy. Le balsa est un bois si poreux qu'il nécessite de nombreuses couches de peinture. Quelques couches supplémentaires de vernis sont également les bienvenues.

Pour obtenir un poisson-nageur très brillant, un très fin morceau de papier d'aluminium peut être pressé directement sur la dernière couche de peinture avant séchage. Utilisez un objet pointu pour dessiner les écailles.

Les cuillers ondulantes

Une cuiller ondulante est une feuille de métal découpée à la bonne taille avec un trou pour les anneaux brisés.

Les matériaux le plus couramment utilisés par les bricoleurs sont le cuivre, le laiton et l'aluminium. Ce sont aussi les plus faciles à travailler. Les outils nécessaires sont une scie à métaux ou des cisailles, une lime douce et une perceuse. Si vous voulez faire une cuiller plus incurvée pour un meilleur contrôle dans l'eau, vous aurez aussi besoin d'un marteau à boule et d'un moule en bois à mettre sous la palette pour la marteler.

Pour débuter, utilisez un feutre indélébile pour dessiner la forme désirée sur la pièce de métal. Découpez alors tout autour et limez soigneusement les bords. Assurez-vous qu'il ne reste aucune aspérité coupante. Ensuite, percez les trous pour les anneaux. Marquez d'abord l'emplacement avec un pointeau ou un clou et percer les trous avec un foret de 2 mm. Là encore, ébavurez avec soin.

Pour une nage virevoltante, la palette de l'ondulante est longue et fine. L'extrémité qui reçoit l'hameçon peut être deux fois plus large et beaucoup plus lourde. Une telle cuiller se lance très loin et est parfaite pour la pêche côtière.

On peut obtenir d'excellentes ondulantes de ce type à partir de manches de couteaux, de fourchettes ou de cuillers. Pour faire un tel leurre, coupez le manche, y percer un trou de 2 mm, ajouter les anneaux brisés et un hameçon, et le tour est joué.

Quelquefois, les leurres ont besoin d'être arrondis ou incurvés pour avoir une nage plus attractive. Si la feuille de métal a entre 1 et 1,5 mm d'épaisseur, il est possible de la façonner à la main. Si elle est trop épaisse, il faut la serrer dans un étau et la courber au marteau. Les feuilles de métal étant bon marché, vous pouvez vous permettre quelques erreurs.

Faites un leurre très galbé est plus compliqué. Un morceau de bois dur – hêtre, chêne ou teck – sert alors de moule. La pièce de métal est placée sur le moule et, à l'aide du marteau à boule, la palette prend la forme désirée. Des marteaux en caoutchouc ou en plastique sont parfaits, car ils ne laissent pas de traces sur le métal.

Pour faire un poisson-nageur du type Rapala, les deux moitiés symétriques sont collées autour de l'axe métallique après avoir posé les plombs et fait l'emplacement de la bavette. Fixez cette dernière et peignez aux couleurs désirées.

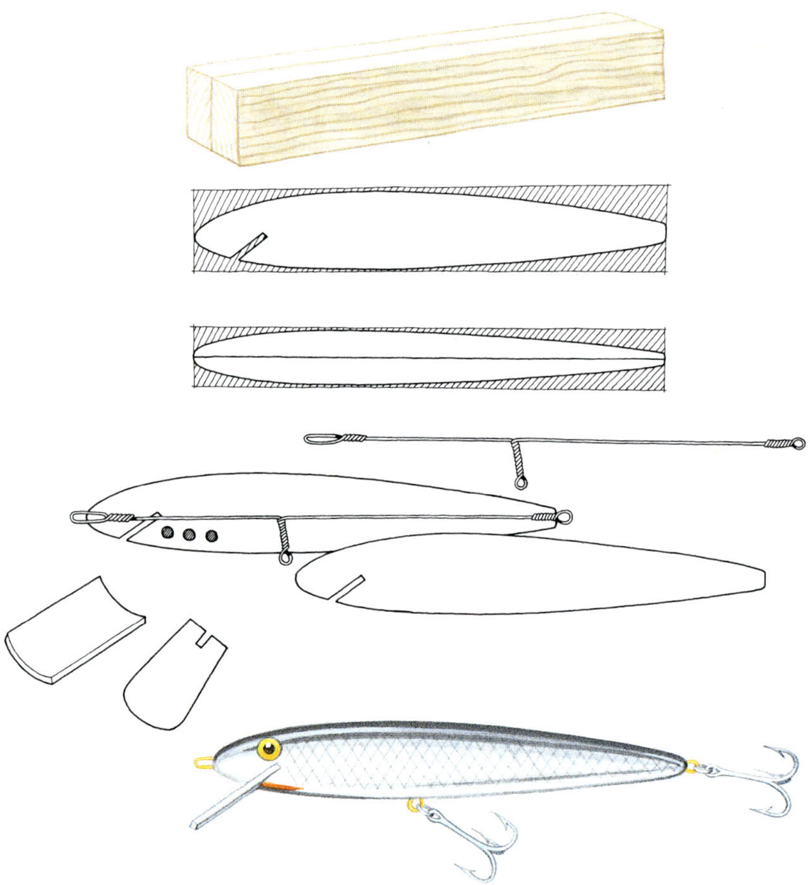

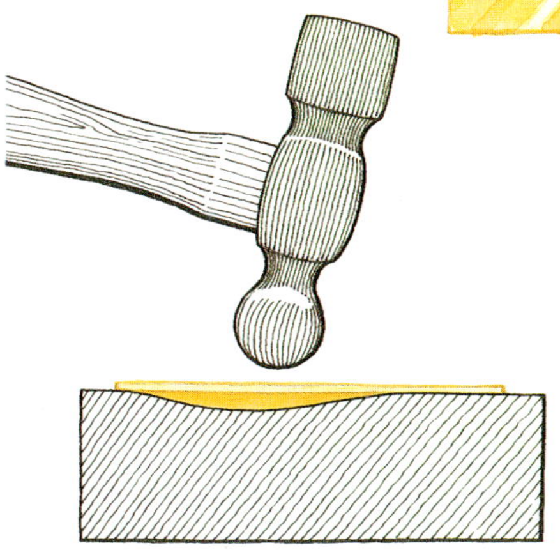

Après avoir dessiné la forme de la palette sur la feuille de métal, découpez-la et limez les bords. Percer les trous pour les anneaux brisés. Ensuite bomber la pièce sur la forme en bois en tapant légèrement jusqu'à ce qu'elle ait le galbe désiré.

Quel que soit le carnassier auquel elle est destinée, la cuiller ondulante représente presque toujours un travail assez long pour réaliser un leurre performant et bien équilibré qui ne s'emmêle pas à tous les lancers.

La pose des anneaux brisés intervient avant de commencer la décoration car cette dernière risque parfois d'être endommagée au moment de cette opération. Plusieurs critères sont à prendre en compte pour déterminer le choix des anneaux.

En tout premier lieu, si votre ondulante est destinée à pêcher en mer, il sera préférable de choisir des modèles en acier inoxydable afin de ne pas rouiller au bout de quelques heures. Cela est également valable pour la pêche en eau douce, bien que le phénomène soit moins rapide.

Le diamètre de l'anneau brisé est fonction de la taille de la palette et de l'hameçon. Ce dernier doit s'articuler librement car s'il se bloque, cela facilite le décrochage du poisson qui peut ainsi prendre appui sur la palette pour se libérer. Les diamètres les plus couramment employés s'échelonnent entre 5 et 12 mm. Il est possible de supprimer l'anneau de tête et d'attacher l'ondulante à l'aide d'un gros émerillon à agrafe. Une pince spéciale facilite la pose des anneaux brisés car écarter les deux parties avec une lame de couteau n'est pas très prudent.

N'accentuez pas trop les galbes, car une ondulante modérément incurvée a une nage plus vivante et plus régulière. Avec une forme trop compacte, la cuiller a une nage peu attrayante tandis qu'avec une palette bombée, il y a plus de mouvement et elle est plus attractive sur le poisson.

Il y a plusieurs manières de colorer les cuillers ondulantes pour qu'elles attirent l'œil du carnassier. De petits ronds découpés dans de l'adhésif de couleur peuvent simuler les yeux et les écailles. Des triangles allongés imitent les rayures des perches. Il est également possible de peindre les ondulantes au pinceau ou à la bombe comme les poissons-nageurs.

Les zébrures sont également un motif très populaire. Pour les obtenir, enduire de beurre les parties à préserver. Le leurre est ensuite plongé pendant 30 secondes dans un liquide oxydant, puis il est rincé à l'eau courante. L'oxydation dessine les rayures que l'on peut faire disparaître en les ponçant. Il est prudent de porter des gants de caoutchouc pour éviter les irritations dues au produit oxydant.

Les cuillers tournantes

À cause des sept parties qui la composent, la cuiller tournante semble la plus difficile à réaliser. L'axe métallique a une boucle à chaque extrémité et reçoit un corps en laiton tourné percé au centre. La palette est montée sur un étrier qu'il est difficile de faire soi-même en raison de sa petite taille. Pour des raisons de symétrie, deux perles sont enfilées sur l'axe de chaque côté de l'étrier.

Presque toutes les pièces d'une cuiller tournante peuvent être achetées chez les détaillants. Les vieux leurres fournissent également bon nombre de pièces de rechange. Fabriquer une tournante peut se résumer à assembler des pièces déjà prêtes, ce qui simplifie le travail.

Vous pouvez employer non seulement du fil d'acier, mais aussi du fil électrique, de la corde à piano et de la tige d'acier inoxydable dressée. L'inconvénient de la corde à piano est de rouiller et, bien que plus difficile à se procurer, l'acier inox est meilleur. Son diamètre doit être d'environ 0,8 mm.

Il y a de nombreuses façons de décorer une ondulante. Un adhésif brillant simule les écailles tandis qu'un produit oxydant dessine les rayures. En utilisant une bombe ou un pinceau vous pouvez reproduire un grand nombre de motifs.

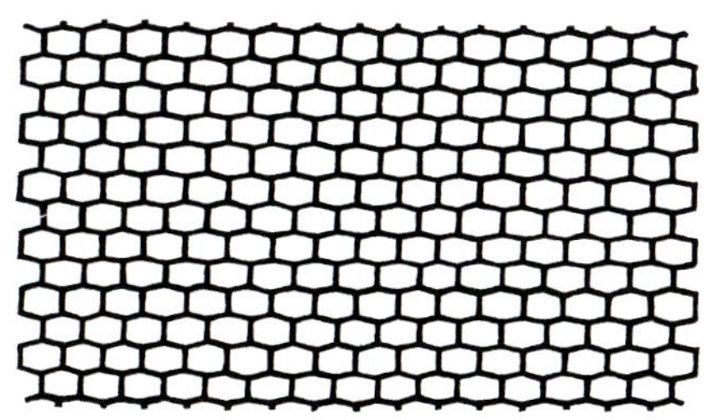

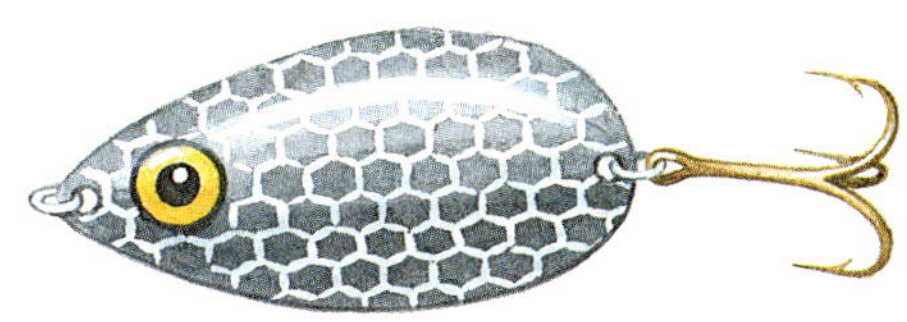

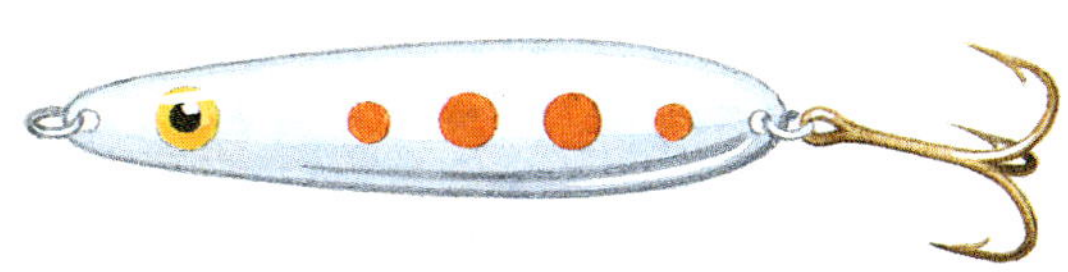

L'œillet de l'hameçon est obtenu en bouclant la corde à piano autour d'une pince à becs ronds. Le corps en laiton est alors enfilé sur l'axe et vient refermer la boucle de l'hameçon.

Les billes servent à séparer l'étrier afin que la palette tourne librement. La première bille est montée sur l'axe au-dessus du corps. La palette est mise dans l'étrier, lequel est placé sur la tige. Vérifiez bien que la partie concave de la palette fait face au corps, autrement la cuiller risque de ne pas tourner correctement.

Ajoutez une autre perle par-dessus l'étrier et former la boucle. Utilisez les pinces pour obtenir une boucle identique à la première. Quand vous aurez bien assimilé toutes ces opérations, il vous faudra moins de deux minutes pour faire une cuiller tournante.

Il est facile de concevoir ses propres cuillers pour un usage précis. Pour une nage profonde, prenez un corps lourd et allongé avec une petite palette à peine saillante. Au contraire, une cuiller de surface a un corps court et léger et une palette large et de forme bombée. Les palettes allongées tournent près du corps et vrillent moins. Les palettes courtes font exactement l'inverse, mais elles travaillent dès qu'elles touchent l'eau.

L'inconvénient de la cuiller tournante est de vriller la ligne. Une solution consiste à mettre un fil plus gros. Une autre solution est de mettre un leurre qui neutralise le vrillage. Un antivrillage, que l'on trouve chez un détaillant, peut être monté en tête de la cuiller pour pallier cet inconvénient. Une autre tactique est de trier dans les magasins les cuillers dont le corps n'est pas parfaitement centré. Les pêcheurs qui utilisent de tels modèles se plaignent rarement du vrillage.

Une cuiller tournante peut très bien ne pas avoir de corps en métal. Si vous essayez un tel modèle dans un courant rapide, mettre uniquement des billes en verre ou en métal. Attachez le leurre au bout de la ligne et lestez-le en tête. Grâce à son poids léger, il tourne librement, est très attractif et ne vrille jamais la ligne.

Essayez de monter l'hameçon dans un anneau brisé : on peut ainsi le changer rapidement s'il est mal adapté ou si l'on désire expérimenter un modèle fluorescent. À l'aube ou au crépuscule, quand la vue des poissons est la plus faible, les hameçons fluorescents déclenchent plus de touches.

Une autre variante est d'habiller l'hameçon avec une mouche. C'est en général un bon «truc» pour provoquer l'attaque.

Vous pouvez faire vos cuillers tournantes en achetant les pièces détachées ou en les récupérant sur de vieux modèles. Utilisez une pince à becs ronds pour boucler la corde à piano et enfilez les différentes parties. Quand l'hameçon, le corps, la palette et la perle sont en place, former l'œillet de tête en faisant deux tours autour de l'axe.
Ci-dessous, deux modèles de cuillers tournantes qui travaillent différemment.

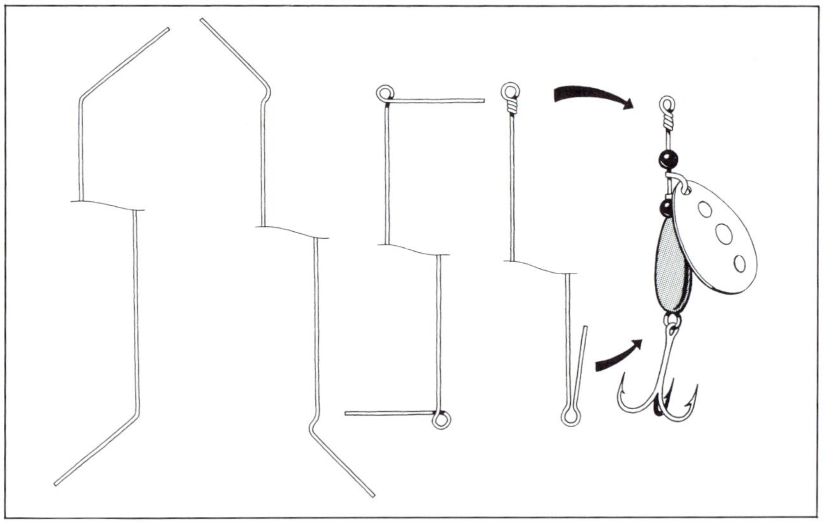

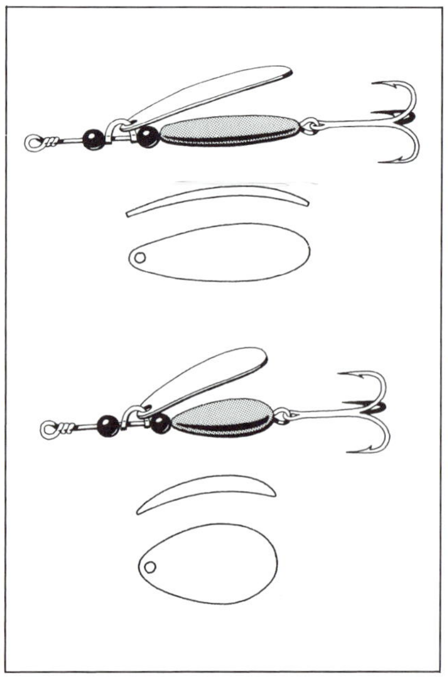

Les têtes plombées

La tête plombée est probablement le plus vieux des leurres artificiels. C'est un hameçon lesté avec une tête en plomb et habillé avec une queue en plumes ou en poils. Elle est originaire de la côte Ouest de l'Amérique du Nord, où la pêche du saumon est largement répandue. C'est le leurre idéal pour les courants profonds, car il reste à la profondeur souhaitée.

Il est possible d'acheter des têtes plombées avec le corps tout fait et le plomb déjà en place, il ne reste plus qu'à les peindre et à attacher les poils ou les plumes pour la queue. Un pêcheur enthousiaste qui veut tout faire lui-même peut acheter les hameçons spéciaux, une louche pour couler et un moule. Couler du plomb est très dangereux à cause des vapeurs mais c'est un bon moyen de réaliser de petits objets. L'étain est moins cher que le plomb et les vapeurs sont beaucoup moins dangereuses, bien qu'une bonne ventilation soit encore nécessaire.

L'hameçon est placé dans le moule et l'étain en fusion est versé soigneusement dans le goulet d'introduction. Si le moule n'est pas assez chaud, le premier plomb peut ne pas être parfait mais cela n'est pas grave. Laissez l'étain durcir une trentaine de secondes avant d'ouvrir le moule et de retirer la tête plombée terminée. Placez un nouvel hameçon dans le moule, remplissez-le d'étain, laissez-le refroidir, démoulez la tête plombée et répétez l'opération.

Cinq ou six couleurs différentes peuvent être utilisées pour peindre les têtes. Ce n'est pas un secret de dire que les poissons ne savent jamais quelle couleur ils vont préférer. Quelquefois, ils choisissent le rouge au lieu du blanc, quelquefois le jaune au lieu du rouge, et ainsi de suite. Donnez aux têtes plombées une seule couche de peinture – ou, mieux, de vernis – et laissez-les sécher un jour ou deux.

La queue peut être constituée par n'importe quel matériau doux et souple qui se monte sur un hameçon (pour de plus amples détails, voir le chapitre consacré au montage des mouches). Les longs poils des queues d'écureuil, de daim ou de veau sont un excellent matériau, de même que les fourrures d'animaux à poils longs et les plumes douces de toutes sortes d'oiseaux. De nombreux matériaux synthétiques peuvent aussi être mis à contribution. Le mylar doré et argenté et le Flashabou en sont deux exemples. Même des fils de différentes couleurs et de différentes qualités fournissent de bonnes queues.

Des queues en plastique doux et souple peuvent être achetées séparément et ligaturées sur l'hameçon afin de voleter de façon attractive dans l'eau. Ces queues existent en une grande variété de couleurs, de formes et de tailles, permettant de réaliser un grand nombre de têtes plombées différentes.

La tête plombée possède un très grand avantage sur tous les autres leurres. Grâce à la forme spéciale de l'hameçon et à la manière particulière dont il est lesté, il nage toujours la pointe tournée vers le haut, ce qui diminue considérablement les risques d'accrochage dans les obstacles immergés ou les herbiers. Là où une cuiller tournante ou ondulante perd son efficacité, la tête plombée garde son pouvoir attractif et elle réussit à se faufiler parmi les postes les plus encombrés qui se révèlent souvent être les tenues de prédilection des carnassiers. Un leurre classique armé d'un hameçon triple ou simple voit la pointe de ce dernier s'émousser petit à petit lors des passages répétés sur des cailloux ou tout simplement en frottant sur des bancs de sable si l'on prospecte au ras du fond. La tête plombée n'a pas cet inconvénient car l'hameçon n'est jamais dirigé vers le bas.

Des algues ou des herbes très fines peuvent parfois s'entourer autour de la tête plombée, ce qui déséquilibre sa nage. Après avoir moulé le plomb sur l'hameçon, le pêcheur peut ligaturer sur la tige, juste en dessous du plomb, une tige souple en plastique ou en acier inoxydable. Cette languette rejoint la pointe de l'hameçon et empêche l'herbe de se déposer dans la courbure. Lors de l'attaque du poisson, cette protection s'aplatit dans sa gueule, et la pointe se dégage au moment du ferrage.

De plus en plus, les leurres souples constituent les compléments indissociables des têtes plombées. Ils sont enfilés directement sur la tige des hameçons et grâce à leur appendice caudal très développé, on obtient une nage particulièrement attractive aussi bien en rivière à courant lent ou soutenu qu'en lac ou en mer. Le simple fait de récupérer le leurre à l'aide du moulinet entraîne sa mise en mouvement, ce qui n'empêche pas le pêcheur de procéder à son animation en le faisant monter, descendre, sautiller, arrêter, repartir, ralentir ou accélérer.

Les leurres souples offrent un grand choix de formes et de couleurs. Ils imitent toutes sortes de proies, vers de terre, grenouilles, poissons, écrevisses, pieuvres, etc. La ressemblance est quelquefois frappante mais elle peut aussi bien relever de la pure imagination, ce qui ne gêne en rien les carnassiers. Pour les conserver, mieux vaut les mettre dans des pochettes en plastique sans mélanger les couleurs car ils ont tendance à déteindre.

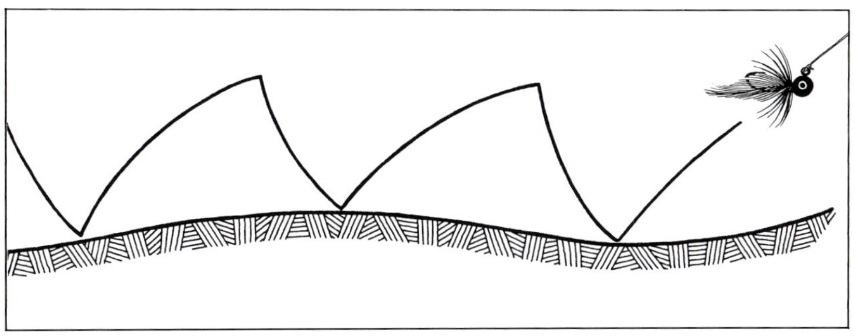

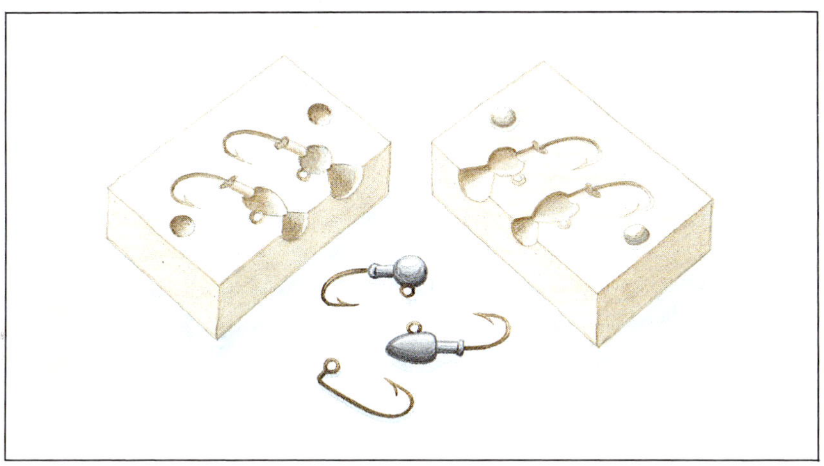

Les têtes plombées sont des leurres très populaires en bien des endroits. Elles pêchent en sautillant et sont efficaces même dans des eaux profondes ou de forts courants. Ci-dessous à gauche des moules pour couler les plombs sur les hameçons spéciaux. Ci-dessous à droite, différents matériaux pour habiller l'hameçon.

10. Après la capture

La plupart des pêcheurs consacrent une grande partie de leur temps à leur loisir : à la pêche, bien sûr, mais aussi à la planification des heures de pêche, à l'entretien du matériel et à la conservation et à la préparation des poissons que beaucoup d'entre nous aiment consommer. Quel pêcheur n'a pas désiré poser avec sa prise pour la photo traditionnelle ? Certains aiment les conserver sous résine et les exposer dans leur salon.

Il est vrai cependant que parfois, le combat terminé et l'excitation retombée, nous négligeons quelque peu nos captures. Ne sommes-nous pas tentés de rapporter plus de poisson qu'il n'est raisonnable de le faire au lieu de prendre soin de ceux qu'on vient de pêcher ? Chacun de nous probablement, à un moment ou à un autre, a fait preuve de peu de respect envers sa prise après l'avoir mise au sec.

Sorti de l'eau, le poisson est très sensible aux bactéries, spécialement si la température de l'air est supérieure à 15 °C. Les poissons vivent habituellement à des températures relativement basses, et, dès qu'elles augmentent, ils se réfugient dans des endroits plus profonds et plus frais, ce qui montre bien que ce sont ces deux milieux-là qu'ils préfèrent.

Lorsque le poisson est exposé à l'air, il se détériore très rapidement, moins à cause des bactéries que par un phénomène d'autocombustion. Dès le moment de sa mort, des enzymes provoquent une décomposition très rapide en détruisant les tissus cellulaires. Une arête qui se détache de la chair est un des signes les plus évidents que ce processus est déjà très avancé.

Il est donc très important de s'en occuper très vite, pour arrêter la décomposition, d'une part, et pour protéger le poisson des bactéries, d'autre part. La chair des poissons qu'on n'a pas pris soin de bien conserver est flasque et molle, elle a peu de goût. En revanche, si l'on respecte quelques règles simples, les poissons peuvent être un vrai délice pour le palais.

Comment tuer et préparer les poissons

Pour qu'un poisson garde son goût et sa consistance, il faut respecter scrupuleusement un certain nombre de règles.

Dès qu'il a été pris, il faut le tuer *immédiatement*, non seulement pour mettre fin à ses souffrances, mais aussi pour arrêter la production d'acide lactique déclenchée par le stress de la capture qui altère, en effet, la qualité de la chair. Laisser un poisson agoniser sur une berge en se débattant n'est pas que cruel : c'est aussi le meilleur moyen pour le rendre immangeable. La façon la plus sûre et la plus rapide de tuer un poisson de bonne taille est de planter la lame d'un couteau dans le cerveau, qui se trouve juste en arrière des yeux, en la maintenant jusqu'à ce que ses spasmes aient complètement cessé. Si vous devez le saigner, ce qui est nécessaire pour certains poissons comme le saumon, par exemple, plantez le couteau dans la cavité abdominale, juste sous les ouïes. Ainsi l'artère qui se trouve dans la gorge sera tranchée et le sang sera rapidement évacué.

Une fois le poisson capturé, il faut le tuer et le vider dès que possible. Les entrailles sont retirées pour éviter les bactéries. Rincez et enlevez le sang coagulé près de l'arête.

Pour les poissons de tailles petite et moyenne, utilisez de préférence un assommoir. Il s'agit d'une poignée d'une trentaine de centimètres avec une extrémité en plomb ou en laiton. On en donne un coup sur la tête du poisson juste en arrière des yeux.

Une fois que le poisson est mort, ouvrez le plus rapidement possible le ventre du poisson en partant de l'anus et en remontant. Ôter alors soigneusement les entrailles de la cavité abdominale pour éviter que les bactéries ne la détériorent.

Quand le poisson est vidé, rincez-le et retirez le sang coagulé de l'arête centrale. Avec la pointe d'un couteau, faites un trou dans la peau, en arrière de la cavité abdominale, afin de pouvoir gratter le sang avec un couteau ou un canif. Rincez à nouveau avant de le mettre au frais.

Conserver le poisson

Si vous ne voulez pas préparer le poisson au bord de l'eau, vous pouvez le conserver sans altérer sa qualité. Si vous désirez le manger quelques jours plus tard, mettez du sel et du vinaigre dans la cavité abdominale, pour éviter la prolifération des bactéries. Le sel est facile à transporter mais il a l'inconvénient de dessécher le poisson et de nuire au goût. À l'inverse, le vinaigre tue les bactéries sans altérer le goût.

Le poisson doit être gardé au sec et à l'ombre. L'exposition au soleil inciterait les bactéries à se développer et abîmerait la chair. Si vous avez l'intention de cuisiner ou de congeler votre prise quelques heures plus tard, enveloppez-le dans de l'herbe ou du papier mais, pour une durée plus longue, il est encore mieux de la placer dans un chiffon propre. Les paniers en osier ont la réputation de bien conserver le poisson, car ils permettent à l'air de circuler. Ce dernier point est très important et c'est pour cette raison que chaque poisson devrait être enveloppé séparément dans de l'herbe, dans du papier ou un chiffon.

Malheureusement, de nombreux pêcheurs mettent leurs prises dans un sac en plastique, lequel est abandonné au soleil ou dans le coffre d'une voiture. Cette façon de procéder nuit à la qualité de la chair. Cela prouve également que peu de pêcheurs connaissent les effets redoutables des bactéries et qu'ils ont peu de respect pour leurs prises.

Un poisson vidé et propre reste frais pendant au moins vingt-quatre heures, même sans réfrigération. Il existe plusieurs façons de s'assurer qu'il est encore frais. La chair doit avoir une consistance ferme : si vous pressez légèrement la peau, la cavité doit disparaître rapidement. La couleur naturelle doit demeurer, ouïes bien rouges par exemple. Un poisson qui a tourné est mou, décoloré et dégage une forte odeur.

Accommoder le poisson

Il existe de nombreuses façons d'accomoder le poisson. Quelques espèces sont meilleures frites, certaines ont un meilleur goût bouillies, d'autres encore sont parfaites pour être grillées et quelques-unes, enfin, sont exquises fumées. En général, les petits poissons sont meilleurs frits, tandis que les plus gros gagnent à être cuisinés au court-bouillon. Les poissons gras comme le saumon ou l'anguille sont excellents grillés ou fumés, mais ces procédés dessèchent la chair des poissons maigres.

Écailler la prise est la première étape de la préparation. Il est plus facile d'écailler le poisson quand il est nettoyé, car la peau est plus douce, mais cela peut être fait juste avant de le cuire. Rincez d'abord le poisson une demi-minute pour ramollir les écailles et le mucus. À l'aide d'un couteau ou d'un écailleur, grattez en partant de la queue un côté, puis l'autre. Rincez abondamment.

Comment lever les filets d'un poisson

Pour faire frire un poisson, il est parfois nécessaire d'en lever les filets. Il faut procéder sur une surface de travail bien plate, comme une planche à découper, avec un couteau aiguisé à longue lame fine appelé couteau à filets. Des ciseaux peuvent aussi rendre service.

Placez le poisson vidé et propre sur la planche et coupez soigneusement autour de la tête, en descendant vers la nageoire pectorale. Incisez ensuite jusqu'à l'arête centrale, en partant de la tête et en allant vers la queue. Tournez le poisson et répétez la même opération de l'autre côté. Pour ôter la peau du filet, allez de la queue vers l'avant.

Si ce travail est bien fait, vous obtenez deux beaux filets. Même si cela vous paraît peu évident au départ, après deux ou trois tentatives, vous y arriverez parfaitement.

Comment dépouiller un poisson

Dans certains cas, il faut dépouiller le poisson. Outre la planche à découper et le couteau aiguisé, des ciseaux et une paire de pinces sont dans ce cas nécessaires. Avant de poser le poisson sur la planche, enlevez les nageoires en découpant tout autour sur 1 cm de profondeur. Incisez alors la peau autour de la tête, puis le long de l'abdomen et le long du dos sur toute la longueur. Ne coupez que la peau, en attaquant le moins possible la chair. Placer ensuite le poisson sur le côté, saisissez à l'aide des pinces un morceau près de la tête et tirez fermement en direction de la queue. Tenez solidement la tête avec l'autre main. Si elle est trop glissante, maintenez-la avec un papier ou un chiffon, ou avec un clou fixé dans la planche. Tourner le poisson et répéter la même opération de l'autre côté.

Les petits poissons peuvent être dépouillés d'un seul coup. Incisez la peau autour du cou en laissant le ventre sur la planche, saisissez un morceau de peau avec les pinces et tirez en direction de la queue. Cette méthode est particulièrement efficace pour dépouiller les anguilles. Il ne restera plus alors qu'à découper la tête.

Certains poissons ont des nageoires armées de rayons épineux qui peuvent constituer un véritable danger pour les mains. Avant de commencer à dépouiller, il est plus prudent de couper ces nageoires avec de gros ciseaux. Sur des poissons comme la perche ou le sandre, la nageoire dorsale est la plus redoutable mais sur d'autres, il faut également se méfier des nageoires pectorales, sans oublier les ouïes dont les bords sont tranchants comme une lame.

Pour lever les filets, incisez autour de la tête. Ensuite, en partant de la tête vers la queue, coupez le plus près possible de l'arête. Pour ôter la peau, découpez à l'aide du couteau à filets, à partir de la queue et remonter.

Le poisson est dépouillé en coupant soigneusement la peau autour de la tête et des nageoires et en incisant le dos et le ventre sur toute la longueur. Avec les tenailles, saisissez un morceau de peau près de la tête et tirez. Pour avoir une meilleur prise, la tête peut être clouée sur la planche à découper.

Un poisson frais pêché se dépouille beaucoup mieux car sa peau est encore souple. Si cette opération n'est pas envisageable immédiatement au bord de l'eau, il est souhaitable d'envelopper la prise dans un chiffon humide pour qu'elle ne sèche pas. Si la chair a tendance à se déchirer avec la peau, utilisez un couteau fin et tranchant pour les séparer avec délicatesse.

Faire griller un poisson

Combien de fois avez-vous souhaité cuire immédiatement sur la plage un poisson fraîchement pêché, sans avoir besoin de transporter la moitié de votre cuisine ? La solution consiste alors à le faire griller en plein air.

Une fois le feu allumé, taillez en pointe les deux extrémités d'une fourche en bois. Un petit poisson peut être embroché tout entier et mis directement sur le feu. Il suffit de le retourner régulièrement pour qu'il grille des deux côtés.

Pour un poisson de plus de un kilo, ouvrez le ventre sur toute sa longueur comme un filet géant et mettez-le sur la broche. Le feu doit être assez fort, sinon le poisson ne cuirait pas suffisamment et serait cru au niveau de l'arête.

Quand il est bien doré des deux côtés et que l'arête se détache de la viande, le poisson est prêt pour être mangé. Les poissons gras comme le saumon sont les meilleurs à griller. En revanche, ce mode de cuisson ne convient pas pour les poissons maigres qui deviennent secs et durs.

Faire cuire un poisson à la braise

Cette méthode peut être utilisée aussi bien pour les poissons maigres que gras, et elle préserve merveilleusement l'arôme et la saveur. Pour cuire à la braise, il ne doit plus y avoir de flammes mais uniquement des braises rougeoyantes très chaudes pour que la cuisson se fasse à cœur.

Griller au-dessus d'un feu ouvert.

Commencez par nettoyer et rincer le poisson. Placez-le dans une feuille d'aluminium. Ajoutez le sel et les épices: fenouil et romarin sont excellents. Si le poisson est sec, graissez le papier pour le rendre plus juteux. Roulez soigneusement la papillote et posez-la directement sur les braises chaudes. La cuisson dure environ 15 minutes.

Cette recette convient particulièrement bien aux petits poissons. Les plus gros peuvent également être cuits de cette façon, mais il est préférable de lever les filets au préalable. Chaque filet est alors enveloppé séparément en papillote.

Préparer une marinade

Faire mariner un poisson est une recette ancienne que l'on utilise aujourd'hui surtout pour le saumon. Commencez par lever les filets et retirer les écailles. Ôtez les nageoires et le maximum d'arêtes. Les ingrédients pour une marinade sont: 1 kg de poisson, 1/2 dl de sel, 1/2 dl de sucre, 19 grains de poivre blanc et une poignée de fenouil. Mélangez le sucre et le sel avec le poivre concassé et passez ce mélange sur les filets. Étalez une couche de fenouil finement haché dans un plat en verre de la taille du poisson. Placez le premier filet la peau contre le plat et recouvrez-le de fenouil et d'épices. Disposez le second filet sur le premier, chair contre chair. Couvrez les deux moitiés de poisson avec le reste de fenouil et d'épices. Recouvrez ensuite le plat avec un couvercle ou la planche à découper et posez une pierre assez lourde par-dessus.

Si vous désirez faire mariner plusieurs couches de poissons, veillez à bien les disposer par paires avec la peau à l'extérieur. Laissez le poisson au frais pendant deux ou trois jours. Il est alors prêt à être servi, mais peut se garder encore plusieurs jours dans le réfrigérateur.

La marinade ne tue pas les parasites comme le ver solitaire qui se trouve parfois dans l'eau polluée. En revanche, en congelant le poisson pendant vingt-quatre heures à − 10 °C, tous les parasites sont détruits.

Le but de la marinade est d'aromatiser les filets de poisson tout en prolongeant légèrement la conservation. Une seconde recette consiste à saler et à poivrer les filets, puis à les disposer dans un plat creux et à les parsemer d'échalotes ou d'oignons émincés, de persil haché, de thym et de laurier et d'arroser le tout d'huile et de jus de citron.

Le poisson macère deux heures dans cette marinade. Il faut le retourner fréquemment. En aucun cas les filets ne doivent mariner plus de vingt-quatre heures, surtout en été. Il est préférable de traiter les poissons le plus rapidement possible après leur capture afin de préserver toute leur fraîcheur.

Ci-contre, en haut: avant de cuire un poisson sur la braise, nettoyez-le et rincez-le avant de le relever avec du fenouil ou du romarin.

Ci-contre, en bas: roulez le poisson dans du papier d'aluminium et posez-le directement sur la braise. Au bout de 15 minutes environ, il est prêt pour être mangé.

À gauche: les principes du fumage à chaud. À partir d'un simple fût d'huile vous pouvez construire votre propre fumoir.

À droite: le fumage à froid réclame une installation fixe. Pour que la fumée ne dépasse pas 35° C, elle est réfrigérée en passant dans un conduit de plusieurs mètres avant d'atteindre le poisson. Cette opération prend de un à cinq jours selon la taille.

Comment fumer un poisson

Fumer un poisson est un travail beaucoup plus délicat que le griller ou le cuire en papillote et nécessite un fumoir. Le fumage est une ancienne technique pour conserver longtemps la nourriture, qui empêche la putréfaction et ralentit la croissance des bactéries.

Il existe deux méthodes de fumage: l'une à froid et l'autre à chaud. Cette dernière prend moins de temps et demande peu de travail. Fumer à froid demande quelques jours, plus de soins et un appareil plus sophistiqué pour obtenir de bons résultats.

Quelle que soit la façon de procéder, le poisson doit être salé et séché. Commencez par l'enduire de sel des deux côtés et à l'intérieur de la cavité abdominale, ou bien laissez tremper le poisson dans une solution de sel et de poivre. Il est prêt au bout de trois à quatre heures. Rincez-le à l'eau froide et laissez-le sécher quelques heures au frais dans un local aéré. Il se forme une pellicule qui empêche le poisson de trop durcir pendant le fumage.

Les petits poissons peuvent être suspendus par la tête pour être fumés. S'ils dépassent le kilo, coupez la tête et le ventre jusqu'à l'arête centrale, de façon à obtenir deux moitiés semblables à des filets. Retirez l'arête et placer deux bouts de bois pointus en forme de croix dans chaque moitié.

Le fumage à chaud

Une fois le poisson séché, fumez-le le plus rapidement possible. La température du fumoir doit se situer aux alentours de 65 °C. Fumer à chaud peut prendre de deux à dix heures selon la taille du poisson, de la chaleur du four et du degré de fumage souhaité. Plus le poisson sera fumé, plus il se conservera, mais plus il sera sec.

Le fumage démarre à basse température, dès que la fumée apparaît. Le combustible est fourni par des branches de conifères ou de la sciure de bois durs. Selon les combustibles, le goût est différent: à vous de découvrir celui que vous préférez.

Le fumage à chaud permet de garder les poissons au froid pendant une semaine ou deux. Ils peuvent aussi être congelés pour une conservation plus longue.

Le fumage à froid

Comme nous l'avons mentionné plus haut, le fumage à froid est délicat car il doit durer au minimum vingt-quatre heures et, mieux, plusieurs jours. Il faut également disposer d'un fumoir mieux étudié.

Les opérations de nettoyage, de salage et de séchage restent les mêmes. Le combustible ne change pas non plus. Pour le fumage à chaud, la source de chaleur est à un mètre environ sous le poisson tandis que pour le fumage à froid, la fumée arrive par un conduit de 1 à 3 m de long. La fumée ne doit pas excéder 35 °C quand elle atteint le poisson et la température idéale est de 28 °C.

Le couvercle du fumoir doit être bien étanche pour laisser échapper le moins de fumée possible. Au besoin, mettez une pierre ou un objet lourd pour le garder fermé.

Conserver un trophée

Le rêve d'une vie, la chance d'une vie, la prise d'une vie : le gros poisson est enfin au bout de la ligne, et le rêve devient réalité. Mais souvent, tout ce qui reste de cette merveilleuse aventure est une photo couleur du pêcheur et de sa prise. Il existe une autre façon relativement simple de conserver ce souvenir : le moulage en résine. Naturellement, le poisson peut ainsi être accroché à un mur.

Faire un bon moulage est plus facile qu'il n'y paraît, même si cela demande d'y consacrer quatre ou cinq soirées. Les moulages sont généralement en plâtre, en latex ou en silicone. Le latex et le silicone donnent des moulages plus légers, mais sont plus difficiles à travailler pour un néophyte. Le plâtre est le meilleur matériau pour un débutant et il arrive que le moulage soit réussi dès le premier essai.

Le moulage est relativement facile. Ce qui requiert le plus de temps et de patience, c'est de le peindre. Cela sera plus facile si vous avez pris une bonne photo couleur dès que le poisson a été mis au sec. Ce dernier se décolore rapidement, même en quelques heures, aussi est-il impératif de prendre la photo immédiatement. Voici ce qu'il faut pour réaliser un moulage en plâtre :

- 50 cl d'eau par kilo de plâtre,
- une boîte en bois ou en carton légèrement plus grande que le poisson,
- du sable,
- du carton et des épingles,
- une fine feuille de plastique,
- un vernis à l'eau pour parquet,
- de l'huile de table,
- un seau en plastique et un bâton pour remuer,
- deux pitons de 5 cm,
- de la laque ou de la peinture.

Les préparations

Remplissez la boîte avec une couche de sable équivalente à l'épaisseur du poisson. Couvrez le sable avec la feuille de plastique pour protéger le poisson. Ce dernier, frais ou congelé, ne doit pas être vidé; rincez-le pour ôter le mucus et le sécher avec une serviette ou du papier absorbant. Disposez le poisson de façon qu'une moitié repose sur le sable. Si les nageoires dorsales ou pectorales dépassent trop, elles peuvent être épinglées sur le corps. Découpez ensuite des morceaux de cartons légèrement plus grands que la queue et les nageoires dorsale et anale. Placez un bout de carton sous chaque nageoire pour l'empêcher de couler dans le sable quand le plâtre est versé. Ces morceaux de carton entre les nageoires et le sable aident à donner une impression de relief. Étendez les nageoires et épinglez-les fermement sur le carton.

Si le poisson a décongelé avant que le moulage ne soit fait, l'œil peut disparaître quand le plâtre est versé. Pour éviter cela, placez un tampon de papier humide dans la bouche pour maintenir l'œil en place.

Fabrication du moule

L'étape suivante consiste à gâcher le plâtre. Versez toujours l'eau en premier dans le seau et ensuite le plâtre. La quantité de plâtre nécessaire est de une fois et demi le poids du poisson. S'il n'y a pas d'autres instructions sur le paquet, mesurer 50 cl d'eau par kilo de plâtre. Remuez le mélange jusqu'à disparition des grumeaux.

Une fois que le plâtre est lisse et consistant, versez-le sur le poisson. Il doit le recouvrir complètement. Laissez durcir de 30 à 40 minutes, retournez le moule et retirez soigneusement le poisson. Après avoir été rincé, il peut être préparé comme n'importe quel autre poisson.

Si vous voulez faire un moulage solide, répéter l'opération de l'autre côté.

Finition du moule

Au début, le moule est très fragile et il faut attendre de cinq à six jours avant de pouvoir travailler dessus. Quand il est bien sec, commencez à gratter les bords rugueux avec un couteau aiguisé. L'empreinte des nageoires est quelquefois trop épaisse et très fragile, et nécessite d'être modelée avec un couteau. Elle peut aussi avoir besoin d'être diminuée par un apport très léger de plâtre. Donnez au moule un grattage final pour ôter l'excédent de plâtre autour des nageoires et renforcez l'empreinte des rayons de la queue avec la lame du couteau.

Quand tout est sec, peignez l'intérieur du moule avec un vernis à parquet à l'eau. Quand le vernis est sec, repasser une couche sur la tête et les nageoires. Après séchage, étalez une fine couche d'huile de table sur tout le moule.

Moulage du poisson

Tout est prêt pour faire le moulage. Mélangez une nouvelle tournée de plâtre en comptant un kilo de plâtre sec par kilo de poisson. Versez le plâtre dans le moule pour qu'il vienne à ras mais sans déborder. Avant que le plâtre ne prenne, placez les pitons dans le moule. Deux ou trois pitons suffisent pour un poids ne dépassant pas les 10 kg, mais pour un poids supérieur, prévoyez-en davantage. Fixez un piton juste derrière les ouïes, puis un autre au même niveau à la nageoire anale ; tout autre piton doit être mis entre ces deux-là, à un intervalle de 5 cm. Maintenez les pitons en place quelques minutes, le temps que le plâtre durcisse.

Attendez de cinq à six jours avant de démouler. Quand le plâtre est parfaitement sec, vous pouvez commencer à morceler l'enveloppe. En principe, celle-ci commence à craquer dès que le plâtre sèche. Si ce n'est pas le cas, pratiquez des incisions à la scie sur environ 5 cm de chaque côté. Ensuite, prenez un burin pour sortir le moulage de son empreinte. Commencez par libérer la tête, puis le corps, et finissez par la queue. Agissez très soigneusement pour dégager les nageoires et la queue.

Si, en dépit d'une manipulation délicate, le moulage se casse, il est possible de recoller les morceaux avec de l'époxy. Les réparations terminées, quand la colle est sèche, bouchez les fissures avec une fine couche de plâtre et laissez sécher. Après avoir lissé avec la pointe d'un couteau, quand le moulage est peint, la fente a totalement disparu.

Quelques endroits peuvent nécessiter d'être retouchés avant de peindre. Quelques détails sur les nageoires ou la tête ont peut-être besoin d'être soulignés ou modifiés pour paraître plus naturels. Cela se fait aisément avec un couteau ou une petite lime. De petites bulles ou de petites fissures seront bouchées directement au plâtre et lissées avec un couteau. Quand tout est terminé, poncer entièrement le moulage de façon que le plâtre soit lisse et uni.

Ci-dessous, voici les différentes phases du moulage en plâtre. Premièrement le poisson est à demi enfoui dans un lit de sable. Ensuite remplissez le moule et laissez tirer pendant 30 à 40 minutes, retournez-le et sortez le poisson. Polissez l'empreinte avant de la remplir pour le moulage final. Après 5 ou 6 jours cassez le moule sans abîmer le moulage. Pour terminer, peignez et vernissez le plus naturellement possible.

a

b

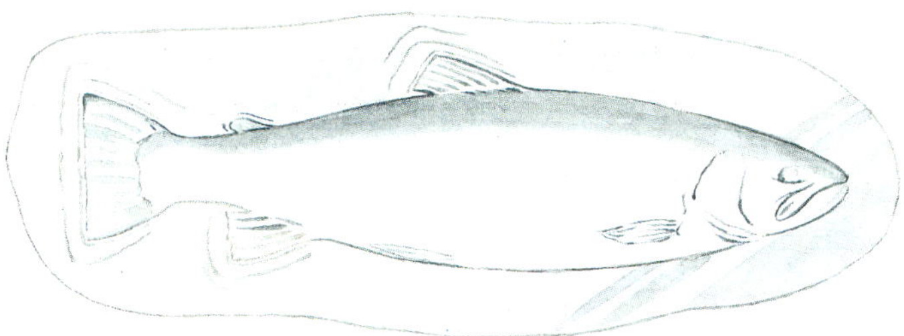

c

d

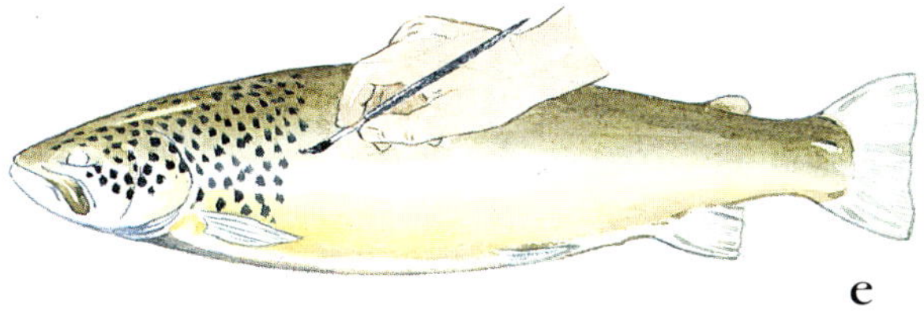

e

Peindre le moulage

Quand la finition est achevée et le moulage parfaitement sec, passez deux ou trois couches de vernis pour saturer le plâtre. On peut ensuite commencer la peinture. C'est le plus difficile et le plus long ; une certaine expérience est nécessaire pour que le poisson soit vraiment ressemblant. Sans avoir de réels talents d'artiste, une bonne photo vous aidera pour reproduire l'état et la coloration du poisson au moment où il a été sorti de l'eau.

Les peintures à l'huile comme celles utilisées par les artistes sont les meilleures, mais les laques métalliques conviennent bien également. Ces dernières sont faciles à travailler et donnent une finition brillante très ressemblante. Essayez de trouver une couleur de base proche de celle du poisson et vaporiser assez loin du moulage pour former une impression en partant du dos, plus sombre, et en allant vers le ventre, plus clair.

Si vous ne savez pas à quelle distance tenir la bombe, ni comment fondre les couleurs entre le dos et le ventre, entraînez-vous sur un morceau de plastique ou de carton. Une fois le travail terminé, si vous n'êtes pas satisfait de la couleur, laisser sécher et recommencer. Les yeux et les dessins doivent être exécutés à la main avec de la peinture à l'huile. Pour ces détails, prendre un très fin pinceau de manière à créer un effet réaliste.

Quand vous serez satisfait du résultat, attendez que la peinture soit sèche et passez plusieurs couches de vernis pour achever la finition et donner au poisson un air vivant. Quand le vernis a durci, le moulage est prêt à être monté sur son socle. Bien que le choix du matériau et du coloris soit affaire de goût, la plupart des gens préfèrent le bois massif naturel au contre-plaqué ou un autre produit similaire. Pour un poisson clair, un bois sombre est recommandé ; en revanche, il est préférable d'utiliser un fond clair pour un poisson foncé, qui le mettra mieux en valeur.

La Naturalisation

Cette opération très délicate demande beaucoup de soins et de l'expérience pour obtenir un travail soigné. Le poisson est généralement traité en entier, mais la tête seule peut être naturalisée. Dans un premier temps, il faut retirer la totalité de la chair qui risque de se corrompre et de sentir mauvais. Le corps est alors reconstitué en injectant de la mousse de polyuréthane qui se façonne aisément.

Pour éliminer toute trace de gras, la peau avec ses écailles ainsi que la tête sont mises à tremper dans de l'acétone pendant plusieurs jours. Les cartilages de la tête doivent être remplacés par de la résine, faute de quoi l'ensemble se déforme et se ratatine, prenant alors un aspect du plus mauvais goût.

Naturaliser parfaitement un poisson ou une tête est un labeur long et minutieux et il faut beaucoup de patience et de réels talents d'artiste pour redonner la forme, la couleur et une attitude vraisemblable à la prise. La mise en place sur un socle parachève l'œuvre et il est même possible de reconstituer des tableaux regroupant plusieurs poissons. Avant d'attaquer un véritable trophée, il est souhaitable de s'entraîner sur des captures plus petites.

Index

I

L

M

N

O

P

R

S

T

V

W

Glossaire

A

AFTM : Association of Fishing Tackle Manufacturers, définissant les normes internationales des matériels de pêche, pour la pêche à la mouche en particulier.

B

backing : réserve de ligne enroulée sur le moulinet et reliée à la ligne (en général, soie de pêche à la mouche) active.
backing up : technique régionale de pêche du saumon à la mouche en Écosse.
bait-walker : dispositif permettant de pêcher au leurre en traîne profonde.
blank : élément de canne brut avant mise à dimensions, ligaturage, pose des anneaux et finition.
boilies : bouillettes.
bonefish : poisson-renard ou banane-de-mer *(Albula vulpes).*
bucktail : grosse mouche-leurre en poil de cervidé.
buzzer-bar : élément de porte-cannes supportant les avertisseurs de touche pour la pêche de la carpe.

C

clip : petit dispositif destiné à pincer légèrement la ligne pour l'empêcher de se dérouler toute seule.
cranckbaits (« farfeleurres ») : type de leurres américains très efficaces mais d'aspect souvent très fantaisiste.
crappies : nom générique d'une dizaine d'espèces de petits poissons carnassiers américains de la famille de la perche-soleil, dont la pêche est très populaire.
cutthroat : truite gorge-coupée.

D

Dacron : nom de marque désignant un type de ligne en nylon tressé en gaine.
dapping : méthode de pêche de la truite pratiquée en bateau sur les grands lacs des îles Britanniques et consistant à présenter au vent une longue ligne légère eschée d'une mouche-de-mai.
diamond jig : petit leurre à dandiner.
dibbling (« pêche en sauteuse ») : méthode locale écossaise et norvégienne de pêche du saumon à la mouche.
downrigger (lest mécanique, « treuil ») : dispositifs pour maintenir un leurre en profondeur en pêche à la traîne.
D.T. (double taper) : soie en double fuseau.
dubbing : collage de poils sur fil poissé, dans le montage des mouches.

F

Flats : zones de hauts-fonds marins existant au sud de la Floride et dans plusieurs groupes d'îles des Caraïbes, très riches en espèces de poissons de sport et très réputées pour la pêche sportive.
Flashabou (ou Flash-a-Bou) : nom de marque d'un matériau brillant employé dans la fabrication de leurres à fouetter.

G

Greenhart : bois des forêts tropicales d'Amérique utilisé jadis pour la fabrication de cannes — cannes à mouche en particulier ; on l'appelle aussi *bebeeru* ou *bethabara.*
gillie : guide de pêche écossais.
grip : poignée d'appoint sur certaines cannes (surf-casting, carpe, etc.).

H

Harling : traîne à reculons ; technique écossaise locale de pêche du saumon à la traîne.

I

IGFA (International Game Fish Association) : Association internationale pour les poissons de sport.
***In-Fisherman* :** titre de l'une des principales revues de pêche sportive américaines.

J

Jig : dandine ; dandinette ; leurre à dandiner.

L

Lancewood : bois dur provenant d'un arbre d'Amérique tropicale et qui servait jadis à la fabrication des cannes à mouche.

N

Nymphfishing : pêche à la nymphe (dans le titre de plusieurs ouvrages de référence, dont celui de Skues).

O

Optonic : nom de marque d'un avertisseur de touche électronique très perfectionné.
outrigger : tangons, dispositifs écarteurs de lignes.

P

pick-up : dispositif de ramassage du nylon sur un moulinet à tambour fixe ; anse de panier.
pilk : sorte de dandinette utilisée en Scandinavie.
pilk : leurre scandinave à dandiner et à lancer.
pool : partie d'une rivière présentant un élargissement, en aval et en amont d'un étranglement au courant rapide.
popper : leurre à fouetter américain, comportant souvent une tête en liège ou en balsa et destiné surtout à la pêche du black-bass.
put and take (« mettre et prendre ») : gestion piscicole consistant à mettre, souvent en surdensité, dans un parcours de pêche donné des poissons destinés à être repris aussitôt par les pêcheurs.
PVA : matière plastique soluble se présentant sous la forme de rubans, de sachets ou de fils et servant à maintenir ou à ligaturer certains montages pour favoriser le lancer avant de se dissoudre une fois dans l'eau.

Q

quil : barbe de plume de paon.
quivertip : très fine pointe de scion (souvent rapportée par vissage) servant à indiquer la touche dans une méthode de pêche à l'anglaise.

R

Redgill : nom de marque d'un leurre souple marin imitant un lançon.
riffling hitch « clé de sillage » : manière spéciale d'attacher une mouche à saumon au bas de ligne pour lui faire faire un sillage dans l'eau.

S

S (sinking): code désignant une soie plongeante pour la pêche à la mouche.

shoot: phase finale d'un lancer libérant la ligne pour qu'elle coule toute seule dans les anneaux.

shooting head: tête de ligne pour la pêche à la mouche, faite d'une soie très raccourcie (12 m) reliée à une ligne en monofil de nylon et permettant de très longs lancers.

sleeve: petit bout de tube servant à frapper une boucle sur un bas de ligne métallique.

Spey cast «lancer de la Spey»: technique spéciale de lancer à la mouche mise au point par les pêcheurs de la rivière Spey.

spent: terme anglais désignant l'insecte «épuisé» après la ponte et se laissant dériver, les ailes à plat, au fil du courant.

spinning: pêche au lancer à la cuiller.

steelhead: truite «tête d'acier».

stick: flotteur spécial utilisé pour la pêche au moulinet «à l'anglaise».

surf-casting: technique de pêche en mer à partir d'une plage au moyen de longues cannes que l'on plante à la verticale après avoir lancé les appâts «dans la vague» au large.

swing-tip: dispositif spécial s'adaptant au bout d'une canne de pêche à l'anglaise pour signaler la touche en se «balançant» sur son point d'articulation souple.

T

tag: petite «queue» de certains modèles de mouche.

tiger nut: variété de graine exotique dure utilisée pour pêcher la carpe.

topping: partie supérieure d'une mouche à saumon.

tube-fly «mouche tube»: la mouche est montée sur un tube de métal (à enfiler sur la ligne) et non sur un hameçon.

turnover: phénomène thermique affectant les lacs profonds et faisant s'inverser la couche froide et la couche chaude.

W

waggler: flotteur spécial pour la pêche à l'anglaise.

Wading: marche dans l'eau ; **waders:** pantalon ou combinaison étanche pour marcher et pêcher en eau profonde.

walleye: nom du sandre américain ; nom canadien : doré.

WF (weight forward): code désignant une soie en fuseau décalé.

whip-finish: nœud terminal dans le montage d'une mouche artificielle ; **whip-finisher:** appareil conçu spécialement pour faire ce nœud terminal.